간지력과 명운록
干支曆과 命運論

간지력과 명운론

초판 1쇄 인쇄 2018년 2월 28일
초판 1쇄 발행 2018년 3월 07일

지은이 이봉태
펴낸이 김지홍

편집 김지홍 | **디자인** 이미리

펴낸곳 도서출판 북트리
주소 서울시 금천구 서부샛길 606 30층
등록 2016년 10월 24일 제2016-000071호
전화 0505-300-3158 | 팩스 0303-3445-3158
이메일 booktree11@naver.com
홈페이지 http://blog.naver.com/booktree77

값 20,000원
ISBN 979-11-88378-44-9   03180

이 책은 저작권법에 따라 보호를 받는 저작물이므로 무단전재 및 복제를 금지하며, 이 책 내용의 전부 및 일부를 이용하려면 반드시 저작권자와 도서출판 북트리의 서면동의를 받아야 합니다.
이 도서의 국립중앙도서관 출판예정도서목록(CIP)은 서지정보유통지원시스템 홈페이지(http://seoji.nl.go.kr)와 국가자료공동목록시스템(http://www.nl.go.kr/kolisnet)에서 이용하실 수 있습니다.(CIP제어번호: CIP2018005789)

* 잘못된 책은 구입하신 서점에서 바꾸어 드립니다.

사주 四柱

간지력과 명운론

干支曆과 命運論

이봉태 지음

도서출판 북트리

권두언

간지력과 명운론

인간은 태어나는 순간 간지력에 의해
四柱八字란
命을 선물 받는다.
그리고
시간이란 運에 의해 울고 웃으며 늙어가고
그리고
시간을 다 소비하면 命과 運을 반납하고
그리고
촛불이 꺼지듯이 사람도 죽는다.

이것이
하늘이
인간에게 주어진 운명이며
인간은 이것을 命運으로 설명하고 있다.

사주를 배워 역학자가 되고자 하는 사람, 역학자라 생각하는 사람들도 이 책을 꼭 읽어보아야 한다. 왜냐하면, 사주는 무엇이며 어떻게 구성되고 命運은 무엇이며 어떻게 활용되고 있는지를 분명히 알고서 運命을 논해야 하기 때문이다.

목차

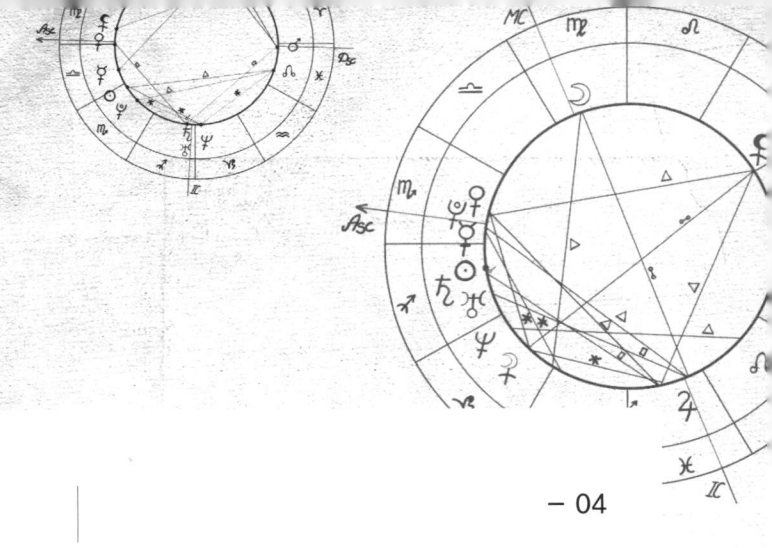

권두언		– 04

글을 시작하면서	1. 서론	– 10
	2. 용어설명	– 14

I	1. 천문현상	– 18
	1) 천문	– 18
	2) 천체구조론	– 27
천문과 동양역법	2. 동양역법의 구성 내력	– 37
	1) 역법의 역산	– 37
	2) 역법과 방위	– 50

II	1. 간지력의 시원과 구성	– 56
	1) 간지력의 시원	– 56
간지력의 역법적 제정	2) 간지력의 구성	– 68
	2. 간지력의 월두와 시두배정론	– 79

III. 간지력의 역법적 한계

1. 간지력의 정립 — 88
2. 간지력의 역법적 한계 — 89
    1) 간지기년의 정립과 한계 — 90
    2) 간지기월의 정립과 한계 — 95
    3) 간지기일의 정립과 한계 — 102
    4) 간지기시의 정립과 한계 — 105

IV. 간지력의 역법적 역할

1. 시간 주기의 변천 — 112
2. 현대적 시간의 이해 — 124
3. 절기력의 역법적 인지 — 131
    1) 시원과 구성 — 132
    2) 시간적 표현 — 138
    3) 상용력으로서의 역할 — 165

V. 간지력의 역학적 구성

1. 갑자의 의미 — 172
    1) 기원설 — 173
    2) 음양오행론 — 178
2. 갑자의 구성 — 193
    1) 구성원리 — 194
    2) 화갑자설 — 208
3. 갑자와 상수 — 214
    1) 상과 수의 의미 — 217
    2) 상수학설 — 229
4. 갑자의 형상과 성정 — 241
    1) 갑자간지의 형상 — 242
    2) 갑자각주의 성정 — 253

VI. 간지력의 명운적 활용

1. 명운적 의미 — 265
   1) 명운학적 삼원론 — 265
   2) 명운학적 사고 — 273
   3) 명운학의 문헌적 연원 — 286

2. 명운론 1 — 294
   1) 월령과 시주 — 296
   2) 명운론 — 305
   3) 결과론 — 361

3. 명운론 2 — 366
   1) 정원론 — 367
   2) 공덕과 개운론 — 370
   3) 질병론 — 375
   4) 종교론 — 384

글을 마치며 — 389

참고문헌 — 395

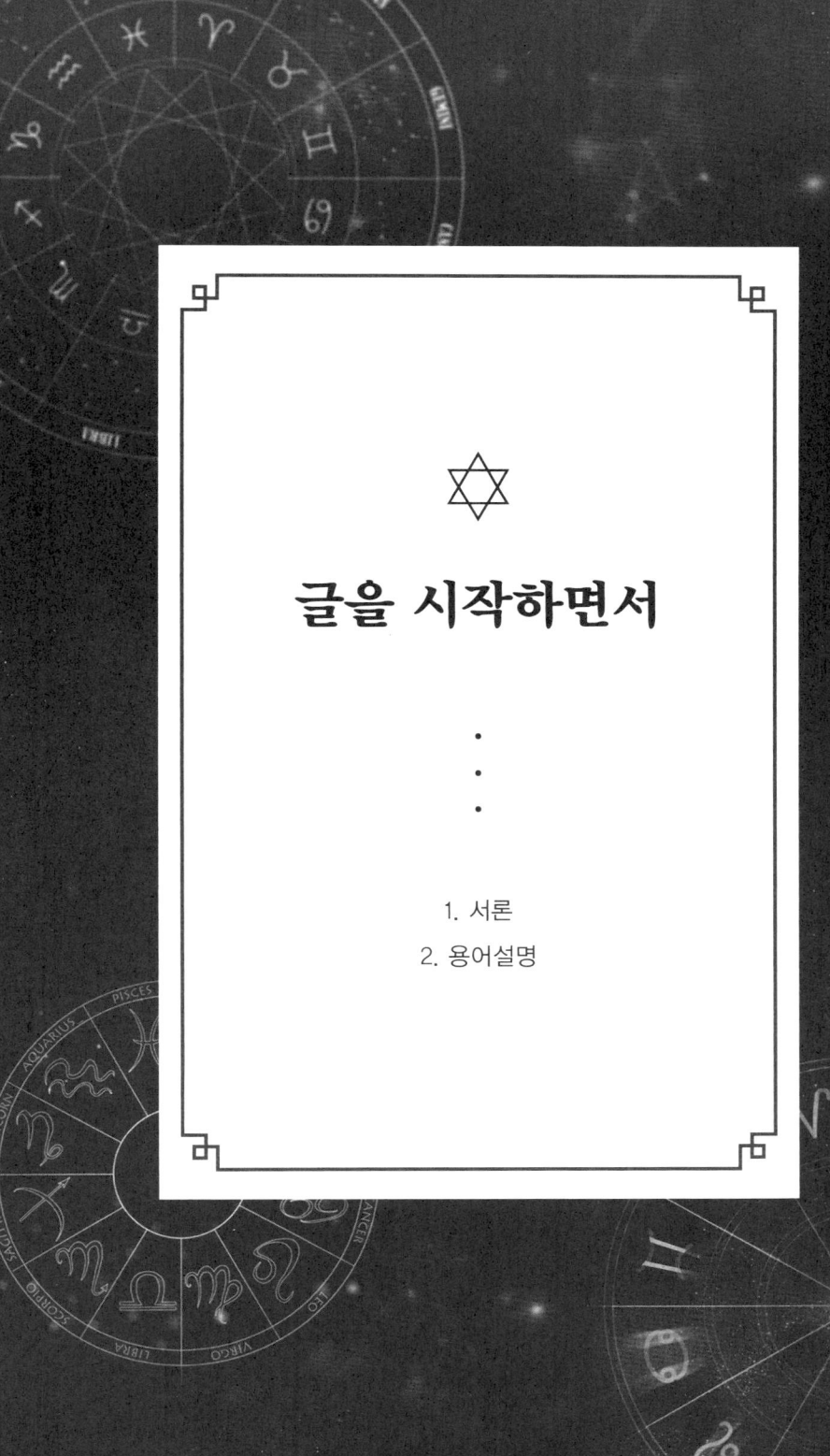

I. 서론

중국의 고대 철학자들은 우주생성론의 총체적인 입장에서 우주의 전체를 인식하고 파악하는 것을 중시하였다. 『주역(周易)』이래로『여씨춘추(呂氏春秋)』, 『회남자(淮南子)』, 『춘추번로(春秋煩露)』등은 자연을 설명하면서 천문(天文)·지리(地理)·기상(氣象)·계절(季節)·시후(時候) 및 인사(人事)·법령(法令)·정치(政治)·도덕(道德) 등 만사 만물을 모두 하나의 통일적인 우주 모형 속으로 끌어들인 것이다.[1] 그 중심 속에 천(天)과 운명(運命)이 존재하고 그 속에서 사상이 발전되고 철학이 융화되어 왔다.

동양의 천(天) 개념의 가장 큰 특징은 신(神) 중심의 사유(思惟)에서 벗어나 인간중심의 우주론을 확립하였다는 데 있다. 고대인들은 인간이 자연의 일부로써 완전하게 자연과 조화함으로써 인간의 본성을 지키고 인간의 행복을 추구할 수 있다고 믿었던 것이다.[2] 중국의 사상과 철학도 지식 그 자체의 추구보다는 사람이 사람답게 살아가게 하기 위한 차원에서 학문을 하고 실천을 중시하는 사상으로서 우주의 중심이 된 인간이 도덕적 인격으로 승화되어 가는데 그 목표를

---

1) 方立天, 『문제로 보는 중국철학(우주본체의문제)』, 도서출판 예문서원, 1997. 105쪽 참조.
2) 孫興徹, 『天槪念의 哲學的 意味 考察』, 동양고전연구 第16輯, 192쪽.

두며 그를 통하여 현세 속에서 생명력 있는 조화로운 인간 세상을 만들어 가는데 궁극적 관심을 두고 이를 관철하고자 여러 가지 방법을 전개하였다.

그 중 천문학(天文學)은 정확한 통계수치를 제공하지 못하여도 천체의 원리와 인간과의 관계를 가장 사실적으로 표현하고 있으며, 하늘의 세계를 이해하고자 하늘에서 벌어지고 있는 여러 현상들을 그들의 삶과 관련지어 해석하려는 방법으로 천문학[3]을 발전시키고 하늘에서 움직이고 있는 해와 달과 별 등 천체(天體)들의 운행을 자세하게 관찰하여 그 결과를 수(數)를 통해 표현하고자 하는 역법(曆法)을 만들었고 이를 수치화하고 계량화하면서 시간을 발전시켜 온 것이다. 또 하늘의 모양과 땅의 구조를 둘러싸고 진행되는 여러 현상들을 설명하고자 하는 천체구조론(天體構造論)을 연구하고 발전시켜왔다.[4]

이 모든 분야에서 괄목한 성과를 얻었지만, 특히 역법에 관해선 많은 심혈을 기울였다. 그것은 인류문명의 발전에 따라 더욱 정확한 시공(時空)의 기준좌표가 필요하였고 이를 기준으로 자연의 끊임없는 변화 현상을 이해하고 예측하여 자연변화에 적용하고 재난을 미리 막고자 하였던 것이다.[5] 또한 경천사상(敬天思想)과 역(曆)은 일월성

---

[3] 고대에는 천문학이란 용어가 사용되었는지는 정확하지 않다고 한다. 다만 하늘에 존재하는 해와 달과 별 등에 관해 물리적인 대상으로 관조할 때의 용어로서 보면 현재와 별반 다른 것이 없을 것이다.
[4] 이문규, 『고대중국인이 바라본 하늘의 세계』, 문학과 지성사, 2000, 19쪽 참조.
[5] 安鍾根·姜政秀, 『天文·地理·人事로 살펴본 24節氣에 관한 研究』, 대전대학교 한의학연구소, 논문집 제9권 제1호, 2000년.

신(日月星辰)을 관할하여 백성들에게 시간(時間)을 알려주는 것[6]이라는 관상수시(觀象授時)로서의 중요성을 깨닫고 있었기 때문이다.

오늘은 사는 사람들은 서양의 천문학이나 천문도만이 그 가치를 인정하고 있는 경우가 많다. 그것은 오늘날의 천문학이 16세기에 코페르니쿠스[7]가 태양을 중심으로 한 태양계를 처음 주창한 이래 17세기에 갈릴레오(1564~1642)와 케플러(1571~1630)가 이에 기초를 둔 관측과 이론으로 오늘의 우주관을 확립시킨 서양의 천문학이 현대천문학으로 발전되었기 때문이다. 이로 인해서 서양으로부터 전해져 온 별들과 별자리 이름들이 우리들에게 친숙해지면서 예로부터 사용하던 동양의 천문학과 관련된 이름들은 점점 기억에서 사라지고 옛 문헌으로만 남게 되고 소홀히 취급하고 있는 것이 현실이다.

그러나 2,000여 년이나 내려오는 동양역학(東洋易學)의 일종인 사주명리학(四柱命理學)에서는 고대 중국인들이 역법으로 만든 간지기원력을 이용하여 인간의 길흉화복과 부귀빈천을 추명하고 피흉추길하는데 학문적 설명과 더불어 역술적으로 활용하고 있다. 즉 사주명리학이 구성되는 그 근원에는 간지기원력을 이용한 연월일시(年月日時)라는 시간이 존재하고 이를 사주팔자(四柱八字)로 표현하고 있다. 그러므로 인간은 이 세상과 인연을 맺을 때 하늘로부터 시간을

---

[6] 『尙書』,「堯典」, "乃命羲和 欽若昊天 曆象日月星辰 敬授人時."
[7] 코페르니쿠스(1473~1543) : 地動說(태양중심설)의 제창자로 알려진 폴란드의 천문학자. 케플러의 제3 법칙과 뉴턴의 역학에 지대한 영향을 끼쳤다.

부여받는 것이다. 이를 명(命)이라고 하고 명에 따라 삶의 시간 여행을 통하여 생장화수장(生長化收藏)으로 변화하는 과정을 거치게 되고 이를 운(運)으로 표현하고 있다. 다시 말해서 인간은 태어나는 순간 사주라는 시간을 선물 받는다. 그것이 명(命)이고 그리고 흘러가는 운(運)이란 시간에 의해 울고 웃으며 늙어가고 시간을 다 소비하면 촛불이 꺼지듯이 사람도 죽는다. 인간과 시간이란 운명, 어떤 관계이며 영원히 알 수 없는 미로의 세계인가? 그 궁금증을 알고자 인간들은 백방으로 노력하였고 그 결과물이 바로 명운(命運)으로 나타내고 있는 사주명리학(四柱命理學)이다. 이런 명리는 음양오행으로 개인의 운명의 상(象)을 나타내는 방법으로 가장 늦게 출현했지만 가장 정밀한 이론으로서[8] 인간이 만든 그 어떤 논리와 논법보다도 가장 우수한 운명학이라고도 할 수 있다.

그러므로 사주를 구성하는데 역법으로 중요하게 적용하고 있는 간지기원력의 태생적 원리와 60갑자의 의미와 상호 관련성의 연구는 곧 사주 명리학의 역학으로서의 가치를 저울질할 수 있는 척도가 될 뿐더러 학문적이나 학술적으로도 매우 긴요한 것이다. 그러므로 표방하고 있는 학설과 의미 등에 관해서 이를 고찰하여 봄이 중요하다는데 인식을 하고 연구하였다.

연구의 대상은 사주의 정립(定立)에 인용되고 있는 간지기원력(干支紀元曆)이 역법과 역학(易學)으로서 제 역할을 다 하고 있는가 하

---

8) "用陰陽五行表出的個人命運之象, 最爲晚出, 也最爲精密."(謝松齡, 『陰陽五行이란 무엇인가』, 연암출판사, 1995, 298쪽.)

는 점이다. 다시 말하면 간지기원력이 천상에서 운행하고 있는 일월 오성(日月五星)의 주기적인 괘도에 맞추어 과학적이고 천문학적으로 구성된 역법인가 하는 점과 이와 다르게 자연의 변화를 동태적으로 묘사한 달력으로서 민간에서 상용력으로 활용된 것인가 하는 점으로 어느 분야에 속하여 어떻게 운용되고 있는지를 검토하고자 한다. 뿐만 아니라 사주가 인간의 운명을 간명(看命)할 수 있다는 역학적(易學的) 의미에 있어서도 이를 신뢰할 수 있는가 하는 점과 또 운명(運命)을 알기 위해서 어떤 방법과 어떻게 활용되고 있는지를 알아보고자 하는데 중점을 두고자 한다. 더욱 사주로서 운명을 점치고 있는 이들이 부화뇌동되지 않도록 하는데도 의미가 있다.

❷ 용어설명

첫째, 본문에서 사용하고 있는 간지기원력과 역법이란 호칭은 그 뜻을 달리하는 용어이다. 즉 역법은 천상에서 주천하는 일월성신에 의한 천문학적이고 과학적으로 제정한 법칙이다. 간지기원력 또한 하나의 역법임에는 틀림이 없으나 이와는 다른 개념의 역법으로 구분을 지어 논리를 전개한다.

둘째, 간지력은 간지기원력의 준말이다. 간지기원력은 간지로서 역법상 사용하는 포괄적 용어로 보고 있으나 편의상 줄여서 간지력으로 표현한다.

 셋째, 본문에서 역학(易學)이란 용어를 많이 사용하고 있다. 그러므로 역학이란 용어의 의미를 인식하는 것도 중요할 것으로 사료된다.[9] 일부학자들이 역학은『주역』계열에 대한 총체적인 학문을 뜻하는 말로서 지난 3,000여 년간 다양한 영역과 분야에서 많은 전문가들과 애호가들이 주역의 전문과 경문을 해석하는 과정에서 성립된 역사적 산물이라고[10] 하여 주역에서만 사용하고 있는 용어임을 주장하기도 하고 또 동양철학 전 분야를 일컫고 있는 용어이기도 하다는 학자들도 있다. 그러므로 용어의 사용은 그 범위가 대단히 넓고 다방면으로 인용되고 있어 일목요연하게 정의를 내리기에는 어려운 점이

---

[9] "春秋戰國時代의 中國에는 네 가지 文化領域이 있으며 그것들은 네 가지 文化類型을 생산해 냈다. 燕齊문화, 荊楚문화, 鄒魯문화, 三晋문화가 그것이다. 이들 네 가지 문화는 서로 긴밀한 연관을 가지고 있음을 보여준다. 오행은 동방의 殷문화에서 연원하며 후에는 周나라에 의해 계승되었다. 춘추전국시대에는 주로 연제지방에서 유행하였으며 제나라의 관중학파와 음양가인 鄒衍은 오행학설의 전파와 유행에 매우 커다란 공헌을 하였다. 陰陽은 남방의 楚문화에서 연원하지만 매우 일찍이 中原지방에 유입되었다. 춘추전국시대에는 초나라의 사상가 범려, 노자, 장자, 굴원 등이 음양학설의 형성과 발전에 결정적인 작용을 하였다. 中和와 一兩은 周代의 八卦문화에서 발단이 되었다. 周나라는 殷나라를 정복한 이후 서쪽에서 이주해와 中原을 장악하였으며 그에 따라 中和는 추로지방에서 一兩은 三晋지방에서 유행하였다. 鄒魯지방은 儒家의 발상지다 유가의 창시자인 孔子, 자사, 孟子 등은 中을 숭상하는『易經』의 관념을 계속적으로 발전시켜 중화학설을 창안하였다. 오행, 음양, 중화, 일양 등 여러 범주는 매우 일찍부터 서로 영향을 주고 서로를 흡수하였다. 전국시대 중기와 후기에는 교통의 발달, 인적교류의 확대, 각 학파의 논쟁 등으로 인해 문화의 대융합 현상이 대두되었으며 그에 따라 오행, 음양, 중화, 일양 등 여러 범주의 대융합이 진행되었다."(양계초·풍우란(김홍경편역),『음양오행설의 연구』, 신지서원, 1993, 416~417쪽.)

[10] 정하용,『卦氣易學과 命理學의 原流에 관한 연구』, 공주대 박사학위논문, 2013, 4쪽.

많은 것도 사실이다. 다만 역학(易學)을 의리역학(義理易學)과 상수역학(象數易學)으로 구분하고, 이를 인용하여 응용하고 활용하는 것이 응용역학(應用易學)이라면 본문에서 사용하는 역학의 용어는 응용역학이 된다.[11]

그동안 무엇에 홀렸는지 산야를 헤매고 다니기도 하고 命學의 진리를 찾고자 焦心考慮한지도 어언 십수 년이 흘렀다. 친구로서 도반으로서 아내로서 많은 도움을 준 혜숙에게 고맙다는 말을 전하고 싶다. 또한, 어려운 여건에도 불구하고 출판을 하도록 도움을 주신 출판사 북트리 김지홍 대표에게도 감사드린다.

---

11) "易은 천지 만물이 생성 변화하는 이치를 담고 있다. 그리고 이 역의 이치를 탐구하는 것을 「易學」이라고 한다. 그런데 역학은 탐구의 중점을 어디에 두느냐에 따라서 세 분야로 구분할 수 있다. 하나는 인륜도덕과 형이상학적인 면을 탐구하는 「義理易學」이다. 다른 하나는 역의 卦爻象과 이것이 내포하고 있는 數를 통해서 역의 이치를 이해하려는 「象數易學」이다. 끝으로 이 두 분야를 바탕으로 사람의 실생활에 역의 이치를 응용하는 「應用易學」이다. 사람의 목숨과 천지자연의 이치를 따져 인간의 삶에서 길함을 좇고 흉함을 피하려는 것에 관심을 두는 명리학은 당연히 응용역학에 속한다고 하겠다. 이렇게 보면 명리학은 易의 義理學的 思想과 象數學的 原理를 바탕으로 하고 있음도 미루어 짐작할 수 있다." (공주대학교정신과학연구소편, 『四柱命理學總論』, 명문당, 2010, 10쪽.)

I

천문(天文)과 동양역법

⋮

1. 천문현상
2. 동양역법의 구성 내력

고대 중국의 철학자들은 우주(宇宙)가 어떤 물질로 구성되어 있으며 어떻게 생성되고 변화되었는지에 대해 많은 관심을 가지고 연구하기 시작했다. 연구의 방법으로 여러 유형이 동원되었다. 철학(哲學)의 기본 노선에 따라 분류한다면 관념론(觀念論)과 유물론(唯物論)으로 대별할 수 있다. 관념론으론 허확론, 창조론, 상수론, 도론 등을 들 수 있고 유물론으론 원소론, 원자론, 정기론, 기론, 태극론, 기형론 등을 들 수 있다. 이것은 중국 고대 유물론 철학자들이 이 측면에 대하여 많은 새로운 이론을 만들어 내었으며 기론(氣論)을 중심으로 일맥상통하는 유물론 전통을 형성하였음을 설명한다. 그러나 고대 중국의 이론적 전개에 있어서는 오히려 관념론적 우주론이 통치적 지위에 있었으며 유물론적 우주론은 부차적 지위에 있었고 때로는 심하게 배척되기도 하였다.[12]

Ⅰ 천문현상

1) 천문(天文)

고대 중국인들은 천지자연[13]과 사물에는 어떤 정령(精靈)이나 영

---

[12] 觀念論으론 虛廓論, 創造論, 象數論, 道論 등을 들 수 있고 唯物論으론 元素論, 原子論, 精氣論, 氣論, 太極論, 氣形論 등을 들 수 있다.(孫興徹,『天 槪念의 哲學的 意味 考察』, 동양고전연구 第16輯, 192쪽 참조.)
[13] 중국 고대의 철학사상 속에서 씌어진 "自然 또는 自然思想이라 할 때의 자

역(靈域)이 존재한다고 믿어 이를 경배하던 소박한 사고방식이나 종교 심리는 인지(人智)의 발달과 경험의 축적에 따라 자연현상을 통합하고 이를 체계적으로 관찰함으로써 우주 전체를 통합하는 절대지고의 권능을 가진 영적(靈的) 존재자가 곧 천(天)임을 상정하기에 이르렀다. 천에 대한 관념에서 제일 기본이 되는 것은 일체의 주재자(主宰者)로서의 상제관념(上帝觀念)이다. 그들은 사람의 생명은 천으로부터 받은 것이고 또 천이 부여한 법칙이나 질서에 따라 삶을 영위해 나가야 한다고 믿었다.[14]

천문(天文)에서 나타나는 우주의 발견은 아무것도 없었던 것을 태시(太始)라 하고 무(無)에서 우주가 생겨나니 맑고 밝은 기(氣)는 희미하게 뻗치어 하늘이 되고 탁(濁)하고 무거운 기는 땅이 되어 하늘이 먼저 생기고 땅이 다음에 생겼다고 하고 있다.

하늘은 일월성신(日月星辰)을 받아들이고 땅은 모든 만물(萬物)이 생장하는 토대를 이루고 있다. 고인(故人)들은 하늘과 땅과 사람은 하나라는 일체 감속에서 모든 문제에 접근하고 관찰하기 시작했다. 특히 연속적이고 고정적으로 천구상(天球上)에서 일주하고 있는 해

연이란 漢字 用語는 우리가 지금 '人間과 自然' '自然環境' 등으로 사용하고 있는 Nature라는 의미는 아니었다. 그것은 '스스로 그러하다' 또는 '저절로 그러하다'의 뜻이어서 이러한 뜻의 자연은 곧 객관적 실재적인 Nature의 뜻은 아니다. 다만 孟子가 말한 性善說을 일종의 자연사상으로 보아 이것을 논리적 자연이라고 볼 수도 있으나 孟子에는 보이지 않는다. 중국의 思想家 가운데 자연이란 용어를 최초로 사용한 것은 老子와 莊子의 道家로서 중국에 있어서의 自然思想의 중심은 老莊이었다."(안병주, 『儒敎의 自然觀과 人間觀』, 尙虛安炳周敎授停年기념논문집Ⅱ, 1998, 2~7쪽.)고 설명하고 있으나 여기서 나타내고자 하는 자연은 만물의 의미가 함축되어 있다.

14) 송인창, 『天命과 儒敎的人間學』, 심산, 2011, 26~29쪽 참조.

와 달과 별들의 움직임에 관심을 가지고 땅과의 상호 관계를 연구함으로써 시간과 공간의 변화를 탐구하기 시작한 것이다.

이와 같은 이론은 '하늘과 땅이 정미함을 이어받아 음양(陰陽)이 되었고 음양이 정미함을 한데 뭉쳐 사시(四時)가 되었으며 사시가 정미함을 흩뜨려 만물이 되었다. 양(陽)의 뜨거운 기를 쌓아 화(火)를 낳고 화의 기가 정미하게 된 것이 날(日)이다. 음(陰)의 차가운 기를 쌓아 수(水)가 되고 수의 기가 정미하게 된 것이 월(月)이며 일(日)과 월의 어지러움이 정미하게 된 것이 성(星)과 신(辰)이다.[15]'라고 하여 음양의 변화가 사시(四時)를 낳고 만물이 생성되며 음양의 조화가 시간(時間)으로 표현된다고 보았다.

동양(東洋)의 천문[16]은 하늘의 무늬 즉 해와 달 및 별을 비롯한 하늘에서 일어나고 있는 모든 현상을 말한다. 고대로부터 인류는 하늘에서 벌어지는 현상을 보고, 그것이 지상(地上)에 미칠 영향을 예견하는 경험과 기술을 축적하여 왔다.[17] 동양의 천문은 하늘을 둘러싼

---

15) 『淮南子』, 「天文訓」, "天地之襲精爲陰陽, 陰陽之專精爲四時, 四時之散精爲萬物, 積陽之熱氣生火, 火氣之精者爲日, 積陰之寒氣爲水, 水氣之精者爲月, 日月之淫爲, 精者爲星辰."

16) "天文이란 이십팔수를 차례로 하고 일월오성의 역산을 추보하여 길흉화복의 계통을 세움으로써 성왕이 정치에 참조하는 바이다. 『易經』에서 '천문을 관찰하여 사시의 변천을 살핀다' 하였다. 그러나 성사는 흉한하여 담밀한 자가 아니고는 능히 이용할 수 없다." ("天文者, 序二十八宿, 步五星日月, 以紀, 吉凶之象, 聖王所以參政也, 易曰, 觀乎天文, 以察時變, 然星事凶悍, 非愼密者, 弗能由也, 夫觀景以遭形, 非明王亦不能服聽也, 以不能由之臣, 連不能聽之王, 此所以兩有患也."), (李世烈, 『漢書』, 「藝文志」, 자유문고, 2005, 271쪽.)

17) 李純之(김수길 윤상철 공역), 『天文類抄』, 대유학당, 2013, 18쪽.

논리와 문법 읽기에 주목하였으며 『천문류초(天文類抄)[18]』에서는 하늘을 바라보는 천문관에 대해 설명하기를 천문에는 하늘의 중심에 있는 삼원과 그를 둘러싼 28수라는 경성(恒星)을 살피면 그 대략을 알 수 있다. 삼원(三垣) 중에 자미원(紫微垣)은 황제라고 할 수 있는 북극성(北極星)이 자리하여 만물의 생장소멸을 다스리고 이의 명령을 받은 북두성이 북극성을 돌면서 하루 약 1년의 길이를 정하는 등 음양오행이 고르게 베풀어지도록 돕는다. 자미원 밖에서는 적도를 28구역으로 나누고 각 구역을 지방 장관이라고 할 수 있는 28수가 나누어 다스리는데 그 잘잘못을 칠정[19]이 운행하면서 감찰하는 것으로 보는 것이 옛 천문관의 기본 골격이다.[20] 즉 삼원론(三垣論)은 천문도에 나타난 자미원과 태미원과 천시원을 하늘의 삼원(三垣)이라 하여 인간의 최고 지위로 표시하고 있었는데 태미원(太微垣)은 상원이라고 하여 시작하는 때이니 좌·우태미원을 두어 장군과 정승을 같은 지위로 놓아 건국하고 시작한다는 뜻을 살렸으며 자미원은 중원이라 하여 번성하는 때이니 동·서자미원을 두어 관직을 여러 단계로 두고 정승을 장군보다 높이 두어 안정되고 번영된 시기임을 나타냈으며, 천시

---

18) 『天文類抄』는 조선조 세종때 李純之박사가 편찬한 책으로 상·하 2권으로 되어있다. 저서는 『靈臺秘苑』과 『唐開元占』 등 중국문헌과 『天象列次分野之圖』 등 우리나라에 전해오는 천문학 이론을 편집하고 종합한 책이라고 볼 수 있다. 조선 시대에 관상감관을 채용할 때는 천문학 지리학 명과학의 세 부서로 나누어 뽑았고 그 중 천문학에서는 암송임문주 등의 시험이 있었는데 『步天歌』와 『天文類抄』는 암송시험에 들어가는 필수과목이었다.
19) 七政은 해와 달 그리고 五星인 木星·火星·土星·金星·水星을 말한다.
20) 李純之, 위의 책, 25쪽.

원(天市垣)은 하원이라 하여 결실을 맺어 감추는 때로 좌·우천시원을 배열하여 독립되고 분열된 쇠퇴기임을 표기함으로써[21] 천문과 인문의 연결을 시키고 있다. 특히 삼원 중에서도 자미원을 황제로 비유하고, 천상에서 주천하는 일월오성과 인간사와의 서로 연관성을 가지고 있다고 보고 역법의 변화의 기준으로 삼은 것이다.

이와 같이 동양(東洋)의 천문관은 그들 자신이 눈으로 바라보았던 하늘의 세계를 그들의 삶과 연관 지어 관찰하고자 하였다. 또한, 최초 우주관은 막연한 추측에서 시작하여 천지[22]를 구분하고 당시에 만연하던 음양의 기로 세상 만물을 직시하고 관찰[23]하기 시작한 것이다.

서양에서는 세계관의 중심에 신(神)을 설정하고 이를 통한 신(神)의 주재성과 이념성을 자신들 우주론의 기반으로 삼았다면 동양의 세계관에서는 중심에 하늘을 놓고 그 하늘의 규범성과 인격성이란

---

21) 李純之, 위의 책, 27쪽 참조.
22) 『淮南子』「天文訓」에서는 天地에 관해 다음과 같이 말하고 있다. "天地가 아직 형태조차 없었던 때 풍익으로 표류하고 그것은 형체가 없어 막연할 뿐이었다. 이것을 태시라고 이름을 붙였다. 太始로부터 허확을 낳고 허확은 우주를 낳고 우주는 氣를 낳았다. 그 기에는 구별이 있어서 맑고 밝은 기는 희미하게 뻗치어 하늘이 되고 탁하고 걸쭉한 기는 응고 되어 大地가 되었다. 맑은 기가 집합하기는 아주 쉽고 탁한 기가 응고되기는 어렵다. 그래서 하늘이 먼저 이루어졌고 땅은 뒤에 정해졌다."
23) 고대 중국인들의 천문관에 대해 여러 학자들의 연구가 많았다. 그러나 그들의 연구 방향은 별자리나 천체관측과 같이 천문이라는 분야에 국한된 것이고 천문의 표현 양식에 대해서는 단편적이고 피상적인 수준으로 이해하는 정도에 머물고 말았다. 그러나 천문에는 점성술적인 성격이 강하게 담겨 있는 것도 사실이다. 그렇다고 천문을 점성술과 동일시하게 되면 천문의 본래 모습을 왜곡시킬 수 있을 것이다.(이문규, 『고대중국인이 바라본 하늘의 세계』, 문학과 지성사, 2000, 20~21쪽 참조). 그럼으로 중국의 역사에서 구체적으로 어떻게 활용되고 적용되었는가 하는 점을 살펴보는 것이 중요하다.

두 축을 함께 풀어내고자 하였다.

동아시아 사회와 역사에서 커다란 역할을 수행하여 왔던 전통적 천문을 관측하고 활용하고자 함에서도 천문이 하나의 단일로 이루어진 것이 아닌 만큼 이를 구분하여 구체적으로 살펴볼 필요가 있다. 첫째가 성수학(星宿學) 분야로서 별과 별자리에 대한 고찰이다. 두 번째는 역학(易學) 분야로서 『주역(周易)』「계사전(繫辭傳)」에서는 역은 천지에 준하는 까닭에 능히 천지의 도를 두루 조율한다. 우러러 천문을 살피고 구부려 지리를 살핀다. 이 때문에 어둠과 밝음의 원인을 안다.[24] 역(易)을 알고자 하면 천지의 도(道)를 조율하여야 하고 그 도를 알고자 하면 천문을 살펴야 한다고 하고 있다. 세 번째는 일식(日蝕) 월식(月蝕)과 같은 천상의 변화는 독립된 자연현상이 아니라 하늘이 인간 사회의 선악과 과오를 견책하는 것으로 간주하는 상서재이(祥瑞災異) 분야이다. 넷째는 별의 관측을 바탕으로 시간의 문제를 풀어가는 천문역법 분야이다.[25] 천문역법은 불규칙하게 타원운동을 하는 해와 달과 오행성의 운행을 추산하여 정밀한 시간 체계를 마련하기 위한 법칙 등으로 구분하여 천문을 관측하고 활용하고자 하였든 것이다.

고인들은 천상의 현상을 관찰하면서 가장 주목하고 있었던 것은

---

24) 『周易』「繫辭傳」. "易與天地準, 故能彌綸天地之道, 仰以觀於天文, 俯以察於地理, 是故知幽明之故."
25) 김일권, 『동양천문사상하늘의 역사』, 예문서원, 2008, 30~58쪽 참조.

주천(周天)하고 있는 해[26]와 달[27]이었다. 특히 해와 달과의 관계에서 일어나고 있는 여러 현상들에 많은 관심을 가지고 있었다. 그것은 하늘과 땅과 인간관계에서 일어나고 서로 연관성을 가지고 있다고 보았기 때문이다. 고대 중국인들은 행성의 운행에 관한 상당한 지식을 가지고 있었고 그를 바탕으로 그들 나름대로 행성의 정상적인 운행 상태를 설정할 수 있었다. 더불어 항성(恒星)과 달리 일정한 궤도를 돌고 있는 오행성에 대해서도 많은 관심과 연구를 하기 시작한 것이다. 그들은 이것을 기준으로 삼아 만일 일식이나 월식과 같은 현상이 일어나게 되면 해당 지역의 군주에게 우환이 생기거나 병란 또는 자연재해가 일어난다고 보았다.

해와 달에 관해서는 『천관서(千官書)[28]』에서나 『회남자(淮南

---

26) 『尙書考靈耀』에 이르기를 "봄의 하루는 해가 卯方에서 나와서 酉方으로 들어간다. 斗星의 1도로 가면 어두워지고 두성의 12도로 가면 밝아진다. 한여름의 하루는 해가 안방에서 나와서 戌方으로 들어간다. 心星의 5도로 가면 어두워지고 영실성의 10도로 가면 밝아진다. 가을의 하루는 해가 묘방에서 나와서 유방으로 들어간다. 須女星의 4도 가면 어둡고 東井星의 1도로 가면 밝아진다. 한겨울의 하루는 해가 나와서 산방으로 들어간다. 奎星의 1도로 가면 어두워지고 氐星의 9도로 가면 밝아진다."(소길(김수길·윤상철 공역), 앞의 책, 477쪽)

27) 『漢書』「天文志」에 이르기를 "달의 하루는 13도 사분지일을 행한다. 입춘·춘분에는 동쪽으로 靑道를 따라가고 입추·추분에는 서쪽으로 白道를 따라가며 입동·동지에는 북쪽으로 黑道를 따라가고 입하·하지에는 남쪽으로 赤道를 따라가며 끝 여름에는 中道를 행한다. 적도와 청도는 陽道로 나가고 백도와 흑도는 陰道로 나가며 그믐에 서쪽에 나타나는 것을 그믐달이라 하고 초하루에 동쪽에 나타나는 것을 초승달이라고 한다."(소길(김수길·윤상철 공역), 앞의 책, 477쪽)

28) 「千官書」는 중국 漢代의 司馬遷이 지은 『史記』의 篇名이다. 이는 원래 중

子)²⁹』나 『개원점경(開元占經)』에서 설명이 되어 있다. 여기서 나타나는 주된 내용은 월식과 일식이 일어나는 현상과 그로 인해 발생하는 이재(罹災) 등이 주류를 이루고 있다. 『천관서(千官書)³⁰』에서는 해에 대한 설명으로 보면 햇무리가 형성되는 과정과 모양에 따라 나라에서 큰 이변이나 전쟁이 일어난다고 보았고 일식에 관해서는 해가 가려지는 부분과 머무는 위치 등을 보고 일어나는 지역과 나라에 좋고 나쁜 영향이 미친다고 보았다.

　달에 대한 설명도 또한 이와 같은데 달의 운행과 월식에 관한 것이다. 월식은 달이 오행성(五行星)이나 항성(恒星) 등 천체를 가리는 경우와 달 자체가 보이지 않는 경우로 구분하여 볼 수 있다. 또 달이 천체를 가리는 경우에 대해선 '달이 세성(歲星)을 가리면 그에 해당하는 지역에 기근이 들고 망하게 되며 형혹(熒惑)을 가리면 전쟁이 일어나고 전성을 가리면 아랫사람이 윗사람을 능멸하는 하극상이 생기며 태백을 가리면 전쟁에서 패하고 진성을 가리면 여난이 일어나고 대각성을 가리면 군주가 횡포를 부리고 심수를 가리면 내란이 일어나고 여러 별을 가리면 나라에 근심이 있다고 하였다.'고 설명하

　　국 주대(周代)의 육관(六官)의 하나로, 국정을 총괄하고 궁중 사무를 맡았던 관에 대한 총칭을 담고 있다. 또한, 戰國時代 諸侯의 在位年代, 項羽와 劉邦이 8년에 걸쳐 사투를 계속한 시절의 月表, 漢代의 功臣과 皇后의 일람표 등으로 되어 있다. 書는 禮書, 樂書, 律書, 曆書, 千官書, 등이다.

29) 『淮南子』는 기원전 2세기, 漢高祖 劉邦의 庶子인 劉長의 장남인 劉安이 숱한 식객들을 모아 저술케 한 저서인데 흔히 유안의 저술로 전해 온다. 당초에는 內篇 21권과 外篇 33권이 있었다고 하나 이 가운데 네 편만이 전해온다. 이런 내용은 『漢書』에서 확인할 수 있다.(유안(안길환 편역),앞의 책, 3쪽)

30) 司馬遷(김원중 옮김), 『史記』, (주)민음사, 2012, 196~199쪽 참조.

있다. 이런 다양한 천문현상 중에서도 인간의 생활에 직접적으로 영향을 주는 태양은 땅 위의 모든 생물에게 따라서 인간에게 1년과 하루의 리듬을 부여해준다. 달은 인간에게 지나치게 긴 리듬과 지나치게 짧은 리듬의 중간에 해당하는 리듬을 보여준다. 이런 세 가지 리듬의 가장 정확하고도 적절한 조합을 만들어 내는 것이 역법의 일이다.[31] 또한, 고인들은 천상에서 일어나는 괴이한 일들과 구름과 바람과 여러 사항들에 대해 점을 쳐 군주가 행하여야 할 일과 하지 말아야 할 일등에 관해서도 고찰하였다. 물론 이전에도 천문에 대해 관찰을 하고 연구하였을 것이지만 『천관서(千官書)』에서 천문에 관한 원리가 제시한 이후에야 비로소 하늘의 세계와 그에 나타나는 현상들을 체계적으로 이해할 수 있게 되었다고[32] 할 수 있을 것이다.

천문(天文)은 이십팔수를 차례로 하고 일월오성의 역산을 추보하여 길흉화복의 계통을 세워 성왕이 정치를 하는데 참조한다는 내용으로서 정치에 성수학을 활용하였음을 단적으로 보여주고 있다. 28수(宿)는 고대 천문학자들이 하늘을 측량하는 기초로 삼았는데 입춘(立春)에 지구는 정확히 류성의 수(宿) 자리에 위치하게 되고 이날 한밤중에 류성 두수가 하늘의 정면 중앙에 떠 있는 것을 볼 수 있다. 고인들은 하늘에 떠 있는 해와 달과 오성이 사방으로 흩어져 있어도 일정한 궤도에 따라 운행을 하고 그에 따라 사시(四時)의 변화가 일어난다고 보았다.[33] 예를 들어 춘분(春分)은 규벽이니 계절의 따뜻함이

---
31) 야마자 케이지(김석근 옮김), 『朱子의 自然學』, 통나무, 2006. 227쪽.
32) 이문규, 앞의 책, 146쪽.
33) 『類經圖翼』에서 28 宿의 운행궤도를 월별로 분류하여 설명한 것을 인용하

시작되어 만물의 소생됨을 알리고 추분(秋分)은 각진이니 한기가 시작되어 만물이 수장함을 알리는 것이다.

2) 천체구조론(天體構造論)

고대 중국에서는 우주의 생성을 말하면서 하나의 보편적인 이론이 있었다. 그 이론은 아마도 신화적(神話的)인 기원(起源)을 가졌을 터이지만 세계가 형성되기 이전에 원초적인 물질인 기가 혼돈의 상태 속에 존재하고 있었다. 그것은 '맑고 가벼운 것이 위로 올라가 하늘이 되고 탁(濁)하고 무거운 것은 아래로 내려와 땅이 되었다.'[34] 라는 것인데 중국의 우주생성론(宇宙生成論)의 역사는 이 구절에 대한 해석의 역사 혹은 거기에 살을 붙이는 역사였다고 해도 좋을 것이다.[35]

> 여보면 "하늘을 주행하는 七政의 궤도는 즉 春分 二月 중에 태양의 궤도가 壁初에 있고 그로부터 해서 차례대로 南으로 향하여 옮겨감에 三月에는 奎壁에 들어가고 四月에 胃昴畢에 들어가고 五月에 觜參에 들어가고 六月에 井鬼에 들어가고 七月에 柳星張에 들어가고 秋分 八月중에 태양의 궤도가 翼의 끄트머리에서 軫과 교대하여 차례로 돌아 北으로 향하는데 九月에 角亢에 들어가고 十月에 氐房心에 들어가고 十一月에 尾箕에 들어가고 十二月에 斗牛에 들어가고 正月에 女虛危에 들어가고 二月에 이르러 다시 春分에 교대하여 奎壁으로 들어간다. 이것은 해가 길어지고 時가 따뜻함에 만물이 발생하는 것은 모두 奎壁으로부터 시작하고 해가 짧아지고 시가 寒하여 만물이 收藏하는 것은 모두 角軫으로부터 시작한다. 그러므로 春分은 門戶를 여는 것을 주장하고 秋分은 門戶를 닫음을 주장한다. 대저 開閉를 맡아 다스림에 문호가 아니면 어떻게 할 수 있겠는가? 그러나 규벽으로부터 남으로 행하는 것은 해가 陽道로 나아가는 것이니 그러므로 天門이라 한 것이고 角軫으로부터 北으로 행하는 것은 해가 陰道로 나아감이니 그러므로 地戶라 한 것이다."고 설명하고 있다.

34) 『列子』「天瑞篇」. "淸輕者上爲天, 濁重者下爲地."
35) 야마자 케이지(김석근 옮김), 앞의 책, 34~35쪽 참조

우주생성론을 시작으로 하여 우주구조론(宇宙構造論)이 또한 발전하고 있었다. 『회남자(淮南子)』「천문훈(天文訓)」의 구절에는 우주구조에 대해 설명하고 있다. 옛날에 공공이 제위를 차지하기 위해 전욱과 싸웠는데 공공이 노하여 부주산을 들이받아 하늘을 떠받치는 천주는 부러지고 땅을 맨 줄이 끊어졌다. 이 때문에 하늘이 서북쪽으로 기울어졌으며 해와 달과 별이 그쪽으로 옮겨졌다. '땅의 동남쪽은 채워지지 않아 빗물과 티끌들이 흘러가게 되었다.'[36]는 내용이다. 이런 신화적(神話的)인 우주구조론은 한 대(漢代)를 거쳐 진대(晉代)에서 와서 여러 가지의 천체구조론을 형성하게 된다.[37]

중국에서 가장 오래된 천문관측법을 설명한 『주비산경(周髀算經)[38]』 서문(序文)에서 천체(天體)에 대해 말하기를 높고 크기로는

---

36) 『淮南子』「天文訓」"昔者共工與顓頊爭爲帝, 怒而觸不周之山, 天柱折, 地維絶, 天傾西北, 故日月星辰移焉, 地不滿東南, 故水潦塵埃歸焉."

37) 『晋書』「天文志」에서는 "宇宙構造論으로서 여섯 가지 說을 기록하고 있다. 蓋天說·渾天說·宣夜說·安天論·穹天論·昕天論이 그것들이다. 안천론은 晋의 虞喜가 주창한 설로서 '하늘과 땅은 위와 아래의 위치에 고정되어 있어 움직이지 않으며 하늘은 한없이 높고 땅은 한없이 깊다. 그리고 뭇 별들은 모두 스스로 운행하는 것이다.'는 이론이고, 궁천론은 虞聳의 설인데 '하늘은 궁륭형으로서 달걀의 막과 비슷하다. 그 끝은 四海의 표면에 접하며 元氣 위에 떠 있다. 비유해서 말하면 뒤집어놓은 바가지 같은 것으로서 그것을 물 속으로 눌러도 가라앉지 않는 것은 그 속에 氣가 가득차 있기 때문이라'는 이론이다. 이런 설들에 대해서는 (藪內淸편 『중국중세과학기술사 연구』, 각천서점, 1963.)에 잘 정리되어 있다."(야마자 케이지(김석근 옮김), 앞의 책, 35~42쪽 참조.)

38) 蓋天說의 천체구조를 제대로 이해하려면 반드시 『周髀算經』에 대해 살펴볼 필요가 있다. 이문규는 『고대중국인이 바라본 하늘의 세계』에서 『周髀算經』을 봐야 하는 이유를 설명하면서 저작 시기에서도 말하고 있다. 일본인 천문학자 노다가 말한 『周髀算經』이 후한사분력 이후 채옹(蔡邕 132~192) 이전의 시기에 저작되었을 것이라는 견해를 가지고 있다. 양웅(揚雄 기원전 53~

하늘보다 큰 것이 없고 두텁고 넓기로는 땅보다 더 넓은 것이 없다. 그것들의 부피는 어마어마하고 아스라하며 그것들의 모습은 넓게 펼쳐져 있으면서도 그윽하게 맑기만 하다. 천체들로써 그것들의 진퇴를 살필 수도 있겠으나 너무나 크고 멀기만 하여 제대로 포착할 수가 없고 해 그림자를 재는 도구와 천구의(天球儀)로서 그것들의 장단을 가늠할 수도 있겠으나 너무나 거창하여 측정할 수가 없다. 비록 그 조화를 알고자 하여 정신을 다 쏟아봤자 그 오묘함은 이루 헤아릴 수가 없으며 감감한 것을 찾아내고 감춰진 것을 들춰내 봤자 그 정미함을 다 알 수가 없다. 그래서 이상한 이론들이 대두되고 의아스러운 원리들이 재기되어 마침내 혼천(渾天)과 개천(蓋天)이 생겨났다. 그 둘을 함께 고찰하면 천지(天地)의 길 사이의 간격을 메워 천지의 깊이를 드러내 줄 것이라고[39] 설명하고 있다. 여기서 말하는 혼천설과 개천설은 선야설(宣夜說)과 더불어 한대 중국인들이 하늘과 땅의 구조에 대해 최초로 과학적으로 접근한 한 방법으로 볼 수 있다.

개천설은 여러 종류의 형태를 갖추고 있는데 첫째는 하늘은 수레 덮개를 펼친 것과 같은 원형이고 땅은 바둑판과 같은 방형이다.[40] 둘

기원후 18)의 法言에 개천이라는 말이 처음 나오고 후한 채옹의 표지에 주비라는 말이 있으며 『주비산경』의 역법과 관련된 수치들의 대부분이 後漢 四分曆과 동일하고 24절기의 명칭과 순서도 완전히 같은 것으로 보아 이 시기에 이미 오늘날과 같은 『주비산경』의 전신이 존재했다는 것이다. 그럼으로 『周髀算經』이 후한 시기의 저작이라는 것이다.' 그러나 이 설은 설득력이 없다고 주장한다. 『周髀算經』은 『隋書』, 『經籍志』에 이르러서야 비로소 史書에 기록되었다는 점을 고려하면 노다의 주장은 잘못된 것이라는 것이다. 그러나 이런 주장도 그 학자의 소견에 불과 한 것이지 답은 될 수 없다.

39) 차종천, 『算數書·算經十書』上, 교우사, 2006, 414쪽.
40) 『晉書』, 「天文志」, "周髀家云 天員如張蓋 地方如棊局." 이문규, 앞의 책,

째는 하늘이 삿갓과 같은 모습을 하고 땅은 엎어 놓은 쟁반을 닮았다는 것이요, 셋째는 하늘이 기울어진 덮개와 같아서 남쪽은 높고 북쪽은 낮다는 것이요, 넷째는 하늘이 네모라는 방천론(方天論)[41]을 설명하고 있다.

혼천설은 개천 설 이후에 나온 것으로 중국의 천문학의 발전은 이후부터 되었다고 보는 견해다. 장형(張衡)의 『혼천의(渾天儀)』에서는 혼천은 달걀과 비슷하다. 껍질은 하늘에 해당되고 노른자는 땅에 해당된다. 하늘의 형체는 탄환처럼 둥글고 땅을 둘러싸고 있다. 하늘의 외부와 내부에 물이 있다. 하늘과 땅에 위아래의 상대적인 위치를 정립시키는 것은 기(氣)이며 모두 물 위에 떠 있다. 땅은 정지되어 있고 하늘은 남북극을 축으로 하여 끊임없이 수레바퀴처럼 회전하고 있다.[42] 이 새로운 견해와 이전의 설은 서로 모순되지만 양립하게 되고

286쪽 인용.

41) 王充은 방천론의 대표주자로서 하늘에 관한 논쟁에 적극 참여하여 천도는 자연무위이며 인도는 有欲有爲임을 체득하고 주장하였다. 일식과 월식을 포함해서 사람들이 관찰한 천상은 모두 개천설과 혼천설의 이론을 가지고 해석할 수 있다는 것이다. 이로써 일식은 하늘의 변이로 국가에 어떤 재난을 줄 수 있다고 말할 수 없게 되었으며 무위자연적임을 깨닫고 天道自然論을 만들었다. 왕충 천도자연론의 탄생은 당시 천문학의 연구 성과와 道家사상이 결합된 결과였다. 왕충은 개천설의 관점에서 하늘이 한 덩어리의 고로 8만리 높이의 상공에서 끊임없이 회전하고 있다고 생각했다. 하늘은 자연물로 의식이 없으므로 사람과 함께 전신적인 감응을 할 수 없다. 왕충은 사람이 천지의 기로 말미암아 형성되었고 天氣는 사람에게 일정한 영향을 미친다고 보았다.

42) "渾天如雞子, 天體圓如彈丸, 地如雞中黃, 孤居於內, 天大而地小, 天表裏有水, 天之包地, 猶 殼之裏黃, 天地各乘氣而立, 載水而浮...其兩端謂之南北極...天轉, 如車轂之運也, 周旋無 端, 其形渾渾, 故曰渾天也. (渾天儀).(야마자 케이지(김석근 옮김), 앞의 책, 38쪽 인용.)

이 두 설은 논쟁을 거치면서 각각 발전하였다. 그러나 이 두 설의 논쟁은 『진서(晉書)』「천문지(天文志)」에서 혼천설을 공인하고 인정함으로써 일단락이 되었다고 볼 수 있을 것이다. 『진서(晉書)』「천문지(天文志)」에 나오는 혼천설에 관한 내용이다.

선야(宣夜)의 학(學)은 끊어져서 본받을 것이 없어졌다. 비록 주비(周髀)의 술수는 남아 있으나 실제 하늘의 형상과 비교하여 살펴보면 많은 부분이 맞지 않는다. 오직 혼철설만이 하늘의 실정과 가깝다고 하겠다. 지금 사관이 측후대(測候臺)에서 사용하는 청동 가구가 바로 그 법을 잘 보여주는 것이다. 8척의 둥근 물체를 세워 하늘과 땅의 형상을 갖추었으니 이로써 황도를 바르게 하고 해 그림자의 길이가 늘어나고 줄어드는 것을 살펴 헤아리고 해와 달을 운행시키고 오행성의 궤도를 따르게 한다. 이런 방법은 정밀하고 심원하여 백대(百代)가 지나도 영원히 바뀌지 않는 도(道)이다. 관(官)에 그 기구는 남아 있으나 그에 관한 책은 없고 이전의 천문지 역시 그에 관한 내용이 빠져 있다.[43]

주비(周髀)에서 말하는 '개천설은 실제 하늘과 맞지 않고 혼천설만이 하늘의 실정과 맞다.'고 한다. 이는 측후대에서 개천설과 달리

---

43) 『晉書』「天文志」, "漢靈帝時, 蔡邕於朔方上書, 言宣夜之學, 絶無師法, 周髀術數具存, 多少遠失, 惟渾天近得其情, 今史官候臺, 所用銅儀則其法也, 立八尺團體而具天地之形, 以正黃道, 占察發歛, 以行日月, 以步五緯, 精微深妙, 百代不易之道也, 官有其器無本書, 前志亦闕."(이문규, 앞의 책, 312쪽)

혼천설은 혼천의와 혼상(渾象)이라는 기구를 사용하여 해와 달과 오행성의 운행을 관찰하고 황도를 바르게 하는 등 천체를 관측함으로써 보다 과학적으로 접근한 결과이다. 혼천설 또한 어느 시기부터 사용된 것인지 정확한 시기를 알 수 없으나 대략 기원전 4세기 무렵에는 이미 혼의 또는 혼의와 유사한 천문기구가 있었던 것으로 추정되며 천체구조에 관한 혼천적인 설명 역시 바로 이 시기에 처음으로 출현한 것으로 본다. 천체구조 이론으로서의 혼천설이 본격적으로 논의되기 시작한 것은 한 대 이후로 보아야 할 것이다.[44] 선야설은 왕충(王充)(27~약 100) 시대에 이미 맹아가 있었지만, 이후에야 유행되었고, 또 얼마 지나지 않아서 잠잠해졌다. 그 주된 이유는 정확한 역법을 제정하는데 사용될 수 없었기 때문이다. 선야설[45]의 중요한 견해는 하늘이 기(氣)이며 별들은 모두 대기에 떠 있다는 것이다.

한 대 이후에는 안천론(安天論)·궁천론(穹天論)·흔천론(昕天論) 등으로 발전을 거듭하면서 하늘에 대해 부단히 연구하고 또 발전하여 왔다. 또한, 고대 중국인들은 인간들이 각 나라마다 일정한 구획

---

44) 이문규, 앞의 책, 314쪽 참조.
45) **後漢末**에 잊혀진 선야설은 **郗萌**의 설이라 하나 그 진위가 정확하지 않다. 다만 전해진 내용은 '하늘은 고정된 물체가 아니다. **氣**의 무한한 공간일 뿐이다. 해와 달 그리고 뭇 별들은 허공 속에서 저절로 생성하여 떠돌아다니며 움직이거나 멈추거나 **氣** 그대로이다. 해와 달 그리고 다섯별의 운동은 일정하지 않으며 하늘에 뿌리를 두고 있지 않아서 각각 다른 운동을 하고 있다. 모두 동쪽으로 나아가며 속도는 그 **情**에 좌우된다. 하늘에 매여 있지 않다는 것을 거기서 알 수 있다. 고정된 물체로서의 하늘에 매여 있다면 그럴 리가 없는 것이다.'는 이론이다.(『晉書』「天文志」上.(야마자 케이지(김석근 옮김), 앞의 책, 40~41쪽, 재인용) **宣夜說**은 왕충 시대에 이미 맹아가 있었지만 정확한 역법을 제정하는데 사용할 수 없었기 때문에 이후 얼마 지나지 않아서 잊혀졌다.

[46]을 정하여 통치하고 있는 것과 같이 하늘에서도 일정한 구획을 지정하였다고 보았다. 당시에 체계적이면서도 구체적으로 잘 나타내고 구야설(九野說)에 대해 『회남자(淮南子)』에서는 다음과 같이 설명하고 있다.

> 하늘에는 구야(九野)가 있고 땅에는 구주(九州)가 있다.... 무엇을 구야라 하는가? 중앙(中央)은 균천이라 하며 그 별자리는 각·항·저이다. 동쪽은 창천이라 하며 그 별자리는 방·심·미다. 동북쪽은 변천이라 하며 그 별자리는 기·두·견우이다. 북쪽은 현천이라 하며 그 별자리는 무녀·허·위·영실이다. 서북쪽은 유천이라 하며 그 별자리는 동벽·규·무이다. 서쪽은 호천이라 하며 그 별자리는 위·표·필이다. 동남쪽은 양천이라 하며 그 별자리는 장·익·진이다.[47]

위에서 보면 하늘을 9구역으로 나누고 배정된 별자리를 보면 모두 28수가 된다. 즉 각 중앙을 합한 8방위에는 각 3수로 배정하고 북쪽 방위에는 4수가 배정된 것을 볼 수 있다. 이런 이유는 북쪽 방향에는 북두칠성이 있어 각별을 주관한다. 북두는 하늘의 문지도리이

---

46) 『九宮經』에 말하기를 "1은 恒山을 주관하고 2는 三江을 주관하며 3은 太山을 주관하고 4는 淮水를 주관하며 5는 嵩山을 주관하고 6은 河水를 주관하며 7은 華山을 주관하고 8은 濟水를 주관하며 9는 藿山을 주관한다." 또 중국을 九州로 나누고 있으니 "1은 冀州가 되고 2는 荊州가 되며 3은 靑州가 되고 4는 徐州가 되며 5는 豫州가 되고 6은 雍州가 되며 7은 梁州가 되고 8은 兗州가 되고 9는 揚州가 된다. 구주의 이름이 서로 고쳐지고 변했으나 禹임금 때의 구주가 여기 唐나라 때에 붙인 이름과 같은 것은 堯임금이 우임금에게 홍수를 다스리며 구주를 나눈 名을 따라 쓰면서 바꾸지 않았기 때문이다."(蕭吉(김수길·윤상철 공역), 『五行大義』, 大有學堂, 2012, 121쪽)

47) 劉安(안길환 역), 앞의 책, 121쪽.

므로 하늘에는 일곱 가지 법칙이 있고 북두는 일곱별이 있다. 북두의 첫 번째 별부터 네 번째 별까지가 괴가 되고 다섯 번째 별부터 일곱 번째 별까지가 표가 되니 모두 합해 일곱이다.『상서(尙書)』에 이르기를 '선기는 북두 앞의 괴성 네별이고 옥형은 가로로 갈고리 진 곳의 세별이다. 합해서 일곱으로 사계절과 오위를 고르는 것이다.' 라고 했다. 오위는 오행이니 사람에 있어서는 오명이 되고 칠성(七星)은 사람에 있어서는 칠단(七端)이 된다.

  하늘의 구획을 나누는 것과 같이 땅도 신주 · 기주 · 차주 · 엄주 · 대주 · 제주 · 박주 · 양주 · 융주와 같이 아홉 구역으로 나누고 있다.[48] 이는 우공의 구주설(九州說)에서 비롯되어『여씨춘추(呂氏春秋)』와『회남자(淮南子)』로 이어지면서 고대 중국인들의 관념 속에 자연스럽게 자리 잡고 있었다. 또 구산(九山)으로도 나누고 구새와 구수(九藪)로 나누었다. 또한 팔풍(八風)이라 하여 동북(東北)의 바람을 염풍이라 하고 동방(東方)의 바람을 조풍이라 하며 동남(東南)의 바람을 경풍이라 하고 남방(南方)의 바람을 거풍(巨風)이라 하며 서남(西南)의 바람을 양풍이라 하고 서방(西方)의 바람을 요풍이라 하며 서북(西北)의 바람을 여풍(麗風)이라 하고 북방의 바람을 한풍(寒風)이라 하였다. 또 수(水)도 나누었으니 곧 육수(六水)가 그것이다. 이와 더불어 대구주설도 등장하고 있었는데 전국시대의 추연은 중국은 천하의 81분의 1에 불과할 뿐이라는 것과 중국은 적현신주(赤縣

---

48) 땅도 神州 · 冀州 · 次州 · 弇州 · 臺州 · 泲州 · 薄州 · 陽州 · 戎州와 같이 아홉 구역으로 나누고 있다.

神州)라 부르며 그 안에 구주가 있어서 그것이 우공이 말하는 구주에 해당 된다는[49] 것이다. 또 하늘의 구획을 구주설과 구야설과 달리 하늘의 별자리 28수만을 나누어 하늘과 땅의 세계를 관련지으려는 관념이 천문학적으로 나타나기 시작하였다. 즉 하늘을 12개의 분야로 나누어 보는 12차 분야설로서 이는 목성(木星)에 해당하는 세성의 운행주기가 약 12년에 해당됨을 고려한 것이고 계절의 변화에 따라 1년을 12달로 나눈 것과도 관련성이 있으며 12차 12진 등과 연결 지으려 한 것이다. 「천관서(千官書)」[50]에서는 중궁(中宮)과 더불어 동궁(東宮)·남궁·서궁·북궁으로 나누었는데 중궁에 대해 다음 여섯 가지로 설명한 것을 참조하여 본다.

> 첫째 하늘이 가장 중요에 해당하는 자궁에는 천극성과 구(句)와 광위(匡衛)가 있다. 둘째는 자궁 주변에는 음덕 혹은 천일과 천창과 각도가 있다. 셋째는 북두는 이른바 선기옥형 이제칠정(旋璣玉衡 以帝七政)을 말한다. 두견으로 시각과 방위를 알 수 있으며 음양을 나누고 사시를 세우고 오행을 가지런히 하고 절기와 도수의 변화 및 기년(紀年)을 정하는 일이 모두 북두와 관련되어 있다. 넷째는 문창궁의 주위에는 귀인지뢰 보성이 있다. 삼능(三能)은 세 쌍의 별이 모인 것으로 그 색이 가지런하면 군신이 화합하고 가지런하지 못하면 군신 사이가 어그러진다. 보성이 밝고 가까이 있으면 군주를 가까이 보좌하는 신하와 친척의 세력이 강해지고 멀어지면 그 세력이 약해진다. 다

---

49) 『史記』,「天官書」. 참조. 이문규, 앞의 책, 65쪽 참조.
50) 달리 하늘의 구획을 다른 방법으로 보는 경향도 있었는데 이는 "『史記』「千官書」에 나타나는 五宮 체계이다. 이는 하늘에 떠 있는 모든 별들을 대상을 기준으로 하여 다섯 구획으로 보는 방법이다." (이문규, 앞의 책, 69~72쪽 참조.)

> 섯째는 두표 부근에는 초요와 천인 지뢰가 있다. 천인 지뢰의 별자리의 감옥 가운데에 있는 별이 실하면 죄인이 많고 허하면 죄인이 적다. 여섯째는 천일(天一)·천창(天槍)·천부(天賦)·초요(招搖)·천봉(天鋒)이 흔들려 보이고 크게 뾰족하게 빛나면 병란이 일어난다.[51]

고대 중국인들이 하늘을 분할하여 구획을 정하는 이런 방법들은 모두 하늘과 땅과 사람의 관계에서 서로 대응하면서 연결되는 합일사상(合一思想)에서 그 유래를 찾아볼 수 있다. 특히『사기(史記)』「천관서(千官書)」에서는 하늘을 분할하고 구획을 정하면서 당시에 유행하던 음양오행사상과 별들의 움직임을 보고 시간을 관찰하기 시작했다는 점이다. 즉 북두는 선기옥형이제칠정(璇璣玉衡 二帝七政)을 말하니 두견으로 시각과 방위를 알 수 있고 음양을 나누고 사계절을 구분하고 24절기와 세년(歲年)을 정한 것으로 그들은 하늘을 분할하고 구획을 정한 동시에 하늘의 떠 있는 무수히 많은 별자리의 움직임을 보고 시간을 알고자 한 것이다.

더불어 하늘에 떠 있는 붙박이별과 달리 주천(周天)하는 행성(行星)에 대해서도 관찰하고 있었다. 항성과 달리 일정한 궤도를 돌고 있는 오행성에 대해서 많은 관심과 연구를 하기 시작한 것이다.『사기(史記)』「천관서(千官書)」와『회남자(淮南子)』등에서는 오행성에 관해 상세히 피력하고 있는 것을 보면 참고해 볼 수 있을 것이다.

---

51)『史記』,「天官書」, 이문규, 앞의 책, 78쪽.

❷ 동양역법(東洋曆法)의 구성 내력

우주의 변화법칙에 관한 사변적(思辨的) 체계를 역(易)이 한다면 천인상응 원리에 의거하여 인간의 역사를 추고하는 것은 역(歷)의 분야이며 역사는 시간의 흐름 속에 놓이므로 역법이란 결국 역학(易學)과 역사를 연결시키는 매개 기능을 한다. 이렇게 '삼역'이 서로 일치되는 맥락에서 중국 고대의 천인감응 세계관이 전개된다고 볼 수 있다. 예로서 일·월식이 일어나는 현상 자체는 천체의 운행변화에 관련되는 부분이지만 그것을 예측하는 시스템은 역(曆)에 속하며 그 일·월식을 재이(災異)로 간주하여 제왕을 근신케 하고 백성의 뜻을 여론화하는 것은 역(歷)의 영역이다. 이 같은 일월의 운행과 변화를 우주론적으로 조망하여 하늘과 인간의 존재 원리를 해석하는 것이 역(易)의 본령이다.[52] 이와 같이 삼역 사상의 한 축인 역법 질서의 근거는 역시 천문(天文)에 바탕을 두고 있다.

1) 역법(曆法)의 역산(曆算)

역(曆)의 제정은 일월성신의 주천(周天)에 기원을 둔 것으로 천체력만이 가장 기본적인 역서(曆書)이다. 천체력에는 태양, 태음, 행성, 위성 등의 운행을 비롯하여 항성의 위치와 출입 일월식 등의 천문현

---
52) 김일권, 앞의 책, 235쪽 참조.

상이 모두 계산되어 있다. 이것은 인위적으로 이루어진 것이 아니고 천상에서 운행하는 천체를 사실대로 연구하여 지정한 것이다. 그러므로 역은 자연계의 주기에 따라 만들어져야 하고 인위적인 주기로 만든 역은 합리적인 역이 될 수 없다. 역에 쓸 수 있는 좋은 주기는 지구의 자전주기(自轉週期)와 지구의 공전주기(公轉週期) 및 달의 지구에 대한 공전주기이다. 지구의 자전주기는 1태양일을 만들어 주고, 지구의 공전주기는 1태양년을 이루며, 달의 공전주기는 1태음월을 정해 준다. 태양년을 기준으로 하여 만든 역법이 태양력(solar calender)이다. 태양력은 춘하추동의 계절변화와 일치하지만, 달의 삭망과는 전연 관계없다. 또 태음월을 기준으로 한 역법이 순태음력(lunar calendar)이다. 이것은 달의 삭망(朔望)에는 일치되지만, 계절변화는 전연 고려하지 않았으며 단순히 12삭망월을 1년이라 하였다.[53] 현재 우리가 쓰고 있는 달력은 태음태양력(lunisolar calendar)이라 하여 달의 삭망에 충실히 따르면서 가끔 윤달을 넣어서 계절에 맞추도록 한 역법이다.[54]

고대중국역(曆)의 연차(年次)를 정하고 있는 것에 대해 고찰하여

---

53) 정성희, 『朝鮮時代宇宙觀과 역법의 이해』, 지식산업사, 2006, 143쪽 참조.
54) 한국에서는 1896년(건양 1년)부터 태양력이 쓰였는데 이 역법은 그레고리우스력이다. 그레고리우스력이 현행의 태양력이다. 음과 같은 치윤법(置閏法)을 정하고 시행하였다. 즉, "① 서력기원 연수가 4로 나누어떨어지는 해는 우선 윤년으로 하고, ② 그중에서 100으로 나누어떨어지는 해는 평년으로 하며, ③ 다만 400으로 나누어떨어지는 해는 다시 윤년으로 정하였다. 이로써 1년의 평균길이를 365.2425일로 정하여 역에 사용하였으므로 실제의 1년보다 0.0003일이 길다. 그레고리우스력에서는 400년간에 97년이 윤년이 된다. (정성희, 앞의 책, 143쪽 참조)

보면 『사기(史記)』 「천관서(千官書)」에서는 섭제격(攝提格)[55]에 대해 세음(歲陰)이 좌행(左行)하여 인(寅)의 위치에 있고, 세성은 우전(右轉)하여 축(丑)에 머문다고 설명하고 있는데, 이는 세성이 약 12년 만에 하늘을 한 바퀴 돈다는 세성기년법을 말한 것이다. 그런데 십이지(十二支)는 일반적으로 시계바늘 방향과 같이 우회전하는 것으로 표시했는데 비하여 세성의 운행은 좌회전(시계방향과 반대방향)한다. 그래서 우선 천구상 축인(丑寅)과 신미(申未)를 묶어서 선을 긋고, 그 선을 축으로 하여 세성(歲星)의 위치와 좌우 대칭의 상(象)을 상정하고 그 상을 추적하면 십이지와 같은 순서가 된다. 이 상을 태음이라고 하며 각 연도에 있어서의 십이지는 실제로는 태음의 위치에 따라 정해진다. 세성기년(歲星紀年)을 태세기년(太歲紀年)이라고도 하는 것은 이 때문이다. 중국의 역(曆)이 십이진(十二辰)에 의해 연차(年次)를 정하고 있는 것은 이 법에 따른 것이다.[56] 세성기원설도 12분야설[57]이라 하여 천구(天球)의 적도[58] 상 부근을 12등분하고 십이지를 명명하여 목성의 운행으로 년의 기준을 삼았다. 『사기(史記)』 「율서(律書)」에 세성이 나와 동쪽으로 12도를 운행하다가 백일 만에

---

55) 『史記』, 『爾雅』에 의하면, 攝提格은 12支 중 寅의 옛 이름이다.
56) 劉安(安吉煥 옮김), 앞의 책, 126쪽 참조.
57) 12分野說은 천구가 황도상 12등분을 한 寅·卯·辰·巳·午·未·申·酉·戌·亥·子·丑으로 木星이 지나가는 길이다. 세성을 다른 말로 木星이라 한다. 木星은 1년에 1辰씩 이동하여 목성이 寅의 자리에 있으면 寅年이고 卯자리에 있으면 卯年이 되는 경우다.
58) 古代 中國에서는 天球의 赤道 부근을 약 30도씩 12부분으로 나눠 赤道 12次라하고, 隋·唐대에 들어 西洋天文學이 들어옴으로써 그 영향으로 黃道 12宮을 이용하였다.

멈추고 서쪽으로 팔도를 역행하며, 백일 만에 다시 동쪽으로 운행한다. 세성은 매년(每年) 삼십과 십육 분의 칠도를 운행하고 매일 십이 분의 일도를 운행하여 십이년이 되면 하늘을 한 바퀴 돌게 된다. 늘 새벽에 동쪽에 나타났다가 해가 저물녘에 서쪽 하늘로 사라진다고[59] 하였고, 『회남자(淮南子)』「천문훈(天文訓)」에서는 하늘의 시간적 시원(始原)은 목성에 의해 시작되고 이 목성은 12년 만에 하늘을 일주하고 다시 시작으로 돌아간다고 하였다. 세성(歲星)의 소재와 태세의 소재의 구분을 하면 다음과 같다.

〈표 1〉 세성의 명칭

歲星	星紀	玄枵	娵訾	降婁	大梁	實沈	鶉首	鶉火	鶉尾	壽星	大火	析木
歲支	丑	子	亥	戌	酉	申	未	傲	巳	辰	卯	寅
太歲	寅	卯	辰	巳	傲	未	申	酉	戌	亥	子	丑
太名	攝提	單閼	執徐	大荒落	敦牂	協洽	涒灘	作噩	閹茂	大淵獻	困頓	赤奮若

목성의 시간차와 태세기년법(太歲紀年法)에 대한 시간차를 참조하여 보면 세성기년법이 폐기되는 이유를 알 수 있다.

---

59) 司馬遷(김원중 옮김), 앞의 책, 173쪽.

천구를 12등분으로 나누어 12년에 1공전으로 보았을 때 세성의 공전 주기는 11.8565년이다. 태세의 12년 주기보다 약 52일 적다 이를 계산하여보면,

$$12년 - 11.8565 = 0.1435년$$
$$0.1435 \times 365일 = 52.37일$$

이 때문에 한번 공전을 할 때마다 약 52일씩 날이 쌓여 간다. 이것이 일곱 번 공전을 하게 되면 약 84년이 지나면 처음 출발할 때보다 1년의 차이가 생긴다.

$$84년 = 12년 \times 7회$$
$$7회 \times 52일 = 364일, 약 1년$$

이와 같은 문제가 발생함으로써 84년마다 새로운 기년(紀年) 안(案)을 만들어야 하는 문제가 생긴다. 중국은 한(漢)무제 이후 청대까지 근 100여 회의 개력(改曆)이 있었다. 이 많은 개력의 빌미도 이 세성(歲星)의 시간차로 인하여 이루어진 결과로도 볼 수 있다.

또한, 고대 중국인들은 매월의 산정도 매 절월의 중기 때마다 초저녁에 북두칠성을 관찰하면 자루(斗杓)가 30도씩 시계방향으로 좌선하면서 12지를 하나씩 가리킨다고 보았다. 즉 1년은 12개월이고 지

지(地支)도 12개이므로 매월(每月)에 하나의 지지(地支)가 배당되는 원리이다. 이것은 지구의 공전으로 인해 천구상에서 북두칠성의 두병이 동쪽에서 서쪽으로 즉 시계바늘 방향으로 회전하지만 육안으로 쳐다보는 밤하늘에서는 반시계방향이 된다.

『회남자(淮南子)』「천문훈(天文訓)」에서는 두표(斗杓)를 소세(小歲)라고 한다. 정월(正月)에 인(寅)의 방각을 가리키며 달마다 왼쪽으로 돌면서 십이진을 돈다. 함지(咸池)를 대세라고 한다. 2월에 묘(卯)의 방각을 가리키며 달마다 오른쪽으로 돌며 사중(四仲, 子·傲·卯·酉)을 돈다. 일주하면 또 처음으로 돌아간다고[60] 하여 두표가 12지의 방향을 가리키고 있음을 지적하고 있다. 1년을 12달로 나눈 것은 임의로 정하여 사용하는 것이 아니다. 여기에는 1태양년(365.2422일) 속에 대략 12번의 삭망월(朔望月)[61]이 들어가는 일월의 주기 관계를 나타낸 것이다. 이를 태음력이라 한다. 삭망월의 달은 날마다 13도 76분의 26을 가서 29日 940分의 499가 되어 1개월이 되고 12月로써 1년이 된다. 천제(天帝)는 사유(四維)를 둘러쳐 놓고 두성(斗星)이 그곳을 선회하도록 하였다. 달마다 일진씩 이동하고 다시 원위치로 돌아간다. 두성은 정월에는 인(寅)을 가리키고 12월에는 축(丑)을 가리켜 1년 만에 일주를 끝내고 다시 제자리로 돌아온다. 다시 말해, 두표는 11월의 동지에 자의 방향을 가리키고, 12월에 축

---

60) 『淮南子』, 「天文訓」: "斗杓爲小歲, 正月建寅, 月從左行十二辰, 咸池爲大歲, 二月建卯, 月從右行四仲, 終而復始."
61) 朔望月은 달이 음력 초하루에서 다음 초하루까지(29.5306일)를 말한다.

의 방향을 가리키고, 정월에 인의 방향을 가리키며 2월의 춘분에 묘의 방향을 가리키게 된다. 이것은 월건(月建)의 관념이다.

태양력은 계절의 변화를 읽을 수 있다. 그러나 태음력은 달의 위상 변화로 시간 주기를 만드는 달 주기이다. 달이 열두 번 차고 이지러지면 지구가 태양을 한 번 공전하는 시간인 1년이 된다. 문제는 달의 변화에만 의존하게 되면 계절의 변화가 몇 년 가지 않아서 서로 어긋나게 될 것이다. 그러므로 음력월과 계절을 일치시키기 위하여 윤달을 넣어 주는 것을 치윤법(置閏法)이라 한다.

현재의 계산법으로 보면

> 해의 공전주기 365.2422, 달의 공전주기 354.3672(29.5306 × 12월)
> 365.2422−354.3672=10.87=약 11일
> 11일 × 16년 =176일/365=0.48%

즉 해와 달의 공전주기가 매년 11일 차이가 나므로 16년이 지나면 계절은 음력 1월이 한여름에 가 있는 경우가 생긴다. 수치(數値)를 계산해 보면 여분으로 남는 11일이 3년 쌓이면 약 33일로 또 하나의 한 달을 만들고도 3, 4일 남는다. 5년이면 약 55일로 2삭망월에 4일 정도 모자라며 8년이면 약 87일로 약 3삭망월을 만들 수 있다. 그래서 개략적으로 윤법(閏法)을 일컬을 때 '3년 1윤, 5년 재윤(再閏), 8년 3윤'이란 말이 생겨났다. 그러나 더욱 정확하게 달과 해의 주기를

일치시키기 위해서는 19년 만에 7번의 윤달을 넣어야 한다.[62] 이를 '19년 7치윤법'이라 한다.

이처럼 치윤의 문제는 온전히 규칙적인 운동을 하지 않는 해와 달의 주기를 일치시켜서 시간의 질서화를 도모하고자 하는 중요한 방법이다. 이러한 이치로 반드시 19년이 되어서 여분이 없게 되는 것은 대개 천수(天數)는 9에서 끝나고 지수(地數)는 10에서 끝나는 법이기 때문이니 19라는 수는 천수 및 지수 두 가지가 함께 끝나는 수인 것이다.[63] 또한, 시간의 단위에서 빼놓을 수 없는 것에 일주일의 단위도 있다.[64]

또한, 매일의 날짜를 나타내는 것을 일진(日辰)이라 한다. 산수법(算數法)[65]의 시작은 1이다. 날의 시작은 일(日)부터 시작한다. 일진

---

62) 김일권, 앞의 책, 197쪽~201쪽 참조.
63) 『書經大全』: "然必以十九歲而無餘分者, 蓋天數終於九, 地數終於十. 十九者, 天地二終之 數."
64) "週日은 7일 주일보다 5일 주일이 먼저 사용되었다. 5일은 한 손의 손가락을 사용하여 셀 수 있으므로 매우 편리했다. 기원전 3000년경 바빌로니아에서는 60진법이 사용되고 있었다. 바빌로니아인들에게 3,3,6과 60은 신성한 숫자였다. 이들에게는 2달에 5일, 주일이 12번 있었으며 1년은 모두 72주로서 360일이었다. 세대를 거듭하여 1년이 365일임을 알았을 때는 1년이 73주가 되기도 하였다. 이러한 5일 주일은 이집트 문명에서도 나타난다. 7일 주일은 갈데아 사람들이 가장 먼저 사용한 것으로 보이고 요일 이름은 옛사람들이 맨눈으로 관찰할 수 있던 별들의 이름에서 왔다."(이정모, 『달력과 권력』,부키, 2015,37~39쪽 참조.)
65) "黃帝는 黃河의 물고기가 비치는 그림지도를 받고 또 日月星辰의 천문현상을 보고 천문관의 책을 지어냈다. 「大撓」라는 장관은 北斗七星의 이동하는 방향을 관찰하고 甲子 이하 60干支를 정했다. 容成이라는 신하는 달력을 제작했다. 「隷首」라는 신하는 算數의 법을 제정했다."("受河圖, 見日月星辰之象, 始有星官之書, 師大撓, 占斗建作甲子, 容成造曆, 隷首作算數."). (張基

은 곧 날의 시작으로 한번 지정한 이상 변하여 사용할 수 없다. 일진은 세성기년법의 폐기 이후부터 60갑자 기년법에 의해 매일의 날짜를 순차적으로 붙여 나가는 것이다. 그러나 사갑자설에 의해 갑자일부터 차례대로 순환하는 원리로 기록되어 있다고 주장들을 하고 있다. 즉 황제시대 지은 사갑자에 의해 처음 일진(日辰)을 갑자로 정하고 순환원리(循環原理)에 의해 차례 순으로 날을 정하여 나간다. 가령 일진이 갑자(甲子)라면 그 다음 날은 을축(乙丑)이 되고 또 그 다음 날은 병인(丙寅)이 된다. 이후 차례대로 정하여 나가면 된다. 일진 중에서도 매월 초하루 삭(朔)의 일진이 중시되었다. 그 이유는 이를 근거로 해당월 중의 어느 날이든지 그 일진을 모두 따져 낼 수 있다는 점과 달(曆月)의 대·소를 확인할 수 있기 때문이다. 더욱 정삭법(定朔法)[66]을 채택한 후 이후의 일진은 바로 삭(朔)의 일진(日辰)과 일치하게 된다.[67]

또한, 시간 설정에 대해서도 역(曆)의 최소단위인 1일의 기점을 정하는 방법과 1일을 분할하는 방법을 시법(時法)이라 하여 일정한 방법을 정하여 사용하였다고 볼 수 있다. 시간의 기원은 지구의 자전으

槿,「十八史略講義」, 명문당, 2005, 64쪽.)
66) 1朔望月의 길이가 약 29.53일이므로 曆에서는 한 달을 29일이나 30일로 만드는데 29일로 된 달을 小月이라 이르고 30일로 된 달을 大月이라 한다. 太陰曆에서는 작은달과 큰달을 적절히 배치함으로써 曆의 초하루와 달의 朔이 어긋나지 않도록 하는 것이 중요한 과제이다. 대월과 소월을 번갈아 배치하는 방법을 平朔法이라 하고 이와 반대로 실제로 달의 合朔을 따져 曆의 초하루를 정하도록 하는 방법을 正朔法이라 한다.
67) 金東錫, 앞의 책, 143쪽.

로 낮과 밤이 이루어지고 하루가 매겨진다. 하루의 시간은 지구의 자전이 이루어지면서 태양과의 각도변화의 상황으로 자리매김하는데 천구를 12등분 한 것과 같이 공간을 12방으로 등분하여 태양이 가리키는 방향이 인방(寅方)이면 인시(寅時)요 묘방(卯方)이면 묘시(卯時)로 시각이 정해진다. 시간의 기준도 월의 기준과 같이 북두칠성의 두병이 인방(寅方)을 가리키면 인시(寅時)요 묘방(卯方)을 가리키면 묘시(卯時)가 되는 것과 같이 야반시(夜半時)를 기준으로 12지에 따라 차례대로 순환하면서 시간을 나타낸다. 『사기(史記)』「역서(曆書)」에 초하루 날을 자시(子時)에 둠으로써 한(漢) 무제 개력 때부터 시간의 기준은 야반시(夜半時)로 정하였다고[68] 하였지만, 각 시대에 따라 시간의 기준은 달리 변통되어 왔으며 시간을 정하는 기술의 기준도 애초부터 하늘에 있었던 것은 결코 아니다. 천문현상 및 항성의 공간적 배치를 지표로 하여 인위적으로 설정한 것이다. 도수(度數) 외에 그런 기준은 두 가지 더 있다. 어느 것이나 도수에 관계 지워지지만 독립된 기원을 갖는다. 즉 12진[69]과 황도 28수로서 태양과 달은 1년

---

68) 이문규, 앞의 책, 213쪽 참조.
69) "12라는 것은 子부터 亥까지의 12신이다. 『左傳』에 '태양과 달이 만나는 곳을 신이라 한다'고 하고 注에 '1년에 태양과 달은 12회 만난다. 만나는 곳을 신이라 한다. 11월이 신은 성기에 있으며 12월의 신은 현호(子)에 있다'고 하는 것 등이 그것이다. 이것은 단지 하늘에 있어서의 방위에 지나지 않는다. 만약 땅에서 말한다면 남쪽을 향해서 서면 그 앞뒤 좌우에는 四方 12신의 방위가 있다. 다만 땅에 있어서의 방위는 일정하여 변하지 않는데 하늘에 있어서의 형상은 끊임없이 회전하고 있다. 하늘의 순화(午)가 땅의 午의 방위에 왔을 때 땅과 합치하여 하늘의 운행의 바름을 얻는 것이다."(楚辭集 註. 卷3. 天問. 十二焉分注)(야마다케이지(김석근 옮김), 앞의 책, 212쪽 재인용)

에 12회 만난다. 그 위치에 나타내 주는 것이 12신이다. 즉 주천을 12등분 한 것으로서 각각의 신이 1개월간의 태양의 소재를 나타낸다.[70]

고대 중국의 많은 역법 중에서 초기의 역법이면서도 후기의 역법제정에 모태가 된 『서경(書經)』「요전 · 채전(堯典 · 蔡傳)」에 나오는 역법을 채침(蔡沈)[71]이 주석(註釋)한 것이 있는데,[72] 이 역법 또한 후대

---

70) 야마다케이지(김석근 옮김), 앞의 책, 211쪽.
71) **蔡沈**(1167~1230)의 字는 仲黙이고 號가 九峯이다. 서산 선생으로 불린 채원정의 아들이자 성리학을 집대성한 朱熹(1130~1200)의 제자이다. 그는 1199년 주희로부터 『書經』의 주석서를 지으라는 명을 받고 10여 년 동안의 각고의 노력 끝에 『書經集傳』을 완성하였다. 채침의 주석서 또한 『書經集傳』에 나오는 내용을 번역한 것이다.(김동석, 『古典天文曆法精解』, 한국학술정보, 2009, 227쪽 참조.)
72) 하늘은 형체가 지극히 둥근데 그 둘레가 365와 4분지 1도이다. 그것은 땅을 둘러싼 채 왼쪽으로 돌되 늘 하루에 한 바퀴를 돌고 1도를 지나친다. 해는 하늘에 붙어 있는데 조금 느리다. 그러므로 해가 하루 동안 운행하는 것도 땅을 둘러싸고 한 바퀴를 돌되 하늘에 비해 1도를 못 미친다. 그 결과 365일과 940분의 235일을 쌓아서 해가 하늘과 만나게 된다. 이것이 1년 동안 해가 운행하는 도수(度數)이다. 달은 하늘에 붙어 있는데 더욱 느리다. 따라서 하루에 언제나 하늘에 미치지 못하는 정도가 13과 19분의 7도이다. 그리하여 29일과 940분의 499일을 쌓아서 달이 해와 만나게 된다. 달이 해와 12번을 만나게 되면 온전한 날 348일을 얻게 되고, 그 나머지 940분의 499의 합산치가 또 940분의 5,988일이 된다. 일법 940으로써 1일을 구하는 분모로 삼아 이 합산치를 나누면 6일을 얻게 되고, 다 나누어지지 않는 여분이 940분의 348일이다. 이에 얻게 되는 날수를 통합하여 계산하면 354일과 940분의 348일이 된다. 이것이 1년 동안 달이 운행하는 도수이다. 한 해에는 12개월이 있고 한 달에는 30일이 있으니 360일은 1년의 날수를 정하는 상수(常數)이다 그러므로 해가 하늘과 만나면서 5와 940분의 235일을 남기게 된 것이 기영(氣盈)이고, 달이 해와 만나면서 5와 940분의 592일을 못 채우게 된 것이 삭허(朔虛)이다. 이 기영과 삭허를 합하여 윤달이 생기게 되므로 1년의 윤율(閏率)은 10과 940분의 827일이다. 3년에 한 번 윤달을 두면 윤율은 32와 940분의 601일이 되고, 5년에 두 번 윤달을 두면 윤율은 54와 940분의 375일이 되며, 19년에

로 이어져 내려오면서 여러 사람들이 주석을 달았으나 똑같은 내용을 두고도 인용에는 차이가 있었다. 그것은 각인들마다 주천하고 있는 일월성신의 움직임을 조금씩 달리 보았기 때문이고 이로 인해 개력의 원인이 되기도 했다. 이런 채전의 주석에 대해 주자(朱子)가 쉽게 설명하고 있다. 즉 하늘[73]은 왼쪽으로 도는데 해와 달도 역시 왼쪽으로 돈다. 다만 하늘의 운행은 굳세어서 하룻낮 하룻밤 동안에 한 바퀴 돌고 늘 1도를 더 지나친다. 해와 달은 하늘과 어긋나서 후퇴하니 해는 하루에 1도를 후퇴하고 달은 하루에 13도 남짓을 후퇴한다. 천구는 한 바퀴 도는 주천도수가 365와 4분지 1도이니 매 해속에 단지 360일만 있다면 5와 4분지 1일 더 남기게 된다. 또 음력의 작은달에서 생긴 부족한 날 도합 6일을 떼어 내면 이로써 윤달을 둘 수 있게 된다. 더 남는 6일 5와 4분지 1이 기영[74]이고 부족한 6일이 삭허이다.[75]

> 일곱 번 윤달을 두면 기영과 삭허의 여분이 정제(整齊)되니 이것이 1장(章)이다. 그러므로 3년 동안 윤달을 두지 않으면 봄철의 한 달이 여름에 편입되어 계절이 점차 일정하지 않게 되고 자월(子月)한 달이 축월(丑月)로 편입되어 해가 점차 이루어지지 않게 된다.(『書經』「堯傳・蔡傳」)

73) 여기서 김동석은 원문에 나타나는 천도를 천체의 운행법칙 또는 천체의 운행 등으로 표현할 수 있겠지만, 천도에서 의미의 요소는 천자뿐이며, 따라서 천도는 곧 하늘을 가리키는 말이라고 생각한다. 그리고 이 하늘 역시 항성천을 의미하는 것이다.

74) "氣盈의 氣는 1태양년 24개 節氣의 '氣'를 말하고 朔虛의 朔은 1 태음년 12개 月朔의 '朔'을 가리키는 말이다. 따라서 氣盈이라 함은 1년의 상수 360일을 초과하여 1태양년의 날수를 꽉 채우게 되는 약 5.25일을 뜻하게 되고 朔虛라 함은 1년의 상수 360일에 미달하여 1태음년의 날수로써 채우기에 부족한 약 5.63일을 뜻하게 된다."(김동석, 앞의 책, 83쪽)

75) 朱子曰 : "天道左旋 日月亦只左旋 但天行健 一日一夜而周 常差過一度 日月違天而退 日是一日退一度 月是一日退十三度有奇 周天三百六十五度四分度之一 每歲只有三百六十日 餘了五日四分日之一 又除小月計六

하늘은 둥글고 땅은 네모졌다. 땅은 가만히 있는데 해가 돌고 이 것이 당시의 천체 구조론을 응용하여 해와 달과의 움직임을 보고 윤달을 만들고 있다. 기영과 삭허가 곧 그것이니 그 당시에도 윤달을 계산하여 정확히 날 수에 맞추어 놓고 있는 것이다.

이 외에도 『서경대전(書經大全)[76]』에는 주자를 비롯하여 한대(漢代)의 공안국(孔安國)의 주석과 당대(唐代)의 공영달의 주석과 오형수(吳亨壽)의 주석과 명대의 진아언(陣雅言) 등 13인의 학자들의 주석서가 있다. 이같이 역사가 전개되면서 계속적으로 천문에 관해 관심을 가지고 각기 조금씩 발전을 하여 오고 있었다는 것을 알 수 있다.

고인들은 시간을 역(曆)으로써 표현하기를 역은 인간의 생활을 합리적으로 통제하기 위한 가장 기본적인 법률을 역이라고 말할 수 있다[77]하여 인간은 시간에 의해 통제받게 됨을 일찍이 숙지하고 있었다. 그것이 또한 역법임을 설명하고 있다.

日 所以置閏 所餘六日爲氣盈 所少六日爲朔虛."

[76] 『書經大典』은 명나라 때 호광 등이 『五經大典』을 편찬하기 위해 지었는데 채침의 『書經執典』에다 다시 여러 학자들의 주석을 더 보탠 것이다. 이 책에서는 『書經』의 경문을 큰 글씨로 쓰고 채침의 주석을 큰 글씨로 쓰되 한 자 낮추어 썼으며 다른 여러 학자들의 주석은 한 자 낮춘 두 줄짜리의 작은 글씨로 썼다. 두 줄짜리의 작은 글씨로 쓴 주석을 細注라 이르는데 위 '朞三百' 조에 대한 세주는 朱子를 비롯하여 陣雅言에 이르기까지 13인의 주석을 모은 것이다. (김동석 저, 앞의 책, 167쪽.)

[77] 이은성 지음, 앞의 책, 3쪽.

2) 역법(曆法)과 방위

천구상(天球上)에서의 절대적으로 필요한 것은 기준이 되는 방위(方位)이다. 방위는 시각(年月日時)을 정하는데 기준이 되기 때문이다. 천구북극(天球北極)은 적위 +90°인 점인데 이곳을 지구의 자전축(自轉軸)이 지난다. 북극성은 현재 이곳에서 약 1° 떨어져 있다. 천구북극과 천정을 지나는 대원을 천구자오선(天球子午線)이라고 말한다. 천구북극을 중심에 두고 위쪽 자오선의 방향을 오(午), 아래쪽 방위를 자(子), 동쪽을 묘(卯), 서쪽은 유(酉)라고 항상 정한다. 북극의 주위를 일주 운동하는 북두칠성(北斗七星)의 두병(斗柄)이 아래를 가리킬 때 이것을 건자(建子)라고 말한다. 이와 같이 북극(北極) 주위의 방위는 주극성의 위치에 관계없이 북극성의 아래쪽은 언제나 자(子)이고 위쪽은 언제나 오(午)이다.[78] 옛 천문도(天文圖)나 옛 문헌에서는 천구 360°의 방위를 경도 12진법으로 나타내기도 한다. 이는 12지지로 천구를 나누어 춘분점(春分點)은 술방(戌方), 하지점(夏至點)은 미방(未方), 추분점(秋分點)은 진방(辰方), 동지점(冬至點)은 축방(丑方)의 위치로 정한 것이다. 그러므로 이 방법에 의하면 동쪽에서 서쪽으로 향하여 자·축·인·묘·진·사·오·미·신·유·술·해(子丑寅卯辰巳午未申酉戌亥)의 순서로 황도 또는 적도 상을 매겨 나간다.

고대 중국에서는 절기와 방위와의 관계에 관한 우주도식을 8괘로

---
78) 이은성, 『曆法의 原理分析』, 정음사, 1985. 94쪽.

설명하고 있는데.[79] 『주역(周易)』「설괘전(說卦傳)」에서는, 만물이 진(震)에서 나오니 진은 동방(東方)이다. 손(巽)에서 가지런히 하니 손은 동남쪽이며 제(齊)라는 것은 만물이 깨끗하게 정제됨을 말한다. 이(離)라는 것은 밝음이며 모두 서로 보는 것이며 남방 괘이니 성인이 남쪽 하늘에 내려와 밝게 다스리고 다 취하는 것이다. 곤(坤)은 땅이니 만물이 모두 자라는 이치이니 그곳에서 자라므로 땅이라 한다. 태(兌)는 바로 가을이니 만물이 결실하고 수확하는 기쁨이니 태라 한다. 건은 서북 괘(卦)이니 음방(陰方)과 양방(陽方)이 상호 부딪힘을 말한다. 감(坎)은 수(水)이니 정북방의 괘이며 수고로운 괘이니 만물이 소귀(所歸)하는 바이다. 간(艮)은 동북방이니 만물이 마침을 이루고 시작함을 말한다. 고로 간이라 한다.[80] 즉 동·서·남·북을 중심으로 한 사정(四正)과 북동·북서·남동·남서의 사유(四維)로 표시하고 만물은 동에서 나오고 동남에서 자라며 남쪽은 밝고 꽃이 피고 남서쪽인 곤(坤)방은 땅이니 이 모든 이치가 이루어지는 것이고 서쪽에 오면 만물이 결실을 맺고 서북방은 음양이 교차하고 북쪽에 오면

---

79) "禹王의 河圖·洛書에 의하여 九星이 일어나고 伏羲氏가 八卦를 배치하여 伏羲先天의 방위가 되고 周의 文王에 의하여 文王後天方位가 되어서 現今까지 사용하는 八方方位는 一卦가 三山을 分界하여 二十四山方位가 分定되었다."(金明濟, 『九星學(氣學) 入門』, 明文堂, 1993, 139쪽)

80) 『周易』, "萬物出乎震, 震東方也, 齊乎巽, 巽東南也, 齊也者, 言萬物之潔齊也, 離也者, 明也, 萬物皆相見, 南方之卦也, 聖人, 南面而聽天下, 嚮明而治, 蓋取此也, 坤也者地也, 萬 物皆致養焉, 故曰致役乎坤, 兌正秋也, 萬物之所說也, 故曰, 說言乎兌, 戰乎乾乾西北之卦也, 言陰陽相薄也, 坎者水也, 正北方之卦也, 勞卦也, 萬物之所歸也, 故曰, 勞乎坎艮, 東 北之卦也, 萬物之所成終而所成始也, 故曰, 成言乎艮."

모든 수고로움이 마무리하고 다시 시작하는 이치로서 방위와 절기에 대해 설명하고 있다. 이와 같이 '8괘의 기가 종결되면 사정과 사유의 분리가 명확해져 탄생·생장·수렴·저장의 도는 완비되어 음양의 본체가 정해지고 신명의 덕이 통하여 만물은 저마다 이루어진다고[81] 설명하고 있다.

『오행대의(五行大義)[82]』에서도 절기와 방위[83]와의 관계는 사시(四時)[84]에서 나타나고 있는 계절의 변화를 설명하고자 한 것으로 『주역통괘험(周易通卦驗)』을 인용하여 자세히 설명하고 있다. '간방(艮方)은 동북방으로서 입춘(立春)을 주관하고 진(震)은 동방으로 춘분(春分)을 주관하며 손(巽)은 동남방으로 입하(立夏)를 주관하고, 이(離)는 남방으로 하지(夏至)를 주관하며, 곤(坤)은 서남방으로 입추(立秋)를 주관하고, 태(兌)는 서방으로 추분(秋分)을 주관하며, 건(乾)은 서북방으로 입동(立冬)을 주관하고, 감(坎)은 북방으로 동지(冬至)를 주관한다고 했다.' 또 오행이 서로 합국(合局)으로 섞임을 설명하면서 '인오술(寅午戌)은 화(火)의 자리이니 인(寅) 속에는 생겨나는 화가 있어 동방에 자리하고 오(午) 속에는 왕한 화가 있어 남방에 자리하며 술(戌) 속에는 죽은 화가 있어 서방에 자리한다.' 삼

---

81) 『乾鑿度』, "八卦之氣終, 則四正四維之分明, 生長收藏之道備, 陰陽之體定, 神明之德通."
82) 蕭吉(김수길·윤상철 공역), 앞의 책, 524~528쪽 참조.
83) 방위의 섞임에 있어서도 "五行의 성질이 곧바로 서로 섞이는 것은 아니나 맡고 있는 방위에 또한 섞이는 뜻이 있다."(蕭吉(김수길·윤상철 공역), 앞의 책, 210쪽)
84) 四時는 東西南北방향으로서 四季節을 나타내는 의미다.

합(三合)의 방위를 시·중·종(始·中·終) 원리로 자세히 설명하고 있다. 또 절기(節氣)가 방위에 배속된 이유를 음양오행과 괘(卦)의 형상(形象)으로 예를 들어 나타내고 있다. 또한, 하늘의 다섯 방위의 주재자를 지정하였으니 28수(宿)와 사신도에서 보면 중앙에는 황제가 자미원을 다스리고 동방에는 청룡으로 표상되는 청제(靑帝)가, 남방에는 주작(朱雀)으로 표상되는 적제(赤帝)가, 서방에는 백호(白狐)로 표상되는 백제(白帝)가 북방에는 현무(玄武)로 표상되는 흑제(黑帝)가 각기 사방의 일곱 별자리씩을 맡아 나누어 다스린다고 보았다.[85]

이와 같이 고대 중국인들은 하늘과 땅의 방위를 지정하고 이와 더불어 자연의 변화를 음양오행학적으로 표현하여 생활에 깊숙이 활용하고 있었음을 알 수 있다.

---

85) 李純之(김수길·윤상철 공역), 『天文類抄』, 대유학당, 1993, 50쪽.

II

간지력의
역법적 제정

⋮

1. 간지력의 시원과 구성
2. 간지력의 월두와 시두배정론

고대 중국에서는 삭망월(朔望月)과 현대의 그레고리우스역과도 무관한 태양력을 사용하였는데, 1절기와 1중기로 된 1개월을 절월(節月)이라 하여 입춘이 연초(年初)이고 1년을 12절월로 하는 절월력(節月曆)을 역으로 사용하였다.[86] 간지력은 이러한 절월력으로서 민간에서 상용력으로 사용하였다. 간지력에 관하여 역법적 차원에서 이를 검토하여 보고자 한다.

✡ 1 간지력(干支曆)의 시원과 구성(構成)

1) 간지력의 시원

간지력의 시원과 관련하여 설명들을 하기를 사갑자설(四甲子說)은 간지력(干支曆)으로 하늘에서 운행하는 일월오성(日月五星)의 천도적 변화를 역수(曆數)에 맞추고자 한 역법체계라 하고 있다. 간지력으로 시간의 변화를 응용하고 있는 역학자들은 고전(古典)에서 전수되고 있는 이런 학설에 대해 이를 인용을 하고 있는데 그 내용의 진위(眞僞)를 구체적으로 살펴보고자 한다.

『회남자(淮南子)』「남명훈(覽冥訓)」에서는 '옛날 황제(黃帝)가 천하

---

86) 이은성, 앞의 책, 126쪽 참조.

를 다스리던 때 방목(力牧)과 태산계는 보좌역이었는데 해와 달의 운행을 조사하고, 음양이기(陰陽二氣)의 소장(消長)을 헤아려 사계(四季)의 추이를 밝히고, 12율(律)과 역법(曆法)을 바로잡았다.'[87]라고 하고 있다.

상해(上海)에서 출판된『흠정만년서(欽定萬年書)』에는 역원도(曆元圖)가 황제 61년(기원전 2637년)부터 시작하여 광서 169년(A.D.2043)까지 4680년에 걸쳐서 세차(歲次)에 대해 기록하여 알려줌으로써 최초의 상원갑자(上元甲子年)는 약 4500년 전 황제(黃帝) 때의 갑자년(甲子年)을 택하였음을 말하고 있다.[88] 또 사갑자(四甲子)의 간지력(干支曆)과 역법(曆法)과의 연관성에 관해 다음과 같이 주장하고도 있다. 사시(四時)는 12월령과 함께 목·화·토·금·수(木·火·土·金·水) 오행(五行)과 배합되었다. 이는 황제(黃帝) 즉위년(卽位年)인 기원전(紀元前) 2696년의 사갑자(四甲子) 역원(曆元)으로부터 전개되는 육십갑자(六十甲子) 기일법(紀日法)과 합쳐져 해마다 연월일시를 기록하는 기시법(紀時法)으로 정착되었다. 이는 결국 간지력(干支曆)의 등장으로 이어지는데 간지력(干支曆)은 천도(天道)변화의 음양오행적(陰陽五行的) 의미를 정확히 역수(曆數)에 맞추어 정리해 놓은 역법체계이다.[89] 다시 말해, 황제(黃帝)시

---

87) 劉安,『淮南子』,「覽冥訓」:"昔者黃帝治天下, 而力牧, 太山稽補之. 以治日月之行, 律陰陽之氣, 節四時之度, 正律歷之數."
88) 이은성,『曆法의 原理分析』, 정음사, 1985, 224쪽~226쪽 참조.
89) 沈揆喆,『命理學의 淵源과 理論體系에 관한 研究』, 한국정신문화연구원 박사학위논문, 2002, 107쪽.

대부터 사용한 사갑자(四甲子)의 세력(歲曆)을 시작으로 역법이 만들어졌으며 간지력(干支曆)은 천도변화의 의미를 역수에 정확히 맞추어 정리해 놓았다고 설명을 하고 있다.

특히 『삼명통회(三命通會)』에서는 혹자가 말하기를 대요씨(大橈氏)가 두병(斗柄)을 점쳐서 갑자를 만들었으니 필히 천지가 시작된 먼 시기까지 소급해 볼 수가 있다. 그러므로 년갑자(年甲子), 월갑자(月甲子), 일갑자(日甲子), 시갑자(時甲子)가 역원이 된다. 두병을 점치는 것을 생각하지 않아도 가히 12월로 정하여 있으니 천지가 처음 개벽된 일월이 합벽한 것과 같이 오성이 운주한 상태로 모두 북동쪽 견우의 첫째별에서 출발한 후 야반에 가히 동지점(冬至點)에 이른다. 이는 곧 역(易)의 움직일 수 없는 준법이 된 것으로 맹자(孟子)가 이로부터 천세(千歲)의 역(易)도 가히 앉아서 알 수 있다고 한 것이니 지금의 역(易)으로 고구하여도 맹자가 말한 것과 같이 알 수 있다고[90] 설명하고 있다.

위의 주장을 통틀어서 보면 현재 우리가 사용하고 있는 간지력은 천구상(天球上) 일어나고 있는 일월오성(日月五星)의 주기적(週期的)인 역수를 역법으로 표시되어 만세력(萬歲曆)으로 만들어졌고 천문(天文)과 밀접한 자연과학(自然科學)임을 자청(自請)하고 있다는 것이다. 그러나 여기에서 하나 문제가 되고 있는 것은 간지력이 정확히 역수에 맞추어 정리해 놓은 역법체계임을 강조한 대목이다. 이렇

---

90) 萬民英, 『三命通會』, 臺灣培琳出版社, 1996, 13쪽.

게 주장하는 것은 음양오행(陰陽五行)원리와 간지력과의 연관성을 정확히 짚고 가는 것은 맞으나 사갑자의 역원과 천문학적이고 과학적으로 천도변화에 맞게 계산된 역법과 일치된다는 논리는 합리적이지 못할뿐더러 현실적으로도 맞지 않다. 그 이유를 우선 아래 사항을 고려하여 보고 이어서 전개해 나갈 것이다.

첫째로 이순지는 상고(上古)에 해의 이름이 갑인(甲寅)일 때 갑자월(甲子月) 초하루 아침인 동짓날 한밤중에 해와 달 및 오성(五星)이 자방(子方)에 합하였다. 그래서 일월(日月)과 오성이 주옥처럼 모여 이어진 상서로움이 있게 되었고 그 상서로움이 응해서 전욱고양(顓頊高陽)씨가 책력(冊曆)을 세우는 기원으로 삼았다고[91] 하였다. 그러나 여기에서 전욱고양(顓頊高陽)씨가 세수를 갑인으로 책력을 삼았다고 하고 있으므로 연대와 인물이 맞지 않을뿐더러 세수도 틀리게 주장하고 있다.

둘째로 고대(古代) 황제시대(黃帝時代)의 사갑자설(四甲子說)에 대해 『운기학설(運氣學說)』에서는 은상시기(殷商時期)에는 갑자(甲子)의 간지(干支)를 사용은 하였으나 동한(東漢)시기 이전에는 갑자를 이용하여 해를 기록한 적이 없다고[92] 주장한다. 즉 은상시기(殷商時期)에는 갑자의 간지(干支)를 사용은 하였으나 갑자를 이용하여 해를 기록한 적은 없었으며, 다만 갑골문(甲骨文)에서 간지(干支)

---

91) "上古歲名甲寅, 甲子朔旦, 夜半冬至, 日月五星, 皆合在子, 故有合璧連珠之瑞, 以應顓帝建曆之元."(李純之,『天文類抄』, 대유학당, 2013, 369쪽.)
92) 任應秋(李宰碩 옮김),『運氣學說』, 東文選, 64쪽 참조.

가 사용된 것이 확인되고 있으나 간과 지는 각기 다르게 활용되고 있는 경우로 보고 있다. 간(干)으로서는 제왕(帝王)들의 이름에 사용되었는데 예를 들면 황제 성탕의 이름이 천을(天乙)이고 그의 아들들의 이름은 대정(大丁)·외병(外丙)·중임(中壬)이라 하고 손자들의 이름은 대갑(大甲)·옥정(沃丁)이고 증손자들의 이름은 대경(大庚)·소갑(小甲)이며 이로부터 줄곧 주왕(紂王)에 이르기까지 모두 17대 33왕이 간(干)으로 사용한 것으로 확인되고 있는 것으로[93] 볼 때 천간(天干)과 지지(地支)가 결합하여 세수(歲首)를 세고 있은 것은 아닌 것으로 보는 것이 근래 학술지에 발표되고 있고 이것을 인정하는 것이 통례로서 동한(東漢) 시기 이전에는 갑자를 이용하여 해를 기록한 적이 없다는 것을 뒷받침하고 있다.

셋째로 『고염무(顧炎武)』「일지록(日知錄)」에는 다음과 같은 기록이 있다.

> 『이아(爾雅)』 소에서는 '갑에서 계까지는 10일이 되며, 일은 양이다. 인에서 축까지는 12진이 되며, 진은 음이다.'라고 하였다. 이 22개의 명칭은 고대인이 날을 기록하는 데 사용하였으며 해를 기록하는 데는 사용하지 않았다. 해에는 알봉에서 소양까지 10개의 명칭이 있어서 이것이 세양이 되고 섭제격부터 적분약까지 12개의 명칭이 있어서 이것이 세명이 된다. 후세 사람들이 **甲子歲(甲子歲)**·계해세(癸亥歲)라고 하는 것은 옛 명칭이 아니다. 한 대(漢代) 이전에는 애당초 가차하지 않았다. 『사기(史記)』「율서(曆書)」에는 '태초 원년은 해의 순

---

[93] 任應秋(李宰碩 역), 앞의 책, 41쪽.

> 서를 언(알)봉섭세격이라 하고 달을 필취라고 하였는데 날짜가 갑자로 돌아오면 야밤중은 초하루의 시작이며 동지의 중기로 바뀐다.'라고 하였다. 그 분석의 명백함이 이와 같다.[94]

재론하면 『이아(爾雅)』 소에서는 천간(天干)과 지지(地支)로 표시된 22개의 명칭은 날을 세는 데는 사용하였으며 해를 기록하는 데는 사용하지 않았다고 하고 갑자세·계해세라고 하는 명칭은 한대 이전에는 아예 가차하지 않았다는 것이다.

위와 같이 볼 때 사갑자(四甲子說)에 대해서는 학자들에 따라 주의주장도 다른 데다 그 연대가 모호할 뿐만 아니라 황제(黃帝)라는 인물은 하나의 전설에 불과하여 실증할 방법이 없다.[95] 따라서 학설로 받아들이기에는 불합리할 뿐 아니라 신을 조장한다는 구실을 만들어 줄 수 있다는 점을 고려하여야 한다.[96] 고대의 역법(曆法)은 하늘에

---

94) 『爾雅』疏曰: "甲至癸爲十日, 日爲陽. 寅至丑爲十二辰, 辰爲陰. 此二十二名, 古人用以紀日, 不以紀歲, 歲則自有關逢至昭陽十名, 爲歲陽. 攝提格至赤奮若十二名, 爲歲名, 後人謂甲子歲. 癸亥歲, 非古也. 自漢以前, 初不假借."; 『史記』, 「曆書」: "太初元年年名焉. 逢攝提格, 月名畢聚, 日得甲子 夜半朔旦冬至, 其辯析如此."
95) 四甲子 기원설의 탄생 배경설명에 관해선 단락을 바꾸어 설명한다.
96) 『中國天文學史』에서는 간지기년의 曆元의 시초는 대체적으로 네 가지로 나누어 본다. 첫째는 세성기년법(歲星紀年法, 기원전 365년병진년)부터 시작되었다는 것과 둘째는 전욱력기년법(顓頊曆紀年法, 기원전366을묘년)으로부터, 셋째는 은력기년법(殷曆紀年法, 기원전 367년갑인년)부터, 넷째는 태초력기년법(太初曆紀年法, 기원전 104년 정축년)부터 紀年이 시작되었다는 네 가지 설을 제시하고 있으나 顓頊曆의 曆元인 甲寅年·甲寅月·甲寅日의 초하루 입춘을 기점으로 정한 것이 간지력의 기원이다. (新城新藏(沈璿譯), 『中國天文學史』, 臺灣翔大圖書有限公司, 1993, 505~620쪽.)고 주장한다.

서 주천(周天)하고 있는 해와 달과 별을 보고 역수에 정확히 맞추고자 심혈을 기울여 왔으나 여러 가지 어려움에 봉착하여 수차 개력(改曆)을 단행하게 되는데 한 무제(漢武帝)가 즉위하고 개력의 필요성을 분명하게 설명하고 있다. 그 구체적인 내용은 다음과 같다.

> 예전에는 담당 관리가 성도(星度) 천체의 위치와 운행 법칙을 분명히 알지 못했으므로 널리 인재를 모집하여 의견을 구함으로써 성도를 이해하고 인식하였다. 대체로 듣자 하니, 옛날 황제가 역법을 만들었는데, 끝없이 순환되어 죽지 않았고 명칭과 규칙이 명확하게 검증되었으며 악률의 청탁(淸濁)을 확정했고, 오부(五部)의 학설을 세웠으며, 기(氣)와 물(物), 분수(分數)를 명확하게 했다. 그러나 그것은 아득히 오래된 일이다. 써 놓은 것이 없어지고 악률이 느슨해졌으니, 짐은 이 점을 매우 애석하게 여긴다. 짐이 오직 한왕조의 역법을 완전하게 바로잡을 수 없어서, 일분(日分)에 대한 처리를 연구하여 수덕을 이길 수 있는 방법을 따르고자 했다. 지금 해가 하지를 운행하고 있으니, 황종률을 궁성으로 삼고, 임종률을 치성으로 삼고, 태주율을 상성으로 삼고, 남려율을 우성으로 삼고, 고선율을 각성으로 삼는다. 이 이후 절기와 기후가 정상을 회복하고, 우성이 맑은 소리를 회복했으며, 명이 정상과 변이의 주기성을 회복했고 자일(子日)에 해당하는 날을 동지로 삼게 되었으니, 음양이 만나고 떨어지는 이치를 실행할 수 있을 것이다. 11월 갑자 삭일(朔日)이 동지에서 교체되는 것은 이미 관측되었는바, 원봉(元封)7년을 태초 원년으로 삼아야 한다. 년명(年名)은 '언봉섭제격'으로 하고, 월명(月名)은 '필취(畢聚)'라 하고, 날은 '갑자(甲子)'라 하며, 야반(夜半)은 삭단(朔旦)의 시작으로 동지와 교차된다.[97]

조서(詔書)에 나타난 바와 같이 한왕조(漢王朝)가 건국(建國)하고 보

---
97) 司馬遷(김원중 옮김),『史記』, 민음사, 2012, 141쪽.

니 역법을 바로잡을 수가 없어서 새로이 원년(元年)을 제정하여 사용케 한다는 요지이다. 더욱이 역법의 시초라 할 수 있는 태초력(太初曆)을 사용하면서도 등평(鄧平)과 사마천(司馬遷)은 각자의 논법을 사용하고자 많은 논쟁을 하였다. 즉『사기(史記)』「역서(曆書)」에 역술갑자편(曆術甲子篇)이라는 역보(曆譜)가 있다. 여기에 실려 있는 시간의 표시를 보면 다음과 같다.

> 태초원년 세명언봉섭제격 월명필취 일득갑자 야반삭단동지 정북십이[98]

이것은 태초원년(太初元年)은 태초개력(太初改曆)이 실시되었던 해를 말한다. 태초원년(기원전 104년)은 세양(歲陽)이 갑(甲)의 위치에 있으므로 언봉(焉逢) 세음(歲陰)이 인(寅)의 위치에 있으므로 섭제격(寅)이다. 즉 태초 원년은 기원전 104년 갑인년(甲寅年)이라는 설명이다. 정력으로 채택된 등평의 팔십일분율력(八十一分律曆)[99]과 그에 대립되는 사마천의 역술갑자(曆術甲子)[100] 편을 살펴보면 태초원년(太初元年) (기원전 104년)은 언봉·섭제격[101] 곧 갑인세(甲寅

---

98) 太初元年 歲名焉逢攝提格 月名畢聚 日得甲子 夜半朔旦冬至 正北十二
99) 八十一分律曆:「鄧平」의 太初曆 역수는 1년=365와 385/1539일, 1월=29와 43/81일이다. 朔望月의 分數가 81인데서 81分曆이라 한다.
100) 曆術甲子 : 後漢에 반포된『司馬遷』의 四分曆의 법수는 1년=365와 1/4일, 1월=29와 499/9400이다.
101) 焉逢 攝提格 : 10干과 12支의 옛 이름이다. 즉『史記』라는 책에서 보면 十干의 甲을 언봉, 卯를 단몽, 丙을 유조 등으로 부르고, 十二支의 寅을 섭제격, 卯를 단알, 辰을 집서 등으로 불렀다.

歲)이며 태초 2년은 단몽·단알세 곧 을묘세(乙卯歲)이고 태초 3년은 유조·집서세로 병진세(丙辰歲)이다. 그러나 현행 기년(紀年)으로는 태초원년(太初元年)이 정축(丁丑)년, 태초 2년이 무인(戊寅)년, 태초 3년이 기묘(己卯)년이며 이를 연속하여 오늘에 이르고 있다.[102] 이와 같이 역법의 시초라 할 수 있는 태초부터 세시의 문제가 일치하지 않고 있는 경우를 참조해 보드라도 기년(紀年)의 산정방식에 문제가 충분히 있을 수 있다고 볼 수 있는 것이다.

고대에는 망원경이나 측후시설이 미비하던 시기에 육안(肉眼)으로 천구상의 이치를 다 깨우치기에는 한계가 있고 더욱이 현실적으로 맞지도 않고 있음을 깨닫고 BC 365년인 춘추전국시대부터 사용하여 오던 세성기년법을 폐기하고 후한(後漢)에 들어와서 개력(改曆)을 단행하게 된다. 즉 후한(後漢) 장제(章帝) 원화(元和) 2년에 반포된 사분력(四分曆)으로 개력을 단행하면서 그동안 사용되어 오던 세성(태세)기년법이 폐지되고 간지기년법(干支紀年法)으로 년명(年名)을 쓰기로 하였고,[103] 이것이 오늘날까지 계속되고 있다.[104] 특히 후한

---

102) 김일권, 『東洋 天文思想 하늘의 역사』, 예문서원, 2002, 227쪽~230쪽 참조.
103) 장기성(張其成)은『동방생명화원(東方生命花園)』에서 간지기년에 대해 설명하기를 간지로 연을 기록하는 것에 대해 '어떤 사람은 동한시대(東漢時代) 장제(章帝) 원화(元和) 2년(85년)의 사분력에서 시작되었다고 말하기도 하고 또 어떤 사람은 동한 시대 순제(順帝) 영건(永建) 원년(元年 126년)에 시작되었다고 말하기도 한다. 그러나 사실상 서한시대 초년에 이미 간지에서 년(年)을 기록하는 방법을 발명하였다.『회남자(淮南子)』의 기록에 따르면 회남 원년 겨울에 태을(太乙)이 병자(丙子)에 있다고 했다. 이는 회남 왕인 유안(劉安)이 즉위하던 해가 병자년이었음을 말한 것이다. 이는 간지에서 연을 기록한 것은 태초력(太初律)이 반포되기 전인 250여 년 전 서한시대(西漢時代)에 이미 민간에서 유행했음을 설명하는 것이다. 그것을 동한 시대에 이르

(後漢) 때의 개력을 시행하게 된 시대상을 참고할 필요가 있는데, 『후한서(後漢書)』「율력지(律曆志)」에는 '이제 역법을 고쳐서 사분력을 시행함으로써 요(堯)의 뜻을 좇고 공자(孔子)가 하늘을 받들었던 문을 따르고자 한다. 여러 군자(君子)와 백성들은 한마음으로 삼가 시(時)를 받기를 바란다.'[105]라고 하여 사분력에는 참위적인 색채가 가미 되었다는[106] 것을 말하고 있다. 이것은 관상수시(觀象授時)로서의 본래의 뜻과 더불어 참위(讖緯)가 개력의 필요성과 정당성을 부여하며 참여케 되고 사상적 논리도 인정을 받고 있었음을 알 수 있다.[107] 즉 후한 장제 시대에는 도참의 성격이 강하게 어필되는 시기였기 때문에 사분력으로 개력을 단행하면서 참위의 사유가 역법에도 흡수되게 됨으로써 간지력을 이용하여 인간의 길흉화복을 점치는 역학(易學) 분야에서는 중요한 계기가 마련된 시기(時期)로도 볼 수 있을 것이다.

후한시대 이래 세성과 무관한 간지기년법이 되었지만, 세성기년법을 사용한 흔적은 곳곳에서 보이고는 있으나 후한 장제 2년부터 인위

러서야 국가의 역법으로 채택되었다고 설명하고 있는 것이다.(陸致極, 『中國命理學史論』, 상해출판사, 2008. 79쪽.) 그러나 간지의 기원은 대체적으로 후한(後漢) 장제(章帝) 원화(元和) 2년에 사분력(四分曆)으로 개력(改曆)을 반포하면서 간지기년법을 년명(年命)으로 쓰기 시작하여 점차 연월일(年月日)로 확대 시행하게 된 것으로 보는 것이 정설로 보고 있다.

104) 김일권, 위의 책, 64쪽 참조.
105) 『後漢書』,「律曆志」: "今改行四分, 以遵於堯, 以順孔聖奉天之文, 水百君子越有民, 同 心敬授."
106) 『後漢書』,「律曆志」: "四分曆本紀圖讖."
107) 이런 점을 감안한다면 후한장제 때 사분력 시행부터 사주학의 시원을 고려해 볼 의미가 있다.

적으로 만들어진 60갑자 간지력에 의해 순환원리로 사용하고 있음을 주지해야 할 필요가 있다. 다만 후대(後代)로 내려오면서 백여 차례의 개력(改曆)을 단행한 것으로 볼 때 역법 창간에 많은 문제점이 있었고 간지력의 순환도 일정하게 연속성을 가지고 전환되기보다는 시행에 많은 착오가 있었을 것으로 보는 것이다. 여러 학자들의 개력과 역법의 불합리성을 주장하는 이유를 살펴보면 그 단초를 발견할 수 있다.

주자(朱子)가 말하기를 '요(堯)와 순(舜) 이래의 역(曆)은 한(漢)나라 때에 이르러 모두 사라져서 어떻게 내려왔는지 살필 수가 없다. 지금은 그 큰 계통이 바르지 않기 때문에 전혀 취할 구석이 없다.'[108] 라고 한나라 이전의 역은 아예 역자체가 유실되고 없으니 취할 바가 없다고 이야기하고 있다.

원대(元代)에 와서 소천작(蘇天爵)은 '1182년 동안에 역(曆)이 70번 개정되었고 그 가운데 새롭게 창조된 것은 열세 가지였다.'[109] 원대(元代 1281년)까지의 역의 개력(改曆)이 이와 같으니 기원전(紀元前)은 말할 것도 없고, 원대(元代) 이후에도 여러 차례의 개력이 있었음을 알 수 있다.

명대(明代) 심괄(沈括)은 세상에서 성상(星象)을 이야기하는 사람들이 역법에 근거하여 그것을 이해하는데 역법도 추측에서 나온 것이라는 것이다. '나는 봉원력(奉元曆)의 서문에서 이에 대해서 이미

---

108) 陳遶嬀,『性理大全』: "但堯舜以來曆, 至漢都喪失了, 不可考緣. 如今是焉 大總紀不正, 所以都無 是處."
109) 『元朝名臣事略』,「郭守敬傳」, "計千一百八十二年 曆經七十改 其創法者 十有三家"

상세히 이야기하였다. 치평(治平) 연간에 금성(金星)과 화성(火星)은 진숙(軫宿)에서 모였는데 숭진력(崇眞曆), 선명력(宣明曆), 경복력(景福曆), 명천력(明天曆), 숭천력(崇天曆), 흠천력 등 도합 11가지의 대력(大曆)으로 추산하였으나 모두 부합되지 않았으며 심지어 30도 넘게 차이가 나기도 하였으니 어찌 역법을 믿을 수가 있겠는가.'[110] 이처럼 역법은 추측에서 만들어졌기 때문에 믿지 못하겠다고 지적하고 있다.

결론적으로 간과하지 말아야 할 것은 세성기년법은 천상에서 운행하고 있는 일월성진의 주천도수를 천문학적으로 맞추고자 한 역법이나 간지기년법은 인위적인 인문(人文)으로서 사람들의 편의에 의해 사용케 되었다는 것과 만세력으로 사용하고 있는 간지력의 간지는 십간 십이지로서 원래 천상의 현상과는 관계없이 처음부터 날짜를 표시하는 부호(符號)로 역(曆)에 적어 넣은 것이었다는 점이다.[111] 또 이런 간지력이 정확히 언제 어느 누구의 손에 의해 창조된 것인지는 모른다는 것과 다만 오래전에 만들어진 것을 세월이 흘러오면서 후인들이 위서(僞書)에 가차한 것이 아닌가 하는 추측할 뿐이다.

---

110) 沈括,『夢溪筆談』: "世之言星者, 恃曆以知之, 曆亦出乎臆而已. 某於奉元曆序論之甚詳, 治平中 金火合于軫, 以崇眞宣明景福明崇欽天. 凡十一家大曆步之悉不合, 有差三十日以上者, 曆豈足恃哉."
111) 中山茂,『占星術』, 東京 : 朝日新聞社, 1993, 65쪽. 曺圭文,『天綱 袁守成의 命理思想에 관한 연구』, 대전대대학원 박사학위논문, 70쪽.

2) 간지력의 구성

년의 간지를 세차(歲次)라 하고, 월의 간지를 월건(月建)이라 하고, 일의 간지를 일진(日辰)이라 하고, 시간을 시진(時辰)이라 표현하고, 세차는 간지기년법(干支紀年法), 월건은 간지기월법(干支紀月法), 매일은 간지기일법(干支紀日法), 시간은 간지기시법(干支紀時法)이라 한다. 이 모든 기법(紀法)은 60갑자력법에 그 기본을 두고 있다. 즉 세차는 1년을 주기로 60갑자에 의해 갑자순부터 차례대로 지정하고 월건은 1년은 12개월 지지(地支)도 12개이므로 한 달에 한 자씩 고정적으로 배정하여 쓴다. 일진 또한 같은 원리로 차례대로 지정하여 쓰고 있다. 이에 대해 자세히 살펴보기로 한다.

(1) 간지기년법

간지기년법은 추년법(推年法) 혹은 둔년법(遁年法) 등으로도 불린다. 그해의 간지를 태세(太歲)라고 하고 세신(歲神) 또는 세군(歲君)이라고도 한다. 태세는 육십갑자 순서로 되어 있으므로 그 당년의 태세에 따라 정하여진다. 고대 중국의 천문학자들은 행성들이 천구상의 같은 위치에 모이는 주기에 관하여 신경을 써왔다. 그중 목성과 토성이 같은 황경상에 거듭 돌아오는 주기가 60년에 극히 가깝다는 것을 알았다. 이는 목성의 대항성 주기 약 12년에 대하여 토성은 약 30년이기 때문이다.[112] 또한, 전술한 삼원설과도 일정한 연관성을 가

---

112) 이은성, 앞의 책, 198쪽.

지고 있다고도 설명할 수 있는데 여기서 60갑자가 만들어진 이유가 설명될 수 있을 것이다. 이를 통해 보자면 간지로 역년(曆年)을 나타내는 방법이 일찍부터 쓰여 졌다는 것을 알 수 있다. 간지기년에 대해 구중회는[113] 간지기년의 1년의 시작은 24절기의 입춘이 드는 인월(寅月)을 기준으로 하여 태어난 그해의 간지를 보는 것이다.[114] 즉 입춘은 봄의 절기(節氣)에 속하는 정월(正月)의 절(節)이며 겨울에서 봄으로 바뀌는 기준점이 되기 때문이다. 입춘일입·춘 시간 전까지는 아무리 날짜로 정월 초하루가 지난 새해를 맞이했다 하더라도 아직 바뀌지 않은 전년도의 태세를 써야 한다.[115]

---

113) 간지기년에 대해 구중회는 "간지기년은 西漢 말년 왕위에 오른 王莽(BC 45~AD23) 시기에 시작되었다고 한다. 東漢 광무제(BC6~AD57) 건무(54년) 30년부터 간지기년법이 널리 보급되어 현재까지 계속 중단되지 않았다."(구중회, 앞의 책, 54쪽.)고 주장한다.

114) 李錫暎에 의하면, "출생한 년도 즉 태세를 그대로 기록하면 된다. 特別例가 있으니 그것은 立春節을 기준으로 하여 정하는 만큼 정월생이라 하더라도 입춘절이 들기 전 그 시간까지는 전년도 太歲로 정하는 것이고 또 12월생이라 하더라도 입춘절이 이미 지난 입절 후 출생자는 新年度 太歲로 정해야 한다." 첨언하자면, '建正'은 歲首를 정하는 것인데, 夏·殷·周·秦代에서 寅·丑·子·亥年을 기준으로 삼았다가 漢代에 와서 다시 立春이 든 寅月을 歲首로 삼아 지금까지 계속적으로 사용하고 있다. 그러나 일부에서 하루의 시작이 子時부터 시작하고 1년의 시작도 冬至가 든 子年을 기준으로 삼는 冬至紀年說을 주장하고 있는데, 이는 卦象에서 一陽이 子에서 시작한다는 논리다.(李錫暎, 『四柱捷徑』 권1, 한국역학교육학원, 2008, 19쪽 참조) 이는 年柱를 세우는 법이 된다.

115) 간지기년을 따지는 방법에는 대개 세 가지가 있다. 첫째 만세력을 보는 방법, 둘째 만세력이 없을 때 六十甲子를 보고 올해의 간지에서부터 자기의 나이를 거꾸로 셈하는 방법, 셋째 손가락으로 따져보는 방법이다.(洪丕謨·姜玉珍(문재곤 옮김), 앞의 책, 107쪽 참조)

(2) 간지기월법

간지기월법은 추월법(推月法) 혹은 둔월법(遁月法)이라고도 한다. 그해의 첫머리에 육십갑자에 해당하는 월건(月建) 붙이는 방법이란 뜻이다. 기월상 주의할 점은 년의 기준을 입춘으로 하듯이 각 월의 기준도 절입(節入)의 시기를 표준으로 정하여야 한다. 즉 월(月)의 분할은 24절기에서 아래와 같이 12절기를 분할되는 점으로 삼는 것이다. 예를 들어 정월은 입춘을 시작점으로, 경칩은 2월의 시작점으로, 청명은 3월의 시작점 등으로 삼는다. 이는 일반적으로 달력에 표시된 양력(陽曆)의 월이 아니면서도 또한 음력(陰曆)으로 표기된 월도 아니다. 이 12절기는 한 회귀년(回歸年)에서 태양이 황도(黃道)에서 운행하는 열두 개의 분할 점이다. 이는 양력에서 큰 달과 작은 달의 날짜가 서로 다른 것을 피할 수 있고 음력(陰曆)에서 윤달의 문제도 피할 수 있다.[116] 즉 24절기에서 절(節)을 경계로 삼아야 하고, 그 달의 '절' 이전에 태어났으면 그 전달의 간지를 써야 한다.

〈표 3〉 紀月의 기준

月別	1월	2월	3월	4월	5월	6월	7월	8월	9월	10월	11월	12월
地支	寅月	卯月	辰月	巳月	午月	未月	申月	酉月	戌月	亥月	子月	丑月
紀月	立春	驚蟄	淸明	立夏	芒種	小暑	立秋	白露	寒露	立冬	大雪	小寒

---

116) 陸致極, 앞의 책, 71쪽.

둔월법(遁月法)에는 일정한 규칙이 있는데, 그해의 첫머리에 육십갑자에 해당하는 월건을 붙이는 방법이다. 월주를 셈하는 방법에는 일정한 계산을 거쳐야 한다. 갑(甲)과 기(己)의 해는 병(丙)이 처음이고, 을(乙)과 경(庚)의 해는 무(戊)가 머리에 온다. 병(丙)과 신(辛)의 해는 반드시 경(庚)에서 시작하고, 정(丁)과 임(壬)의 해는 그대로 임(壬)에서 시작한다. 다시 무와 계의 해는 갑인(甲寅) 위에서 찾으면 될 것이다.[117] 이 설명은 갑과 기가 오는 해에는 병인월(丙寅月)부터 정묘월(丁卯月), 무진월(戊辰月) 등 순차적으로 따져 나가면 된다. 일설에 의하면, 지지(地支)로 기월(紀月)하는 것은 대략 춘추시기(BC722~482)부터 시작되었다고 한다. 당시 사람들은 남지의 달 즉 동지(冬至)가 들어있는 달을 자월(子月)이라 일컬었다. 그 후 순차는 축월(丑月)·인월(寅月)·묘월(卯月)···자월(子月) 이전까지이고 반대 방향으로 순서는 해월(亥月)·술월(戌月)·유월(酉月)···해월(亥月)로 셈한다.

(3) 간지기일법

그날에 해당하는 간지(干支)를 일진이라 한다. 셈하는 방법은 아주

---

117) 年頭法 또는 둔월법의 공식은 아래와 같다.

    甲己之年丙作首   丁壬壬位順行流
    乙庚之歲戊爲頭   更有戊癸何方覓
    丙辛必定尋庚起   甲寅之上好追求

위와 같은 요령에 의해 그해의 첫머리에 육십갑자에 해당하는 월건이 지정되고 이후 차례대로 붙여 나가면 된다.(洪丕謨·姜玉珍(문재곤 옮김), 앞의 책, 108쪽.)

간단하여 만세력을 보거나 달력에 기입된 그 날의 간지를 보면 된다. 단 주의할 것은 일주를 보는 시간의 기준점이다. 즉 자시를 기준점으로 하여 전일의 오후 11시부터 당일 오후 11시 전까지는 그 날의 간지를 쓰고 전일 오후 11시 전에 출생 시는 전일의 간지를 쓰며 당일 오후 11시 후에 출생 시는 다음 날의 간지를 일주(日柱)의 간지로 삼는다.[118]

간지기일법이 간지기년법과 같이 언제부터 사용되었는지 정확한 시기를 알기는 어렵다. 다만 한 사료를 참조하여 보면 춘추시기(春秋時期)인 노(魯)나라 은공 3년(BC720) 2월의 기일(己日)부터 사용되다가 청(淸)나라(1616~1912) 선통 3년(1911)에 정지되었다고[119] 하고 있으나, 전술한 바와 같이 대체적으로 갑골문에서 나타난 것을 참고할 때 은(殷)대에 날을 세거나 왕들의 이름에 사용한 것으로 추측하고 있다.

(4) 간지기시법

고대 중국인들의 시간개념은 그 필요성만큼이나 다양하게 사용하고 있었다.[120] 대체적으로 12시진으로 자리를 잡은 것은 북두 7성과 관계 설정에서부터이다. 하루의 낮과 밤을 12진으로 나눈 것은 북두

---

118) 백영관, 『四柱精說』, 明文堂, 2007, 25쪽.
119) 구중회, 앞의 책, 52쪽 참조.
120) 초기 干支紀時法에는 오늘날과 같이 基準時를 지정하는 經度나 緯度 같은 것이 없었고, ② 야자시(夜子時)와 조자시(朝子時), ③ 표준시간, ④ 섬머타임(Summer Time) 과 같은 제도는 고대동양역법에는 해당이 없는 사항이다. 다만 현재의 서양(그레고리우스)역법을 채택하고부터 일어난 일련의 시간 계산법으로서, 참고하되 구체적 문제는 후술한다.

7성이 하루 동안 북극성 주위를 한 바퀴 돌기 때문이다. 하루에 북두 7성이 운행하는 이동경로를 12구역으로 나누고 북두 7성의 자루 부분이 매 구간을 이동하는 동안을 1시진으로 규정한 것이다.

① 시간배정법

둔시법(遁時法)으로 간지기시(干支紀時)를 구결(口訣)하는 방법이다. 갑과 기의 날은 다시 갑을 잡고 을과 경의 날은 병이 처음이다. 병과 신의 날은 무에서 시작하며 정과 임의 날은 경자가 처음에 있다. 무와 계의 날은 어디에서 떠날까 임자가 진짜 가야 하는 길이다.[121] 시(時)의 간지는 월주(月柱)의 간지와 같이 시지(時支)는 항상 일정하다. 12지는 자·축·인·묘·진·사·오·미·신·유·술·해(子·丑·寅·卯·辰·巳·午·未·申·酉·戌·亥)이니, 여기에다 2시간씩 배정하여 자시(子時)부터 둔시법에 의하여 일간(日干)을 붙여 나가면 된다.

---

121) 遁時法을 셈하는 공식이다.

甲己還生甲　　丁壬庚子居
乙庚丙作初　　戊癸何方發
丙辛從戊起　　壬子是眞途

참고로 "십이지를 기준하면 어느 날이나 시간이 일정하지만 時에 天干을 붙이면 日辰의 천간에 따라 같은 子時라도 甲子時가 될 경우가 있고 丙子時 또는 戊子時가 될 경우가 있으므로 둔시법으로 이를 따지는 방법이다." (曺誠佑, 『易學原理와 命理講義』, 명문당, 1994, 188쪽 참조.)

〈표 4〉 시주(時柱)의 시간 배정

時柱	子	丑	寅	卯	辰	巳	午	未	申	酉	戌	亥
時間	23~01	01~03	03~05	05~07	07~09	09~11	11~13	13~15	15~17	17~19	19~21	21~23

즉 천간(天干)이 갑(甲)이나 기(己)인 날에 태어났다면 갑기(甲己)가 합하면 토(土)가 되므로 토를 극하는 오행은 목(木)이니 출생시간은 갑자(甲子, 밤 11시~새벽 1시 사이)에서부터 셈하고 다음은 을축(乙丑)·병인(丙寅)으로 이어져 마지막에 을해시(乙亥時)가 되는 것이다. 을경(乙庚)은 합금(合金)이 되므로 금(金)을 극(剋)하는 오행은 화(火)이므로 병자시(丙子時)로 시작하여 정축(丁丑)·무인(戊寅)--정해(丁亥)가 된다. 병신(丙辛)은 합수(合水)가 되니 수(水)를 극하는 오행은 토(土)이므로 무자(戊子)로 시작하여 기축(己丑)·경인(庚寅)---기해시(己亥時)가 된다. 정임(丁壬)은 합하면 목(木)이 되니 목을 극하는 오행은 금(金)이 되므로 경자(庚子)부터 시작하여 신축(辛丑)·계묘(癸卯)---신해시(辛亥時)가 된다. 무계(戊癸) 합은 화(火)이니 화를 극하는 수(水)가 시두(時頭)가 되므로 임자(壬子)부터 계축(癸丑) 갑인(甲寅)으로 나아가 마지막엔 계해시(癸亥時)가 된다. 이런 원리를 지지에 머리를 올린다고 하여 둔시법이라고 하고, 시두법이라고도 한다.

② 야자시(夜子時)와 조자시(朝子時)

현대 들어와서 야자시(夜子時)와 조자시(朝子時)로 구분하여 시간을 배정하여야 한다는 의견들을 가지고 있어 이를 간략히 소개한다.

'보편적으로 자시(子時)하면 그날 밤 11시에서 다음날 오전 01시까지 사이를 말하는 것이다. 야자시란 밤 11시에서 12시 사이의 시간을 말하는 것이고, 정자시(正子時·朝子時)는 밤 12시에서 새벽 01시까지를 말한다. 이것을 이용하여 시주(時柱)를 세우는 법은 야자 시생은 아직 생일은 새날을 세우지 않고 시간만 새 시간을 세우는 법이기 때문에 가령 갑자일(甲子日) 밤 11시에서 12시 사이에 출생한 사람은 갑자일 야자시생으로서 일진(日辰)은 출생 당일인 갑자일 시간은 새 시간 을축일(乙丑日)에 대한 시간 병자시(丙子時)를 잡아서 갑자일 병자시로 결정되는 것이다. 정자시(正子時)는 갑자일 밤 12시에서 01시 사이에 출생하였다면 갑자일 밤 출생이지만 12시 즉 자정이 지난 관계로 다음 날인 을축일(乙丑日) 병자시(丙子時)로 정해야 한다.'[122] 한마디로 정리를 하면, 아래와 같이 시간은 공통적으로 자시(子時)로 통용하고 조자시생은 일진(日辰)만 바꾸어 시주(時柱)를 세운다는 논리이다.

---

122) 李錫暎 著, 『四柱捷徑』권1, 韓國易學敎育學院, 2008, 28쪽 참조.

〈표 5〉 자시(子時) 구분표

	→		자시		←		
밤 11시	+		+			+	새벽 1시
			밤 12시				
	→	야자시	←	+	→	조자시	←

　이런 주장을 하는 것은 자시에 태어났다 하더라도 적용하는 방법에 따라 23시간(밤 11시~익일 01시)의 시간적인 차이가 나는 경우가 생기는데도 원서에 있다 하여 그대로 사용한다는 것은 역학계의 잘못이라는 것이다.[123] 그러므로 하루의 경계를 자정(子正, 밤 12시)을 기준으로 하여 당일 23시에서 자정까지를 야자시라 하고 자정에서 익일 01시까지를 조자시로 구분하여 출생시간을 정하는 것이 역법적(曆法的)으로 적합하다는 주장이다.

③ 표준시간

　사주에서는 물론 인위적인 시간을 사용하지 않고 기상학상의 과학

---

[123] 현실에 수정해야 할 부분은 원서에 있다하여 그대로 답습하고 원서에 분명히 기재되어 있고, 이것을 절대로 수정해서는 안될 부분은 원서에 대한 한마디의 언급도 없이 적당히 수정해서 채택하고 있는 내용중의 하나가 바로 이 조자시와 야자시의 문제이다. 陳 耕山著 『三才發秘』에 '子刻은 兩時가 있다.'고 분명히 나와 있을뿐만 아니라 宇宙科學的인 측면에서 論理整然한 不變의 眞理이다. 그럼에도 불구하고 오늘날 대부분의 易術人들이 朝子時와 夜子時를 區分하지 않고 있음은 역학계의 현실을 단적으로 말해주고 있다고 볼 수 있을 것이다.(김상연 저, 『컴퓨터만세력』, 갑을당, 2009, 15쪽.) 위의 내용과 관련하여 상세히 후술하고 있으니 참조.

적인 시간을 사용해야 되므로 시간의 변경을 있을 수 없다. 따라서 사주에서 말하는 정오는 어느 지역에서나 그 지역의 일중(日中)을 말하며 자정(子正)은 그 지역의 정야반(正夜半)을 말한다. 그러므로 각국의 자시가 같을 수 없고, 지역에 따라 차이가 있을 수 있다.[124] 우리나라에서는 몇 차례의 표준점 변경으로 인해 표준시간의 변화를 가져왔는데, 동경 127도 30분을 기준으로 한 1954년 3월 21일부터 1961년 8월 9일까지는 밤 12시가 자정이고, 동경 135도를 기준으로 한 1961년 8월 10일부터는 밤 12시 30분이 정오가 된다. 이와 같이 동경 135도를 기준하였을 때 자시(子時)라 하면 밤 11시 30부터 01시 30까지를 말한다. 그러므로 시주(時柱)를 세울 때는 이를 참작하여야 한다는 것이다.

④ 섬머타임(Summer Time)

섬머타임을 실시하는 목적은 간단한데 하절기의 긴 낮 시간을 보다 효율적으로 이용하자는데 있다. 그 시행은 영국에서 처음 실시하였고 전 세계적으로 파급되었으나 현재는 시행하고 있는 나라는 그리 많지 않다. 우리나라는 아래와 같이 1948년부터 1960까지 시행하였다. 섬머타임 기간에 출생한 사람은 공히 1시간씩 당겨서 시주(時柱)를 세운다.

---

124) 정치적, 시대적 형편에 따라 시간의 표준을 인위적으로 변경시켰다. 各國과 우리나라 각 지방별 標準時와의 오차표는 편의상 생략함.(朴在玩 著, 『命理要綱』, 易門關書友會, 1999, 48쪽 참조).

년도	시작 ~ 종료	표준시 기준
1948년 5월 31일	23시~24시로 ~ 9월 12일 24시-23시로 조정	동경 135도 00분
1949년 4월 02일	23시~24시로 ~ 9월 10일 24시-23시로 조정	동경 135도 00분
1950년 3월 31일	23시~24시로 ~ 9월 09일 24시-23시로 조정	동경 135도 00분
1951년 5월 06일	23시~24시로 ~ 9월 08일 24시-23시로 조정	동경 135도 00분
1955년 5월 05일	00시~01시로 ~ 9월 09일 01시-00시로 조정	동경 127도 30분
1956년 5월 20일	00시~01시로 ~ 9월 30일 01시-00시로 조정	동경 127도 30분
1957년 5월 05일	00시~01시로 ~ 9월 22일 01시-00시로 조정	동경 127도 30분
1958년 5월 04일	00시~01시로 ~ 9월 21일 01시-00시로 조정	동경 127도 30분
1959년 5월 03일	00시~01시로 ~ 9월 20일 01시-00시로 조정	동경 127도 30분
1960년 5월 01일	00시~01시로 ~ 9월 18일 01시-00시로 조정	동경 127도 30분
1987년 5월 10일	02시~03시로 ~ 10월 11일 03시-02시로 조정	동경 135도 00분
1988년 5월 08일	02시~03시로 ~ 10월 09일 03시-02시로 조정	동경 135도 00분

참조, 1952년~1954년까지 3년간의 기록은 확인할 수 없다. 섬머타임에 관한 한 앞의 내용이 가장 정확한 자료이다.[125]

❷ 간지력의 월두(月頭)와 시두배정론(時頭配定論)

간지력의 월두와 시두 배정론을 참조하여 보면 일정한 법칙을 활용하고 있음을 알 수 있다. 이는 간지기원력의 합화론(合化論)을 인용하여 오행의 상생(相生)과 상승의 원리로 자리매김하고 있는 것이다. 합화론에 대해선 여러 방법으로 설명을 하고 있으나 그 내용과 원리는 대동소이하다. 일례를 들어보면『적천수천미(適天髓闡微)』에서는 합화(合化)의 근원에 대해 설명하기를 합화의 연유된 바는 천일지이(天一 地二), 천삼지사(天三 地四), 천오지육(天五 地六), 천칠지팔(天七 地八), 천구지십(天九 地十)에 의의가 있다. 이를 수(數)로 추리하여 보면 갑일(甲一), 을이(乙二), 병삼(丙三), 정사(丁四), 무오(戊五), 기육(己六), 경칠(庚七), 신팔(辛八,), 임구(壬九), 계십(癸十)으로 된다. 가령『낙서(洛書)』는 5가 중앙(中央)에 거(居)하며 1이

---

125) 표준시를 동경 135도로 할 때 출생한 사람은 30여분의 오차로 말미암아 時가 바뀌는 경우가 있게 마련이고 여기에다 서머타임이 적용되는 시기에 出生한 사람은 1시간 30여분의 오차가 생기므로 전혀 엉뚱한 사람의 時가 될 수 밖에 없는 현실이다. 이와 같이 오류가 있음에도 불구하고 원서에 있다고 하여 종래의 時의 限界를 고집한다면 易學界의 장래를 위해 지극히 不幸한 일이 될 것이다. (金相淵 著, 위의 책, 14쪽.)

5를 득(得)하면 6이 되므로 갑기(甲己)는 합(合)이 되고, 2가 5를 득하면 7이 되므로 을경(乙庚)이 합하는 것이다. 합하면 변하는 것이니 변화(變化) 역시 반드시 5토(土)를 득한 연후에 이루어진다. 5토란 진(辰)을 말하는데 진토(辰土)가 봄에 거하면 3양(陽)의 시절에 있으니 생물의 체(體)가 되며 기(氣)는 열리면 동(動)하고 동하면 변하고 변하면 화(化)하게 된다. 또 십간(十干)의 합은 다섯 번째 진(辰)위에 이를 때 화기(化氣)의 원신이 발로한다. 그러므로 갑기는 갑자에서 다섯 번째가 무진(戊辰)인 무(戊)를 따라 토가 될 것이라고[126] 합화의 원리에 대해 설명하고 있다.

『자평진전(子平眞詮)』에서는 천간(天干)의 회합(會合)은 10 천간의 음과 양이 서로 만나서 형성된다. 하도(河圖)의 수는 1·2·3·4·5·6·7·8·9·10에 배합함으로써 선천지도(先天之道)를 형성한다. 그리하여 태음(太陰)의 수(水)에서 시작하여 충기(沖氣)의 토(土)에서 끝난다. 이 과정이 오행의 기(氣)가 상생(相生)하는 순서가 된다. 무릇 오행(五行)이 있기 전에 먼저 음양과 노소가 있었고 그 후에 기가 충하여 토를 생하니 이리하여 마침내 오행이 된 것이다. 만물은 또 토로부터 생하며 수화목금은 또한 토에 기생하게 되는 까닭에 토가 먼저 있게 된다. 따라서 갑기합에서 시작하니 화하여 토가 된다고[127] 설명하고 있다. 또 이런 십간의 배합원리는 『하도

---

126) 임철초(김동규역), 앞의 책, 529쪽.
127) "合化之義, 以十干陰陽相配而成, 河圖之數, 以一二三四午六七八九十, 先天之道也, 故始於太陰之水, 而終於沖氣之土, 以氣而語其生之序也, 蓋未有五行之先, 必先有陰陽老少, 而後沖氣, 故生以土, 終之旣有五行, 則

(河圖)』, 『낙서(洛書)』에서 나온 것이 아니고 '명리학의 십간합은 의학(醫學)과 근원을 같이 하는 것으로 내경(內經)에서 나온 것이다.' 라고 설명하고 있다. 즉 『하도(河圖)』에서 말하는 1·6수, 2·7화, 3·8목, 4·9금, 5·10토 배합은 감여학(堪輿學)에서 반(盤)을 체(體)로 삼아 『하도(河圖)』에 근원을 두고 운용은 『낙서(洛書)』에 기초를 두나 명리학의 십간합은 『황제내경(皇帝內經)』「오운대론(五運大論)」을 응용하여 오운(五運) 중 무분(戊分)과 기분(己分)이란 규벽·각진(奎璧·角軫)을 말하고 천지의 문호에 해당된다. 술해지간(戌亥之間)은 규벽분야에 해당하고 진사지간(辰巳之間)은 각진 분야에 해당한다. 그러므로 오운은 모두 각진(角軫) 분야에서 일어나고 있다고 설명하고 있다.

전술한 바가 있지만 위 내용을 보충 설명하는 의미에서 재론하여 보자, 『황제내경(皇帝內經)』「오운대론(五運大論)」에서의 십간합의 내용은 단천지기(丹天之氣) 경어우녀·무분(經於牛女·戊分), 금천지기(黔天之氣) 경어심미·기분(經於心尾·己分), 창천지기(蒼天之氣), 경어위실·류귀(經於危室·柳鬼), 소천지기(素天之氣) 경어항저·묘필(經於亢氐·昴畢), 현천지기(玄天之氣) 경어장익·루위(經於張翼·婁胃)라고 설명하는데 여기서 무분·기분(戊分·己分)이란 규벽·각진(奎璧·角軫)을 말하고 천지(天地)의 문호(門戶)이다. 술해지간(戌亥之間)은 규벽분야에 해당하고 진사지간(辰巳之

萬物又生於土, 而水火木金, 亦寄質焉, 故以土先之, 是以甲己相合之始, 則化爲土."(沈孝瞻,『子平眞詮評註』, 台北進源書局, 2006, 54쪽)

間)은 각진 분야에 해당한다.

앞에서 말하는 우여·심미·위실·유귀·항저·묘필(牛女·心尾·危室·柳鬼·亢氐·昴畢)등은 이십팔수(二十八宿)의 명칭이다. 천체가 도는 것이 그치지 않으니, 따라서 이십팔수(二十八宿)를 이용하여 천체의 방위를 표지(標志)하게 되었고, 이것이 고대 천문학가(天文學家)들이 그것을 사용해서 하늘을 측량(測量)하는 기초로 삼았던 것이다. 입춘(立春)에 지구는 정확히 유성(柳星)의 수(宿)자리에 위치하게 되는데, 이날 한밤중(야반, 밤12시전후)에 유성수가 하늘의 정면중앙(正面中央)에 떠있는 것을 볼 수 있고, 이때 나타나는 이십팔수(二十八宿)의 방위를 표준으로 삼아 각항저방심미기(角亢氐房心尾己)는 동방(東方) 좌청룡(左靑龍) 자리에 위치함에 동방7수(東方7宿)라 일컬었고, 두우여허위실벽(斗牛女虛危室璧)은 북방(北方) 정중앙 현무(玄武)의 자리에 위치함에 북방칠수(北方七宿)라 일컬었고, 규루위묘필자삼(奎婁胃昴畢觜參)은 서방백호(西方白狐)의 자리에 위치하는지라 서방칠수(西方七宿)라 일컬었고, 정귀류성장익진(井鬼柳星張翼軫)은 배후 남방주작(南方朱雀)의 자리에 위치하는지라 남방7수(南方7宿)라고 일컬었다. 무분(戊分)은 즉 규(奎)와 벽(璧) 두 수(宿)의 위치이고 기분(己分)은 즉 각(角)과 진(軫) 두 수(宿)의 위치[128]로 회합의 논리를 설명하고 있다.

재론하면 갑기지년(甲己之年)에는 무기금천지기(戊己黅天之氣)가 각진(角軫)을 경유하니 각(角)은 진(辰)에 속하고 진(軫)은 사(巳)

---

128) 이경우, 앞의 책, 728쪽.)

에 속하므로 그해의 월건은 무진·기사(戊辰·己巳)가 되고 천간에 모두 토(土)가 있으므로 토운(土運)이 된다. 을경지년(乙庚之年)에 경신소천지기(庚辛素天之氣)가 각진을 경유하니 그해의 월건은 경진·신사(庚辰·辛巳)가 되고 천간에 모두 금(金)이 있으므로 금운(金運)이 된다. 병신지년(丙申之年)에는 임계현천지기(壬癸玄天之氣)가 각진(角軫)을 경유하니 그해의 월건은 임진·계사(壬辰·癸巳)가 되고 천간에 모두 수(水)가 있으므로 수운(水運)이 된다. 정임지세(丁壬之歲)에는 갑을창천지기(甲乙蒼天之氣)가 각진을 경유하니 그해의 월건은 갑진·을사(甲辰·乙巳)가 되고 천간에 모두 목이 있으므로 목운(木運)이 된다. 무계지세(戊癸之歲)에는 병정단천지기(丙丁丹天之氣)가 각진을 경유하니 그해 월건은 병진·정사(丙辰·丁巳)가 되고 천간에 모두 화가 있으므로 화운(火運)이 된다. 무릇 십간은 각기 본기(本氣)가 있으니 그것이 오행이 되고 오합이 화하여 오운이 된다. 운이란 천의 위도(緯道)를 말하는데 진사(辰巳)에 임한 것을 무슨 무슨 위도(緯道)라고 한다.[129] 즉 이에 대한 설명의 요지를 들어보면 정임(丁壬) 합목(合木)인 정임지세(丁壬之歲)에는 갑을창천지기(甲乙蒼天之氣)가 각진을 경유한다는 것이다. 즉 그해의 월건은 합한 오행이 목(木)이 되니 천간에 목운(木運)이 되어 갑진·을사(甲辰·乙巳)가 되고 있다.

 태양의 시운동(視運動)이 규(奎)와 벽(璧) 두 수(宿)에 위치할 때가 바로 봄으로부터 여름으로 들어가는 춘분(春分)에 해당하고 각

---

129) 沈孝瞻,(서락오 평주),『자평진전평주』, 청학출판사, 54~55쪽.

(角)과 진(軫) 두 수(宿)에 위치할 때가 바로 가을로부터 겨울에 들어가는 추분(秋分)에 해당하며 여름은 양(陽) 중의 양이고 겨울은 음(陰) 중의 음이니 따라서 옛사람들은 규벽(戊分), 각진(己分)이 천지의 문호라고 일컬었다.[130] 이와 같은 원리는 십간의 회합논리(會合論理)로서 절기(節氣)의 시작과 도(道)가 생하는 이치를 말하고자 한 것으로[131] 간지력을 구성하면서 월두와 시두를 앉히는 방법으로 이를 적극 활용한 것을 알 수 있다.

이런 원리가 어떻게 월두법과 시두법에 적용되고 있는지를 검토하여 보면 다음과 같이 설명할 수 있다. 월지(月支) 위에 월간(月干)의 머리를 얹혀 올리는 방법이 월두법(月頭法)임을 설명하였다. 갑기(甲己)년을 예로 들어보면, 갑기년에는 갑기가 합한 토(土)를 생하는 병화(丙火)가 월두가 된다. 월주(月柱)는 인월(寅月)부터 시작하니 병인월(丙寅月) 다음은 정묘월(丁卯月)이 된다. 다음은 무진월(戊辰月)인데 진(辰)은 용(龍)이니 만물의 변화가 이루어지는 곳으로서 변화하는 오행(化五行)이 상주하게 됨을 꼭 참고하고, 그러므로 진에는 월두나 시두나 관계없이 오합이 화하는 오행인 무기(戊己-比我者)가 되니 월주는 무진·기사월(戊辰·己巳)이 된다. 다음 오미월(午未月)에는 화(化)하는 오행인 토(土)가 생하는(我生者)인 경신(庚辛)이 월두로 얹혀 경오·신미(庚午·辛未)가 되고 신유월(申酉月)은 토가 극하는(我剋者)인 임계(壬癸)가 들어오니 임신·계유(壬申·癸酉)

---

130) 이 경우, 앞의 책, 728쪽.
131) 『黃帝內經』, "夫候之所始, 道之所生, 不可不通也."

가 되고 술해월(戌亥月)은 토를 극하는(剋我者)인 갑을(甲乙)이 들어서니 갑술·을해(甲戌·乙亥)가 되고 자축월(子丑月)은 처음 시작할 때 합하여 화한 오행인 토를 생하는 병정(丙丁)이 되니 병자·정축(丙子·丁丑)이 되어 제자리로 돌아오는 오행의 순환과정을 거친다. 이와 같은 월두법(月頭法)은 항상 고정적으로 적용된다.

시두법(時頭法)도 같은 원리이다. 단, 시작은 자(子)월에서 시작하고 합화되는 오행을 극(剋)하는 오행(剋我者)부터 셈하되 나머진 꼭 같다. 이와 같이 월두법과 시두법은 합화논리를 인용하고 오행상생과 상승원리를 공통적으로 이용하여 일정한 법칙과 원리를 적용하고 있음을 알 수 있다. 참고로 이 법칙을 외워서 활용하면 명조 작성에 많은 도움이 될 것이다.

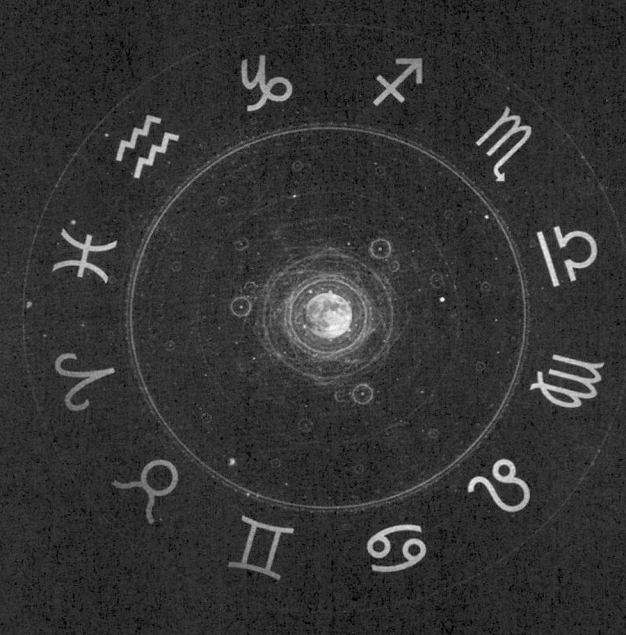

III

간지력의
역법적 한계(限界)

⋮

1. 간지력의 정립
2. 간지력의 역법적 한계

전술한 바와 같이 간지력은 천구상 일어나고 있는 일월성신(日月星辰)의 주기적(週期的)인 역수(曆數)를 간지로 표시되어 있으므로 천문(天文)과 밀접한 역법임을 자청(自請)하고 있다. 그러나 이 주장이 서양 역법과 어느 정도 부합하고 사실과 현실성이 있는가 하는 점이다. 간지력의 시간 표현인 사주(四柱)를 예를 들어가면서 이 문제를 심도 있게 검토하여 보고자 한다.

✡ 간지력의 정립(正立)

간지력을 역법으로 인정하고 실제적으로 이용하고 있는 명리학은 태양을 중심으로 한 지구의 공전(空轉)과 자전(自轉)의 관계에서 생년·월·일·시에 비장(秘藏)된 태양의 기(氣)와 땅의 질(質)을 음양오행의 이치에 준하여 인간의 운명을 추구하려는 상수학(象數學)이다.[132] 그러므로 상수로서 나타내는 육십운기(六十運氣)를 생년월일시에 배설하는 문제가 진리와 부합되어야만 정확하다. 아무리 정확한 자(尺)나 저울을 가지고 있어도 사용할 줄 모르면 쓸데없는 것과 같이 진리력(眞理曆)에 배설한 육십운기(六十運氣)를 모르면 그 진가를 인정받을 수 없는 것이다. 따라서 역(易)에 배설된 육십운기의

---

132) 鄭昌根, 『장기별 중증질환 증상의 발현과 명리학적 분류에 관한 연구』, 漢陽大學校大學院 博士學位論文, 2002, 3쪽.

진리란 형이상학적으로는 시간과 공간의 차원이요 형이하학적으로는 우주 내의 실체 간에 서로 주고받는 이기(理氣) 즉 파장의 교관 작용을 측정하는 척도인 것이다.[133] 그러므로 제삼 말해서 사주(四柱)를 바로 세우는 것이 매우 중요한 것이다.

인간이 태어난 연월일시는 대우주의 순환에 따른 변화운동에 영향을 받아 소순환의 기본단위로 표현하고 있다. 그러므로 60갑자의 운기에 맞추어 사주를 바르게 정립함으로써 숙명과 운명의 변화를 헤아릴 수 있고 운(運) 또한 순환의 원리에 맞추어 변화한다고 보기 때문이다.

❷ 간지력의 역법적 한계

기존의 많은 명리서들 중에서 비교적 역법적 시간의 원리를 잘 설명하고 있는 『상리철학(象理哲學)』을 표본으로 삼고 현재 통상적 방법인 간지력으로 사주배성을 하고 있는 『시의철학(時의哲學)』을 부본으로 삼아 문제점을 비교하면서 설명하고자 한다.[134]

---

133) 趙明彦, 앞의 책, 92~98쪽 참조.
134) 참고로 『時의哲學』에서는 四柱를 구성함에 있어 전통적으로 내려오는 간지기원력을 채택하고 있다.

1) 간지기년의 정립과 한계

간지기년의 정립에 대해서 『상리철학(象理哲學)』에서는 1978년 무오년(戊午年)에 태어난 명조를 가지고 우주 본체적 원리와의 연관성을 예를 들어 다음과 같이 설명하고 있다.

> 년은 만세력에 명시되어 있는 1978년 천운지기인 무오(戊午)를 좌표로 정한다. 년은 태양의 황도의 궤도를 1일에 약 1도씩 서쪽에서 동쪽으로 이동하여 약 365.2422일 걸려 일공전(一公轉)하는 것이 1년이다. 허허망망한 우주공간이라 할지라도 천체의 모든 항성(恒星)과 유성(流星) 간의 좌표와 궤도 회전방향과 속도 등이 우주 창조적 본체의 진리대로 법칙적인 운동을 하고 있으므로 여기에 자연수의 진리와 육십운기(六十運氣)를 배설하여 변화를 파악하고자 맞추어 놓은 것이 무오(戊午)이며 1978년 1년간은 우주의 모든 실체가 천(天)은 무(戊), 지기(地氣), 오(午)의 진리대로 변화운동을 하는 것이다. 매년 봄·여름·가을·겨울의 사시(四時)를 되풀이하는 것은 일정하나 발생하는 변화는 일정하지 않은 이유는 혼원경세공식(混元經世公式)에 명시되어 있다. 우주천이좌표의 변동이나 수(數)의 순환인 육십운기와 같이 천운지기의 변동으로 생기고 있는 것이다.[135]

우주 본체적 원리에다 자연수의 진리와 60갑자와의 관계성을 비교적 상세히 설명하고 있다. 즉 '우주는 창조적 본체의 진리대로 법칙적인 운동을 하고 있다. 1978년 무오라는 기년은 이 원리에 의해 정하여진다. 매년 봄·여름·가을·겨울의 사시(四時)를 되풀이하는

---
135) 趙明彥, 앞의 책, 93쪽.

것은 일정하나 발생하는 변화는 일정하지 않은 것은 천운지기의 변동으로 일어나는 것이다.'라는 내용으로 설명하고 있는 것이다. 이를 사주(四柱)로 나타내면 아래와 같이 구성되는데 여기서 몇 가지 문제점이 있음을 발견할 수 있다.

```
    사주     ○○○ 戊
             ○○○ 午
```

첫째 60갑자에서 무오(戊午)라는 간지가 우주 본체적 원리에 의해 정하여진다고 하지만 이는 결국 60갑자의 순환원리에 의해 60년마다 돌아가면서 같은 세수를 산다는 것이니 스스로 모순을 나타내고 있다.

둘째 사시(四時)를 되풀이하는 것은 일정하지만, 무오(戊午)의 간지는 천운지기(天運地氣)의 변화에 따라 의미가 달라지는 것으로 설명하고 있다. 무오(戊午)에서 나타내는 자연수(自然數)는 60갑자의 상수(象數)를 이야기하고 천운지기의 변화는 오운육기설(五運六氣說)과 음양오행의 원리와 월(月)에서 오는 절기(節氣)의 변화를 설명하는 것으로 이는 결국 천문(天文)을 이야기하면서도 인문(人文)을 인용하고 있다.

셋째 기년(紀年)의 산출방식을 고찰하면 앞에서 설명한 바와 같이 고대 중국에서 처음 역법을 만들면서 천상에서 주천(周天)하는 일월성신(日月星辰)을 보고 세성기년법(歲星(太歲)紀年法)을 만들어 시행하였으나 세월의 흐름에 따라 천상의 현상과는 역법상 맞지 않음으로 이를 폐기하고 후한 장제 원화 2년에 인위적으로 만든 60갑자 간지기년법으로 세수를 기록한 것을 인용하여 사용한 것에 불과하다. 그러므로 이는 사실상 천문학적이고 과학적인 역법으로서의 기능과 역할과는 아무 상관이 없고 인위적인 간지기년법에 의해 세수를 세고 있음을 참고할 필요가 있다.

넷째 기년(紀年)의 설명이 위와 같으면 동양역법과 혼용됨으로써 고인들이 주장하였던 60갑자 간지기원력의(절기력) 의미마저 퇴색되게 만들 수가 있다.

다섯째 간지기년의 명식(命式) 또한 애매하게 설명하는 경우가 있는데 일례를 들어보면 『시의철학(時의哲學)』에서는 일명 추년법(推年法)(간지기년법)에 대하여 추년법은 년주(年株)를 따지는 방법이다. 산명의 근거는 음력이다. 음력에 의해 어느 해에 태어난 사람은 그해의 간지를 바로 자신 연주의 간지로 삼는다. 예컨대 무오(戊午) 말띠 해에 태어난 사람은 그의 연주의 간지는 무오이다······. 만세력을 펴 보면 그 해가 기록되어 있어 바로 알 수 있다······. '연주를 따지는 방법은 모두 음력의 입춘을 일 년의 경계로 삼아야 한다.'[136]고 설명하고 있다. 다시 말하면 『시의철학(時의哲學)』에서는 추년법(간

---

136) 洪丕謨 · 姜玉珍, 앞의 책, 107쪽.

지기원법)으로 음력 입춘을 기년의 기준으로 삼는다고 하고 있다. 또한 『명리요강(命理要綱)』에서도 시간의 변경을 말하면서 '음양력(陰陽曆)에 대해서는 주문왕(周文王) 후천도수(後天度數) 이후로는 동서양은 물론이고 오행서(五行書)는 전부 음력으로 환산하는 것이 원칙이다.'[137]라고 설명하고 있다. 그러나 이 또한 기준의 설명에 있어 인용의 설정에 문제가 있다. 즉 기년(紀年)의 기준은 음력 입춘을 세수의 기준으로 삼는 것이 아니고 24절기 중 봄의 절기인 입춘을 세수의 기준으로 삼아야 한다고 설명해야 하기 때문이다. 이런 주장의 근거는 다음과 같이 『삼명통신(三命通神)』에서 그 예를 들 수 있는데 여러 정황을 참고하더라도 이치가 합당한 것이다.

> 명학(命學)에서 사용하는 년(年)은 절기년(節氣年)이라 하여 간지(干支) 두 글자로 표시한다. 예컨대 중화민국 51년 농력(農曆) 11월 26일 신(申)시 정3각이 동지(冬至)였고 52년 정월 11일 해시 초각 6분이 입춘이었는데 이해에는 윤4월이 있었으므로 12월 22일 축시 정3각 11분이 입춘이었으므로 실제 계묘년(癸卯年)은 정월 11일 해시 초각 6분부터 12월 22일 축시 정3각 11분까지가 명학상 계묘년이 된다. 정월 1일에서부터 12월 29일까지는 농력으로 52년이 되는 것이고 양력 1월 1일에서부터 12월 31일까지는 이것이 국력으로 52년이 된다. 이는 다 같이 명학에서 사용하는 계묘년이 될 수 없다. 이러므로 우리가 사용하는 음력을 농력으로 양력을 국력(國曆)으로 명학력(命學曆)을 간지절기력(干支節氣曆)으로 명쾌하게 정의하고 있는 것은 초심자들로 하여금 양력, 농력, 절기력이 무엇인가를 확실히 구분해 주고 명학(命學)에서 사용하고 있는 간지력은 절기력(節氣曆)임을 예를 들었다.[138]

---

137) 朴在玩, 앞의 책, 50쪽.
138) 최국봉, 『三命通神』, 도서출판 온북스, 2009, 142쪽.

위에서는 '우리가 사용하고 있는 음력은 농력(農曆)이고 양력은 국력(國曆)이며 명학에서 사용하고 있는 시간기원법의 달력은 간지로 표시된 절기력(節氣曆)임'을 강조하고 있다. 중국의 『명리학사론(命理學史論)』에서도 명학에서의 년의 분할은 양력 1월 1일을 시작으로 삼는 것이 아니고 또한 농력(陰曆)의 정월 1일을 시점으로 하는 것도 아니다. '그것은 24절기의 첫 절기인 입춘의 일시를 1년의 전환점으로 삼는 것이다.'[139]라고 명시되어 있다. 그러므로 24절기의 첫 절기인 입춘부터 날을 센다. 이것은 곧 60갑자로서 나타내고 있는 간지기년력은 음력도 양력도 아닌 절기를 표시하고 있는 절기력임을 말하고 있는 것이다.

일설에는 세수(歲首)의 기준을 정함에 있어 입춘기년설(立春紀年說)이 아닌 환신불환군설(換臣不換君說)[140]과 앞에서 설명한 동지월

---

139) 陸致極, 앞의 책, 71쪽 참조.

140) 換臣不換君說은 "신하는 바꿀 수 있어도 군주는 바꿀 수 없다는 것으로 유교적인 명분론에서 만들어진 말이다. 예를 들어 甲申년의 입춘은 안 지났는데 갑신년의 음력 1월 1일이 시작된다고 하면 음력 1월 2일에 태어난 사람은 년은 갑신년을 쓰고, 태어난 달은 전년도의 섣달의 월건인 癸未년 乙丑을 쓰고, 日辰은 갑신년 1월 2일의 일진인 辛丑일을 쓴다. 즉 年은 君主이니 바꿀 수 없고 달은 臣下이니 바꾸어 전달의 월건을 쓴다는 내용이다."(박청하, 『春夏秋冬四柱學』, 「春」, 청화학술원, 194쪽 참조). 그러나 명리요강에서는 '易臣不換君論'이라 名하고 이에 대해 설명하기를 "夏時代는 子月이 歲首요 周時代는 寅月이 歲首요 秦時代는 亥月 歲首요 漢時代는 또 寅月이 歲首가 되니 시대적 대중행사에는 세수를 표준으로 하겠으나 四柱解說에는 節氣를 준하는바 立春이라야 문자 그대로 신년 정월 1일이다. 문자의 뜻과 경위를 제외하고 역신불환군설은 抑說이다."고 설명하고 있다.(朴在玩, 『命理要綱』, 易門關書友會, 1999, 45쪽)

기년설(冬至月紀年說)[141] 등으로 정하여야 한다는 설도 존재하고 있지만, 입춘기년설(立春紀年說)이 정설로 다수 이용되고 있다.

2) 간지기월의 정립과 한계

『상리철학(象理哲學)』의 심명공식에서는 월의 정립에 관해 자세히 설명하고 있다. 즉 무오(戊午)년 음력 5월에 태어난 명조의 월의 정립에 대해 말하기를 월(月)의 정립은 60갑자에 표시되어 있는 무오(戊午)년 음력 5월인 무오(戊午)가 된다.

사주	○○ 戊	戊
	○○ 午	午

심명공식에서 주장하는 내용 중에서 가장 중요한 대목으로서 월의 시두(始頭)가 정하여지는 원리를 설명하고 있다.

> '월건(月建)은 달의 진리(眞理)와 실태(實態)를 그대로 역수(曆數)에 옮겨 놓은 것이다. 한 달이라 함은 일자전(日自轉)하는 주기이며 달은 태양을 향한 공전(公轉)궤도인 자전현상을 따라 지구의 주위를 1일 약 13도씩 회전하면서 1자전하는 주기가 1월이다. 이렇게 29일 내지 30일

---

141) 冬至月紀年說은 최초 연도가 시작한 하대는 子月부터 세수를 삼았으니 마땅히 冬至가 드는 1월을 년도의 기준으로 삼아야 한다는 논리다.

> 걸려 삭(上弦) 망(下弦) 등 영휴하기를 12회 하는 사이에 춘하추동 사
> 계절을 거쳐 1년이 되는 것이다. 지구에서 볼 때 달의 삭망 등 영휴의
> 변화가 모두 그 원인이 태양에 있으며 또한 달은 태양의 위성인 까닭
> 에 회전운동이 다른 점을 중요시해야 한다. 태양은 자전 방향이 동에
> 서 서로 지구와 같은 방향으로 회전하고 있으나 달은 이와 반대로 서
> 에서 동으로 회전하고 있다. 이와 같이 회전 방향이 다르면서도 일정
> 한 궤도와 좌표를 유지하면서 운행되는 것은 상호인력과 추력 관계에
> 있는 것이다. 달의 일영휴(日盈虧) 일자전(日自轉)의 원인이 태양에
> 있는 까닭에 태양의 좌표인 년에 배설한 육십운기로부터 기산하여 월
> 의 천운[142]을 산정하는 것이 당연한 진리인 것이다.'[143]

위의 설명내용은 '달의 일영휴(日盈虧) 일자전(日自轉)의 원인이 태양에 있는 까닭에 태양의 좌표인 년(年)에 배설한 육십운기로부터 기산하여 월의 천운을 산정하는 것이 당연한 진리인 것이다.' 이는 '년에 배설한 육십운기로부터 기산하여 월의 천운을 산정하는 것이 당연한 진리임으로 천운이 합하여 화(化)한 오행을 천운이 상생하는 원리로부터 월두(月頭)를 이루고 있는 이유가 바로 현상계의 창조와 변화를 그대로 옮겨놓은 것이다.'라는 설명을 하고 있다.

이와 같이 간지기월을 정립하면서 역법적 인용뿐 아니라, 간지력으로서도 이해가 되지 않게 어렵게 설명하고 있다. 간지력에 있어 월령(月令)의 중요성은 새삼 말할 것도 없는데 이런 방법으로 해석하고

---

142) 月의 天運 : 甲己之年은 丙寅頭, 乙庚之年은 戊寅頭, 丙辛之年은 庚寅頭 丁壬之年은 壬寅頭 戊癸之年은 甲寅頭.
143) 趙明彦, 앞의 책, 93쪽.

설명함으로써 간지력이 미신력이라는 오명을 쓰게 되는 원인이 될 수도 있을 것이다. 그 이유를 나열해본다.

첫째 월의 정립에 있어서 천상(天上)의 일월(日月)이 주천(周天)하고 있는 현상을 천문학적으로 상세히 해설하고 있다. 그러나 기월(紀月)을 설명하면서 천상에서 주천하고 있는 일월오성과 지구와의 관계는 아예 관련이 없다고 한다. 원인은 '달의 일영휴·일자전의 원리가 태양에 있는 까닭에 태양의 좌표(座標)인 년에 배설한 육십운기(六十運氣)로부터 기산(起算)하여 월의 천운(天運)을 산정하는 것이 당연한 진리(眞理)라는 것이다. 따라서 지구와는 관계없이 오직 년의 천운문자(天運文字)를 기준으로 월의 천운(天運)이 산정되는바 년의 천운(天運)이 합하여 화(化)한 오행을 천운이 상생하는 원리로부터 시두를 이루고 있는 이유가 바로 현상계의 창조와 변화를 그대로 옮겨놓은 것이므로' 월의 산정하는 방법은 진리라고 주장하고 있는 것이다. 이는 간지기월법과 같은 맥락의 다른 설명방법에 불과하다. 예를 들어 갑기(甲己)라는 년의 천운이 합하여 화한 토오행(土五行)을 천운이 상생하는 방법으로 월두(月頭)를 이루고 있는 이유가 바로 현상계의 창조와 변화가 그대로 월건에 적용되는 것이 진리(眞理)임을 강조하고 있기 때문이다.

둘째 이런 진리는 5년마다 순환적이고 연속적으로 이루어지고 있다. 예를 들어 1921년 1월의 월건이 기축(己丑)이고 2월은 경인(庚

寅)이다. 5년 뒤인 1926년 1월도 기축(己丑) 2월은 경인(庚寅)이 되고 또 5년 뒤인 1931년 1월도 기축(己丑) 2월은 경인(庚寅)이 되는 것으로 5년마다 같은 12달의 월건이 계속적으로 반복되고 있다. 이런 산출 방식은 1년 열두 달의 고정된 월지에다 월간을 정하려다 보니 벌어지는 현상으로 간지기월법(干支紀月曆)의 고유한 기원법(紀元法)을 설명하고 있는 것이다.

셋째 전술한 바와 같이 고대역법(古代曆法)에서는 월건(月建) 산출근거로 백도상(白道上) 공전하는 달의 12삭망(朔望)으로 인해 달 수를 새고 각 절기에 따라 월을 지정하여 시간의 표시로써 사용하였다. 그러나 이 고법에 대해서도 천문학자(天文學者)인 「이은성」은 이것들은 현재 실용적인 면은 전혀 없다고 한다. 그 한 예로 산법이 되는 북두칠성에 관해 설명하고 있다. 즉 매 절월 때마다 초저녁에 북두칠성을 관찰하면 그 자루(斗杓)가 30도씩 시계방향으로 좌선(左旋)하면서 12지를 하나씩 가리킨다고 보았다. 이렇게 되면 1년은 12개월이고 지지도 12개이므로 매월에 하나의 지지가 배당되게 된다. 이것이 월건(月建)의 관념이다.[144] 그러나 북극성의 운행에 관하여 현대의 관점에서 바라본 12직(直)의 천문학적인 의의를 역법의 원리 분석에서는 다음과 같이 설명하고 있다.

---

144) 김동석, 앞의 책, 140쪽.

> 밤에 북쪽 하늘을 바라보면 북두칠성과 카시오페이아 자리를 비롯하여 여러 별들이 天의 북극의 주위를 역시침 방향으로 동심원을 그리면서 선회하는 것을 볼 수 있다. 별이 이러한 운동은 지구자전 때문에 나타나는 현상이다. 12지의 배당과 공중에서의 두병의 방향을 조합하여 만든 것이 12直이다. 북두칠성은 국자 모양을 하고 있으며 두병 끝의 별은 현재의 천문학에서는 큰곰자리의 별이지만 이것을 옛적 중국에서는 요광(搖光)이라고도 부르고, 파군성(破軍星)이라고 말하였다. 이 별의 방향은 파군성의 검봉(劍鋒)의 첨단에 해당한다. 이 끝의 각 절기의 초혼(初昏)때에 향하는 방향을 月建이라고 부른다. 정월절. 입춘초혼에는 이 두병이 인방향을 가리키고, 2월절 초혼에는 묘방향을 3월절 초혼에는 진방향을, 4월절 초혼에는 사(巳)방향을 순차로 가리켜 다음 해 정월초 초혼에 다시 인(寅)방향을 가리킨다.[145]

고인들은 월건(月建)에 대해 북두칠성의 두병이 가리키는 방향에 따라 해당 월이 지정된다고 보았다. 그러나 이런 주장들에 대해 이은성은 '현재에는 실용적인 면이 전혀 없고, 다만 복술가(卜術家)들의 점치기에 여전히 이용되고 있으며 아직도 한국, 중국, 일본의 민간력(民間曆)에서는 이것들이 다 같이 실려 있다.'고 한다.

넷째 『시의철학(時의哲學)』에서는 '달을 따질 때는 엄격하게 절(節)을 경계로 삼아야 한다.'고 명시하고 있다. 일 년, 열두 달, 이십사절기에서 입춘·경칩·청명·입하·망종·소서·입추·백로·한로·입동·대설·소한은 절(節)이다. 절기(節氣)는 앞서 전술한 데

---

145) 이은성, 『曆法의 原理分析』, 정음사, 1985, 214쪽 참조.

로『회남자(淮南子)』의 12월령과『여씨춘추(呂氏春秋)』의 시령사상 등에서 나타난 바와 같이 고대에서는 상용력(常用曆)으로 활용되고 있었다. 동한시대(東漢時代)의 말년부터 당대(唐代)의 중기까지는 전통명리학이 형성되는 잉태 시기로서 이 시기에는 명리의 대응 규칙을 수집하고 건립한 것 외에 이론적으로 중요한 기틀을 세운 점으로 자연생태 모식에서 진일보한 인식과 형상화를 주요하게 반영하였다는[146] 점이다. 이와 같이 전통명리학에서는 당시의 시대상으로 볼 때 자연의 변화를 시간적으로 표현한 절(節)을 채택하여 간지기원력에 인용하고 활용하고 있었음을 알 수 있다.

『시의철학(時의哲學)』에서는 월주(月柱)를 따지는 방법을 일명 추월법(推月法)이라 한다. 비록 매달의 지지는 고정되어 있지만 달마다의 천간은 고정돼 있지 않다. 그러므로 일정한 계산을 거쳐야 찾아낼 수 있다. 따지는 가결[147]은 이렇다. 갑오년(甲午年) 4월에 태어난 사람은 먼저 가결 '갑기지년병작수(甲己之年丙作首)'에 따라 첫머리에 오는 정월이 병인월(丙寅月)임을 알 수 있다. 그런 다음 다시 순차적으로 따지면 된다. 이런 원리로 육십갑자(六十甲子)를 돌면 다시 병인월(丙寅月)로 돌아오며 그렇게 하는 데에는 5년이 걸림을 알 수 있다. 5년의 각각에는 열두 달씩 들어 있기 때문이다. 여기서 주의할 것은 절기(節氣)를 결합해 달을 따져야 한다는 점이다.[148]

---

146) 陸致極, 앞의 책, 103쪽 참조.
147) 甲己之年丙作首, 乙庚之歲戊爲頭, 丙辛必定尋庚起, 丁壬壬位順行流, 更有戊癸何方覓, 甲寅之上好追求.
148) 洪丕謨·姜玉珍, 앞의 책, 108~110쪽 참조.

참고로 현재 사용하고 있는 만세력[149]에 나타난 간지력의 월건 개념에 대한 사실 규명을 하고자 『한국천문연구원우주측지그룹』에다 질의하기를 '고대 중국인들은 달(月)을 나타내는 방법으로 달의 12삭망월에 근거를 두고 60갑자 간지력에 의해 12지지로 표시하고 있다. 즉 북두칠성의 두병이 가리키는 방향이 곧 그달의 월건이 된다는 학설을 주장하고 있다. 이 학설이 천문학적으로 근거가 있는지' 문의하였던바 '글쎄요? 저희는 이 방법을 사용하지 않습니다. 합삭일 계산에 의해 음력월을 계산하고, 그에 따라 차례로 월건을 배당합니다. 위의 방법은 계산방법이 원활하지 않았던 시절에 사용하지 않았을까 싶습니다. 중국에서도 정통으로 달력을 만든다면 저 학설을 따르지 않았을 겁니다. 북두칠성의 두병의 방향도 시간에 따라 일자에 따라 달라질 텐데ㅡ. 대략은 맞겠지만, 정확성은 떨어질 것 같네요.'[150]라는 회신을 받았다. 이와 같은 설명은 고대 중국에서 사용하였던 월건 개

---

149) 많은 명리서들이 존재하지만, 만세력에 대해 명쾌한 설명이 없다. 다만 몇몇 서책과 논문을 참조하면 『四柱命理學大事典』에서는 "사주명리학은 우주과학을 근거로 한 논리 정연한 수리과학이며 만세력은 이를 뒷받침하고 있다."(김상연, 『컴퓨터 萬歲曆』, 甲乙堂, 2009.6쪽 참조.)고 컴퓨터만세력에서 부연 설명하고, 『사주용어사전』에서는 만세력은 "曆書의 한 종류, 매일의 日辰을 표시한 것이 특징이다. 자평명리학의 연구에 중요한 자료이다."(박주현, 『사주용어사전』, 동학사, 2012. 66쪽)고 설명하는 정도이며. 심규철은 박사학위심사논문에서 "干支萬歲曆은 陰陽五行論的 天道변화의 실상을 四時 12월 24절기 그리고 날마다 달리 몰고 오는 氣象을 60갑자라는 天地 符號體系에 의해 표상한 精密 曆法이다."(沈揆喆, 『命理學의 淵源과 理論體系에 관한 硏究』, 韓國精神文化硏究員, 박사학위 논문,2002. 232쪽.)고 자연의 변화를 인용한 역술적 달력임을 말하고 있다.

150) 韓國天文科學硏究所, 『韓國天文硏究院 우주측지그룹』, 대전광역시 유성구 대덕대로 776번지.

념은 계산방법이 원활하지 않았던 시절에 전유물인 만큼 대략은 맞겠지만, 정확성은 떨어지고 지금은 사용하지 않고 있다는 설명으로 보드라도 간지기월의 역법으로서의 한계를 실감할 수 있는 것이다.

3) 간지기일의 정립과 한계

『상리철학(象理哲學)』의 심명공식에서는 일(日)의 정립(定立)에 대해 1978년 음력 5월 16일에 태어난 날에 대한 일주 갑인(甲寅)이 구성되는 사주(四柱)상의 원리를 다음과 같이 설명하고 있다.

사주	0	甲	戊	戊
	0	寅	午	午

심명공식에서는 '지구가 주체로서 우주 각급 실체를 상대로 대화대충(對化對沖) 작용을 한번 끝마친 것을 1일이라고 하는 까닭에 일의 천운(天運)을 각각 생명의 주체로 삼는 것이 지극히 합리적인 것이다.'고 설명하고 있다.

'일의 정립은 60갑자에 명시된 1978년 음 5월을 찾아 16일에 해당하는 날짜를 찾으면 갑인이 된다. 일의 천운지기는 년의 정립과 같이 직접 혼원수 10155895(1978년 무오당년)로부터 기산한 수치이다. 일은 지구가 태양을 향하여 밤낮 24시간 1자전한 것이요 아울러 지구가 우주 전체를 상대로 변화운동을 마친 최소 기본단위체이다. 이것은 태양이 주체가 되어 우주 전체를 상대로 1공전한 1년이다. 지구가 주체가 되어 태양을 향해 1자전하며 우주 전체를 상대로 1회전한 것과 동일한 원리인 까닭에 1일의 확대와 연장이 1년이요 1년의 최소 축소와 기본단위가 1일이다.'[151]

이와 같이 일진의 정립에 관해 설명하고 있으나 역법적인 입장에서 보면 몇 가지 한계가 있음을 알 수 있다.

첫째 60갑자에 명시된 1978년 무오 당년(當年)의 당일일진(當日日辰)이 갑인(甲寅)으로서 혼원수로 계산하면 10155895번째 해당한다는 것을 설명하고 있으나 60갑자의 시행이 언제부터 시작된 것인지 분명한 자료가 없기 때문에 혼원수 계산은 얼마든지 앞으로 땅기거나 늘어서 나타낼 수가 있는 것이다. 그러므로 일진의 시작은 언제부터인가 하는 점은 정확히 알 수가 없고 여기서 주장하는 것 또한 임의로 지정하여 계산한 것에 불과하다.

둘째 전술한 바와 같이 60갑자 사갑자설(四甲子說)에 의한 일진(日辰)은 황제시대(黃帝時代)부터 시작하였다하나 황제가 역사적으로 전설상의 인물이고 이를 증빙할 전거(典據) 자체가 없고 현재 만세력에서 나타내고 있는 일진은 전술한 바와 같이 후인(後人)들이 역

---

151) **趙明彦**, 앞의 책, 96쪽 참조.

산(逆算)하여 차례 순으로 정하여 놓은 것이라는 점이다.

셋째 지나간 세월은 다시 돌아오지 않듯이 오늘이란 날이 지나면 똑같은 날이 다시 오지 않는다. 그러나 60갑자 간지기일은 년의 계산과 같이 60일마다 순환하면서 반복되어 동일 일진으로 나타나고 있으므로 기일 산출에 한계가 있는 것이다.

넷째 일진의 계산을 달리하여 10간 또는 12지를 매일매일 1천간과 1지지씩 순차로 배당해 나가면 일정한 일수를 경과한 후에는 역일이 복귀된다. 따라서 10간의 역일에 대한 복귀는 14,610일 즉 40년이 되고 12지지의 경우에는 12와 1,461과의 최소공배수 5,844일 즉 16년이 역일과 12지가 복귀되는 주기이다.[152]

다섯째 모든 간지기원력이 그러하듯이 일진 또한 60갑자의 의미가 내포되어 있음을 알 수 있다. 또한, 일진의 변화와 방법에 대해 보다 확실한 근거를 찾고자 '한국천문연구원우주측지그룹'에다 고대 중국인들은 일진(日辰)을 표시하는 방법으로 황제시대(黃帝時代)의 사갑자(四甲子)를 근거로 하여 갑자일로부터 60갑자 순서대로 차례를 매겨 왔다는데 지금 일진을 나타내는 방법도 이와 같이 하고 있는지 다르게 하고 있다면 다른 계산 방법에 대해 문의 하였던바 '지금 사용하는 방법은 어느 한 날과 그 날의 일진을 알면, 날짜는 줄리안데이

---

[152] 이은성, 앞의 책, 191~192쪽 참조.

로 고치고, 그날을 기준으로 해서 계속 육십갑자를 배당해나가고 있습니다. 육십갑자는 기존 내려오던 방법을 그대로 사용하고 있습니다. 줄리안데이는 BC 4713/1/0/12시를 기준으로 해서 계속 누적시켜 나가는 날짜입니다. 그래서 2015/1/1/0시=2,457,023.5일이 됩니다.'[153]라는 답변으로 회신을 받았다.

이는 서양에서 사용하는 줄리안데이의 계산법은 BC4713년 1월부터 시작해서 2015년 1월 1일까지의 누적일수가 2,457,023日이라는 내용이고 이를 계속적으로 이어져 오고 있다는 요지이다. 더불어 만세력을 제작하지도 않을뿐더러 공신력에 대해서도 말할 수 없다고 한다. 다만 시중에 있는 만세력의 일부 자료는 계산해준다고 한다. 즉 합삭일, 달의 크기, 월건, 일진, 24절기 절입시각 등이다.

4) 간지기시의 정립과 한계

『상리철학(象理哲學)』의 심명공식에서는 시(時)의 정립에 대해 설명하기를 '시(時)의 정립은 일의 천운문자[154]를 주체로 이루고 지구가 태양을 향하여 1자전하는 동시에 우주 각 항성들과의 대좌에서 이루어지는 시차적(時差的) 변화에 육십운기(六十運氣)를 12단계로 구분하여 배설한 표시이다. 이것은 달이 태양을 중심으로 1주하는 12개월

---

153) 한국천문과학연구소,『한국천문연구원우주측지그룹』, 대전광역시 유성구 대덕대로 776번지.
154) 時의 天運文字 : 甲己日生 甲子時, 乙庚日生 丙子時, 丙辛日生 戊子時, 丁壬日生 庚子 時, 戊癸日生 壬子時.

과 같이 지구가 태양과 각급 항성을 1자전하는 주기를 12시간으로 구분 설정해 놓은 육십 운기라는 뜻이다. 그러나 월의 설정은 시두(始頭)를 인일(寅日)로부터 기산했으나 시(時)는 자시(子時)로부터 기산하는 점이 다르다.'155)는 내용이다.

그러나 『상리철학(象理哲學)』의 심명공식에서는 '태양과 달은 태양의 대화 작용을 하는 데서부터 시두를 삼았으나 지구와 각급 항성좌와의 상대는 이와 달리 지구의 대화 작용으로부터 시두를 삼은 것이 다르다.' 고 설명하고 있다. 즉 월두법(月頭法)과 시두법(時頭法)에 대한 적용방법론이 다른 원인을 말하고 있다.

또한 『시의철학(時의哲學)』에서는 '일명 추시법(推時法)이라 하여 시주(時株)를 따지는 방법이다. 추시법도 추월법과 마찬가지로 약간 복잡하다. 시주의 아래 지지(地支)는 이미 알고 있으나 시주의 위의 천간(天干)은 바로 계산할 수 없다. 그러나 그렇게 복잡하지만은 않다. 그날의 간지를 안다면 구결156)에 의해 쉽게 알 수 있다. 천간이 갑(甲)이나 기(己)인 날에 태어났다면 출생시간은 갑자(甲子, 밤11시~새벽1시)에서부터 시작하여 을축·병인(乙丑 丙寅) 등으로 차례대로 따져나가면 된다.'157)라고 설명하고 있다.

『천기대요(天氣大要)』에는 둔시법(遁時法)이라 하여 하루의 야반(夜半)을 자시(子時)로부터 세어 간지시(干支時)를 붙여 나간다. 이

---

155) 趙明彦, 앞의 책, 96쪽 참조.
156) 口訣 : 甲己還生甲, 乙庚丙作初, 丙辛從戊起, 丁壬庚子居, 戊癸何方發, 壬子是眞途.
157) 洪丕謨·姜玉珍, 앞의 책, 111~112쪽 참조.

와 같이 시(時)에 대해 간지를 배당하여 쓰는 것을 간지기시법(干支紀時法)이라 한다. 사주팔자(四柱八字)는 생시(生時)를 그 존재의 입성(立成)으로 한다. 그것은 첫째 그해의 천기(天氣)와 지질(地質), 둘째 그 계절을 대표하는 달의 천기(天氣)와 지질(地質), 셋째 그 날의 천기와 지질을 합계한 여섯 종류가 생시라는 순간을 만나 비로소 하나의 형태를 출현하기 때문이다. 인명(人命)의 생시는 우리들이 인간사회에서 생을 받아 처음으로 호흡하는 시각이므로 매우 중요한 의미를 갖는다. 출생한 순간에 처음으로 인간의 운명은 전개되는 것이므로 사주 명리학이 기인(起因)으로 하는 것도 이 시지에 있다. 사주 명식에는 연·월·일·시(年·月·日·時) 네 간지(干支)가 있고 각각 장소의 간지는 그 나름대로 가진 의미가 있다. 특히 시지를 귀숙지(歸宿地)라 부르며 중요시하므로 생시의 지지를 최고로 중시한다.[158] 현대는 하루의 시점(始點) 기준은 자정(子正)이고 하루는 24시간으로 나누고 있다. 고대에도 하루의 시점기준이 자정이고 하루의 주기 또한 24시간으로 정하여 사용하였을까? – 시간과 관련된 내용은 단위를 옮겨 상세히 설명한다. – 고대인들이 정한 시간 설정을 참조하여 보면 그 당시에 사주간명의 진위를 알아보는데도 중요한 대목이 될 것이다.

이와 같이 표본으로 삼은 『상리철학(象理哲學)』은 주천(周天)하는 일월오성의 역법적 원리를 정확히 간파하고 있는 몇 안 되는 역학서이지만 그러나 연월일시의 시간을 채택하면서는 앞에서 설명한 간

---

158) 申六泉, 『四柱命理學大事典』, 甲乙堂, 2013, 576쪽.

지기원법의 방법을 그대로 적용하고 있는 것이다. 이것은 천문학적이고 과학적으로 제정되는 역법에 의거한 시간을 설명하면서도 막상 시간 적용에 있어서는 간지기원법(干支紀元法)으로 시간을 계산하고 있음으로 결국은 『시의철학(時의哲學)』에서 주장하는 시간 설정의 논법과 다른 것이 없다는 것을 알 수 있다. 다시 말해서 사주팔자(四柱八字)에서 연월일시(年月日時)의 산정(算定)은 간지기원법을 적용하여 시간을 계산하는 것인 만큼 천문학적이고 과학적인 역법과는 연관성이 없다는 결론이다. 천문을 관찰한 역법은 과학이나 역보(歷譜)[159]로 사용하고 있는 간지기원력은 곧 술수력(術數曆)이고 이 술수력을 달력으로 사용하고 있는 역학(易學,명리학·자미두수·기문둔갑) 등은 점성술(占星術)이 아니면 무술(巫術)이라는 것을 말해 주고 있다.[160] 그러므로 간지기원력법은 천상에서 주천하는 일월오성의 주기적으로 산정한 역법과는 괴리가 있고 다만 간지기원력은 상용력으로써 사계(四季)에서 나타나고 있는 절기력과 연관성이 있다. 이의 관계를 다음장에서 관찰하여 보고자 한다.

---

159) "역보는 사계절의 위치와 차례를 정하고 **分至**(**春分**·**秋分**·**冬至**·**夏至**)의 **節**을 바르게 하며 **日月**과 **五星**의 **辰**을 만나게 하여 그것으로써 **寒暑**와 성쇠의 이치를 생각하게 한다. 그러므로 성왕은 반드시 달력을 정하여 **三統服色**의 제도를 정한다. 또 그것으로서 **五星**(**木**·**火**·**土**·**金**·**水**)과 **日月**의 만남 흉액의 근심 길흉의 기쁨을 찾아서 안다. 그 **術**은 다 여기서 나온다. 이것은 성인이 운명을 아는 도술이다."(『**漢書**』, 1,767쪽.)

160) "천문을 보고 28수의 별자리와 일월의 주천도수를 정확히 관찰하는 것과 일월 오성의 주천을 산술적으로 계산한 **曆法**과 **歷史年代學 算學** 등은 천문학과 과학으로 본다. 다만 흉하고 궁색한 재앙과 길하고 왕성한 경사를 논한 것이 적지 않았는데 그것들은 **占星術**이고 **巫術**이다."(풍우란(박성규 옮김), 앞의 책, 54쪽 참조.)

Ⅳ

간지력의
역법적(曆法的) 역할

⋮

1. 시간 주기의 변천
2. 현대적 시간의 이해
3. 절기력의 역법적 인지

동・서양을 막론하고 시간(時間)의 역사를 알고자 하면 종교적, 과학적, 역학적, 형이상학적인 방법 등 다방면에서 이를 관찰하고 예측해 볼 수 있을 것이다. 서양(西洋)에서는 대체적으로 형이상학과 신학을 얘기하면서 종교적[161], 과학적[162] 방면으로 우주를 관찰하고 연구를 했다면 고대 동양(東洋)에서의 시간의 역사는 형이상학적이고 철학적인 방면으로 발전했다고 볼 수 있는데 대표적으로 유가(儒家)의 시간기원론과 도가(道家)의 시간기원론으로 분류하고 있다.

　유가적 사유 구조에서는 무(無)를 전제하지 않고 이 우주의 기원을 태극(太極)에서 찾는다. 『주역(周易)』, 「역서(易序)」에 이르기를 '역(易)에 태극이 있어서 이로부터 양의(兩儀)가 생겼으니 태극이라는 것은 도(道)이다. 양의(兩儀)란 음과 양이고 음양(陰陽)은 하나의 도

---

[161] "예수교에서는 **舊約聖書**의 **創世記**에서 하나님이 세계를 만들었다고 한다. 불교계에서는 불교에는 緣起法이 없다. 이 우주라는 것, 法界・眞如라는 것은 누가 만들 수도 없는 것이고 누가 부술 수도 없는 것이다. 법계는 **不生不滅**이며 **不增不滅**이다. 거기에서는 서로가 의지하여 원융무애하게 존재할 뿐이다. 이 우주를 누가 만들었다고 하면 외도법인 **轉變說**(오늘날 하나님적인 범(梵:Braīman)에서 일체만물이 나왔다고 하는 인도 고대종교의 사상)에 떨어지고 만다. 그러므로 우주의 존재방식을 '이것이 있으므로 저것이 있고 저것이 있으므로 이것이 있다.' 그것이 부처님의 말씀이다."고 우주의 생성에 관해 설명하고 있다.(性徹退翁, 『百日法門』 상권, 장경각, 2008, 141쪽.)

[162] 스티븐 호킹은 『時間의 歷史』에서 "時間이란 개념은 宇宙가 시작하기 이전에는 아무런 뜻이 없다고 하면서 이것을 처음으로 지적한 사람은 아우구수티누스(Aurlius Augutinu 354~430)로서 그가 말하기를 '神은 宇宙를 창조한 우주의 특성이고 우주가 시작되기 전에는 時間이 존재하지 않았다'고 하였지만, 우주에 시작이 있고 없었는가 하는 문제는 形而上學이나 神學에 속하는 문제임을 주장했다. 그는 또 우주를 창조한 것은 神의 領域이며 우주가 시작되기 전에는 시간이 존재하지 않았다고 지적하고 있다."(스티븐 호킹(**玄正晙** 옮김), 『時間의 歷史』, 삼성출판사, 1993, 32쪽.)

(道)이고, 태극이 무극(無極)이니 만물의 생(生)하는 것이 음을 의지하여 양을 품고 있어 태극의 기운(氣運)이 들어 있지 아니함이 없고 양의가 들어 있지 않음이 없어서 하늘의 기운과 땅의 기운은 서로 교감하여 변(變)하고 화(化)하는 것이 다함이 없다.'[163]고 한다. 유가(儒家)에서 태극이란 더할 수 없는 존재의 이름이기 때문에 태극 이전의 근원도 태극이라고 하는 것이다. 송대(宋代) 주돈이(周敦頤)의 「태극론(太極論)」에서 무극(無極)이 태극이라고[164] 말한 것도 태극이 생성된 그 시점이 곧 시(時)의 기원으로 보는 것이다. 곧 유형(有形)이란 무형(無形)에서 생(生)한 것이다. 열자(列子)는 태초(太初)의 이전을 무(無)인 태역(太易)에서 기(氣)가 생성된다고 보았고 태초(太初)에 이르러 존재인 유(有)가 시작됨을 설명하고 있다. 열자(列子)의 이론은 무(無)의 태역(太易)에서 유(有)의 태소(太素)로 존재의 바탕을 이루기까지 몇 단계의 과정을 거친다는 유무(有無)의 단계 논리적인 우주발생론[165]이라 이를 만하다. 도가(道家)의 우주론에서 이러한 유무

---

163) 『周易』, 「易序」: "所以易有太極, 時生兩儀. 太極者, 道也; 兩儀者, 陰陽也. 陰陽 一道 也. 太極 無極也. 萬物之生, 負陰而抱陽, 莫不有太極, 莫不有兩儀, 絪縕交感, 變化不窮."

164) 周敦頤, 「太極圖說」: "無極而太極."

165) 고대 중국의 철학자들은 宇宙가 어떤 물질로 구성되어 있으며 어떻게 생성되고 변화되었는지에 대해 많은 관심을 가지고 연구하기 시작했다. 연구의 방법으로 여러 類型이 동원되었다. 철학의 기본 노선에 따라 분류한다면 觀念論과 唯物論으로 대별할 수 있다. 관념론으론 허확론, 創造論, 象數論, 道論 등을 들 수 있고 유물론으론 元素論, 原子 論, 精氣論, 氣論, 太極論, 氣形論 등을 들 수 있다. 이것은 중국 고대 유물론 철학자들이 이 측면에 대하여 많은 새로운 이론을 만들어 내었으며 氣論을 중심으로 일맥상통하는 유물론 전통을 형성하였음을 설명한다. 그러나 고대 중국의 이론적 전개에

(有無) 전환론이 발달한 것은 유(有)의 근원을 유로 보지 않고 이질적인 무(無)로 보고자 하였기 때문이다. 이와 같이 유와 무의 관점은 우주 대폭발로부터 우주가 탄생되었다고 믿지만, 그 빅뱅 이전은 무엇일까 하는 점이다. 도가(道家)는 그것을 무(無)라고 하고, 유가(儒家)는 유(有)라고 말하는 것이다.[166] 이런 사상적 논리는 역사적으로도 크게 영향을 끼쳐 우주창조의 근원이 되고 간지를 통한 시간기원론으로도 자리매김하게 된다.

Ⅰ 시간주기(週期)의 변천

하루의 시간 길이의 변동에 문제가 된 것은 현대의 천문과학이 발전한 이후의 일이다. 고대 역법에서는 그리 큰 문제가 되지는 않았을 것이다. 왜냐면 하루 한 달 한 해의 역(曆)계산도 정확성을 찾지 못한 시기였기 때문에[167] 하루의 시간은 해가 뜨고 지는 것을 하루라 보

있어서는 오히려 관념론적 우주론이 통치적 지위에 있었으며 유물론적 우주론은 부차적 지위에 있었고 때로는 심하게 배치되기도 하였다.(方立天(이기훈·황지원 옮김), 『문제로 보는 중국철학(우주·본체의 문제)』, 도서출판 예문서원, 1997, 101~102쪽 참조.)

166) 김일권, 『東洋 天文思想 하늘의 역사』, 예문서원, 2002, 192쪽~194쪽 참조.
167) 참고로 이정모는 四考遊戲임을 전제하고 성서 시대 인물의 실제 나이를 다음과 같이 계산하고 있다. "선사시대의 나이는 '달'의 수와 같았다. 즉 처음에는 1달=1살로 계산했다. 창세기에 5장에 나타난 인류의 계보는 아담 930세~셋 920세~에노스 905세~게난 910세~마할랄렐 910세~야렛 962세~

는 정도로 고대(古代)에는 하루의 시간을 나누는 방법이 일정치 않았다. 고대 중국에서 사용한 시간의 주기를 관찰하여 보면 『춘추좌씨전(春秋左氏傳)』에 하루의 수(數)는 10이라는 인식에서 10개의 시(時)가 있었다. 10단위의 시는 계명(鷄鳴)·매상(昧爽)·단(旦)·대흔(大昕)·일중(日中)·일측(日仄)·석(夕)·혼(昏)·소(宵)·야중(夜中)으로 구분하여 사용하였다. 전한시대(前漢時代)에는 18단위로서 하루의 시간을 셈하고 있었으니 야반(夜半)·야대반(夜大半)·계명(鷄鳴)·신시(辰時)·평단(平旦)·일출(日出)·조시(蚤時)·식시(食時)·동중(東中)·일중(日中)·서중(西中)·포시(餔時)·하포(下餔)·일입(日入)·혼시(昏時)·야시(夜市)·인정(人定)·야소반(夜少半) 등으로 사용되고 있었다. 또 후한시대(後漢時代)에는 12단위로 시간을 매겼는데 낮에는 해로 밤에는 별로 측정했다. 그러므로 낮 7단위의 시간과 밤에는 5단위의 시간이 있었다.[168] 이런 내용으로 설명하는 것으로 봐서 시간의 단위가 시대별로 차이를 보이고 있는 것을 알 수 있다.

에녹 365세~므두셀라 969세~라멕 777세~노아 950세로 이 중에서 므루셀라의 나이를 요즘의 나이로 계산해보면 1달은 29.530이며 1년은 365.24일이다. 따라서 969살✕29.53=28,614.57일로 28,614.57일을 365.24일로 나누면 78.39년이 되니 약 79년을 산 것으로 봐야 한다는 것이다. 이와 같은 계산법은 한 손의 손가락이 5개이니 5달을 1년으로 보는 셈법과 **夏至**와 **冬至**로 구분하고 **春分**과 **秋分**을 구분한 6달은 1년으로 보고 10진법이 널리 퍼진 다음에는 10달을 1년으로 보고 그런 다음 모세 시대에 와서 오늘날 우리가 세는 나이와 같아진다."(이정모, 『달력과 권력』, 부키, 2015. 46~48쪽 참조)고 역설하고 있다.

168) 구중회, 앞의 책, 55쪽.

남북조시대(南北朝時代)에서는 '십이시분법을 다시 매 시진(時辰)을 소·반·태(少·半·太)로 나누었다가 당대(唐代) 이후는 다시 초·정(初·正)의 두 부분으로 나누어 사용하기도 하였다. 평상시에는 십이진기시(十二辰紀時)만을 쓸 뿐이지만 산명술에서는 간지기시(干支紀時)를 쓴다. 그래야 팔자를 얻어 다양한 관계를 유추해 낼 수 있기 때문이다.'[169]라고 하여 명을 추산하는데 필요한 시간은 별도로 간지기시를 사용하였음을 알 수 있다. 위·진시대(魏·晉時代)에는 밤을 갑야(甲夜)·을야(乙夜)·정야(丁夜)·무야(戊夜)로 나누었으며 북송 응천력(北宋 應天曆, 963년 시행)에서는 일경·이경·삼경·사경·오경으로 불렀다. 매경은 오점(五點)으로 나뉜다.

『산당고색(山堂考索)』의 설명에는 '고금(古今)의 각루(刻漏)의 방법에는 부루(浮漏)가 있고 칭루(稱漏)가 있어서 부(浮)하기도 하고 칭(稱)하기도 하는데 이것이 그 제도의 차이이다. 한(漢)나라의 하하량(夏賀)은 120각의 주장을 하였고, 송(宋)의 하승천(何承天)은 춘분과 추분에는 주야(晝夜)가 각각 50각이라고 주장하였으며, 양(梁)의 무제(武帝) 대동연간에 개정하여 사용한 것에 108각의 주장이 있고 진(陳)나라와 수(隋)나라에 이르러서도 100각으로 사용하였다. 이것은 또한 서로 본받았으면서도 다른 점이다.'[170]라고 설명하고 있다.

---

169) 洪丕謨·姜玉珍, 앞의 책, 序文 참조.
170) "古今刻漏之法, 有浮漏, 有稱漏, 或浮或稱, 此其制之異也, 漢夏賀良則有百二十刻之 說, 宋何承天, 則有春秋二分晝夜各五十刻之說, 梁武帝大同之所改用者, 則又有百八刻 之說, 至於 陳隋則仍用, 百刻之制, 此又其效之不同者也"(이순지(남종진역주), 『諸家曆象集』 하권, 세종대왕기념사업회, 2013. 『山堂考索』, 252쪽)

당(唐)의 선명력(宣明曆, 822년 시행)에서는 하루를 100각(刻), 1각을 84분으로 삼았다. 하루 96각제는 효종 4년(1653) 시헌역법이 채택된 이후부터 쓰였다. 십이시진(十二時辰, 12時)을 초(初)와 정(正)의 야진(半辰)으로 나누어 24등분(24小時)하고 각 반진은 다시 4각으로 나누었으며 매 각은 15분으로 삼았다. 십이시진법(十二時辰法)은 십이지(十二支)에 대응되며 100각제는 십간(十干)과 비교하기에 편리하다. 당나라 산명술(算命術)에 이르면 십이시진에도 십간을 배당하여 60간지 기시법(六十干支 紀時法)을 성립시킨다.[171] 이와 같이 한 나라에서도 통치자가 바뀌거나 역법을 변경하여 시행함에 따라서 시진(時辰)도 변경하여 사용하였음을 알 수 있다.

명대(明代)의 대통력(大統曆)까지의 중국력은 전반적으로 서양과 거의 교류 없이 발전해 왔다. 명대말(明代末)에 예수교회의 선교사인 마테오릿치(Matteo Ricci, 이마보(利馬寶), 1552~1610)에 의하여 서양 천문학과 수학이 들어오고 이어 아담샬(Joham Adam Shall von Bell, 탕약망(湯若望), 1591~1666)을 중심으로 서양 천문학에 의한 역계산이 1644년에 실현되어 시헌력(時憲曆)이란 이름으로 편찬되었다.[172] 그때의 표준시에 대해 다음과 같은 학술지가 발표된 것을 서술하여 참고하여 보고자 한다.

---

171) 김일권, 앞의 책, 213쪽.
172) 이은성, 앞의 책 27쪽.

> "명나라 때 난징의 표준시각이 중국의 표준시로 100년 이상 사용됐습니다."
>
> 류엔과 장양 중국 자금산천문대 연구원들의 주장에 천문학자들이 술렁였다. 자금산천문대가 있는 장쑤성 난징은 명 태조 홍무제 주원장이 수도로 정한 곳으로 난징의 천문관측을 토대로 정한 표준시가 그의 아들이 정난의 변(1399)을 일으켜 베이징으로 천도한 후에도 100년 넘게 중국의 표준시로 쓰였다는 것이다.[173]

　명(明)나라 당시의 조정에서는 원나라 때와는 달리 천문관측 장소를 임의대로 설치하지 못하게 하여 북경의 자금성 이외의 장소에서는 천문관측을 하는 것을 엄하게 금하고 있었다.[174] 그러므로 명대에서는 북경의 경도 120도를 기준시로 정하여 사용하고 있었다.[175]

　청대(淸代)에는 명말(明末)부터 숭정력(崇禎曆) 혹은 시헌력(時憲

---

173) Copyright @ 조선뉴스프레스–주간조선, 참조.
174) 나일성, 『韓國天文學史』, 서울대학교출판부, 2001, 37쪽 참조.
175) 2013년도 3월 26일부터 28일까지 중국 안후이성 허페이에서 열린 동방천문학사 국제회의에서 그때 발표자로 나온 류엔(劉炎)과 장양(張暘)은 明나라 때 난징(南京)의 표준 시각이 중국의 標準時로 100년 이상 사용했다는 기록이 있다고 주장했다. 자금산 천문대가 있는 장쑤성 난징은 명 태조 홍무제 주원장이 수도로 정한 곳이다. 난징의 천문관측을 토대로 정한 표준시가 그의 아들(영락제)이 정난의 변(1399)을 일으켜 베이징으로 천도한 후에도 100년 넘게 중국의 표준시로 쓰였다는 것이다. 여기에서 북경을 표준시로 정하였을 때 2°의 차이가 나서 그 의문을 풀지 못하고 있었는데 난징에서 천문관측을 함으로써 그 차이가 난 것으로 발견하고서는 천문학자들이 그 노고를 경찬하고 큰 성과를 얻었다고 하는데, 2도라면 현재의 시분으로 계산했을 때 8(2X4)분의 차이가 난다. 이를 밝히고자 노력하고 있는 천문학자들의 노고에 놀랄 따름이다. (Copyright @ 조선뉴스프레스–주간조선, 참조.)

曆)이라 하여 서양에서 태양역법(太陽曆法)이 들어 왔다. 중국에서 태양력을 채용하기를 주장한 최초의 학자는 11세기 말의 심괄(沈括)인 듯하다. 그는 입춘을 1월 1일로 하고 이하의 절기(節氣)를 매월 1일로 하자는 혁신적인 주장을 한다.[176] 그러나 이의 주장은 하나의 설로서 남을 뿐이고 서양에서 도입된 시헌력 법이 청대초부터 시행되었으며 전대(前代)의 역법과 달리 과학적 정밀성과 그 우수성이 확인됨으로써 천문학(天文學)에 대한 전반적인 신뢰를 가지게 되었으며 청대 250여 년 공식 역법으로 사용하였다. 청(淸)나라 또한 북경(北京)을 천문관측 장소로 정하고 표준시(標準時)를 북경 120도를 정하여 사용하였다.

 우리나라에서의 역법의 변천을 어땠을까. 표에서 보는 바와 같이 (표5. 한국의 역법과 역서 변천 과정) 우리나라도 많은 변화를 거쳤음을 알 수 있다. 가까운 조선 시대의 역법사를 검토하여 보면 조선(朝鮮)에서의 역법은 시대의 변천에 의해 우여곡절을 겪는 개력의 변화를 맞이하고 있었다. 세종(世宗)시대에 사용한 역법은 칠정산법(七政算法)이지만, 원나라 수시력법(授時曆法)이 기본이었기 때문에 이에 채택된 천문상수를 사용하였다. 세종시대(世宗時代)에 시간의 알림은 경회루 남쪽에 설치한 자격루라는 물시계를 사용하였다. 따라서 물의 흐름과 받은 물의 수위의 조정은 이 천문상수를 기준하였다. 시간 측정은 하루를 12시 또는 100각(1시=8각 1/3)으로 하고, 하루 중에서 밤 시간만을 5경(更) 또는 25점(點)으로 하였다. 1경은 5

---

176) 이은성, 앞의 책, 28쪽.

점이다. 12시를 알릴 때는 매시(每時)마다 종을 쳐서 듣게 하고 어느 시(時)인지를 보이도록 인형이 시패를 든다. 밤에는 매경과 초점(初點)에는 북과 징으로 2점부터 5점까지는 징만 친다. 이 모든 장치는 물의 흐름을 이용한 복잡한 기계 장치로 자동으로 작동한다.[177] 한편 장안에 시각을 알리는 방법은 후에 약간씩 바뀌기는 했어도 대강은 다음과 같다.

경회루의 남문과 월화문(月華門), 근정문(勤政門)에 각각 금고(金鼓)를 설치하고 광화문에 대종고(大鐘鼓)를 세워서 당일 밤에 각 문의 쇠북을 맡은 자가 목인의 금고 소리를 듣고는 차례로 전하여 북을 친다. 영추문에도 큰 북을 세우고, 오시에 목인의 북소리를 듣고 또 한 북을 치고 광화문의 북을 맡은 자도 전하여 북을 친다. 경회루 남문과 영추문 광화문은 서운관생이 맡고 나머지 문은 각각 그 문에 숙직하는 갑사(甲士)들이 맡았다.[178]

세종시대에 편찬된 칠정산내편(七政算內篇)에서는 1일을 100각 1각을 100분으로 했고, 1653년(효종4)에는 청(淸)나라의 시헌력(時憲曆)을 채택하여 96각의 시제로서 하루의 길이를 분할하여 24기의 입기 시각을 축초초각(丑初初刻) 12분과 같이 표현하고 이를 민간력(民間曆)으로 사용하고 있었다. 이 축초는 12지시법(支時法)의 축시

---

177) 나일성, 앞의 책, 154쪽.
178) 『世宗實錄』, 65권, 세종 16년 7초1일. 나일성, 앞의 책, 154쪽 인용.

(丑時)를 2분 하여 초(初)와 정(正)으로 나눠 1일을 24로 하는 반진각제(半辰刻制)를 쓴 것이다. 매반진각(每半辰刻)을 네 각으로 분할하여 초각 1각 2각 3각이라고 부른다. 그러므로 1일은 96각이 되는 것이다. 매각은 15분이고 1반진각은 4각이므로 60분이 되고 1일은 1,440분으로 되어 현행의 분(分)과 일치한다. 더불어 1924년 말까지도 천문일(天文日)의 하루의 시작(始作)을 정오(正午)로 채택하여 사용하였지만, 현행의 시법(時法)에서는 1일의 기점(起點)이 야반(夜半)으로 정해져 있다. 이 시각이 오전 0시 0분이다. 이때에는 1일 중에서 인간의 활동이 가장 적다는 뜻에서 날짜를 바꾸는 시각으로 정했을 것이다.

지금의 그레고리우스력[179]이 사용되기 이전에 조선에서 사용한 역은 대통력과 시헌력이었다. 대통력은 조선 개국 이전인 1370년(공민왕 19년)에 명나라의 역을 따른 것으로 1653년(효종 4년)에 시헌력으로 개력할 때까지 283년 동안 사용되었다. 대통력은 그 이전의 역인

---

179) 그레고리우스 달력은 지금부터 2000년 전에 율리우스 카이사르가 초안하고 그로부터 1600년 후에 그레고리우스 교황 3세(1572년 교황즉위)에 의해 만들어졌다. 19세기 후반부터 전 세계적으로 가장 많이 공식적으로 사용하고 있는 달력이다. 우리나라에서는 1896년에 도입되었고 일본은 1873년 중국은 여러 나라들 중에서 가장 늦은 1949년에 와서야 공식으로 도입하였다. 그레고리우스 달력은 국제적으로 공인되는 최초의 紀元으로 여기는 起源은 6세기경 교황 요한 1세의 칙령을 받은 '디오니시우스'에 의해 예수가 태어난 해를 원년으로 삼았다. 그레고리우스 달력을 많이 사용하고는 있지만, 여기에도 문제점 또한 많다. "첫째는 한 해의 첫날인 1월1일의 요일이 매년 다르다. 둘째, 한 달, 4분기, 2분기의 길이가 일정하지 않다. 셋째, 한 주일이 두 달에 걸쳐 있는 경우가 대부분이다. 넷째, 부활절과 이에 결부된 많은 교회 축일이 오락가락한다. 다섯째, 새해 첫날인 1월 1일은 천문학적으로 아무런 의미가 없는 날이다."(이정모, 앞의 책. 223쪽)

원(元)의 수시력(授時曆)과 거의 비슷한 역법이었으므로 개력에 따른 갈등이 거의 없었으며 원·명(元·明)의 교체와 함께 자연스럽게 새로운 역으로 진행할 수 있었다. 1653년부터 사용한 시헌력은 1896년 건양원년(建陽元年) 1월 1일에 현재 사용하고 있는 서양의 태양력으로서 개력할 때까지 243년 동안 공식력(公式曆)으로 사용되었다.[180]

이렇게 되기까지 조선의 역법은 정치, 경제, 사회 등의 변화에 따라 수차의 개력을 하였다.

〈표 5〉 한국의 역법과 역서 변천 과정

시대	나라명	역법과 역서	비고
삼국시대	고구려		당말(唐末) 선명력채택
	백제	무인력(戊寅曆)	
통일신라	신라	원가력(元嘉曆)	
	개국	인덕력(麟德曆)	
고려		선명력(宣明曆)	
	개국	대연력(大衍曆)	
	충선왕	선명력(宣明曆)	
조선	공민왕	수시력(授時曆)	
	개국	대통력(大統曆)	
		수시력(授時曆)	원(元)의 수시력으로 개력
		대통력(大統曆)	
	세족 15년	선명력(宣明曆)	
		칠정산내편(七政算內篇)	
		칠정산외편(七政算外篇)	
	효종 4년	시헌력(時憲曆)	
	영조원년	시헌칠정법(時憲七政法)	

180) 정성희, 앞의 책, 213쪽.

참조

선명력(宣明曆)에선 통법 8400 (1일 8,400분), 장세(章歲) 3068055 (1년 3,068,055분), 장월(章月) 248057 (1삭망월 248,057분)으로 결정했다. 따라서 1태양년은 3068055/8400=365.24464일, 1태음월은 248057/8400=29.530595일이 된다.[181]

특히나 서양력인 태양력의 도입으로 음력을 사용하던 것을 양력으로 바꾸고 또 양력에서 다시 음력으로 변경하고 다시 음력과 양력으로 병행하여 사용케 되는 등 잦은 개력으로 인하여 시행에 착오가 일어날 소지가 항상 있을 수 있었을 것이다. 일례를 들어보자 1900년 대한광무사년명시력(大韓光武四年明時曆)에 의하면 양력 2월 29일이 역면 밑의 난외에 적혀 있다. 원래 그레고리우스력의 치윤법에 의하면 1900년은 평년이어야 할 일이었지만 이 명시력에서는 이 해가 윤년으로 되어 있었다. 즉 2월 1일부터 그해의 음력 연말까지 11개월간 양력 날짜가 전부 틀려 있기 때문이다.[182] 일상에서 겪는 날짜가 바뀌는 것뿐 아니라 시간 주기에서도 변화가 많았을 것으로 짐작이 간다. 역서 편찬에서 이런 중대한 잘못이 일어났었다면 당시에는 사주(四柱)가 어떻게 작성되고 그런 사주를 보고 역학자들은 어떻게 통변을 하였을까? 이런 일련의 사태들이 시간상에서 발생하고 있었다는 것이다.

---

181) 정성희, 『조선시대 우주관과 역법의 이해』, 159~172쪽 참조.
182) 이은성, 앞의 책, 360쪽 참조.

이런 시행착오를 겪다 보니 장기적인 역법의 활용과 필요성이 대두됨으로써 조선 영조시대 사용하던 백중력(百中曆)을 1782년에 천세력(天歲曆)으로 개편하고 이어 만세력(萬歲曆)으로 개정하여 오늘에 이르고 있다.[183]

근대 한국의 표준시로서 동경 135°의 지방평균시를 표준시로 채택하여 사용하고 있다. 조선 시대에 북경 120°를 표준자오선(標準子傲線)으로 했던 것을 1910년 4월 1일 종래의 11시를 12시로 고침으로써 동경 135°의 지방평균시를 택한 것이다. 동경 135°선은 동경 350km 지점을 남북으로 지나는 자오선으로 서울의 지방시보다 32분 정도 빠르게 되어 있다. 한때 대통령령으로 1954년 3월 21일부터 동경 127° 30、을 표준시자오선으로 하여 표준시를 고쳐 사용했으나, 1961년 8월 10일부터는 다시 동경 135°선을 표준자오선으로 사용하고 있다. 세계 각지의 표준시는 그리니치표준시와의 시차를 정수로 두는 것이 보통이지만 경우에 따라서는 30분의 차를 더 둘 수도 있다. 일반적으로는 어떤 지방의 경도가 그 이웃 지방과 15°의 차이가 날 때마다 1시

---

183) **百中曆**은 원래 100 년간의 일월성신과 절후의 변동을 추산한 역서를 말한다. 영조때에 역일에 매일매일 28수와 칠정을 배당하고 24기와 비교하여 1736년부터 1767년에 이르는 32년간의 역서를 꾸몄다. **千歲歷**은 1782년에 백중력을 토대로 1777년부터 100년간에 걸친 역을 편찬하게 하여 이것을 천세력이라 하고 10년이 지나면 또 10년을 미리 계산하였다. 천세력은 전체가 3권 3책으로 되어 있으며 제1책은 1777년에서 1886년까지 110년간 월의 대소, 24절기, 매월 1, 11, 21일의 일진을 시헌력법(時憲曆法)으로 100년간을 대통. 시헌의 두 역법으로 추산한 중국력을 실었다. **萬歲曆**은 1777년 이후 20세기 초에 이르기까지 120년간의 역서가 수록되어있다. 매 10년마다 계산하여 첨가해나가면 만년까지 갈 수 있다 하여 만세력이라 하고 1904년에 천세력을 만세력이라 이름을 고쳐 발간하였다.

간씩 다른 표준시를 쓰게 된다. 즉 경도가 동쪽으로 옮겨지면 표준시는 1시간이 빨라지고 서쪽으로 옮겨지면 1시간이 늦어진다.

  현대에는 하루의 길이는 24시간으로 정해져 있고 1시는 60분, 1분은 60초로 60진법이 활용되고 있다. 현재 시(時)에 관한 계산에서 12진법, 24진법, 60진법은 인류문화의 시초부터 서양(西洋)에서 이미 있었던 유산이다.[184] 농경시대(農耕時代)에는 시간의 개념에 대해 그리 중요하게 생각하지 않다가 현대에 들어와서는 산업의 발달과 더불어 인간의 생활 자체가 세계화되다 보니 각국의 시간이 달라 혼란이 야기되고 있다. 이를 해소하고자 세계표준시(世界標準時)[185]와 날짜변경선[186]을 제정하고 이를 국제적으로 공통으로 정하여 사용하고 있지만, 이 또한 여러 가지 문제(現代的時間의 이해란 참조)가 발생

---

184) 이은성, 앞의 책, 67쪽~69쪽 참조.
185) **世界標準時**는 1884년 국제협정에서 영국의 그리니치 천문대의 자오선을 **經度時**를 말한다. 즉 **常用時**로서는 **地方平均時**를 사용하는 것이 보통인데 **地域**에 따라서 **時**의 **原點**으로 지정하고, 1935년부터 **子午線**을 기준으로 하는 **標準時**가 세계시로 시간 계산에 쓰이게 되었으며 이를 본초자오선이라 하였다.
186) 날짜변경선은 지구상에서 날짜를 변경하기 위해 편의상 만들어 놓은 경계선으로 날 선 또는 일부변경선(日附變更線)이라고도 한다. 날짜변경선은 태평양의 거의 중앙부, 대략 경도(經度) 180°선을 따라 남북으로 설정되어 있으며, 이 선을 경계로 동쪽과 서쪽에서 날짜가 하루 달라진다. 지구의 자전에 의한 평균태양시는 지구 상의 각 지점마다 차이가 생기는데, 그 차이는 경도 15°에 대하여 1시간의 비율로 동쪽으로 갈수록 앞서 간다. 경도 0°인 영국(그리니치천문대)에서 동쪽 방향(동경)으로 180° 지점은 12시간 빠르고, 서쪽 방향(서경)으로 180° 지점은 12시간 느려 경도 180° 지점 (날짜변경선)은 같은 지점임에도 동쪽으로 왔을 때와 서쪽으로 왔을 때 하루(24시간)의 시간 차이가 나타나는 모순이 생긴다. 따라서 날짜를 정할 때 이 차이를 고려하지 않으면 큰 혼란이 생길 것이다. (월간하늘 편집부, 『천문학작은사전』, 2002, 48쪽. 네이버지식백과 (international dateline─**變更線**) 참조).

되고 있는 실정이다.

이와 같이 하루의 길이는 시대상(時代相)[187]과 개력(改曆)에 따라 많은 변화가 있었고 시간(時間)의 간격과 시점(始點)도 필요에 따라 인위적(人爲的)으로 기준(基準)을 정하여 사용하고 있었으며 또한 자의적인 해석의 차이로 1주일,[188] 1일의 길이가 다르게 설명되는 경우가 있다는 것을 알 수 있다.

✡ 2. 현대적 시간의 이해

우주는 출발점을 가진다. 시간도 마찬가지로 출발점이 있을 것이다. 그것은 인간이 시간을 만들고 태초에 우주가 시작한 후부터 오늘날까지 시간을 가지고 있다고 생각하기 때문이다. 그러나 우주진

---

187) 일례를 들어 조선말 시대에는 "'청나라 황제가 주신 正朔을 폐하는 것은 도리가 아니다'라고 하는 학부대신 「申箕善」과 같은 守舊派들의 주장과 같이 한일합방이전에는 감히 개력을 함부로 하지도 못하고 청나라의 역법을 받아쓰는 형편이었다. 즉 조선국에서는 청나라의 역법인 시헌력과 대통력을 사용하고 북경 120°를 표준시로 사용하고 있었다. 앞에 기술한 역법의 변천 과정은 수차에 걸쳐서 개력이 있었고 음력과 양력의 교차 사용과 나중에는 병행 사용하는 등 시대의 변천으로 우여곡절을 많이 겪었다. 양력이 첨부된 최초의 역서는 1896년 양력의 사용과 함께 발행된 '대조선개국 505년력'이다. 본격적으로 양력시대는 명시력에 이어 발행된 1909년의 '대한융희3년력'부터 시작되었다."(정성희,『조선시대우주관과 역법의 이해』, 지식산업사. 2006,125쪽.)

188) 현재 사용되고 있는 일주일의 시간 단위는 우리나라는 1896년 양력채택과 거의 같이 사용되었다.

화론에 의하면 고대 세계에서는 우주와 시간의 시작이 없는 것으로 보았다. 기독교의 세계관은 우주를 창조의 산물이라 여겼으며 따라서 당연히 출발점인 태초를 가진다고 생각했다. 이 창조 행위와 더불어 시간도 시작했다. 뉴턴은 창조주는 배경에 그대로 두고 자신이 정리한 '자연법칙에 따라 절대적인 곧 무한한 공간과 절대적인 곧 무한한 시간을 설정했다.' 현대천문학은 다시 시간과 공간의 이 절대성과 작별했다. 공간과 시간의 크기는 알베르트 아인슈타인 이래 서로 상대적인 관계 곧 시공간으로 파악되었다.[189] 아인슈타인은 시간과 공간을 시인(詩人)이나 철학자(哲學者)가 아니라 과학자들에게 쓸모가 있는 용어로 뜻매김해야 한다는 사실을 지적했다.[190] 그것들은 보통 사람들이 보통 연장을 가지고 잴 수 있는 계량적인 것이어야 했고 과학적으로 쓸모가 없는 추상적인 것이어서는 안 될 일이었다. 공간이나 시간에는 그 이상의 의미가 없었다. 바로 19세기의 문제에 대한 20세기의 직선적인 해답으로서[191] 과학자들이 시간과 공간을 두고 과학적으로 인식하고 접근하기 시작한 최초의 일이다.

---

189) 뤼디거 자프란스키(김희상 옮김), 『시간의 철학』, 은행나무, 2016, 157쪽.
190) 1905년 아인슈타인은 독일의 과학잡지 '물리학연감 Annalen der Physik' 제17권에 3편의 논문을 발표했다. 그때 아인슈타인의 사상은 혁명적이었다. 당시로서는 이 논문들이 과학사의 방향을 바꿔놓으리라고는 상상조차 할 수 없었다. 첫째 논문은 통계역학 둘째 논문은 광전효과 셋째 논문은 바로 우리들이 시간과 공간을 바라보는 자세를 영원히 바꿔놓게 되는 폭탄선언이었다. 나중에 이름이 붙여지게 되듯 특수 상대성 이론의 윤곽을 그렸고 공간은 물질 삼투적인 에테르로 구성되어 있으며 시간은 강물의 흐름과 같이 작용한다는 오랜 명제를 다루었다. 이들은 오랜 세월에 걸쳐 과학을 지배했던 사상이었다.(존 보슬로우(홍동선 옮김), 『스티븐 호킹의 우주』, 책 세상, 1995, 49쪽.)
191) 존 보슬로우(홍동선 옮김), 위 책, 1995, 49쪽.

세계표준시와 같이 시각(時刻)이나 시간을 재는 방법을 결정하는 제도를 시법(時法)이라고 한다. 시법에는 연·월·일이라는 달력의 단위보다 아래의 작은 단위로 시간이라는 것이 있다. 최근까지 때를 정하는 기준이 되는 것은 지구의 자전(自轉)이라 여겨져 왔다. 지구는 이른바 거대한 시계(時計)이며 그러한 지구의 자전은 정확한 것이라 여겨져 온 셈이다. 그러나 지구의 자전과는 약간의 어긋남이 있다. 왜냐하면, 지구가 1회 자전하고 있는 사이에 태양은 하루에 한 번 정도 항성(恒星) 사이를 누비면서 천구(天球) 위를 움직이고 있기 때문이다. 태양은 항성 사이를 1년에 1회 역행하여 돌므로 항성이 1태양년 동안에 366.2422회를 도는데 태양은 그보다 1회 적은 365.2422회 돌게 되는 것이다. 천구상(天球上)의 한 점이 남중(南中)한 후 다음에 또 남중할 때까지의 시간 길이를 자전시간(自轉時間)이라 하고 1일이라고 한다. 이 한 점을 태양이나 춘분점으로 잡으면 각각 1태양일과 1항성일이 얻어지고 태음으로 잡으면 1태음일이 얻어진다. 우리가 상용하는 하루는 평균태양일이다.[192] 진태양시(眞太陽時)[193]와 평균태양시(平均太陽時)[194]의 차이는 계절에 따라 변동하는데 그 최대치는 16분이나 17분이 될 때도 있다. 그러므로 지역에 따라 시각이 다르게 된다는 것이다.[195] 이렇게 되면 생활상 불편하므

---

192) 1평균 태양일은 24평균 태양시. 1평균 태양시는 60평균 태양분. 1평균 태양분은 60 평균 태양초.
193) 太陽의 시각을 그대로 측정한 것.
194) 1년의 太陽의 움직임을 평균한 것.
195) "일반적으로 사람들은 하루가 24시간이라는 것에 대해 확신하고 이를 의심

로 전국적인 동일시각을 갖고자 하여 표준시를 정하게 된다. 이와 같이 인간 생활의 편의를 위해 인공적(人工的)인 시각(時刻)을 설정하면 태양의 운행에 따르는 천문시각과는 상당히 어긋나게 된다. 그러므로 예를 들어 서울에 있는 사람이 라디오로 정오의 표준시보를 들었을 때에 태양을 보아도, 남중의 전후 30분 정도 어긋나 있는 일은 흔히 있는 법이다. 더욱이 경도 0°의 원점이 되는 자오선상의 영국 그리니치 천문대에서의 시각으로 정한 표준시를 세계시라고 하는 것은 1880년도에 제정된 것인 만큼 21세기를 바라보는 오늘날에는 맞지 않다. 왜냐면 항공기가 제트기의 시대가 되어 지방표준시가 각기 다른 공항을 날아다니는데 하루 사이에 지구의 거의 어디든지 갈 수 있기 때문에 시계바늘을 늘 움직여야 하는 경우가 있다는 것이다. 그러므로 천문학자가 사용하는 것과 같은 세계시로 바꾸는 것이 어떠한가 하는 견해까지 생기고 있는 실정이다.[196] 그러므로 어떠한 경우에도 일정하게 고정(固定)된 시간은 없는 것이며 다만 시대(時代)에 따라 인위적(人爲的)으로 약속되고 결정된 시간을 변통(變通)하여

하지 않는다. 그러나 지구가 태양을 감싸고 공전하는 것이 타원형 궤도이기 때문에 지구는 매일 한 바퀴의 시간을 자전한다. 따라서 정확히 24시간이 될 수는 없다. 어떤 날에는 24시간보다 많을 수도 있고, 또 어떤 날에는 24시간보다 적을 수도 있다. 평균을 내면 23시 56분 4초가 된다. 통계자료에 따르면 1년 중 단 4일 만이 24시간에 가장 가깝다고 한다. 양력의 4월 16일, 6월 14일, 9월 1일, 12월 24일이 바로 그 날이다. 그 나머지는 24시보다 많지 않고 오히려 적다. 따라서 반드시 출생시간을 정확한 태양시로 전환하여야 비로소 명리에서 진정으로 사용하는 시간이 된다.(진춘익(조성희 번역), 『八字命 理新解』, 낭월명리학당, 2004, 54쪽) 매일(1년 365일분) 시간과 태양시의 시간 오차표는 생략함.

[196] 나카야마 시게루(김향옮김), 『하늘의 과학사』, 가람기획, 1991, 109~113쪽 참조.

사용하고 있는 것이다.

현대에 들어와서 표준시간 지정문제와 야자시법[197]과 섬머타임[198] 등에 관련하여 혼란이 되고 있다. 그러나 이 문제는 지금까지 전술한 간지기원력의 태생적 원리를 이해하고 거기에 맞추어 시간의 배성을 한다고 보면 아무런 문제가 없을 것이나 시주(時柱)[199]의 시간적 표현은 서양에서 도입된 그레고리우스 역법을 인용하여야 한다는데 혼란이 발생하고 있는 것이다. 그러므로 일부 역학자들이 그레고리우스 역법을 인용함으로써 간지력 자체가 천체물리학과 과학적으로 구성된 역법인 것으로 주장하고 있는 것이다.[200] 사실상 전통적 간지력에

---

[197] "夜子時라함은 밤11시에서 12시 사이의 시간을 말하는 것인데 正子時와 구별하는 것이다. 보편적으로 子時하면 그날 밤 11시에서 이튿날 午前 1時까지 사이를 말하는 것인데, 夜子時는 밤 11時에 그날 밤 12시 사이 까지를 말하는 것이며 正子時는 밤 12時에서 새벽 1時까지를 말한다. 이것을 區別하여 時柱를 세우는 법은 야자시생은 아직 生日은 새날을 세우지 않고 시간만 새 시간을 세우는 법이기 때문에 가령 가령 甲子日 밤 11시에서 12시 사이에 출생한 사람은 갑자일 야자시 생으로써 日辰은 갑자일(출생 당일) 시간은 새시간 즉 乙丑일에 대한 시간 丙子時를 잡아서 甲子日 丙子時로 결정하는 것이다. 다음 正子時 갑자일 밤 12시에서 1시 사이에 출생하였다면 갑자일 밤 출생이지만 12시 즉 子正이 지난 관계로 다음 날인 乙丑日 丙子時로 정해야 되는 것이다."(이석영, 앞의 책, 29쪽.)

[198] "정치적 시대적 형편에 따라 시간의 표준을 인위적으로 변경시킨 시간, 표준시간의 변경은 舊한국시대부터 1961까지 4번 있었고 시간 축소(섬머타임)은 1948년을 시작으로 1988까지 6차례 변경하였다."(박재완, 앞의 책, 48쪽 참조.)

[199] 월주 못지않게 시주의 중요성도 크다. "사주팔자는 생시를 그 존재의 입성으로 한다. 그것은 첫째 그해의 天氣와 地質, 둘째 그 계절을 대표하는 달의 천기와 지질, 셋째 그 날의 천기와 지질을 합계한 여섯 종류가 生時라는 순간을 만나 비로소 하나의 형태를 출현하기 때문이다."(申六泉, 『四柱命理學大事典』, 甲乙堂, 2013, 576쪽.)

[200] 時間을 適用함에 있어 "현재 널리 통용되면서 일반화된 時의 限界는 많은 잘못을 범하고 있다. 이는 宇宙科學을 바탕으로 氣象學과 數理科學으로

의해 사주배성을 하고 추명을 한다면 시주의 시간문제를 가지고 왈 가왈부한다는 것은 한복 위에 구두를 신는 꼴이요, 양복 입고 갓서는 꼴이니 문제를 야기시키는 일부 학자들의 주의주장에서 일어나는 문제로 가벼이 치부할 수도 있을 것이지만 현대적 시간 계산법을 적용해야 한다는 주의 주장도 일리가 있어 혼란이 되고 있는 것이다. 일례로『명리요강(命理要綱)』에서 말하고 있는 해자난분(亥子難粉)[201] 설에 대해 그렇다면 자축난분(子丑難粉)도 있을 수 있다는 논리로 이 학설의 모순을 지적하고 있다.[202] 또한『명리학개론(命理學 槪論)』에서는 '조자시설(早子時說)은 완전히 일진(日辰)을 바꾸어 쓴다는

전개되는 논리 정연한 五行學(명리학,육임 등)에 대해 累를 끼칠 뿐만 아니라 世上사람들로부터 說得力을 잃고 있으며 나아가 迷信이라고 外面 당하고 있는 커다란 이유가 되고 있음을 시인하지 않을 수 없다."고 지적하고 있다. (김상연,『컴퓨터 萬歲曆』, 甲乙堂, 2009, 10쪽.)

201) 朴在玩, 앞의 책, 48~50쪽 참조.

202) "古書에는 子時를 하루의 기준으로 삼는다고는 하였으나 朝子 · 夜子 즉 아침자시와 밤 자시를 구분하여 쓰는 예가 없었다. '박재완' 옹은 亥子難粉, 즉 해시와 자시는 나누기 어렵다는 논리에 따라 하루의 시작을 자시 기준으로 삼았지만, 해자난분이라는 말이 오히려 亥時와 子時를 나누기 어렵다는 것일 뿐 자시가 두 개 있다는 개념은 포함되어 있지 않다는 것이다. 해자난분이라는 말이 있다면 子丑難粉도 있을 것이다. 가령 甲申 日이 있고 乙酉日이 있다고 하면 갑신일의 밤에서 을유일로 넘어간다면 간지 모양은 甲申일에 丙子時가 된다. 이때 밤 11시 30분에 태어난 사람이 있다고 보면 옛날 논리를 따라 자시를 하루의 기준으로 삼는 사람은 11시 30분에 태어나더라도 乙酉日에 丙子時로 기록할 것이고 이렇게 乙酉日로 보고 팔자를 보니 오히려 甲申日의 特性이 많더라는 것이다. 그렇다면 이 사람은 甲申日의 乙亥時가 더 정확하다는 것이다. 나누기 어려운 것은 子丑 · 丑寅도 마찬가지다. 유독 해자난분만의 문자를 둔 이유는 과거에는 야자나 조자의 개념이 없었기 때문이다. 東洋學이 스스로 진보하지 못하고 이렇게 정체 상태로 머물러 있는 이유 중의 하나가 바담풍 이야기에서 찾을 수 있다고 한다."(박청화,『춘하추동신사주학』, 청화학술원, 2006, 197~198쪽 참조.)

이론인데 이 학설을 취용하지 않고 있다.'[203]라고 함으로써 후학들은 혼란을 자초하고 있는 것이다.

그러나 시간의 변화가 어떻게 이루어진다 하더라도 사주(四柱)에서 적용하고 있는 시간의 배성이 간지기원법을 인용하고 있다면 서양역법(그레고리우스 역법)에서 말하는 시간과의 상관관계에서는 자유로울 수가 없다. 천문학자 이은성은 간지력을 두고 역(曆)은 일월의 운행에 의해 정해진다. 인간의 생각에 따라 일월의 운행주기가 달라질 수도 없고 역자체도 변동되는 것도 아니다. 중국력 계통의 민간력(民間曆)은 년월일(年月日)을 갑자·을축 등 6갑으로 나타냈는데 오행·9성(星)·28수(二十八宿)·12직(十二直) 등이 기재되어 있어서 미신(迷信)과 결부되었다. 이런 미신력(迷信曆)에서는 전혀 터무니없이 제멋대로 가공적(架空的) 주기를 정하여 배당하였다고[204] 비평하고 있는 것이 현실이다. 그렇다고 해서 손 놓고 있을 수는 없다. 명리학적으로 정확한 사주를 정립(正立)하는 것은 말할 것도 없이 생시(生時)를 바로 아는 것은 꼭 필요하기 때문이다.

현대의 시간의 개념은 그레고리우스 역법을 시행하고 있는 만큼 자시(子時)의 기준을 밤 12시 30분으로 하고 야자시와 조자시와 섬머타임도 적극 활용할 필요는 있을 것이다. 이를 활용하는 것이 분쟁의 소지를 최소화할 수 있을 것으로 사료되고 시간의 발전적 사고로서 그나마 역법에 가까이 다가갈 수 있는 계기가 될 것이기 때문이다. 다만

---

203) 백민, 『명리학개론』, 대유학당, 2002, 145쪽.
204) 이은성, 앞의 책, 391쪽.

학인들이 꼭 인식하고 명심하여야 할 것은 간지력을 두고 활용하는 방법이나 용도는 각자의 몫이나 고인들이 추구하고자 한 시간의 역사와 제정의 의미를 훼손하여서는 안 된다. 왜냐면 고인들이 만든 간지력은 민간력으로서 지금도 사용하고 있고 또한 하나의 역사적 전통일 뿐 아니라 역학으로서의 의미와 철학이 담겨 있기 때문이다.

③ 절기력(節氣曆)의 역법적 인지(認知)

고대 중국인들은 일찍부터 농경 생활의 필요성 때문에 절기와 월령(月令)에 대해 많은 연구를 하였을 것이지만, 이에 대한 기록이 정확하지 않다.[205] 『산당고색(山堂考索)』에는 역수(曆數)가 생긴 시기는 아주 오래되었을 것이다. 복희(伏羲)는 팔괘(八卦)를 그려서 24기

---

[205] 馮友蘭은 『음양오행설의 연구』에서 오행론이 사계절 변화에서 비롯된 것인지, 사방위 체계에서 비롯된 것인지에 대해 그 논리적 발생 과정을 살펴보는 것은 쉽지 않다고 지적한다. 방위와 계절이라는 두 가지 범주 모두를 매우 밀접한 연관 체계로 엮어낸 바탕 위에 오행론이 건립되어 있음을 부인할 수는 없다. 오행론은 天地의 변화를 파악하는 원리로 인식되었으며, 절기의 변화 과정을 간지로 표현하고 시간으로 나타내고자 한 것이다. 그런데 陰陽관념은 오행관념을 필요로 하지 않았으며, 오히려 오행관념이 음양관념과 결합하지 않으면 안 되었다. 이런 사실에서 볼 때, 오행관념이 유행하게 된 것은 그것이 음양관념 속에 편입된 이후의 일이며, 음양관념의 발전은 필연성과 진보성을 가지고 있었던데 비해 오행관념의 발전은 우연적이고 무의미한 것이었다.(梁啓超·馮友蘭[김홍경 편역], 『음양오행설의 연구』, 신지서원, 1993, 137쪽 참조.)

(二十四氣)를 나타내고 염제(炎帝)는 팔절(八節)[206]을 나누어서 농공을 시작하였다고[207] 하여 절기와 팔절이 복희씨와 염제 시대부터 시작되었다고 하고 있지만, 이는 신화적(神話的)으로 받아들여야 하는 기술일 뿐이다.

1) 시원(始原)과 구성

동양의 시간 질서는 역법으로 사용하고 있는 상용력(常用曆)에 잘 나타나 있다. 상용력은 절기력(節氣曆)이라고 할 수 있는데, 이는 주천(周天)하고 있는 일월오성의 주기적인 운동과 정확히 맞는 것은 아니지만, 자연의 변화를 수치적으로 나타낸 달력이다. 절기력은 간지로 구성되어 있으며, 이 간지에는 자연의 변화를 나타내는 절기(節氣)와 음양오행의 연관성이 담겨 있다.[208] 절기력의 기원은 계절의 변화에서 비롯된 것인지 아니면 오행론에서 비롯된 것인지 명확하지 않지만, 일월(日月)의 변화와 계절이라는 두 가지 요소를 밀접한 연

---

206) 八節은 四立·四正인 立春·立夏·立秋·立冬과 春分·秋分·冬至·夏至의 여덟 節侯를 말한다.
207) 『山堂考索』, "曆數之起尙矣. 伏羲畫八卦以象二十四氣, 炎帝分八節以起農功."
208) "고대 동양에서는 천문의 관측으로부터 얻어진 역법에 있어 그 표현 기호로는 주로 간지를 사용하였다. 간지는 처음에는 천상의 현상과는 관계없이 처음부터 날짜를 표시하는 부호로 역에 적어 넣은 것이었지만 春秋 시대부터 十二支로써 기원하기 시작하면서 陰陽五行과 결부하고 十干의 뜻을 함축하여 역법에 사용하게 된 것으로 추정한다."(曺圭文, 『天綱 袁守成의 命理思想에 관한 연구』, 대전대 박사청구논문, 2009, 69-70쪽.)

관 체계로 정립한 것임은 분명하다. 또한, 천문에서 볼 때, 오성과 일월은 중요한 요소로 인식되어 하늘과 땅의 변화를 파악하는 통로가 된다고 간주하였으며, 이에 따라 일월오성의 주천에 응하여 지상에는 절기가 매년 순환하면서 변화한다는 시간의 감응 사상이 생겨났다.[209] 절기력은 이를 응용하여 역법으로 체계를 정립한 것이고 간지력은 이를 인용한 것이다.

절기(節氣)의 구체적인 구분은 춘추시대의 『관자(管子)』「유관(幼官)」편에 최초로 나타나는데, 봄과 가을 두 계절을 각각 여덟 절기로 나누고 여름과 겨울 두 계절을 각각 일곱 절기로 나누어 1년을 30절기로 구분하고 있지만, 제(齊)나라, 설(薛)나라 등에 한정되었다. 『관자(管子)』「경중(輕重)」편에는 「유관(幼官)」편과 다르게 한 절기를 15일로 하는 방식이 보이는데, 24절기의 초기형태로 볼 수 있다.[210] 또, 『회남자(淮南子)』에는 '이달에 입춘이 들어왔다.'[211]와 '입하가 들어왔다.'[212]는 언명이 있고, 이달에는 밤과 낮의 길이가 같다[213]하는 이분(二分) 중 추분(秋分)을 나타내는 언명과 이달에는 동지(冬至)가 들어 있으므로 낮이 가장 짧고 음과 양이 다투며 겨울잠을 자는 모든

---

209) 동양의 視空間에 대한 사유는 단순한 경험론적 입장과는 다르다. 시간은 일체의 節氣와 時氣로 보고자 하였고, 공간은 기후와 방위의 복합체로 보고자 하였다.(마르셀 그라네[유병태 옮김], 『중국사유』, 한길사, 2011, 99쪽 참조.)
210) 陸致極, 앞의 책, 48쪽 注① 참조.
211) 『淮南子』, "是月也, 以立春."
212) 『淮南子』, "是月也, 以立夏."
213) 『淮南子』, "是月也, 日夜分."

생물이 동요한다는[214] 언명으로 볼 때, 24절기가 일반적으로 통용되고 있었으며, 이는 한 대(漢代) 초기 역법에 24절기가 접목된 절기력이 활용되었음을 의미한다.

간지는 상고 시대부터 날(日)을 세는데 사용하였다.[215] 춘추시대에 역법의 부호로 사용되었으며, 전국시대에 음양오행의 체계를 세워 놓았던 『관자(管子)』「오행(五行)」편에 갑자(甲子)는 목의 오행이 다스리고, 병자(丙子)는 화의 오행이 다스리며, 무자(戊子)는 토의 오행이 다스리고, 경자(庚子)는 금의 오행이 다스리며, 임자(壬子)는 수의 오행이 다스린다고[216] 하여 1년과 오행의 연관성을 말하고 있다. 전국시대(戰國時代)의 말기에는 태양의 별자리를 간(干)으로 표시한 『여씨춘추(呂氏春秋)』가 있으며, 한 대(漢代)에 천문을 응용하여 자연의 변화를 표현한 『회남자(淮南子)』가 우주의 변화에 간지와 오행을 안배하여 설명한 것이 있고, 『오행대의(五行大義)』에 의하면, 간지는 천지만물(天地萬物)의 변화를 글자로 나타내는 것으로서, 십간(十干)은 기(氣)로서 우주에 존재하는 만물의 생장화수장(生長化收藏)하는 이치를 생물적으로 표현하는 것이고, 지지(地支)는 질(質)로

---

214) 『淮南子』, "始月也, 日短至陰陽爭諸生蕩."
215) 하루의 계산은 日出과 日沒을 기준으로 하였다. 일출 한 번이 하루[一天]이므로 '干[幹]'을 天干이라 하고, 支[枝]는 처음에는 달을 기록했는데 달이 한 번 차고 이지러지는 것을 한 달로 삼았으며, 陰陽의 속성으로 볼 때 날은 陽이고 달은 陰이며, 양은 하늘이고 음은 땅이기 때문에 '支'를 地支라고 불렀다.(陸致極, 앞의 책, 64쪽 참조.)
216) 『管子』, 「五行」, "甲子木行御, 丙子火行御, 戊子土行御, 庚子金行御, 壬子水行御."

서 기의 내용을 보다 실질적으로 표현하고 있는 것이다.[217] 특히 지지(地支)는 식물의 생물적 변화인 생장수장(生長收藏)으로 표현되어, 지지(地支)의 12위(位)가 천체(天體)의 운행(節氣) 및 만물의 생성과 쇠멸 과정을 설명해 주고 있다. 이러한 간지는 방위로 도식화되어 절기와 시각을 정하는 기준이 된다.[218] 이런 기준의 원인은 공간상의 두 부분이 다를 수 있고 시간상의 두 부분 역시 다를 수 있는 반면, 각 주기는 특정 기후와 불가분하며, 각 방위는 특정 절기와 불가분하며, 간지는 시간상의 개별적 부분마다 공간상의 한 특정한 부분이 배당되고, 시간상의 한 부분과 공간상의 한 부분은 동일한 본질을 공유하기 때문이다.[219]

한 대(漢代)에서 1년의 절기를 설명한 10천간과 12지지는 자연의 생장소장의 변화를 사실적으로 표현한 도구로 사용함으로써 가장 자연과 밀접한 관계가 형성되고 있음을 나타내고 있다. 『사기(史記)』「율서(律書)」에서는 천간과 지지에 관하여 다음과 같이 해석하고 있다.

갑(甲)이란 만물이 겉껍데기를 벗고 싹이 트는 것을 말하며 을(乙)이란 만물이 처음에 어렵고 곡절이 있게 태어나는 것을 말한다. 병

---

217) 간지는 오행을 따라서 정한 것이니, "하늘에 대한 일들은 천간을 쓰고 땅에 대한 일들은 지지를 쓰는데, 음양이 구별되기 때문에 '간'과 '지'의 이름이 있는 것이다. 간지는 세 가지의 명칭을 쓰는데 그 첫째가 '주관할 幹'을 쓰고 두 번째로 '줄기 榦' 자를 쓰고 셋째는 '방패 干'자를 쓴다."(蕭吉[김수길·윤상철 옮김], 『五行大義』하권, 대유학당, 2012, 10-1쪽.)
218) 이은성, 앞의 책, 94쪽 참조.
219) 마르셀 그라네(유병태 옮김), 『중국사유』, 99쪽 참조.

(丙)이란 양기의 통로가 현저해지는 것을 말하므로 병이라 이르는 것이다. 정(丁)이란 만물이 강성하고 왕성함을 말하므로 정이라 이르는 것이다. 경(庚)이란 음기가 만물을 바꾸는 것을 말하므로 경이라 이르는 것이다. 신(辛)이란 만물이 새로이 생겨남을 말하므로 신이라 이르는 것이다. 임(壬)은 '임신한다.'는 뜻으로 양기가 땅 밑에서 만물을 생육함을 말하는 것이다. 계(癸)는 '헤아린다.'는 뜻으로 만물을 예측할 수 있음을 말한다.

자(子)는 광막풍(廣莫風)은 북쪽에 위치한다. 광막은 양기가 땅 아래에 있어 음기도 크고 양기도 넓은 것을 말하므로 광막이라고 하는 것이다. 동쪽으로 허숙(虛宿)[220]에 이른다. 허(虛)란 채울 수도 있고 비울 수도 있으니 양기가 겨울에는 허공 속에 감추어지는 것을 말하는 것이다. 동지일(冬至日)에는 음기는 아래고 숨기 시작하고 양기는 위로 상승하기 시작한다. 그래서 허라고 하는 것이다. 동쪽으로 수녀수(須女宿)[221]에 이른다. 만물이 원래의 상태를 바꾸어 음기와 양기가 서로 떨어지지 않고 오히려 서로 기다리기 때문에 수녀라고 하는 것이다. 수녀수는 11월에 해당하며 십이율로는 황종(黃鐘)에 해당한다. 황종이란 양기가 황천을 따라 나오는 것을 말한다. 그것을 십이지지로 말하면 자(子)에 해당한다. 자(子)란 자(滋)이다. 자(滋)는 만물이 땅 밑에서부터 성장하는 것을 말한다. 십간으로 말하면 임

---

220) 28宿의 하나.
221) 28宿의 하나.

계(壬癸)에 속한다.[222]

여기에는 시령사상(時令思想)과 더불어 방향과 만물의 성쇠와 12월령과 24절기에 대해서도 설명하고 있다.

『회남자(淮南子)』에서는 24절기를 간지(干支)로 나타내고 있다. 천간을 나타내는 10간과 12지지를 각 계절의 절기 속에 넣어서 설명하고 있다. 즉 봄이면 천간(天干)인 갑을(甲乙)과 지지(地支)인 인묘진(寅卯辰)으로 나타내고 여름이면 병정(丙丁)과 사오미(巳午未) 가을이면 경신(庚辛)과 신유술(申酉戌)로 겨울이면 임계(壬癸)와 해자축(亥子丑)으로 묶어서 사시(四時)로 설명하고 있다. 봄은 목성(木星)으로 나타내고 여름은 화성(火星)으로 가을은 금성(金星)으로 겨울은 수성(水星)으로 각 영향권에 들고 나고 있음을 나타내고 토성(土星)은 사계에 기생하여 계절과 계절의 가교역할을 한다. 이것은 봄에서 여름으로 여름에서 가을로 가을에서 겨울로 순환하고 생하는 이치를 설명하고 있다. 또 목·화(木·火)는 양(陽)의 기운으로 뜨겁고 밝고 가볍고 청하여 위로 타오르는 성질을 나타내고 금·수(金·水)는 음(陰)의 기운으로 차고 어둡고 무겁고 탁하여 아래로 흐르려는 성질을 나타내고 있다.[223] 이와 같이 음양오행사상이 접목되어 사계의 변화를 설명함으로써 자연스레 절기(節氣)의 구성과 원리가 설명

---

222) 司馬遷 지음(김원중 옮김), 『史記』「律書」, (주)민음사, 2011, 121~126쪽 참조.
223) 사계절의 生·長·收·藏에 음양오행을 접목하고 간지라는 부호를 통해 자연의 변화를 철학적이자 과학적으로 표현한 것으로 볼 수 있다.(劉安, 『淮南子』, 세계사, 1999, 114쪽~136쪽 참조.)

되고 있다.

위의 내용들을 검토하여 본다면 천간(天干)에서는 하늘의 기운과 지지(地支)에서는 음양소장의 이치와 사시의 방향과 12율성 등에 대해 철학적으로 설명하고 있다. 또 여기에는 음양오행에 담겨 있는 생장소장의 원리를 간지라는 부호를 통하여 자연의 변화를 가장 사실적이고 과학적으로 표현하고자 한 최초의 전거로 볼 수 있다. 이렇게 시작된 음양오행관념은 간지라는 부호로 표시되어 자연의 변화를 나타내고 오늘날까지 생활에 응용되어 활용되고 있다.

2) 시간적 표현

절기력은 일종의 민간력으로서 일찍이 선인들은 사시의 기후를 괘로 대신했다. 한 대에 이르러서 비로소 오행·생수·인비안귀 등의 명칭으로 괘기(卦氣)를 기후와 방위로 설명하고[224] 간지로 표현하여 사용하였다. 즉 자연의 변화를 음양이라는 시간적·공간적 변화로 표현하고,[225] 이 변화를 오행으로 나타내고 있다.[226] 이러한 자연

---

224) 鄭志昊, 앞의 책, 91쪽.
225) 음양오행의 철학적인 사상은 『洪範』과 『易傳』을 예로 들어 여기서 나타내고 있는 우주론적 도식을 근기로 삼고 있다. 이러한 "해석을 통해서 우리는 음양오행가들이 오행을 통해서 자연현상과 사회현상을 연관시키려고 하였고 또 세계가 질서를 가지고 있는 하나의 통일적 전체임을 설명하려고 하였다는 것을 간취해 낼 수 있다."(양계초·풍우란(김홍경 편역), 앞의 책, 282쪽)
226) 이러한 사실은 『春秋繁露』 「五行之義」편에 "오행이 따르는 것도 그 차례와 같고 오행의 기능도 각각 그 능력을 이루게 하는 것이다. 木이 東方에 살면서 봄의 氣를 火는 南方에 살면서 여름의 기를 주관하고, 金은 西方에 살

의 변화에 대해, 절기력은 1년을 기준으로 하여 크게 4절기로 나누고 12월령 24절기와 72후 등으로 세분하여, 각 절후와 사용상 필요에 맞게 상용력으로써 활용한 것이다. 이는 하늘과 인간을 동류로서 보고 천상에서 일어나는 모든 일들이 인간과 밀접한 연관성을 가진다고 본 데서 기인한다.

(1) 72후(候)

절기(節氣)의 변화를 나타내는 최초의 시간의 단위는 72후(候)로서 중국의 춘추시대에 이미 주공(周公)이 제정하였다고 전해지고 있으며 역(曆)에 채택되기는 위(魏)의 정광력(正光曆)부터 사용되었다. 고대부터 장기적인 시간 구분을 다음과 같이 사용한 것으로 추정할 수 있다.[227] 하루는 4진(辰)으로서 12시간임을 나타내고, 1후는 5일

면서 가을의 기를 주관하고, 水는 北方에 살면서 겨울의 기를 주관한다"(五行之隨, 各如其序, 五行之官, 各致其能, 是 故木, 居東方, 而主春氣, 火居南方而主火氣, 金居西方而主秋氣, 水居北方而主冬氣.)라고 언표한 것에 잘 나타나 있다.

227) 72후에 대해선 '칠정산내편'에 잘 설명되어 있다. 立春을 예를 들면 입춘이 시작된 정월절 15일을 3등분하여 각 5일씩으로 정하면서 첫 5일은 初候라 하여 '東風解凍'[동풍이 불어서 언 땅을 녹인다]이라고 하고, 다음 5일은 중후라 하여 '蟄蟲始進'[동면하던 벌레가 움직이기 시작 한다]이라고 하고, 남은 5일은 '魚涉浮氷'[물고기가 얼음 밑을 돌아다닌다]라고 하는 등, 일년 360일을 72등분하여 각 5일씩으로 셈하여 이 기간에 일어나는 만물의 변화를 자세히 설명하고 있다. 고인들이 시간의 최초의 단위를 5일로 한 것은 평소 생활에서 만물의 변화를 관찰하여 경험에서 얻어진 것으로 맺었던 꽃망울이 만개하고 잘린 잔디가 다시 자라나는 과정 등이 5일 정도 시간으로 변화가 이루어지고 있음을 알게 되어 그 기간을 1후로 묘사한 것이다.(이은성, 『曆法의 原理分析』, 정음사, 1985, 127쪽)

이며, 3후가 15일로서 한 절(節)과 기(氣)를 나타내고, 2절기(節氣)가 합하여 한 달이 되며 3개월이 합하여 한 계절(季節)로 묶고, 4계절이 곧 1년을 나타내는데, 이는 주대(周代)에서 나타난 시간개념이다.

〈표 6〉 72후(候) : 주대(周代)에 나타난 시간개념

年	季	月	氣	候	日	辰	時
1	4						
	1	3					
		1	2				
			1	3			
				1	5		
					1	4	
						1	3

72후에 대해선 칠정산 내편에 잘 설명되어 있는데, 입춘(立春)을 예를 들면 입춘이 시작된 정월절 15일을 3등분하고 각 5일씩으로 정하여 첫 5일은 초후(初候)라 하여 동풍해동이라 '동풍이 불어서 언 땅을 녹인다.' 하고 다음 5일은 중후라 하여 칩충시진이니 '동면하던 벌레가 움직이기 시작 한다.'고 하고 남은 5일은 어섭부빙이라 하여 '물고기가 얼음 밑을 돌아다닌다. 하는 등 일 년 360일을 72등분하여 각 5일씩으로 셈하여 이 기간에 일어나는 만물의 변화를 자세히 설명하고 있다.

〈표 7〉 24절기와 72후 구분표(예)

24節氣		初候	中候	末候
立春	正月節	東風解凍 : 동풍이 불어서 언땅을 녹인다.	칩충시진 : 동면하던 벌레가 움직이기 시작한다.	어섭부빙 : 물고기가 얼음 밑을 돌아다닌다.

고인들이 1후를 지정한 것은 맺었던 꽃망울이 만개하고 잘린 잔디가 다시 자라나는 과정 등이 5일 정도의 시간으로 변화가 이루어지고 있음을 인지(認知)하고 이를 상용력(常用曆)을 구성하는데 단초를 마련하고 실생활에 활용하고 있었던 것이다.

(2) 12월령(月令)

또한, 매월을 나타내는 시간 단위로 12월령(月令)이 있다. 이는 일종의 상용력(常用曆)[228]으로서 대체적인 내용은 1년을 열두 달로 나누어서 각 달마다 자연(自然)의 변화(變化)를 설명하는 것과 그때마다 농사철의 시기를 알려주는 여러 사항들을 소개해 놓은 것이다. 이것은 일종의 시령서(時令書)들인데 역법과는 전혀 무관하다고 할 수는 없지만, 그것은 단순히 태양(太陽)의 운행에 따른 계절의 변화만을 고려하면 되는 것으로 하늘에서 주천하는 일월성신의 운행을 정확하게 담아내려고 하였던 역법과는 본질적으로 차이가 있다. 다만

---

[228] 12월령 또한 절기력을 인용한 시간 단위로 사용하였는데 "曆法의 월령 체계와 관련하여선 『大戴禮記』「夏小正」비롯하여 『禮記』「月令」, 『呂氏春秋』「12紀」등에 상세히 기록되어있다.

달의 12월 공전주기(公轉週期)에다 각월의 중기(有中月)의 순서에 따라 간지(干支)를 12개월 배분하여 1월은 인(寅) 2월은 묘(卯) 3월은 진(辰) 등으로 각월마다 고정적(固定的)인 이름을 표시하고 시령사상(時令思想)을 활용한 것이다. 이와 같은 12월령은 1년 12달로 구분하여 고대 군주나 백성이 매월 무엇을 해야 할 것인가를 알고자 하는 일종의 행사력으로 사용하였다. 월령은 고대 농경인(農耕人)들이 절후의 변화에 따라 각기 행동 양식을 마련함으로써 얻어지는 생활력과 절후력(節候曆)에서 발전된 것이다. 여기에는 과학적 요소와 무술적 요소가 혼재되어 있다.[229] 또한 음률(音律)[230]과 역법(曆法) 등이 혼합됨으로써 군사의 병법에 활용하고자 하였고 위정자들이 국가를 다스리고자 정령(政令)들을 기록하고 이를 어겼을 때 내리는 벌칙 등을 상세히 나타내고 있다. 이러한 시령사상은 계절의 변화에 기초를 두고 음양오행설을 체계화하고 천문과 인문의 상호연관성을 일치시키려는 천지인(天地人) 삼재사상(三才思想) 등의 신비적인 요소까지 첨가되어 역법과 더불어 역상으로 발전하게 된다.

　월령이 탄생된 구조는 시간과 공간적인 면과 연관성이 있는데 중국은 북반구에 자리 잡고 있으므로 고대 음양가(陰陽家)들은 남방(南方)을 열대로 북방(北方)을 한 대(寒帶)로 간주하고 사계절(四季

---

229) 馮友蘭(김홍격 역), 앞의 책, 284쪽 참조.
230) "天文學에서 12律과 같은 音律的 해석은 어떤 의미를 갖는가?" 이에 대해 임진용은 다음과 같이 말하고 있다. 즉 '自然哲學者들은 천체들의 운동이 일정 오차 범위 내에서 나름 규칙성을 보여 주고 있음에 착안하여 그 규칙성을 音律的 방식으로 해석해 和音에 입각한 모종의 법칙을 유도하려 했다.'(임진용, 『우리가 몰랐던 천문학 이야기』, 연암서가, 2015, 153쪽.)

節)은 방위에다 배속시켰다. 즉 여름은 남쪽에 겨울은 북쪽에 봄은 해가 뜨는 동쪽에 가을은 해가 지는 서쪽에 배정하고 그 기에다 시령사상(時令思想)을 가미하여 생활에 활용한 것이다.[231] 이런 월령 체계는 고대로부터 시작되어 전해오다가 전국시대(戰國時代)에 와서 추연(鄒衍)의 음양오행설(陰陽五行說)과 더불어 기초가 갖추어진 것으로 볼 수 있다.[232] 12월령과 더불어 『상서(尚書)』에는 칠정(七政)과 28사(二十八舍)에 대해서도 이야기하고 있다. 율력(律曆)[233]은 하늘이 오행(五行)과 팔정(八正)의 기운을 소통시키는 까닭이고 또한 하늘이 만물을 성숙시키는 까닭이다. 사(舍)란 해와 달이 머무는 곳이다. 사라는 것은 기운을 펼치는 곳이다. 부주풍(不周風)은 서북쪽에

---

231) 『淮南子』「時則訓」에서는 "맹춘(1월)의 달 이 달에 **招搖**는 **寅**의 방향을 가리키고 **日沒**에는 삼수가 남중하고 일출에는 미수가 남중한다. **位**로는 **東方 日**(**天干**)로는 **甲乙**에 해당하며 성덕은 **木**에 있다. 동물로는 **鱗** 음으로는 **角** 율로는 태주에 해당한다. **數**로는 8 맛으로는 **酸** 냄새는 전 비는 곳은 문제사에는 비장을 먼저 바친다. 동풍이 얼음을 녹이고 겨울잠을 자던 동물이 활동하기 시작한다. 물고기는 수면에 올라와 얼음을 등에 지고 수달은 강가에 물고기를 늘어놓으며 기러기는 북쪽으로 날아간다."("**孟 春之月, 招搖指寅, 昏參中, 旦尾中, 其位東方, 其日甲乙, 盛德在木, 其蟲鱗, 其音角, 律 中太簇, 其數八, 其味酸, 其臭羶, 其祀戶, 祭先脾., 東風解凍, 蟄蟲始振蘇, 魚上負冰, 獺 祭魚, 候雁北, 天子衣靑衣, 乘蒼龍, 服蒼玉建靑旗, 食麥與羊, 服八風水, 爨箕燧火, 東宮 御女, 靑色衣, 靑采, 鼓琴瑟, 其兵矛, 其畜羊, 朝于靑陽左个, 以出春令, 布德施惠, 行慶 賞, 省徭賦.**") 12월령의 **時令思想**에 관해 설명하고 있다.(유안(안길환 편저), 『회남자』, 明文堂, 2013, 225쪽.)

232) 文載坤, 『漢代易學硏究』, 高麗大 博士學位論文, 1990, 33쪽 참조.

233) 蕭吉(김수길·윤상철 공역), 『五行大義』 下권 제15편, 437쪽에 律呂에 관한 내용이 상세히 기록되어있다. 율의 뜻은 『춘추원명포』에 이르기를 '律字는 조율한다는 뜻이다' 『續漢書』에 말하기를 '律은 기예를 부리는 것이다.'라고 했다. 呂는 『史記』,「律書」에 이르기를 '呂는 차례대로 하는 것이니 사시의 기운을 차례대로 서술해서 열두달의 자리를 정하는 것이다.'라고 했다.

위치하며 주로 살생을 주관한다. 동쪽의 벽수(壁宿)는 부주풍의 동쪽에 위치하는데 주로 생기를 주관하고 동쪽으로 가서 실수(室宿)에 이른다. 실수는 양기를 잉태하여 주관하다가 그것을 탄생시키며 동쪽으로 가서 위수(危宿)에 이른다. 위(危)란 허물어진다는 뜻이다. 양기(陽氣)가 여기에 이르러 허물어지기 때문에 위수라고 하는 것이다. 위수는 10월에 해당되며 십이율(十二律)로는 응종에 해당된다. 응종(應鐘)이란 양기가 상응하지만, 작용을 일으키지 않는 것이다. 그것은 십이지지로 말하면 해(亥)에 속한다. 해란 막힌다는 뜻이다. 양기가 땅 아래에 감추어지므로 해라고 하는 것이다.[234] 이런 내용은 음률(音律)과 율법(律法)으로서 하늘이 오행과 팔정(八正)[235]의 변화하는 과정을 설명하고 있는 것이다.

『상서(尙書)』에서는 위의 내용을 팔풍의 대응관계로 상세히 설명하고 있다. 이를 요약하여 기제(記載)하면 다음과 같다.

〈표 7〉 팔풍의 대응관계

月	十二律	十干	十二月	方向	八風	28宿
10	應鍾		亥		不周風	壁宿-室-危
11	黃鍾	壬癸	子	北	廣莫風	虛-順女-牛
12	大呂		丑			建星
1	泰簇		寅		條風	箕-未-心

234) 司馬遷(김원중 옮김), 『史記』, 「律書」, 2012, (주)민음사, 120~126쪽 참조.
235) 24절기 중 四正(春分·秋分·冬至·夏至)과 四立(立春·立夏·立秋·立冬)에 해당하는 節氣.

2	夾鍾	甲乙	卯	東	明庶風	氐-亢-角
3	姑洗		辰			軫-翼-七星
4	中呂		巳		淸明風	張-注
5	蕤賓	丙丁	午	南	景風	弧-狼星
6	林鍾		未		涼風	罰-參
7	夷則		申			濁
8	南呂	庚辛	酉	西	閶闔風	留-胃
9	無射		戌			奎-婁

 이러한 12달의 행사와 연관성이 있는 시령사상을 문헌적으로 검토해 보면 『회남자(淮南子)』「시칙훈(時則訓)」과 『여씨춘추(呂氏春秋)』[236) 「십이기(十二氣)」와 『예기(禮記)』「월령(月令)」에서 나타나고 있다. 『예기(禮記)』「월령(月令)」에서 나타나고 있는 내용에 관해 간단히 검토해 봄으로써 고인들의 시간관념과 사상을 알 수 있을 것이며, 편작한 이유를 다음과 같이 분명하게 말하고 있다.

---

236) 『呂氏春秋』는 진(秦)나라의 여불위(呂不韋)가 편찬한 책이다. 이 책 가운데 가장 중요한 부분은 「십이기」인데, 이것은 「월령」을 그 바탕으로 하고 있다. 「월령」이란 일 년 열두 달 각 달에 일어나는 자연현상과 천자와 관리 그리고 일반인들이 해야 할 일 들을 기록한 월력(月曆)이다. 우리는 이 「십이기」에서 『여씨춘추』의 자연관을 잘 볼 수 있다. 「십이기」에는 먼저 각 달에 관찰되는 태양의 위치와 별들의 움직임 그리고 동식물들의 생태가 자세하게 기록되어 있다. 자연현상에 대한 세밀한 관찰은 농업과 밀접한 연관이 있다. 이것은 또한 사람들이 자연현상에 역행하지 않고 순응하기 위해서도 필요하다. 자연과 일치하는 생활을 하기 위해서 먼저 자연의 변화를 알아야 하기 때문이다.(『哲學硏究』 제86집, 大韓哲學會, 2003, 63쪽.)

마씨가 말하길 해와 달과 별들의 운행을 관측하여 인시(역법)를 내려주었던 일은 요(堯)임금 때부터 그 아래로 고쳐진 적이 없었다. 순임금이 칠정(七政)을 정비하고 주(周)나라에서 오기(五紀)를 사용한 것도 궁극에는 똑같은 일이다. 무릇 해와 달과 별들의 운행을 함에는 끝이 없어서 어떤 때는 떨어지고 어떤 때는 합치되며 어떤 때는 가득 차고 어떤 때는 오그라들며 나아감과 물러감이 서로 번갈아 하고 끝과 시작이 서로 순환하는 것이니 하늘은 이것을 통해서 만물(萬物)에게 명(命)을 내린 것이며 사람이 그것을 받들어 정령(政令)으로 삼은 것도 또한 여기에서 연유함이다. 바야흐로 주나라 때에는 풍상씨(馮相氏)가 하늘의 위치를 회합시킨 것과 보장씨(保章氏)가 지역을 분별한 것과 또 태사(太史)가 세년(歲年)을 바로 잡아서 수도 안에 있는 관부 및 도비(都鄙)에 반포하길 태사가 시행해야 할 일들을 차례대로 기술한 것으로써 하고 제후국에게 반포하길 고삭(告朔)으로써 하였다. 상법을 만들게 되면 모든 백성들로 하여금 매해 정월 중 길일에 그것을 보게 하였고 또 관원들로 하여금 그가 이끄는 부하들을 이끌어서 정세(正歲)에 보게 하였으며 또한 법에 대해서는 순(徇)을 하게 하였다. 그리고 하나라 때의 정전(政典)에서 정해진 시기보다 앞서서 하는 자와 시기보다 못 미쳐서 하는 자는 그 죄가 죽음에 이르게 한 것도 무릇 모든 관리와 모든 백성들로 하여금 그 선포된 정령에 삼가게 하여 받들어 따르게 하고자 함이다. 『예기(禮記)』「월령(月令)」편이 만들어진 것은 또한 선왕이 남겨둔 유산을 본받은 것이

며 후대 유학자들이 의론하고 보태어 완성한 것이다.[237]

여기서 나타나고 있는 월령사상은 여러 문헌들과 거의 같은 내용으로 일치되는 부분이 많다. 특히 『예기(禮記)』「월령(月令)」편은 『회남자(淮南子)』「시칙훈(時則訓)」과 『여씨춘추(呂氏春秋)』편을 참고하고, 색다른 사실들은 첨삭하여 보충한 것일 정도로 닮은 점이 많다.[238] 다만 이것이 앞에서 설명된 바와 같이 『여씨춘추(呂氏春秋)』를 베껴서 작성된 것인바 월령에 관한 사료를 검토하고자 한다면 『여씨춘추(呂氏春秋)』에 기록된 12기를 검토해보는 것이 타당하다.

중국류의 역(曆)에서는 매월의 이름을 동월이명(同月異名)[239]과 같

---

237) 「月令」, "馬氏曰, 歷象日月星辰, 以授人時, 自堯以來, 未之有改也, 舜齊七政, 周用五紀, 其究一也, 蓋日月星辰之注來不窮或離或合或贏或縮進退相代, 終始相循者, 天以是而命萬物, 而人奉之以爲令者, 亦因是也, 方周之時, 以憑相氏會天位, 保章氏辯地域, 又以太史正歲年, 以頒官府都鄙以序事, 頒邦國以告朔, 其爲象法, 則使萬民觀之於正月之吉, 又使官帥其屬而觀之於正歲, 且法則使徇焉, 而夏之政典, 先時與不及時者, 其罪至於殺, 蓋欲百官萬民, 謹其令而順承之也 月令之位書, 亦祖先王之餘, 而後儒傳會增益以成之也." (鄭玄(鄭秉燮 譯), 『禮記集說大全』, 「月令」, 學古房, 2010)

238) 『禮記集說大全』 제6권 서문에 "여불위가 여러 유학자들과 12개월에 관해 紀術하면서 명하길 『呂氏春秋』라고 하였으며 편의 첫 부분에는 모두 月令이 기록되어 있으니 12개월 동안 시행해야 하는 政令을 말하는 것이다. 여기에서 사용하는 달은 夏나라 때의 역법을 따르고 여기에서 언급하는 정령은 三代(夏·殷·周) 및 秦나라 때 시행되었던 여러 일들을 제시하고 있다. 禮家들 중 국가의 大事를 기록하는 자들이 『呂氏春秋』의 내용을 모아서 이 『月令』편을 만들었다."("呂不韋集諸儒著十二月紀, 明曰呂氏春秋篇, 首皆有月令, 言十二月政令所行也, 月用夏正, 令則雜擧三代及秦事, 禮家記事者抄合 爲此編.")선왕이 이와 같이 『예기』「월령」을 편작한 이유를 말하고 있다.(鄭玄(鄭秉燮 譯), 앞의 책, 제6권 서문참조)

239) 일례를 들어보면 "正月달을 十二支로는 寅月이라 하여 孟春·初春으로 나

이 여러 가지로 부르고 있다. 1년 열두 달을 춘하추동의 4계절로 구분하여 각 계절을 맹·중·계(孟·仲·季)로 세분하여 각기를 한 달로 하고 4계절이 변천하여 조화를 이루듯이 자연도 조화를 이루고 있음을 표현하고자 여러 가지 형상을 모사하여 변통하고 있다.[240] 물론 형상으로 나타낸 다른 이름들과 같이 이외에도 월명을 해당 계절의 식물을 나타내기도 하는 등 여러 형태로 불리고 있다. 즉 3월의 화월은 개나리, 진달래, 할미꽃을 본 딴 것이고 5월은 매실이 익는다 하여 매월, 매하, 매천으로 표현하고 또 창포잎이 무성하다 하여 포월이라고도 한다. 7월의 조월, 동월, 과월도 모두 그 식물 잎이나 열매가 인상적인 데에서 가져온 이름이다. 이외에도 월명을 월별로 왕성한 활동을 하는 동물로도 표현하고 있다. 누에 칠 준비에 바쁘다 하여 3월을 잠월로 메추리와 매미가 나타났다 하여 5월을 순월, 조월, 명조라 하고 6월의 반딧불과 매미 날개에서 형월과 선우월 7월의 매미 소리에서 선월, 8월의 기러기에서 안월이 있게 된다. 또 기온과 강수량에 관계 되는 월명도 있다. 청명 곡우 중화는 3월을 건월로 4월을 복월 유월 소서는 6월을 나타내고 또 2월은 영월(令月)·여월

누고 十二律로는 大族이라 하고 同月異名으론 元月, 端月, 泰月, 陬月, 肇歲, 靑陽, 孟陽, 正陽, 孟 陬, 月正, 2월달은 십이지로 묘월이요 十二律론는 夾鐘이라 하고 冬月異名으로 令月, 如月, 麗月, 大壯月, 桃月, 仲月, 華朝, 혜풍, 감춘 등으로 불리기도 하였다."(이은성, 앞의 책, 143쪽 참조).

240) "正月에는 맹춘과 초춘이 들어오는 달이니 十二律은 태주이고 月名은 1월의 시작이 寅月로서 나타내고 12개월의 으뜸이니 元月이라 하고 햇빛이 푸른빛을 띤다하여 청양으로 표현하고 陽氣를 처음으로 맞이 한다하여 孟陽이라고도 한다."(이은성, 앞의 책, 143쪽 참조).

(麗月)·대장월(大壯月)이라 하고 8월의 교월(巧月)·가월(佳月)·장월(壯月)로 표현하여 월광(月光)의 아름다움을 월명(月名)에 붙인 것도 있다.[241] 위와 같이 절기력(節氣曆)으로서 자연의 모든 부분을 잘 나타내주고 있다.

(3) 24절기(節氣)

다음은 관상수시뿐 아니라 계절변화를 가장 사실적으로 나타내고 있는 절기에 대해 고찰하여 보자. 24절기의 기원에 대하여 『의철학(醫哲學)』에서는 다음과 같이 설명하고 있다.

'24절기(二十四節氣)의 기원(基源)에 대해 춘추내사(春秋內事)에 복희건팔절 이문응후(伏羲建八節 以文應候)라 하였는데 이는 복희(伏羲)가 팔괘(八卦)를 획(劃)하고 각괘(各卦)가 삼획(三劃)으로 되어 있어 24절기(二十四節氣)를 상정할 수 있으므로 이에 의거해 유추(類推)한 내용으로 볼 수 있다. 또 진서((晋書) 율력지(律曆志)에서는 '염제 분팔절 이시농공(炎帝 分八節 以始農功)'이라 하였으며 예기월령주(禮記月令注)에 '주공작시제 정이십사기 칠십이후(周公作時制 定二十四氣 七十二候)'라 하였으니 이상의 내용은 24절기(二十四節氣)가 복희(伏羲)에서 시작되어 신농(神農)을 거쳐 주공(周公)에서 완성되었다는 말로 해석할 수 있다. 일찍이 이분(二分)과 이지(二至)의 내용은 『상서·요전(尙書·堯典)』에서 찾아볼 수 있는데 요(堯)가 살았던 시대는 BC2357-2258(百年在位)에 해당하므로 사

---
241) 이은성, 앞의 책, 144쪽 참조.

계(四季)와 이분·이지의 인식이 상고시대(上古時代)로 소급됨을 짐작할 수 있다. 고인들은 토규(土圭)를 사용하여 일영(日影)을 측량했으므로 상당히 정확하게 이 사기(四氣)를 측정할 수 있었던 것이다. 전국말기(戰國末期)에 나온 『여씨춘추(呂氏春秋)』「십이월기(十二月紀)」에 비로소 맹맹춘(孟孟春)·중춘(仲春)·맹하(孟夏)·중하(仲夏)·맹추(孟秋)·중추(·仲秋)·맹동(孟冬)·중동(仲冬)의 8개월(八個月)에 입춘(立春)·일야분(日夜分)·입하(立夏)·일장지(日長至)·입추(立秋)·일야분(日夜分)·입동(立冬)·일단지(日短至)의 8절(八節)을 배합하였다. 『예기(禮記)』「월령(月令)」과 『회남자(淮南子)』「시칙훈(時則訓)」은 모두 12월기(十二月紀)의 합초본(合抄本)인데 이는 전한초년(前漢初年)까지도 24기(二十四氣)의 명칭이 확정되지 않았음을 설명하는 것이다. 이십사기의 명칭은 최초로 『회남자(淮南子)』「천문훈(天文訓)」에서 보이며 현재 통용하는 24기(二十四氣)의 명칭 및 차서(次序)와 완전히 일치한다. 일년(一年)을 이십사기로 나눈 것은 대체로 전한초년후(前漢初年後) 『회남자(淮南子)』가 성서(成書, BC139)되기 이전으로 추측된다.'[242]고 설명하고 있다.

『회남자(淮南子)』「천문훈(天文訓)」에는 천도인 역법과 24절기에 대해 다음과 같이 상세히 설명하고 있다.

---

242) **安鍾根·姜政秀, 『天文·地理·人事로 살펴본 24節氣에 관한 研究』**, 대전대학교 한의학연구소 논문집 제9권 제1호, 2000년, 81쪽.

양유사이는 91도 16분지 5이다. 두표가 하루에 1도씩 돌아 15일만에 1절이 되며 24절기의 변화를 가져온다. 두표가 자(子)방을 가리킬 때는 동지이다. 음(音)은 12율의 황종(黃鐘)에 해당한다. 15일을 지나 계(癸)를 가리킬 때는 소한(小寒)이다. 음은 응종에 해당한다. 15일을 지나 축(丑)을 가리킬 때는 대한(大寒)이다. 음은 무역에 해당한다.

15일을 지나 보덕(報德)의 유(維:東北方)를 가리킬 때는 음기를 제압하여 땅에 내린다. 그러므로 '동지에서 46일째는 입춘, 양기가 동빙(凍氷)을 녹인다.'라고 한다. 음은 남려(南呂)에 해당한다. 15일을 지나 인방(寅方)을 가리킬 때는 우수(雨水)이다. 음은 이칙(夷則)에 해당한다. 15일이 지나서 갑을 가리킬 때는 천둥이 지하의 벌레들을 놀라게 하는 경칩이다. 음은 임종(林鐘)에 해당한다. 15일을 지나 묘를 가리킬 때는 승에 해당한다. 그러므로 '이 춘분(春分)에는 천둥이 울린다.'라고 한다. 음은 유빈에 해당한다. 15일이 지나 을을 가리킬 때는 청명(淸明)의 바람이 불기 시작한다. 음은 중려에 해당한다. 15일을 지나 진방(辰方)을 가리킬 때는 곡우(穀雨)이다. 음은 고선에 해당한다. 15일이 지나 상양의 유(維:東南方)를 가리킬 때는 봄철의 경계가 끝난다. 그러므로 '입춘에서 46일째는 입하, 큰바람이 멈춘다.'라고 한다. 음은 협종에 해당한다. 15일이 지나 사(巳)를 가리킬 때는 소만(小滿)이다. 음은 태주에 해당한다. 15일이 지나 병(丙)을 가리킬 때는 망종(芒種)이다. 음은 대려에 해당한다. 15일을 지나 오(午)를 가리킬 때는 양기가 극에 이른다. 그래서 46일째는 하지(夏至)라고 한다. 음은 황종(黃鐘)에 해당한다. 15일이 지나 정(丁)을 가리킬 때 소서(小暑)이다. 음은 대려(大呂)에 해당한다. 15일이 지나 미(未)를 가리킬 때는 대서(大暑)이다. 음은 태주에 해당한다.

15일을 지나 배양(背陽)의 유(維:東西方)를 가리킬 때는 여름철의 경계가 끝이 난다. 그래서 '입하로부터 다시 46일째에는 입추, 서늘한 바람이 불기 시작한다.'라고 한다. 음은 협종에 해당한다. 15일이 지나 신(申)을 가리킬 때는 처서(處暑)이다. 음은 고신에 해당한다. 15일을 지나 경(庚)을 가리킬 때는 백로(白露)가 내린다. 음은 중려(仲呂)에 해당한다. 15일을 지나 유(酉)를 가리킬 때는 승에 해당한다. 그래서 '추분에는 천둥 치는 게 그치고 겨울잠을 자는 동물은 북쪽을 향한다.'라고 한다. 15일이 지나 신(辛)을 가리킬 때는 한로(寒露)이다. 음은 임종(林鐘)에 해당한다. 15일이 지나 술(戌)을 가리킬 때는 상강(霜降)이다. 음은 이칙에 해당한다.

15일을 지나 제통의 유(維:西北)를 가리킬 때는 가을철의 경계가 끝이 난다. 그러므로 '입추에서 다시 46일째에는 동지(冬至), 초목은 모두 시들어 죽는다.'라고 한다. 음은 남려이다. 15일이 지나 해를 가리킬 때는 소설(小雪)이다. 음은 무역에 해당한다. 15일 지나 임(壬)을 가리킬 때는 대설(大雪)이다. 음은 응종(應鐘)에 해당한다.

15일이 지나 자(子)를 가리킨다. 그러므로 '양기(陽氣)가 자(子)에서 나오고 음기(陰氣)는 오(午)에서 나온다.'라고 한다. 양은 자에서 나온다. 그러므로 11월의 동짓날에는 까치가 집짓기를 시작하고 사람의 기(氣)는 머리에 모인다. 음기는 오에서 생긴다. 그러므로 5월을 소형(小刑)이라 칭하며 냉이 · 보리 · 정력은 시들어 버리며 겨울에

난 초목은 반드시 말라 죽는다.[243]

  위의 설명을 분석해보면 한 절기를 15일씩 나누고 있다. 또 석 달을 묶어 한 계절로 나타내고 있는데 이것은 『회남자(淮南子)』에 이르기를 '수(數)가 하나에서 시작되나 하나로는 생하지 못하기 때문에 음양(陰陽)으로 나뉘고, 음양은 만물을 낳게 하기 때문에 '하나가 둘을 낳고 둘이 셋을 낳으며 셋이 만물을 낳는다.'고 한 것이다. 그러므로 석 달이 한때(一時 : 한 계절)가 된다.'[244]고 설명하고 있다.

  절기의 시작은 동지인 11월부터 시작하고 있다. 특히 절기에다 율려를 나타내고 있는데 율려(律呂)는 황제의 명을 받는 영윤이 '대하

---

243) 『淮南子』「天文訓」, "兩維之間 九十一度十六分度之五 而斗日行一度 十五日爲一節 以生二十四時之變 斗指子則冬至 音比黃鐘 加十五日 指癸則小寒 音比應鐘 加十五日 指丑則大寒 音比無射 加十五日 指報德之維 則月陰在地 故曰 距日冬至 四十六日而立春 陽氣凍解 音比南呂 加十五日 指寅則雨水 音比夷則 加十五日 指甲則雷驚蟄 音比林鐘 加十五日 指卯中繩 故曰 春分則雷行 音比蕤賓 加十五日 指乙則淸明風至 音比仲呂 加十五日 指辰則穀雨 音比故洗. 加十五日 指常羊之維則春分盡 故曰 有四十五日而立夏 大風濟 音比夾鐘 加十五日 指巳則小滿 音比太簇 加十五日 指丙則芒種 音比大呂 加十五日 指午則陽氣極 故曰 有四十六日而夏至 音比黃鐘 加十五日 指丁則小暑 音比大呂 加十五日 指未則大暑 音比太簇 加十五日 指背陽之維 則夏分盡 故曰 有四十六日而立秋 凉風至 音比夾鐘 加十五日 指申則處暑 音比故洗 加十五日 指庚則白露降 音比伸呂 加十五日 指酉中繩 故曰 秋分雷臧 蟄蟲北鄕 音比蕤賓 加十五日 指辛則寒露 音比林鐘 加十五日 指戌則霜降 音比夷則 加十五日 指체通之維 則秋分盡 故曰 有四十六日而立冬 草木畢死 音比南呂 加十五日 指亥則小雪 音比無射 加十五日 指壬則大雪 音比應鐘 加十五日指子 故曰 陽生於子 蔭生於午 陽生於子 故十一月日冬至 鵲始加巢 人氣鐘首 音生於午 故五月爲小刑 薺·麥·亭歷枯 冬生草木必死."

244) 蕭吉 저, (김수길 윤상철 공역), 『五行大義』, 하권, 대유학당, 442쪽.

의 서쪽에 있는 곤륜산의 해곡이라는 곳에서 대나무로 황종의 관을 만들어 봉황새의 울음을 흉내 내니 암수 6마리가 나타나므로 율과 려로 정하여 별의 자리를 분류했다.'고 전하고 있는 설화이다. 여기에서 눈여겨보는 것은 율려의 시작은 황종부터 이고 황종의 기운은 자(子)에 있어서 11월에 선다하여 절기의 시작이 11월부터 시작함을 나타내고 있다. 『춘추감정부(春秋感精符)』에 이르기를 11월인 자월(子月)은 하늘이 베풂을 시작하는 단서이니 천통(天統)이라고 한다 하여[245] 여기에서도 11월 동지부터 24절기를 셈하여 나가는 것이다. 『한서(漢書)』「율력지(律曆誌)」에 이르기를 삼원은 하늘에서 베풀고 땅의 조화로움과 사람의 일에 대한 법이다. 11월은 건의 초구로 양기가 땅속에 엎드렸다가 처음 나타나서 하나가 된다고[246] 하여 주(周)나라는 이를 본받아 삼정(三正)의 하나인 자월(子月)로서 천정을 삼았다. 한 대에 들어와서도 이를 본받아 역법을 내세움에서 자(子)월을 근원으로 삼았고 절기의 시작도 자월(子月)부터 자연스레 이어져 왔다. 『춘추번로(春秋繁露)』에서도 음양의 순환과 더불어 24절기를 나타내고 계절의 변화에 대해 설명하고 있다.

음(陰)은 동(東)쪽으로부터 서(西)쪽으로 이동하고 양(陽)은 서(西)쪽으로부터 동(東)쪽으로 이동한다. 한겨울의 달에 이르러 서로 북(北)

---

245) 『春秋感精符』. "十一月建子 天始施之端 謂之天統."
246) 『漢書』「律曆誌」. "三元者 天施地化人事之紀也 十一月乾之初九 陽氣伏於地下 始著爲一."

쪽에서 만나 하나로 합(合)하면 이때가 冬至이다.···중춘(仲春)의 달에 이르러 양(陽)은 정동(正東)에 있고 음(陰)은 정서(正西)에 있게 되면 이를 춘분(春分)이라 한다.···음일(陰日)이 덜어지면 양(陽)이 따르고 양일(陽日)이 더해지면 커지는 것이다. 그러므로 따뜻하고 열이 나게 되는 것이고 대하(大夏)의 달을 얻어서 음양(陰陽)이 남방(南方)에서 합(合)하여 하나가 되었는데 이것을 이른바 하지(夏至)라고 한다. 중추(仲秋)의 달에 이르면 양(陽)이 정서(正西)에 있고 음(陰)이 정동(正東)에 있는데 이를 일러 추분(秋分)이라고 한다.[247]

앞에 내용과 같이 천상(天上)과 지상(地上)의 운기(運氣)를 음양과 동정(動靜)으로 구분하여 서로 교합하고 순환하면서 사계절의 추이와 우주 만물의 변화를 유추(類推)하고 있다.

여러 정황으로 설명한 것을 참고하면 사실성을 떠나 24절기의 시작은 황제시대부터 시작되었다고 하고 있다. 이런 것을 춘추전국시대를 거쳐 한 대에 와서 수치화하고 계량화하여 동지(冬至)인 자월(11월)부터 시작으로 각 15일씩 차례대로 1년 사시의 변화를 나타내어 절기력으로 자리매김하여 전하여 오고 있다.

24절기력은 동양의 역법을 이해하는데 필요한 달력이다. 태음태

---

247) 『春秋繁露』「陰陽出入」, "陰由東方來西, 陽由西方來東, 至於中冬之月, 相遇北方, 合而爲一謂之曰至,···至於仲春之月, 陽在正東, 陰在正西, 謂之春分,···陰日損而隨陽, 陽日損而鴻, 故爲暖熱, 初得大夏之月, 相遇南方, 合而爲一, 謂之曰至,···至於仲秋之月, 陽在正西, 陰在正東, 謂之秋分."

양력에 윤달을 둔다 해도 계절이 경우에 따라 한 달 이상이나 차이가 나고 있기 때문에 계절의 정확한 주기를 알고자 태양의 운동주기로 24절기를 정하고 음력의 역일에 배당하여 역법으로 대용하여 썼다. 춘추전국시대에 열두 차례의 초(初)와 중(中, 24절기와 중기) 및 28수의 천공(天空)의 구분이 정밀하게 측정됨으로써 24절기의 천문적 위치는 기본적으로 완성되었다. 24절기의 명칭은 한 대초기에 『회남자(淮南子)』에서 최종적인 틀이 잡혔다. 24절기는 태양이 황도[248]에 있는 위치에 근거하여 1년을 스무네 개의 마디로 나누었다. 각 마디가 바로 하나의 절기(節氣)이다. 그 절기가 시작되는 첫날이 절기의 명칭이 되었다. 절기에는 일정한 명칭과 순번이 정하여져 있다. 차례로 정하여져 있는 순번을 기번이라고도 하는데 기번이란 태양태음력에서 정해진 일종의 달의 이름이다. 즉 24절기를 정하여 순차적으로 연결시켜 놓은 번호이다. 대개의 경우 동지를 0으로 하고 소한 1, 대한 2 등으로 기번을 매겨 나간다. 이와 같이 동지의 기번을 0이라 한 이유는 고대 중국의 역법에서 역의 계산의 출발점을 동지에 두었기 때문이다. 그러나 기번은 언제나 고정된 것은 아니다. 원가력

---

248) **黃道**는 태양이 공전하는 가상의 길이다. 그 길 따라 24등분한 것이 24절기이다. "태양이 춘분점을 떠난 후 황도상을 매일 평균 0.9856°씩 동쪽으로 운행하여 다시 춘분점으로 돌아오는 주기가 1태양년이다. 이 황도를 기준으로 하는 천구좌표계를 황도좌표계라 하며 적도좌표계를 23.5° 경사시킨 것과 같다."(이은성. 위 책, 123쪽). 황도좌 표계는 황도면과 황도·적도의 교점인 춘분점을 기준으로 황경·황위의 좌표를 나타낸다. 황경은 춘분점부터 황도상을 동쪽으로 0°에서 360°까지 재고 천체와 황도면이 이루는 각인 황위는 북과 남으로 +와 -기호를 붙여서 0°에서 90°까지 잰다. 이는 태양계의 천체의 위치를 측정하는데 이용하고 있다.

(元嘉曆)의 경우에는 우수(雨水)를 기준으로 하였으므로 이 경우의 우수의 기번은 0으로 둔다.[249] 태음태양력에서는 이분(二分)이라 하여 2월에 춘분 5월에 추분을 기준으로 두고 이지(二至)라 하여 8월에 하지와 11월에 동지를 기준으로 삼았다. 또 이분과 이지는 음력의 각 달로 중기에 매겨 두고 있는데 24절기 중에서 우수를 1월로 하여 중기의 순서에 따라 12월을 나타내고 있다. 다만 중기가 들어 있지 않은 달은 무중월[250]이라 하고 무중치윤법(無中置閏法)[251]으로 이를 치유하고 있다.

24절기를 구성하는 방법에는 평기법(平氣法)[252]과 정기법(定氣法)

---

249) 이은성. 앞의 책. 126쪽.
250) 無中月이란 무엇인가? 1년은 12달이다. 태양태음력에서는 한 달에 두 개의 절기가 들어있다. 한 달 중에 먼저 들어오는 것은 節이라 하고 뒤에 들어오는 것은 仲이라 한다. 무중월은 중기가 없다는 것이다. 왜 무중월이 생기는가 하는 점이다. 이는 음력 12달은 354.37일이고 양력의 12달은 365.24일이다. 약 11일의 차이가 난다. 음력으로 날을 세었을 때 오는 차이가 3년이 지나면 약 33일 즉 한 달의 차이가 벌어진다. 이를 해결하기 위해 한 달을 메꾸어 준다. 이것이 윤달이다.
251) 무중월은 19년에 7회씩 생기게 된다. 태양력과 태음력간의 차이를 메우는 것이 윤달이라면 24절기와 태음력 간의 차이를 나타내 주는 것이 무중월이라고 한다. 1년은 12달이고 1년은 24절기다. 고정적으로 순환하여 한 달에 절기는 2개씩 들어와야만 되는데 날의 편차로 인해 한 달에 세 개가 들어오는 수가 있다. 그럼 다음 달에는 중이 없어지고 1개의 節만 들어오는 경우가 생긴다. 月의 지정은 中氣를 기준으로 정하는데 이렇게 되면 월이 없어지는 경우가 생긴다. 이를 보완하기 위해 한 달을 끼워 넣어 편차를 해소한다. 이를 무중월에 윤달을 둔다하여 '無中置閏法'이라 한다.
252) 평기법은 동지를 출발점으로 삼아 '1태양년의 날수' 또는 '태양의 황도'를 24 등분하여 '평균한 날수' 또는 '평균의 황경'을 가지고 절기를 정하는 방식이고 정기법은 춘분점을 기점으로 삼아 태양의 황도상의 '실제 운행 도수' 즉 '실제의 황경'을 기초로 절기를 정하는 방식이다.

²⁵³⁾이 있다. 24기의 이름은 원래 주나라의 왕조가 득세한 때 화북의 기상상태에 붙인 이름이다.²⁵⁴⁾ 그러므로 평기법으로 황도상(黃道上)의 태양의 위치를 기준으로 1년을 24등분하여 입기 시각을 정하여 사용함으로써 불합리한 점이 많았다. 그러던 것이 청(淸)나라 때인 1645년 시헌력(時憲曆)이 채택되면서부터 정기법²⁵⁵⁾으로 채택하고 현재까지 사용하고 있다. 정기법은 태양력에 가름하여 정확한 주기를 채택한 방법으로 이는 계절을 구분하기를 이분과 이지를 기준²⁵⁶⁾으로 하여 춘분은 2월 묘(卯)를 나타내고, 하지는 5월 오(午), 추분은 8월 유(酉), 동지는 11월 자(子) 등으로 기준을 삼았다. 매월 4일에서 8일 사이에 오는 것을 절(節)이라 한다. 19일부터 23일 사이에 오는 것은 중(中)이라 하여 달의 기준으로 삼았다. 위의 예를 보면 간지에서 10천

---

253) 정기법은 지구의 공전궤도가 타원이어서 그 운행속도가 **冬季**의 **近日點**(양력 1월 3일경) 부근에서 가장 빠르고 **夏季**의 **遠日點**(양력 7월 6일경) 부근에서 가장 느리다. 따라서 대개 추분에서 춘분까지의 날수가 179일이고 춘분에서 추분까지의 날수가 186일이다. 절기와 중기 사이의 길이도 14.42일이고 15.73일까지 유동적이다."(金東錫, 앞의 책, 102쪽.)
254) 이은성, 앞의 책, 125쪽.
255) **定氣法**은 태양의 황도상의 실제 **運行度數**를 기초로 **節氣**를 구하는 방법이다.
256) '4계절을 나눌 때, **東洋**에서는 4立이라하여 立春·立夏·立秋·立冬을 계절의 시작으로 보고, **西洋**에서는 2分 2至를 기준점으로 보아, **春分**을 봄, **夏至**를 여름, **秋分**을 가을, **冬 至**를 겨울의 시작으로 삼는다. 이것은 서양에서는 눈에 보이고 피부로 실감하는 때를 중시하고 동양에서는 그 근원을 중시하기 때문이다. 예를 들어 봄의 근원은 완연히 봄을 느낄 수 있는 **春分**이 아니라 그 뿌리가 되는 **立春**부터라는 것이다. 이러한 대표적인 예는 서양에서는 아기가 눈에 보이고 만져지는 출생 시부터 나이를 계산하나, 동양에서는 그 뿌리가 되는 산모의 자궁에 있는 태아부터 나이를 계산하는 것을 들 수 있다.(**李純之**(김수길·윤상철 공역), 앞의 책, 34쪽)

간은 절기를 나타내고 12지지는 중기로 설명하고 있다.[257] 1년의 절기를 나누는 중에 사계절을 나타내는 사기(四時)의 변화가 있다. 인묘진(寅卯辰)은 봄, 사오미(巳午未)는 여름, 신유술(申酉戌)은 가을, 해자축(亥子丑)은 겨울을 나타내고 있다. 또 사입절(四立節)이라 하여 입춘절(立春節)은 인(寅), 입하절(立夏節)은 사(巳), 입추절(立秋節)은 신(申), 입동절(立冬節)은 해(亥)로서 이는 삼합(三合)의 생지(生地)를 나타냄으로써 계절의 시작을 표시하고 있다. 또 춘분절(春分節)이라 봄의 중간의 자의(字意)는 묘(卯)로서 계절의 변화를 나타내고, 여름의 중간절(中間節)은 하지절(夏至節)이라 하여 오(午)로서 표현하고, 가을의 중간절(中間節)은 유(酉)로서 표현하며, 겨울의 중간절(中間節)은 자(子)로 나타냄으로써, 각 계절의 왕성한 시기를 표시하고 이를 응용하여 삼합(三合)의 왕기(旺氣)로서 표현되고 있다. 각 계절의 끝은 사종절(四終節)이라 하여 오행의 토(土)의 자의인 진·술·축·미(辰·戌·丑·未)로써, 생왕사절(生旺死絶)의 끝을 우회적으로 나타냄으로써 계절의 마무리를 짓는 것으로 표현되고 있다.

이와 같은 24절기력에서 나타나는 24라는 숫자의 의미는 역의 관점에서 파생되었다고 설명하고도 있다. 즉 24절기의 24라는 숫자에 대하여 『주역강해(周易講解)』에서는 역의 관점으로 다음과 같이 설

---

[257] 중국에서는 "옛적부터 1절기와 1중기로 된 1개월을 절월이라고 불렀다. 이들 절월은 朔望月과 전연 관계가 없고 현재의 그레고리오역과도 다른 일종의 太陽曆이다. 이는 절월의 월초은 절기의 入氣日이고, 중기의 입기일이 월중이기 때문이다. 그리고 12절월을 1년으로 하는 曆을 節月曆이라고 부른다."(이은성, 앞의 책, 126쪽.)

명하고 있다. 일년(一年)이 사시(四時,四季인 春夏秋冬)로 크게 나누어지는 것은 양의(兩儀)에서 사상(四象)으로 분화(分化)하는 원리요 다시 8절(節, 冬至·立春·春分·立夏·夏至·立秋·秋分·立冬)로써 기본 마디를 이루니 이는 사상(四象)에서 팔괘(八卦)로 진화하는 이치(理致)이다. 8절(節)이 또한 각기 3등분 되어 24기(氣)를 이룸은 8괘(卦)가 각기 3효(爻)로 구성되어 총 24효(爻)를 이루는 원리이며 24기 역시 각기 3등분되어 72후(候)를 이룸은 음양이 소장하는 기본 괘인 12괘(卦)가 총 72효(爻)로써 구성됨을 바탕으로 만들어진 것이다. 역(易)으로써 본다면 태극에서 양의가 벌려짐으로써 선천(先天, 봄·여름)과 후천(後天,가을·겨울)이 생기고 나아가 4상(象)과 8괘(卦)를 이루는 것이요 소성(小成) 8괘의 24효와 대성(大成) 12월괘(月卦)의 72효가 되는 이치인 것이다.[258]

(4) 四節氣(사절기)

『춘추번로(春秋繁露)』에는 생명을 만들어도 능히 사람을 만들지 못하는데 사람을 만드는 자는 하늘이라고[259] 하고 하늘이 네 계절을 내보내니 사람의 호악(好惡)은 하늘의 따뜻하고 맑은 것이 변화한 것이며 사람의 기뻐하고 화를 내는 것은 하늘의 춥고 더운 것이 변화한 것이며 사람이 하늘의 명을 받는 것은 하늘의 사시(四時)가 변화한 것이다. 사람이 태어나면 기뻐하고 화를 내고 슬퍼하고 즐거워하는

---

258) 金碩鎭,『大山周易講解』, 大有學堂, 1994, 57쪽.
259) 『春秋繁露』제41편 爲人者天, "爲生不能爲人 爲人者天也."

대답이 있는 것은 봄과 가을과 겨울과 여름과 같은 것이라고[260] 하여 사람의 정성(情性)은 하늘로부터 두고 있다. 그러므로 인(人)은 천(天)으로부터 생명을 부여받았으니 천과 인은 한 종류로서 한 몸임을 강조하고 자연의 변화 또한 하늘의 뜻임으로 '인'(人)은 자연스레 받아들여야 한다고 설명하고 있다. 또한, 하늘에는 오행이 있다고[261] 하여 천상의 변화를 오행으로 연관시키고 '인' 또한 이의 변화에 종속되어 생활하게 되는 이치를 설명하고 있다.

사절기(四節氣)는 계절을 구분한 것으로는 가장 큰 단위인 춘분(春分) · 하지(夏至) · 추분(秋分) · 동지(冬至)를 말한다. 이는 춘 · 하 · 추 · 동(春 · 夏 · 秋 · 冬)의 사시(四時)로도 구분할 수 있다. 1년을 3개월씩으로 나누고 각 계절마다 18후(候)와 6절기(節氣)를 담고 있다. 음력으로 봄은 1 · 2 · 3월이고 입춘부터 시작하여 우수(憂愁) · 경칩(驚蟄) · 춘분(春分) · 청명(淸明) · 곡우(穀雨)의 6절기를 담고 있고 여름은 4 · 5 · 6월이고 입하를 기점으로 소만((小滿) · 망종(芒種) · 하지(夏至) · 소서(小暑) · 대서(大暑)의 6절기를 담고 있고 가을은 7 · 8 · 9월이고 입추부터 시작하여 처서((處暑) · 백로(白鷺) · 추분(秋分) · 한로(寒露) · 상강(霜降)의 6절기를 담고 있고 겨울은 10 · 11 · 12월이고 입동부터 시작하여 소설(小雪) · 대설(大雪) · 동지(冬至) · 소한(小寒) · 대한(大寒)의 6절기를 담고 있다. 사계절은 봄

---

260) 『春秋繁露』제41편 爲人者天, "人之好惡 化天之暖淸 人之喜怒 化天之寒暑 人之愛命 化天之四時 人生有喜怒愛樂之答 春秋冬夏之類也."
261) 『春秋繁露』제42편 五行之義, "天有五行."

부터 시작하여 여름·가을·겨울로 끊임없이 순환하면서 우주 만물을 변화시키고 있다.

음양오행설은 사계절이 뚜렷한 기후에서 사는 만물에 존재한다. 중국은 사계가 분명하다. 그리하여 음양오행설이 발전되었다. 음양이기와 오행의 이치와 사계의 교합에 대해선 동중서의 『춘추번로(春秋繁露)』에 잘 설명되어 있다. 하늘에는 네 계절이 있다. 하늘의 도(道)는 봄에는 따뜻하여서 태어나게 하고 여름에는 덥게 하여 길러주고 가을에는 시원하게 하여 시들게 하고 겨울에는 차갑게 하여 감추어지게 한다고[262] 하여 하늘에는 사계절(四季節)이 있고 사계절은 사시(四時)가 처하여지는 환경을 설명하고 있다. 또 사시와 오행과의 연관성도 말하고 있다.

목(木)이란 봄이고 만물을 태어나게 하는 성(性)이며 농사의 근본이다. 화(火)란 여름이며 만물을 성장시키며 본조이기도 하다. 토(土)란 하중이며 온갖 심은 곡식들을 성숙시키는 것이며 군주의 기능을 한다. 금(金)이란 가을이며 살기(殺氣)가 비롯하는 것이다. 수(水)란 겨울이며 지극한 음(陰)이 저장하는 곳이다.[263]

---

[262] 『春秋繁露』「四時之副」. "天有四時. 天之道 春暖以生 夏暑以養 秋淸以殺 冬寒以藏 暖暑淸寒 異氣而同功 皆天之所以成歲也" 풍우란은 춘추번로에 대해 평하기를 "『春秋繁露』는 『春秋』의 微言大義를 동중서가 附會와 확대해석을 거치면서 마침내 체계적으로 표현되게 되었다. 『春秋』에 대한 동중서의 저서 『春秋繁露』는 『周易』에 대한 『易傳』의 경우와 같다고 할 수 있다."(풍우란, 『中國哲學史』, 2014, 까치글방, 16쪽.)

[263] 『春秋繁露』「五行順逆」"木者春 生之性 農之本也 勤農事. 火者夏 成長 本

봄이 지나고 여름이 오고 가을이 지나 겨울이 오는 사계절(四季節)의 순환(循環)의 이치를 말하고 있다. 또한, 오행의 상생(相生) 순서이니 목(木)이 생하는 것은 화(火)이고 화가 생하는 것은 토(土)이며 토가 생하는 것은 금(金)이요 금이 생하는 것은 수(水)이니 변화의 근원은 음양이기(陰陽二氣)가 시키기 때문에 일어난다고 보는 것이다. 즉 사계의 기운이 교대로 성하고 쇠하는 까닭은 음양이 그렇게 시키기 때문이다.[264]

동중서(董仲舒)의 음양 순환의 방향에 대해 풍우란은 다음과 같이 말하고 있다.『회남자(淮南子)』「전언훈(詮言訓)」에 이르기를 '양기는 북동쪽에서 일어나서 남서쪽에서 다 없어지고 음기는 남서쪽에서 일어나서 북동쪽에서 다 없어진다.'고 했는데 이것이 그 후 일반적인 통념이 되었다. 그런데 동중서가 만약 그 해설을 따랐다면 양기는 북동쪽에서 일어나서 남쪽으로 가는데 동쪽에 이르러 나무가 주재하는 기운을 만나 그것을 도와 왕성케 하여 봄이 되게 하고 남쪽에 이르러 불이 주재하는 기운을 만나 그것을 도와 왕성케 하여 여름이 되게 한다. 또 음기는 남서쪽에서 일어나서 북쪽으로 가는데 서쪽에 이르러 쇠가 주재하는 기운을 만나 그것을 도와 왕성케 하여 가을이 되게 하고 북쪽에 이르러 물이 주재하는 기운을 만나 그것을 도와 왕성케 하여 겨울이 되게 한다. 이것은 사계 변화에 대한 아주 간명한 해석이

朝也. 土者夏中 成熟百種 君之官. 金者추 殺氣之始也. 水者冬 藏至陰也"
264) 풍우란,『中國哲學史』, 2014, 까치글방, 20쪽.

다. 그렇지만 동중서는 이 설을 쓰지 않고[265] 다르게 설하였다고 지적하고 있다.

동중서는 사계절의 변화의 기운인 음양의 교차하고 순환하는 이치에 대해서 말하고 있는데, 요지는 춘·하·추·동(春·夏·秋·冬)의 사계절을 춘분·하지·추분·동지(春分·夏至·秋分·冬至)로 나누어 설명하고 각 계절의 변화는 음양이기(陰陽二氣)가 합하고 나누어지고 교합하며 순환함으로써 일어나고 있다는 것을 설명하고 있다. 사계절 중에 동지는 음양이 북방에 합하여져 있는 것을 말한다. 음이 동방에서 서쪽으로 오고 양은 서쪽에서 동쪽으로 와서 중동의 달인 11월 북방에서 만나는 것이다. 춘분은 양은 정동에 있고 음은 정서에 있는 것을 말한다. 하지는 음양이 남방에서 만나 합하며 하나가 되는 것을 말한다. 추분은 양이 정서에 있고 음이 정동에 있는 것이다.[266]

풍우란은 동중서의 설명에 대해 말하기를 『주역(周易)』「계사전(繫辭傳)」에서 말한 하늘1, 땅2, 하늘3, 땅4, 하늘5, 땅6, 하늘7, 땅8, 하늘9, 땅10을 배합하면 하늘 1은 물, 땅 2는 불, 하늘 3은 나무, 땅 4는 쇠, 하늘 5는 흙이고 땅 6은 다시 물, 하늘 7은 불, 땅 8은 나무, 하늘 9는 쇠, 땅 10은 흙에 해당한다. 1·2·3·4·5는 수·화·목·금·토(水·火·木·金·土)의 생수(生數)이고 6·7·8·9·10은 수·화·목·금·토(水·火·木·金·土)의 성수(成數)이다. 하늘의 수(數)1이 물을 낳으면 땅의 수(數)6이 완성하고, 땅의 수(數) 2가

---

265) 풍우란저(박성규 옮김), 위 책, 23쪽.
266) 동중서, (남기현 해역), 『춘추번로』, 자유문고, 2005, 358~359쪽 참조.

불을 낳으면 하늘의 수(數) 7이 완성하고, 하늘 수(數) 3이 나무를 낳으면 땅의 수(數) 8이 완성하고, 하늘 수(數) 4가 쇠를 낳으면 하늘의 수(數) 9가 완성하고, 하늘의 수(數) 5가 낳으면 땅의 수(數) 10이 완성한다. 즉 음양이 짝으로 배합하여 생성한다. 그러나 이 설에 따르면 해마다 사계절은 겨울·여름·봄·가을의 순서인 水·火·木·金의 순서여야 한다. 이처럼 오행의 순서와 사계의 순서가 맞지 않고 있는데 그 이유에 대해 아무런 해석이 없다고[267] 지적하고 있다. 그러나 풍우란의 지적에 대해 음양가들이 통설적으로 설명하고 있는 것으로 『주역(周易)』「계사전(繫辭傳)」에서 말하는 것은 처음 만물이 생성된 이치를 설명한 것이고 『회남자(淮南子)』에서 말하는 오행의 상생의 원리는 사계절인 봄·여름·가을·겨울로 순환되는 이치를 설명하고 있다.

3) 상용력(常用曆)으로서의 역할

전술한 바와 같이 12기(紀)에서는 하늘과 땅을 살피고 치란과 흥망의 유래를 기술하여 사람이 하여야 할 일과 하지 말아야 할 일들을 구분하여 시행토록 하였다. 특히 인간의 사는 방법으로 도의(道義)와 천의(天意)에 천착하고 있을 때, 인간이 어떻게 살 것인가에 대해 '시령(時令)'은 잘 말하여 주고 있다. 고인들은 위와 같이 시기와 때에 맞게 절기를 정하여 매절기마다 행하여야 하는 아름다운 풍습을

---
267) 풍우란, (박성규 옮김), 위 책, 14쪽.

정하여 이를 행하여 왔다. 1년을 춘하추동의 각 계절마다 맹·중·계(盟·仲·季)로 3등분하여 총 열두 달로 나누고, 각 달의 천문 기상과 자연계의 상태, 인간의 일상생활에 이르기까지 규정하여 인간이 취할 바를 이야기하고 있다. 그것은 자연의 법칙으로 인사(人事)를 다스린다고 하는 '자연과 인간의 일체적인 표현'이라 할 수 있다. 또 계춘(季春)에는 기복(祈福)과 기풍(祈豊)의 축원을 하였고 하계(夏季)에는 건강을 위하여 제액(除厄)하였으며 추계(秋季)에는 하늘과 조상에게 추수(秋收)에 감사하였고 동계(冬季)에는 경사스러운 신년(新年)을 맞이하고자 벽사진경(辟邪進慶)[268] 하는 등 다양한 세시풍속[269]을 삽입하여 상용력으로 활용되고 있다. 이는 천체(天體)의 운행을 과학적으로 활용한 역법과는 같지 않지만, 자연의 생장수장(生長收藏)하는 변화를 표현함으로써 인간과 자연이 밀접한 관계가 형성되어 있음을 나타내고 있는 것이다.[270]

　이조(李朝)에서는 이런 상용력을 매년 11월의 동지일(冬至日) 행사와 더불어 연례에 의해 관상감(觀象監)[271]으로부터 다음 해의 역(曆)을 만들어 이것을 헌납하고 궁중에서는 그것에 옥새(玉璽)를 찍어 백

---

268) 백남대, 「歲時風俗에 含意된 象徵性 연구」, 『디지털 문화콘텐츠』 제24권, 대구한의대문화콘텐츠개발연구소, 2015, 22쪽.

269) 歲時風俗이란 "해마다 일정한 시기가 되면 주기적이고 반복적으로 행해지는 傳統으로, 慣習的이고 儀禮的으로 일어나는 생활풍속을 말한다."(한호철, 『세시풍속이야기』, 지식과 교양, 2016, 14쪽.

270) 음양가는 시공간적으로 자연현상을 설명하려고 하였으며, 이러한 자연현상을 인간의 행위와도 매우 밀접하게 연관되어 있다고 간주하였다.(馮友蘭[정인재 옮김], 『中國哲 學史』, 형설출판사, 1995, 178쪽 참조.)

271) 관상감은 李朝 때 천문·지리·역서 등을 관장하는 관소.

관에게 나누어 주었다. 그 표장(標章)은 황(黃)과 백(白) 두 종류였고 관원들은 이를 다시 친지와 지인에게 나누어 주어었다. 드물게 속리(屬吏)는 각지의 수령에게 청(靑)표장의 달력을 보내는 것이 예였다.[272] 여기에는 역법적 내용과 더불어 전통적으로 내려오는 세시풍속과 민속에 관련한 내용 등을 간지와 연관성을 가지고 정기적이고 의례적으로 행하여지고 있었음을 알 수 있다.

또한, 1년 12달과 절기와의 연관성을 가진 풍습도 관습적으로 행하고 있었는데 일례로 입춘절은 24절기의 입춘에 해당하는 것을 말하는 데 입춘의 농사일과 무관하게 해마다 반복되어 일어나는 풍습을 의미한다. 입춘대길이라는 글귀를 써 붙이고 입춘 오신반(五辛盤)을 먹었다. 오신반의 색(色)은 5가지의 오방색을 뜻하여 임금이 사색당파를 깨뜨리자는 의미와 인의예지신(仁義禮智信)의 다섯 가지를 표방하기도 하였다.[273] 민간 풍속으로는 음력으로 정월 설날은 한 해가 시작되는 날로 세수(歲首)·원일(元日)·년수(年首) 등으로 부르며 아주 중요한 의미를 가지고 설날부터 12일 동안의 각 일진(日辰)에 특별한 의미를 부여하고 이를 기리는 것이다. 원일(元日)부터 12일까지는 지지(地支)의 이름을 칭하는 풍습이다. 자(子)는 쥐의 날, 축(丑)은 소의 날, 인(寅)은 범의 날, 묘(卯)는 토끼의 날 · · · · 해(亥)는 돼지의 날이라고 부르고, 털이 있는 동물의 날은 유모일(有毛

---

272) 단국대학교동양학연구원(최인학·김민지옮김), 『조선총독부기관지「조선」소재 1920~1930년대 세시풍속』, 채륜, 2014, 95쪽.
273) 한호철, 『세시풍속이야기』, 지식과 교양, 2016, 33쪽 참조.

日)이라 하고 털이 없는 날은 무모일(無毛日)이라 하였다. 원일이 유모일이면 그 해는 풍년으로 오곡이 풍성하고 목면이 풍작이 들고 원일이 무모일이면 그 해는 흉작이 든다는 전설이 있었다.[274] 이외에도 설날은 아주 많은 풍속을 가지고 행사를 가졌으나 현대 들어와서는 이런 여러 아름다운 풍속들이 세월의 변천과 더불어 점점 사라지고 문헌으로만 남고 있다.

이와 더불어 상용력은 술수학에 사용되고 있다. 동양의 역술학에는 의복성상(醫卜星相)이라 하여 의술(醫術)・점술(占術)・점성학(占星學)・관상(觀相)・운명학(運命學) 그리고 풍수(風水) 등 다양한 술학이 존재한다. 그러나 운명학의 일부인 명리학은 다른 복술(卜術)과는 달리 인간의 길흉화복(吉凶禍福)을 60갑자 간지라는 상용력으로 간명하고 있다.[275]

『궁통보감(窮通寶鑑)[276]』은 많은 명리서 중에서도 일간과 월령과

---

274) "12지라는 이름은 음양오행을 푸는 방법의 한 요소이며 열두 동물은 그의 대표성에 지나지 않는다."(한호철, 『세시풍속이야기』, 지식과 교양, 2016, 101쪽.) 위 책에는 正月 12지일에 관련된 상세한 내용이 기록되어 있다.

275) 馮友蘭은 『漢書』, 「藝文志」에 실려 있는 여섯 가지의 술수, 즉 첫째 天文, 둘째 歷譜, 셋째 五行, 넷째 蓍龜, 다섯째 雜占, 여섯째 刑法을 설명하면서 "천문・역법・오행 등은 天人之際로 즉 하늘과 사람 사이의 관계에 주목한 것으로서 天道와 인간사는 서로 영향을 미친다고 여기고 이후의 소위 陰陽五行家는 모두 이런 사상을 부연한 것으로서 중국철학사상 심대한 세력을 떨쳤다"(馮友蘭[박성규 옮김], 『中國哲學史』, 까치 글방, 2014, 59쪽.)고 지적한다. 술수학은 하늘과 인간의 상호 연관성에서 비롯되었으며, 이러한 연관성에 따라 역법을 시간적 매개로 하여 술수학이 전개되어 현재까지 이어지고 있다.

276) 『窮通寶鑑』은 작자 미상의 『欄江網』을 바탕으로 완성된 책이다. "청나라 초 강희제(1661~1722)때 日官이 『欄江網』의 이름을 『造化元鑰』으로 바꾸었고,

의 관계를 밝혀놓은 명리의 기본서로 10개의 일간이 어느 계절에 태어나서 어떤 성정을 가졌는지 살피는 것에서 출발하며 일간의 성정이 뜨거우면 식혀주고 반대로 얼어 있으면 따뜻하게 해주는 조후(調候)의 방법을 제시하고 있음으로[277] 계절의 변화를 가장 사실적으로 표현하고 있는 명리서(命理書)이다.[278] 춘목(春木)과 관련하여 설명한 대목을 예로 들어보면 다음과 같다. 즉 나무가 봄에 태어난 경우에는 아직 겨울의 찬 기운이 남아 있어서 화(火)로 따뜻하게 해주는 것을 좋아한다. 따라서 불을 만나면 나무가 똑바로 나아가고 구부러질 염려가 없다. 봄 나무를 수(水)가 도와주면 자라는 아름다움이 있다. 그러나 이른 봄의 나무는 수(水)가 너무 왕성하면 좋지 않으니 수(水)로 인해 음습(陰濕)해지면 뿌리가 상하고 가지가 말라 죽는다. 또한, 봄 나무는 양기(陽氣)가 점차 커지는 시기에 있어서 건조

청나라말 광서제(1871~1908)때 余春台가 다시 이름을 『窮通寶鑑』으로 바꾸었다. 이후 청나라의 서락오가 『窮通寶鑑평주』와 『조화원약평주』를 편찬하여 세상에 널리 알렸다.(이을로, 『궁통보감강해』, 동학사, 2007, 39쪽 참조.
277) 이을로, 『窮通寶鑑講解』, 동학사, 2007, 38쪽.
278) 『造化元鑰』에서는 甲子를 "일년 중 土가 가장 왕성할 때는 午未月이니 역시 중앙이라는 뜻이다. 순서대로 相生하면 相維라 하여 순환이 끊이지 않고 멀리 떨어져서 相剋되면 相制라 한다. 따라서 極盛하면 衰하고 極에 이르지 않으면 태평하다. 가는 것이 없으면 오는 것 또한 없는 것이 하늘의 이치다. ··· 水는 土에 의지하여 흐르고 木은 土에 의탁하여 자라고 金은 土가 없으면 나타나지 못하고 火는 土가 없으면 돌아갈 곳이 없다. 그러므로 실함을 덜어야 통하고 비어야 밝아지니 오행이 모두 土에 의지한다."(鄭志昊, 앞의 책, 93쪽)라고 진술한다. 육십갑자는 열 개의 천간과 열두 개의 지지를 순서대로 조합하여 순환체계를 만든 것이다. 이를 통해 최초 갑자의 날 이름을 정하고 나아가 간지를 이용한 紀年 紀月 紀日 · 紀時라는 시간의 질서가 형성되어 간지기원법으로 四柱를 형성하였다. 이를 응용하여 四時의 변화와 인간사 길 · 흉 · 화 · 복을 개략적으로 설명하게 되었다.

하므로 수(水)가 없으면 잎과 뿌리가 마른다. 따라서 수화(水火)기운이 조화를 이뤄 수화기제(水火旣濟)가 되면 좋다. 봄 나무에 토(土)가 많으면 목(木)의 힘이 손상되고 토(土)가 적으면 재물이 풍족하다. 봄 나무가 강한 금(金)을 만나서 손상되면 일생이 편안하지 않다. 그러나 목(木)이 왕성하여 금(金)을 만나서 손상되면 편안하지 않다. 그러나 목(木)이 왕성하여 금(金)을 얻으면 평생 복이 있다.[279]

이와 같이 간지력은 상용력으로서 천문역법으로 사용할 수도 있고 술수적으로 이용할 수도 있다. 어떤 형태로 이용하든지 여기에는 하나의 과학적 사유와 철학이 담겨져 있다. 왜냐하면 술수(術數) 그 자체는 미신에 근거를 두고 있지만 때로는 과학의 기원이 될 수도 있고, 자연을 적극적으로 해석하여 자연의 힘을 빌리려는 점에서 볼 때 과학과 공통점을 가지고 있으며, 우주를 순전히 자연의 힘만으로 해석한다면 술수 또한 과학으로 간주할 수 있기 때문이다.[280]

---

279) 이을로, 『窮通寶鑑講解』, 동학사, 2007, 50쪽.
280) 馮友蘭(정인재 옮김), 위의 책, 175쪽 참조.

V

간지력의
역학적(易學的) 구성

⋮

1. 갑자의 의미

2. 갑자의 구성

3. 갑자와 상수

4. 갑자의 형상과 성정

간지력은 60년을 일원(一元)으로 삼은 오성연주설(五星聯珠說)[281]과 해와 달의 성진이 순환하는 원리를 상호 연결하여 절기를 이용한 역법으로서 설명하고 있음을 알 수 있었다. 즉 간지력은 60갑자를 구성하고 사계의 변화와 물상의 변화를 간지라는 부호를 이용하여 역법적으로 활용하였고 더불어 음양오행의 원리를 적용하여 역학적으로 활용하고자 하였다. 또한, 여기에는 철학과 사상을 삽입함으로써 신비화하는 경향을 보이고 있다.

1 갑자(甲子)의 의미

천간지지(天干地支)로 구성된 갑자(甲子)는 간(干)은 천(天)이고 양(陽)이며, 지(支)는 지(地)이고 음(陰)이다. 『황제내경(黃帝內經)』에서는 오운과 음양은 천지의 근본법칙이다. 일체 사물의 구성 원리이고 변화하고 생멸하는 근원이며 조화가 이루어지는 곳이라고 [282]

---

281) 상고(上古)에 해의 이름이 **甲寅**일 때 **甲子月** 초하루 아침인 동짓날 한밤중에 해와 달 및 **五星**이**子方**에 합하였다. 그래서 일월과 오성이 주옥처럼 모여 이어진 상서로움이 있게 되었고 그 상서로움에 응해서 전욱 고양씨가 책력을 세우는 기원으로 삼았다.(上古歲名甲寅, 甲子朔旦, 夜半冬至. 日月五星, 皆合在子, 故有合壁連珠之瑞, 以應顓帝建曆之元."(李純之, 『천문유초』, 369쪽.)

282) 『黃帝內經』,「素問」, "夫五運陰陽者, 天地之道也, 萬物之綱紀, 變化之父母, 生殺之本 始, 神明之府也."

하였고, 『춘추번로(春秋煩露)』에서는 천지가 합하면 하나이고 나누면 음양이요 펼치면 사시(四時)요 배열하면 오행[283]이라고 하였다. 이것으로 보자면 60갑자는 곧 음양소장(陰陽消長)과 오행원리의 표현수이다.

1) 기원설(紀元說)

육십갑자(六十甲子)는 자연학(自然學)에 바탕을 둔다고 할 수 있다. 자연학은 우주론, 천문학, 지리학, 기상학 등이 포함된 포괄적인 학문이라 할 수 있다.[284] 이런 자연학의 토대 위에 음양·오행학이 자리하게 된 것이며, 육십갑자 또한 자연의 변화와 그에 따른 인간체성

---

283) 董仲舒, 『春秋煩勞』, "天地之氣, 合而爲一, 分爲陰陽, 判爲四時, 列爲五行."
284) 『朱子語類』 권1 및 권2의 '하늘과 땅' 부분에서는 자연학의 네 분야 즉 우주론·천문학·기상학·지리학 및 지도학이 다루어지고 있다.(야마다케이지(김석근 옮김), 앞의 책, 351쪽.) "朱子의 자연학은 전국시대의 『莊子』에서 시작되어 『易』과 『淮南子』를 거쳐 張載(1020~1077)의 『正蒙』에 이르러 결정된 氣의 철학을 토대로 하고 다른 한편으로는 고대로부터 느슨하면서도 지속적인 상승곡선을 그리면서 전체적으로 볼 때 송·원시대에 그 발전이 극에 달한 과학과 기술을 토대로 하여 생겨났다. 그는 자연의 다양한 영역에 걸친 현상에 氣 개념을 적용하여 일관된 이론적 설명을 가하고 있는데 그는 언제나 동시대의 과학의 성과를 가장 빨리 이해하고 적확하게 평가하였다. 朱子는 자연적 세계를 구성하는 물질적 토대를 氣라고 부르고 氣는 형이상의 존재인 理와 함께 그의 존재론의 기초개념이며 一氣·음양·오행이라는 세가지 카테고리에 의해서 파악되는 물질적인 존재개념이다. "일기에서 만물로"라는 이런 존재개념의 생성론적인 전개과정은 그대로 우주에서 생물로라는 자연학의 대상영역의 진화론적인 형성과정이며 따라서 자연학을 체계화하기 위한 원리로서 채택될 수가 있다."(김석근 옮김, 앞의 책, 26~28쪽 참조.)

의 변화를 표현한 것으로 볼 수 있다.

고대 갑자의 구성 내력에 관해 보면 『연해자평(淵海子平)』에서는 황제시(黃帝時)에 치우(蚩尤)가 병난과 횡폭을 좋아하므로 황제께서 백성의 고통을 근심하사 탁록(涿鹿)의 들판에서 전쟁을 치러 주살하니 수많은 사상자가 나서 그 유혈이 백리가 뻗치므로 수습할 수가 없었다. 황제께서 목욕재계 한 뒤 단(壇)을 쌓고 하늘에 제사를 지내자 방구의 예지로 하늘이 10간과 12지를 내려보내셨다. 황제가 이에 10간으로써 원(圓)을 만들어 하늘의 모양을 본뜨고, 12지를 네모지게 벌려 땅의 모습을 본떠, 비로소 간(干)을 하늘로 삼고, 지(支)를 땅으로 삼게 되었다. 이를 햇빛을 받도록 높이어 관청의 대문에 걸어 놓은 뒤 치우를 다스릴 수 있었다. 그 후 대요씨가 집정하실 때 후인(後人)을 근심하고 말씀하시기를 '한탄스럽도다! 황제는 성인이신데 오히려 악살을 간단히 치화하실 수 없었거니 후세에 재난을 당하고 고액을 받을 때는 어떤 방법으로 해구할 수 있겠느냐?' 하시고 드디어 십간과 십이지를 분배하시어서 60갑자(六十甲子) 등을 작성하시었다고[285] 한다. 이런 설화적(說話的)인 내용이 전해지고 있는데, 이것 말고도 여러 내용이 전수되고 있지만[286] 위 내용이 거의 정설로 인용

---

285) "黃帝時, 有蚩尤神擾亂, 當是時, 黃帝甚憂民之苦, 逐戰蚩尤於逐鹿之野, 流血百里, 不能 治之, 黃帝於是齊戒築壇祀天, 方丘禮地, 乃降十干十二支, 帝乃將十干圓布象天形, 十二 支方布形地形, 是以, 干爲天之爲地, 合光仰職門放之, 然後, 乃能治也, 自後有大橈, 爲 後人憂之, 嗟呼黃帝乃聖人, 尙不能治其惡殺, 萬一後世見災被苦, 將奈何乎, 遂將夫十干 十二支分配, 成六十甲子云."(심제열, 『淵海子平精解』, 明文堂, 2004, 15~16쪽.)

286) 『三命通會』는 "옛날 盤古氏가 天地의 道를 밝힐 때 陰陽의 변화에 통달하

되고 있다. 이런 현상은 후인들이 역사서(歷史書)를 집필하면서 권위를 내세우기 위한 전설적인 내용을 가차한 위서(僞書)의 폐단으로 치부할 수도 있지만, 다음과 같이 고대 중국사상에서도 그 유래를 찾아볼 수 있다. 먼저 노자(老子)가 주장하였던 도(道)에 대한 『회남자(淮南子)』의 진술을 들어보자.

  도(道)란 것은 하늘을 덥고 땅도 싣고 있는 것이어서 사방팔방 무한대로 퍼지며 그 높이를 가늠할 수 없고 그 깊이를 잴 수도 없다. 천지를 그 안에 포옹하고 무형(萬物)에 형을 준다. 물이 원천에서 솟아오르면 처음에는 공허하지만, 서서히 고이고 철철 넘치면 처음에는 탁하더라도 차츰 맑아지는 것과 같아 이것을 세우면 즉 도를 세우면 천지에 가득 차고 이것을 가로 눕히면 사해(四海)에 끊이지 아니하며 무궁하게 계속 작용하여 조석으로 성쇠함이 없다. 펼쳐 놓으면 천지 사방을 덮고 오므려 놓으면 한 줌도 아니 된다. 작으면서도 크고 어두우면서도 밝으며 약하면서도 강(强)하고 유(柔)하면서도 강하다. 가로대처럼 사방을 지탱하면서 그 속에 음양의 기(氣)를 포용하고 천지를 잇는 벼리가 되어 그 속에 일월성신(日月星辰)을 빛낸다. 더 이

여 三才의 首君이 되었다. 천지가 이미 나누어진 후에는 하늘이 먼저 생기고 뒤에 땅이 생기었다. 이 천지의 氣로부터 사람이 나왔다. 고로 天皇氏가 盤古氏를 이어 다스리게 되었다. 이때를 일러 天靈이라 하니, 淡泊하고 無爲함에도 풍속이 저절로 순화되었다. 비로소 干支의 이름을 지어 歲의 所在를 정하였으니, 十干은 閼逢, 전몽, 柔兆,강어, 著雍, 屠維, 上章, 重光, 玄黓, 昭陽을 말하고, 十二支는 困敦, 赤奮若, 攝提格, 單閼, 執除, 大荒落, 敦牂, 協洽, 涒灘, 作噩, 閹茂, 大淵獻을 말한다."(萬民英(金貳南·李明山 共譯),『三命通會』, 삼하출판사, 2011, 19쪽)

상 없을 만큼 유연하며 더 이상 없을 만큼 미세하지만, 그 도로써 산은 높고 못은 깊으며 짐승은 달리고 새는 날며 일월(日月)은 비추고 성신은 운행하며 기린도 노닐고 봉황도 비상한다.[287]

『회남자(淮南子)』에서는 '도'(道)란 천지를 품고 만사만물에 영향을 주며, 음양의 기(氣)를 포용하고 천지를 잇는 벼리가 되어 더 이상 없을 만큼 유연한 것으로서, 일월성신을 관장하고 빛나게 하는 것이라고 하였다. 이런 도(道)를 태고 시절에 이황(二黃)이 도(道)의 자루를 쥐고 중앙에 서서 마음을 만물의 변화에 맡기며 사방을 편안케 했다. 그래서 하늘과 땅의 영위(營爲)에도 합당하게 수레바퀴가 계속 돌아가듯이 물이 흘러 그칠 줄 모르는 양 비가 내리듯이 만물의 성쇠 변화와 일치했었다. 바람이 일면 구름이 모여들듯이 만사에 있어 대응하지 않음이 없고 천둥이 치면 비가 내리듯이 만사에 응하여 궁해지는 것이 없다고[288] 한다. 이로 보자면, 황제는 '도'(道)를 온전히 실행할 수 있는 권능을 가진 존재로 인식되는데, 이런 권능의 존재인

---

287) 劉安(安吉煥 編譯), 『淮南子』, "夫道者, 覆天載地, 廓四方, 柝八極, 高不可際, 深不可測, 包裏天地, 稟授無形, 原流泉浡, 冲而徐盈, 混混滑滑, 濁而徐淸, 故植之而塞于天地, 橫之 而彌于四海, 施之無窮, 而無所朝夕, '舒之幎於六合'卷之不盈於一握, 約而能張, 幽而能 明, 弱而能强, 柔而能剛, 橫四維而含陰陽, 紘宇宙而章三光, 甚淖而滒, 甚纖而微, 山以之 高, 淵以之深, 獸以之走, 鳥以之飛, 日月以之明, 星曆以之行, 麟以之游, 鳳以之翔."

288) 劉安(安吉煥 編譯), 『淮南子』, "太古二黃, 得道之柄, 立於中央, 神與化游, 以撫四方, 是故能天運地帶, 輪轉而無廢, 水流而不止, 與萬物終始, 風興雲蒸, 事無不應, 雷聲雨 降, 竝應無窮." 첨언하자면, 泰古二皇에서 이황을 伏羲·神農이라고 하는 것이 통설이나 황제·대요라는 등 다른 설도 있다.

황제를 인간들은 자신들이 추구하고 있는 여러 분야에 자연스럽게 인용하는 것이다.[289] 즉 천도(天道)와 지도(地道)가 있다고 하여도 인도(人道)가 모든 것을 지배한다는 것이니 바로 이것이 황제(黃帝)를 등장시킨 까닭이다.[290]

이와 같이 영향력 있는 일부 학자들이 황제를 빙자하고 천황을 내세워 십간·십이지의 탄생이 마치 신화적(神話的)으로 발생된 것 인양 신성화(神聖化)시키고 있는 것이다. 후인들은 이런 여러 설들을 가감 없이 그대로 받아들여 서책이나 논문 등에서 당연한 것 같이 발표되고 이를 역학적(易學的)으로 인용함으로써 식자층들로부터 불신을 초래하고 고귀한 학설이 미신화되어 버린 것은 아닌지 고뇌를 해 볼 일이다.

다시 말하면 이들의 신화적인 주장과 비판을 철학적으로 인식하고 있다면 아무 문제가 없을까? 그러나 철학(哲學)은 어떠한 경우에도 철학 자체만의 영역을 가질 수 없다. 철학 그 자체가 이미 근원적 인식과 포괄적 인식에서 우러나오는 것이며 인식의 형태는 느낌의 바탕을 깔고 있기 때문이다.[291] 동양철학(東洋哲學)이 철학다울 수 없었던 이유가 모든 사물과 사유를 설화에 바탕을 두고 너무 추상적으

---

[289] 『奇學精說』에서는 "옛적 중국의 헌원 黃帝가 전쟁에 不勝하여 天神에 빌었더니 天九 玄女가 神式 三種(太乙·奇門·六壬)을 내려주었으니 그것이 곧 奇門의 始初라 한다."(원문)고 하였다. 이와 같이 점서의 효시와 干支의 嚆矢가 같은 맥락으로 인용되고 있다.(李奇穆, 『奇學精說』, 명문당, 1997, 35쪽 참조.)

[290] 김병호, 『亞山의 周易講義』 下권, 도서출판사 小康, 2006년도, 307쪽.

[291] 야마다 케이지(김석근 옮김), 『朱子의 自然學』, 통나무, 2001. 19쪽.

로 도덕(道德)과 인의(仁義)를 추구하면서 언설(言說)에 근본을 두기 때문이다. 동양학에도 과학이라는 환경인식체계가 있는데도 이런 인식론적 바탕을 상실케 만들었다는 데 있다. 그러므로 동양학(東洋學)의 방향은 반드시 과학(科學)의 이해위에서 결정되어야 한다. 그것은 그들이 주장하는 인식의 구조를 이해하기 위한 첩경으로서 또한 언설(言說)에 실존성을 부여하기 위해서 또 죽은 언어(言語)를 살려내기 위해서도 과학사의 탐구를 게을리 할 수 없다.[292] 또한, 사계에 인정을 받기 위해서도 학문적인 통일성을 가지는 것이 필요한 것이다. 역학을 공부하고 있는 후인들은 이런 문제들에 관해서도 고민을 하여 보아야만 학문적인 발전이 있을 것이다.

2) 음양오행론(陰陽五行論)

(1) 논평요약(論評要約)으로 본 음양론

동양학을 논하는 책마다 음양론을 얘기하고 있으니 또다시 말한다는 것이 민망스럽다. 그렇다고 얘기 안 할 수도 없고 시원하게 설명할 수도 없는 형편이니 그저 죄송할 뿐이다. 다만 역학을 공부하는 학인으로서 동양(東洋)을 알고 이해하는 필수조건으로 음양오행(陰陽五行)을 알아야 하고, 그 음양오행의 근원에는 오래전에 동양인들의 사물의 생태와 특징을 표현한 유기체 이론과 자연경제의 생활 속에서 경험으로 얻어진 순환론의 세계관으로 인식하고, 이들을 자연

---

292) 야마다 케이지(김석근 옮김), 위 책 19~20쪽.

의 모습을 통일적으로 설명하려는 과학적인 요소와 이를 인용한 비과학적인 요소로 문화(文化)의 기초가 되어 현재까지 존속되어 온 것으로 보고 있다.293) 역을 공부하는 사람으로서는 이 정도의 상식은 필요할 것임으로 음양오행이란! 물음에 쉽게 이해하고 설명할 자료를 제공하고자 한다.

동양의 역사만큼 오랫동안 음양오행론의 학설이 존재하다 보니 수많은 관련 서책과 논문이 발표되고 그러다 보니 다양한 해석이 존재하고 있는 것도 사실이다.『음양오행설의 연구(陰陽五行說의 硏究)』에서는 현대의 시각에서 바라본 각인(各人)들의 학설의 특징을 사실적으로 잘 나타내고 있으므로 이를 참조하여 약설(略說) 한다.294) 이들이 설명한 내용은 전적으로 그들의 사고로서 여기서 옮고 그르다는 것을 판명하고자 하는 것은 아니고 음양오행론을 연구하는데 있어 참고하고자 하는 것이다. 더욱 심도 있는 연구를 하고자 한다면 관련 서적을 일독하는 것도 좋은 방법이다.

양계초(梁啓超)의 논리는 1923년 동방잡지에『음양오행설지내력(陰陽五行說之來歷)』을 발표하였는데 요지(要旨)는 '한 대 이전에 음양이나 오행이라는 범주는 지극히 평범한 의미를 가지고 있었으며, 그것을 신비적 체계로 만든 것은 추연(鄒衍), 동중서(董仲舒)295),

---

293) 김홍경,『음양오행설의 연구』, 신지서원, 1993, 3~11쪽 참조.
294) 학설의 전개과정은『음양오행설의 연구』의 편역자인 김홍경의 옮기는 말에서 발췌하여 기록한 것이다.(김홍경,『음양오행설의 연구』, 신지서원, 1993, 7~20쪽 참조.)
295) 漢代의 동중서는 음양이기에 대해서도 말한다. '하늘과 땅 사이에는 陰과 陽의 氣가 있다' 더불어 말한다. "이 상반된 사물이 동시에 함께 일어나지

유향(劉向)이다. 오늘날까지 이천 년 동안 온갖 미신(迷信)을 낳은 본거지는 그들이다.'라고 하고 조그마한 유예나 주저도 없이 음양오행설 전체를 극복하고자 한다.

서복관(徐復觀)은 1969년에 『음양오행급기유관문헌적연구(陰陽五行及其有關文獻的研究)』에서 음양오행설에 대한 비판을 기초하여 그것을 담고 있는 유가(儒家)의 경전(經典)들을 폄하하려는 태도-특히 유절과 굴만리(屈萬里)-에 대한 비판이다. 한 대(漢 代)에 창궐한 음양오행설이 선진시대의 유가정신(儒家精神)을 왜곡시켰다고 하면서 음양오행설과 유가정신을 구분하고 음양오행설은 비판하되 유가정신을 옹호하려고 한다.

곽위(郭爲)는 『음양오행가사상지평술(陰陽五行家思想之評述)』을 완역하고 음양오행설에는 과학이 존재하고 있기 때문에 음양오행의 창시자라 할 수 있는 추연(鄒衍)은 욕하지 않고 이를 비과학적으로 활용한 한 대(漢 代)의 음양가(陰陽家)들을 비판하고 있다.

풍우란은 『음양오행가적구유유물주의인소적세계도식(陰陽五行家的具有唯物主義因素的世界圖式)』에서 말하기를 '음양오행가의 세

않고 전일하게 되는 것이 자연의 법칙이다. 전일하고 변절하지 않는 것이 자연의 운행이다. 음과 양은 서로 상반되는 사물이다. 따라서 하나가 나아가면 다른 하나는 들어가고 하나가 왼쪽에 있으면 다른 하나는 오른쪽에 있다. 음양은 봄에는 모두 남쪽으로 향하고 가을에는 모두 북쪽으로 향하며 여름에는 앞에서 교차하고 겨울에는 뒤에서 교차한다. 함께 이동하지만 길이 다르고 서로 교차하여 만나더라도 교대로 주관한다. 이것이 음양의 법식이다."(『春秋繁露』, "天之常道 相反之物也 不得兩起 故謂之一 一而不二者 天之行也 陰與陽相反之物也 故或出或入 或左或右 春俱南 秋俱北 夏交於前 冬交於後 竝行而不同路 交會而各代理 此其文與")

계관에 유물론적 요소가 들어 있다.'고 주장한다. 음양오행가는 기본적으로 물질적인 것에 의해 세계를 설명하려고 하였기 때문이다. 그것은 어디까지나 요소에 불과하다. 음양오행설에는 유물론에서 용납할 수 없는 다른 측면, 가령 온갖 미신과 견강부회, 천인감응의 이론과 신비주의 등이 존재하기 때문이다. 또 음양오행설은 변증법적 세계관의 요소를 가지고 있기도 하다. 그러나 그와 동시에 변증법적 세계관에서 용납할 수 없는 다른 측면, 가령 기계론적 세계관과 순환론 등이 존재하기도 한다. 그러므로 음양오행설은 유물론의 길로 달려갔다. 한의학(韓醫學) 이론이 그 대표적인 것이다. 그 부정의 측면을 발전시킨 음양오행설은 관념론(觀念論)의 길로 달려갔다. 신비주의적 음양오행설이 그것이다.'고 설명하고 있다.

이택후의 음양오행설은 『중국고대사상사론(中國古代史上史論)』에서 '음양이나 오행은 실체나 요소가 아니라 실용 이성에 의해 파악된 일종의 기능이나 힘이며 그것은 생활경험으로부터 주어졌다고 말한다. 이후 그 기능들이 확대·발전되어 완성된 음양오행설로서 하나의 구조를 형성하였으며 그에 따라 많은 사물들이 하나의 체계 속에 조직되었다. 그에 따르면 음양오행론은 소박한 체계론의 특징이다.'라고 말하고 있다.[296] 그 체계론 속에는 기본적 정신으로 천(天)과 인

---

296) 서주말 백양보의 **陰陽動因說**은 **陰陽**개념과 **氣**개념의 결합을 특징으로 하며 그 철학적 가치는 사물이 존재하게 되는 본원을 설명한 것이 아니라 사물이 운동하게 되는 원인을 설명하였다. 즉 "무릇 천지의 기는 그 질서를 잃지 않으니 만약 그 질서에 맞지 않는 것이 있다면 그것은 사람들이 어지럽힌 것이다. 양기가 잠복하여서 나타나지 못하고 음기가 압박하여서 올라가지 못하기 때문에 지진이 생긴 것이다." 이것은 **陰陽**의 **氣**가 평형을 잃음으

간(人間), 자연과 사회의 조화와 균형을 중시하는 것으로 일치한다고 주장한다. 또한, 과학적 면모와 신비주의적 면모가 혼재하고 있으며 풍수지리나 사주팔자와 같은 미신을 조장하여 논리적 분석과 사변의 발전을 억제하고 보수적이고 숙명론적인 태도 등을 양성하여 많은 해악을 끼쳤으나 긍정적인 부분도 있었다고 한다.

궁철병(宮哲兵)의 『만주변증모순관형성적나집과정(晩周辯證矛盾觀形成的邏輯過程)』에서의 주요 논제는 '음양·오행·일양(一兩)·중화(中和)'라는 범주이다. 이에 따르면 인류의 인식이 보편적 연관으로부터 모순·대립면의 연관으로 운동변화로부터 내재적 모순으로, 다양성의 통일성으로부터 대립면의 통일성으로, 대립면의 동일성으로부터 대립면의 투쟁성으로 발전해나가는 논리적 과정을 발견할 수 있다고 한다. 이 과정은 또 역사적으로 볼 때 『역경(易經)』으로부터 '노자'(老子)로 또 『역전(易傳)』으로 발전해 나가는 과정이라고 할 수 있으며 범주의 발달에 의거해 볼 때는 역경의 최고범주인 역(易)으로부터 '노자'(老子)의 최고범주인 도(道)로 다시 도(道)로부터 『역전(易傳)』의 최고범주인 음양(陰陽)으로 발전해 나가는 과정이기도 하다.' 이런 논리는 변증법적 인식의 일반적인 과정을 얘기하고 있다.

사송령의 『음양오행학설사도론(陰陽五行學說史導論)』「원류(源

로써 지진이 발생한다는 말이다. 이후로 내려오면서 학자들마다 음양에 대해 의견을 내고 있다. 춘추시대에는 범려는 음양전화설을 제기한다. "천도가 이기고 지는 것이 전화되는 것"이며 "양이 지극해지면 음이 되고 음이 지극해지면 양이 되며, 해는 졌다가 다시 떠오르고 달은 찼다가 다시 기우는 것"이라고 말한다.

流)」에서는 '음양오행설을 하나의 서술체계로 인식한다. 무엇을 서술하는 체계인가 인류의 체험을 서술하는 체계이다. 이 체계는 중국에서 모든 것을 담아내는 절대적인 세계관이자 가치관이었으며 신앙이었다. 어떻게 신앙이 되었는가. 음양오행설이 절대화되는 과정에 대한 탐구에서 경전으로부터 음양오행설의 연원을 찾으려는 잘못된 길을 버리고 체험체계로부터 단서를 찾으라고 권유한다. 체험세계는 무엇인가. 범주로 나타내면 그것은 자연이고, 도(道)이고, 천(天)이며 이(理)이다.'라고 설명하고 있다.

이와 같이 음양오행론에 대한 학술적 논리[297]가 학자들마다 각양각색이라 이를 받아들이는 후학들의 고뇌가 이만저만이 아니다. 학자들의 사고가 어떤 원리에 의해 어떻게 표현된다 하더라도 그것은 그들의 자유다. 다만 음양오행론의 존재나 학설은 과학적이지 못하다고 하면서 과학적이지 못하다는 부분의 설명은 과학적으로 증빙하지 못하고 있다. 일례로 『음양오행설의 연구(陰陽五行說의 硏究)』에서는 '음양오행설을 이야기하는 사람은 온갖 미신을 날조하고 유포하여 세상의 인심을 현혹시키는 사람들이다. 도참이니 풍수지리니 성명학이니 사주팔자니 운명, 궁합 등과 같은 잡다한 종류의 점술들은 모두 합리적 근거가 없는데도 말이다. 음양오행설에 근거한 미신(迷信)들이 아직도 돈이 된다는 생각을 하면 마음이 차다. 그러한 풍조가 미신에

---

297) 학술적 논리로 본다면 '春秋戰國時代의 음양범주는 음양동인설·육기균형설·음양상극설·음양전화설·음양소장설 그리고 음양상화설 등의 단계를 거친다. 춘추전국시대에는 초나라의 사상가 범려, 노자, 장자, 굴원 등이 음양학설의 형성과 발전에 결정적인 작용을 하였다.'

서라도 위안을 얻어야 하는 사람들의 고달픈 삶 때문이라는 것을 생각하면 더욱 마음이 차다.'[298]고 얘기하고 있지만 모순되게도 '음양오행설은 현상 사이의 연관에 대한 관찰에 기초하고 있기 때문에 그 두터운 껍질 속에는 아직 발견되지 않은 혹은 아직 증명되지 않은 어떤 과학적 법칙이 존재할지도 모르겠다.'[299]는 설명을 덧붙이고 있다. 이런 논리는 여러 서책에서도 많이 나타나고 있는데, 꼭 음양오행론의 학설을 비판하고 매도하고서는 끝에 가서는 애매모호한 말로 긍정도 부정도 아닌 논법으로 얼버무리는 경향을 보이고 있는 것이다.

『이허중명서(李虛中命書)[300]』제1편 통리물화(通理物化)에서는 다

---

298) 김홍경, 『음양오행설의 연구』, 신지서원, 1993, 20쪽.
299) 김홍경, 『음양오행설의 연구』, 신지서원, 1993, 21쪽.
300) 淸代(乾隆四十六年) 총찬관 신 기윤 등이 찬한 提要에 의하면 "이허중명서 3권은 구본에 '귀곡자 찬, 당 이허중 주'라고 쓰여 있는데 허중은 자가 상용이며 위나라 시중이 충의 8세손으로 진사에 급제하여 원화(당헌중) 중에 벼슬이 전중시어사에 이르렀다. 한유가 그를 위하여 묘지명을 지은 것이 『昌黎文集』에 보이며, 후세에 星命學을 전하는 자들은 다 허중을 원조로 삼는다. 『唐書藝文志』에는 이 책의 이름이 없다. 『宋志』에 이르러 비로소 『李虛中命書格局二卷』이 있는데 鄭樵의 『例文畧』에는 『李虛中命書一卷』 및 『命書補遺 一卷』으로 되어 있으며 조공무 『讀書志』에는 『李虛中命書三卷』으로 되어 있으며 焦氏 『經籍志』에는 『命書三卷』 외에 별도로 『命書補遺一卷』이 나와 있어서 명목과 권수가 모두 뒤섞이고 어긋나 합치되지 않으며 세간에 판본의 전해짐이 오래도록 단절되어 그 이동을 살펴서 바로 잡을 수 없다. 오직 明代의 『永樂大典』에 수록된 것은 그 문장이 생각보다 많고 권질을 완전히 갖추었으며 앞뒤도 또한 제법 차례가 있다. 함께 기재된 것 중에 『李虛中自序一篇』이 있는데 '사마 계주가 호산의 남쪽에서 귀곡자를 만났을 때 『遺文九篇』을 내어주고 깊고 미묘한 이치를 논했으므로 이허중이 제가의 설을 주워 모아 주석하여 이루어진 것이다." 건륭 46년 9월 삼가 교열하여 올림. 총찬관 신 기윤, 신 육석웅, 신 손사의, 총교관 신 육지 비."(李虛中(김정혜·서소옥·안명순 공역), 『李虛中命書』, 2012, 서문참조)

음과 같이 자연의 상(象)과 변화(變化)에 대해 말하고 있다.

초목(草木)이 가을이 되어 잎이 떨어지면 국화꽃이 피기 시작하고 꾀꼬리가 울면 새 매가 그로 인하여 부화하는 것인데 하나의 가느다란 초목도 누가 그것이 부지되는데 간여하는지 아무도 알지 못하며 하나의 작은 곤충도 누가 그것의 생사에 간여하는지 알지 못한다. 빽빽하게 모여 있는 동식물들은 무엇이 그 조각에 간여한 것이 아니며 식물이 무성하다가 낙엽이 뿌리로 돌아가는 것은 무엇이 그 거두어들이는 데 간여하는 것이 아니다.[301]

고명한 음양가(陰陽家)가 왜 이런 논리를 서책에 기록하였는지 의문이 든다. 왜냐하면, 위 논설에 앞서 말하기를 '태초에 건곤(乾坤)의 형상을 분산하고 형체를 나누어 한결같이 높고 낮음으로 정하니 음(陰)과 양(陽)의 서로 마찰함이 있고 강(强)과 유(柔)의 서로 미루어 나감이 있어서 상호변동으로 그 도(道)를 행하고 종횡으로 그 일을 이루었으니 무릇 하늘에 형상을 드리운 것은 천체의 현상이 아닌 것이 없으며 높고 낮음이 서로 경사진 것과 동서남북이 서로 미루어 나감과 동(動)과 정(靜)이 발생하는 바와 형세의 유지되는 바가 있어서 무릇 땅에 바탕을 둔 것은 예(禮)가 아닌 것이 없다. 만물이 그 사이에서 생기는 것은 또한 조화에서 나와 조화에 들어가고 근원에서 나와 근원에 들어가며 이제 막 생겼다가 죽기도 하고 이제 막 죽었다가 살아나기도 하여 순화하여 생사를 거듭하는 처지에 머물러서 그 기

---

301) 李虛中(김정혜·서소옥·안명순 공역), 위의 책, 79~80쪽.

능의 움직임이 저절로 멈추어질 수 없는 것이다.'[302]라고 천지 만물의 변화를 음양오행논리로 제시하면서 변화의 원인을 모른다고 하니 답답한 논리가 아닌가 생각이 들어 하는 말이다.

　음양가들은 비과학적이라는 논리를 가장 과학적으로 설명하고 있다. 그것은 자연의 동태적 변화를 음양오행으로 설명하는 것이다. 즉 여름에는 초목이 꽃을 피운다. 꽃이 피는 힘은 어디서 오며, 핀 꽃은 왜 떨어지고 시드는가? 즉 생(生)은 어디에서 오며 극(剋)은 어떻게 조절의 힘을 가졌을까? 이런 물음에 음양오행론에서는 봄에 초목이 생하는 것은 음양오행(陰陽五行)의 상생(相生)의 보살핌에 힘입은 바 크고, 가을의 통제(統制)는 상극(相剋)의 힘입은 바에 있다.

　이와 같이 생과 조절의 생장화수장의 순환원리는 음양오행의 원리에 힘입은 바 크다고 음양가들은 설명해야 하고 그게 애매모호하다면 음양오행의 운기(運氣, 氣思想)[303]에 의해 만물이 생장 소멸하게

---

302) 李虛中(김정혜·서소옥·안명순 공역), 위의 책, 79~80쪽.
303) 東洋의 氣 思想에 있어 三代流派가 있는데 첫째 氣를 空間的으로 파악하는 風水地理學派, 둘째 氣를 時間的으로 파악하는 命理學派, 셋째 사람 몸속에 흐르는 氣와 우주에 遍滿해 있는 氣를 합하여 육체적으로나 정신적으로 굉장한 힘을 얻기 위한 道,仙,儒,佛敎 등에서 행하는 陽氣學派 등이다.『靑烏經』에「陰陽符合, 天地交通, 內氣萌生, 外氣成形, 內外相乘, 風水自成」이라 하고 또한「內氣者言穴暖而萬物萌生也, 外氣者言山川融結而成形象也」라 하였다. 風水地理에서는 천지음양오행의 氣를 一元的, 混一的인 渾融無間한 一氣로 보아 天氣가 下降한 것을 地氣, 地氣가 上昇한 것을 天氣로 보고 또 음양의 氣가 지중에 있을 때를 생기 혹은 내기라 하여 인간을 비롯한 만물이 이 생기의 발로를 받아 生長繁昌할 수 있다고 본다.(李夢日,『韓國風水思想史』, 명보출판사, 1991, 19쪽.) 명리학에서 말하는 오운육기설 또한 같은 논리로 설명하고 있음으로 '草木이 가을이 되어 잎이 떨어지면 국화꽃이 피기 시작하나' 왜 그런지를 아무도 모른다고 할

되는 이치 등을 설명해서라도 학설의 진위를 분명히 제시하고 설명을 해야만 한다. 이런 생각을 하는 자체가 너무 순진하고 단순하다면 음양가들이 먼저 미신을 조장하는 행위들을 하고 있다는 것은 아닌지 돌이켜볼 일이 아닌가 말이다.

각설하고 음양오행론을 부정만 하는 학자들은 이 논리에 반한 논리를 과학적인 증빙으로 말하여야 한다. 그렇지 않고 음양오행학설을 부정한다는 것은 사실 고인들의 노력에 반하는 행위이며 학문의 발전에도 하등 도움이 되지 않는다.

역학을 공부하는 학인들은 음양오행론에 대해 비판적 시각은 참고는 하되 일관된 긍정적 학설을 가질 필요가 있다. 그렇게 하여야만 자아의 발전과 더불어 학문적 발전을 얻을 수 있다고 보기 때문이다. 음양설에 관해 여러 학설이 존재하지만[304] 가장 간편하게 설명이 되면서도 깊은 뜻이 들어있는 학설을 여러 방면으로 검토하여 본 결과 『황제내경(黃帝內經)』「소문(素問)」에는 다음과 같이 설명하고 있어 참고하면 좋을 것으로 본다. 여기에서 음양이란 무엇인가? 황제께서 말씀하시길 다음과 같다는[305] 설명이다.

것이 아니라 이는 기 운동에 의한 변화임을 설명할 필요가 있다는 것이다.

304) 일례로, 『黃帝內經』「四氣調神大論」에 보면 "음양과 사계절은 만물의 始終이며 생사의 근본이다. 이를 거역하면 災害가 생기고 이를 따르면 惡疾이 일어나지 않는다. 이를 道를 얻었다고 한다. 성인은 이를 행하고 우매한 자는 이를 거역한다. 음양을 따르면 살고 이를 거역하면 죽는다."라는 말이 있다.

305) "黃帝曰 : 陰陽者,天地之道也, 萬物之綱紀, 變化之父母, 生殺之本始, 神明之府也."(李慶雨, 『黃帝內經素問』, 여강출판사, 2010, 121쪽.)

> **음양이란!**
>
> 천지(天地)의 도(道)이며,
> 만물의 강기(綱紀)이고,
> 변화의 부모(父母)이며,
> 생살(生殺)의 본시(本始)이며,
> 신명(神明)의 부(府)입니다.

위의 내용에 대해 부언해서 설명한 것이 있다. 천지(天地)의 도(道)는 자연계가 운동 변화하여 가는 규율이다. 장개빈(張介賓)이 말하길 '음양이라는 것은 하나인 태극(太極)이 나뉘어 둘이 된 것이다. 태극이 동(動)하여 양(陽)을 낳고 정(靜)하여 음(陰)을 낳았으며 천(天)은 동(動)하는 데서 생겨나고 지(地)는 정(靜)한 가운데에서 생겨난 것이므로 음양(陰陽)은 천지(天地)의 도(道)가 된다. 만물의 강기는 무엇인가? 기강(紀綱), 강령(綱領)이라고 말하는 것과 같다. 장개빈이 말하길 '큰 것을 강(綱)이라 하고 작은 것을 기(紀)라 하니 총괄하는 것이 강이요, 그것을 두르는 것이 기(紀)이다. 물(物)은 크고 작음이 없이 음양으로부터 말미암지 않은 것이 없으므로 '만물(萬物)의 강기(綱紀)'가 된다. 변화(變化)의 부모는 사물이 변화해가는 도(道)는 음양의 근본이니 음양은 곧 만물의 변화를 낳아주는 부모와 같은 것이다. 생살지본시(生殺之本始)란 음양이 사귀면 물(物)이 생겨나고 음양이 막혀 떨어지면 물(物)이 죽으니 양(陽)이 오면 물(物)이 생(生)하고 음(陰)이 오면 물(物)이 죽는다. 따라서 생살(生殺)은 음양을 본시(本始)라 한다. 신명지부(神明之府)란 사람의 의지와는 관계 없이 보이지 않는 가운데 변화생살(變化生殺)을 주관하여 신명(神明)을 발하는 곳이라고[306] 음양에 대해 설명하고 있다.

쉬우면서도 어려운 문제이지만 그러나 이 구절을 이해하고 소화를 시킨다면 음양은 그리 어려운 문제도 아니고 누가 물어도 설명을 곁들여 이야기한다면 해박하다는 소리도 들을 것이다.

(2) 오행론 요약(要約)

오행(五行)은 『상서(尙書)』「감서(甘誓)」에서 가장 먼저 나타난다. 「감서(甘書)」는 하후씨와 유호씨가 싸움을 벌이던 때에 군사들에게 맹세한 말이다. 『감서(甘誓)』에서는 '오행을 업수히 여기고 삼정(三正)을 태만히하는' 커다란 죄를 범하였다고 선포하였다는 말이 있다. 여기서의 오행은 하서에 나오는 육부{수·화·목·금·토·곡(穀)}로 삼정은 삼사{정덕(正德)·이용(利用)·후생(厚生)}로 본다. 그럼으로 당시에는 어떠한 오묘한 뜻도 없었다고 하고 있다.' 즉 감서의 오행관념에는 철학적인 의미가 없었다는 것이다. 이것은 하(夏) 왕조 때 조상들의 중요한 말씀으로 구전되다가 은대(殷代)에 전해졌으며, 명확하게 수·화·목·금·토(水·火·木·金·土)를 합하여 오행이라고 한 최초의 전적은 『상서(尙書)』「홍범(洪範)」이며 그것은 은주(殷周) 교체기 때다. 홍범은 자체의 정치서이다. 그것은 아홉 가지 대법칙 곧 홍범구주에서 오행을 가장 먼저 거론한 것은 물질적 요소가

---

306) 李慶雨, 『黃帝內經素問』, 여강출판사, 2010, 121~122쪽.

인류의 경제생활에 대단히 중요한 의미를 차지하고 있기 때문이다. 여기에서도 물질을 다섯 가지 종류로 구분하고 각각의 기능과 성질을 설명하는 것에 불과하고 털끝만한 철학적 혹은 술수적 의미가 존재하지 않았다고 한다.

오행설(五行說)이 극히 허탄해지고 조직화되는 것은 『여씨춘추(呂氏春秋)』의 십이람에서 부터이다. 그 이후에는 『소대례기(小戴禮記)』가 학설을 채용하였고 『회남자(淮南子)』에서 학설을 채용하였다. 춘추전국시대이전에는 이른바 음양이라든가 오행이라든가 하는 말이 매우 드물게 나타나고 그 의미도 극히 평이하였다. 춘추전국시대는 중국 고대의 백가쟁명의 시대요, 학술 번영의 시대였다. 오행관념은 이 시기에 커다란 발전을 이룩한다.

'오행론이 사계절 변화에서 비롯된 것인지 사방위 체계에서 비롯된 것인지 그 논리적 발생 과정을 살펴보는 것은 쉽지 않다. 하지만 방위와 계절이라는 두 가지 범주 모두를 매우 밀접한 연관 체계로 엮어낸 바탕 위에 오행론이 구성되어 있음을 부인할 수는 없다. 더구나 천체관측 결과 도출된 다섯 행성이 일월과 더불어 중요한 천문 요소로 인식되어 있기 때문에 오행론은 하늘과 땅의 변화를 파악하는 중요한 의미를 가진다. 그래서 하늘에 빛나는 오성의 변화에 응하여 지상에는 오시(五時)가 매년 순환한다는 시간의 감응사상이 생겨났다. '즉 절기의 변화하는 과정을 간지로 표현하고 시간으로 나타내고자 한 것이다.

이런 해석을 통해서 우리는 음양오행가들이 오행을 통해서 자연현상과 사회현상을 연관시키려고 하였고 또 세계가 질서를 가지고 있는 하나의 통일적 전체임을 설명하려고 하였다는 것을 간취해 낼 수 있다.[307] 다만 절기의 변화를 보고 오행을 간취한 것인가 그렇지 않으며 자연의 변화를 오행으로 나타낸 것인가는 어려운 문제라고 하지만 자연의 변화를 몸소 체험하고 이를 자연스레 간지로 표현하였다고 보는 것이 타당하다. 선진시대 제자서나 진한시대의 전적에서 오행이라는 말이 나오는 경우 대부분 음양이라는 말이 나오는 경우가 많다. 이것은 음양관념이 오행관념보다 먼저 발전하였다는 것이며 오행관념은 유행하게 된 것은 그것이 음양관념 속에 편입된 이후의 일이다. 따라서 음양관념의 발전은 필연성과 진보성을 가지고 있었던데 비해 오행관념의 발전은 우연적이고 무의미한 것이었다.[308] 이 말을 되씹어 보면 음양관념은 생활에 필연적으로 사용하고 있었으나 오행관념은 독자적으로 발전할 수 없어 음양관념과 같이 사용하여야만 하였다는 것을 말하고 전국 시기에는 오행관념은 있었다 하더라도 생활에 적극 활용되지 않았다는 것을 보여주고 있다.

  이와 같이 태초에 처음부터 음양과 오행을 알기보다는 살아가면서 자연과 동화되고 삶의 연륜이 쌓여서 자연스레 생활과 연관되다 보니 경험적으로 밝은 곳은 양이요 어두운 곳은 음이라 하여 음양으로 표시되고 자연의 변화하는 과정을 오행으로 표현하고 이를 간지로 나타낸 것으로 볼 수 있다. 다만 이런 음양오행설이 학술적으로 이치

---

307) 양계초 · 풍우란, 『음양오행설의 연구』, 신지서원, 1993, 282쪽.
308) 위 책, 137쪽 참조.

에 합당한가 하는 점에서는 이론(異論)이 있을 수 있다. 예를 들어 상생상극설의 설명에서 보면 수(水)는 목(木)을 생(生)하고 목은 화(火)를 생하고 화는 토(土)를 생하고 토는 금(金)을 생하고 금은 수(水)를 생하는 것으로 이는 오행상생설(五行相生說)을 얘기하고 또 금(金)은 목(木)을 극(剋)하고 목은 토(土)를 극하고 토는 수(水)를 극하고 수는 화(火)를 극하고 화는 금(金)을 극하는 이치로 오행상승설(五行相勝說)을 얘기하고 있다.

  사주명리학에서는 이와 같은 상생·상승설(相生·相勝說)을 인용하여 육친설(六親說)[309]에 활용하고 있지만, 그러나 거기에는 많은 모순을 낳고 있다. 일례를 들어보면 생(生)은 낳고 보살피고 사랑하는 의미가 있고, 극(剋)하는 것은 지배하고 통제한다는 의미라면 일간(日干)인 나는 재성(財星)을 극하니 재성은 처(妻)이다. 재성은 인성(印星)을 극하니 인성은 나의 모(母)이다. 그러니 처는 시모를 극해도 시모는 며느리를 극할 수 없고 꾸중이라도 하려면 남편을 자극하여 남편이 대신 극해야 하고, 남편인 나는 처를 극할 수는 있어도 처가 나를 직접적으로 극할 수가 없고, 극하고자 하면 반드시 관성(官星)인 자식을 통하여야 하게 되고 또 남편인 나는 식상의 활동을 통해서 처를 사랑할 수는 있어도 재성인 처(妻)는 직접적으로 나를

---

309) 六親은 父母兄弟妻子를 말한다. 통변성으론 비견·겁재·식신·상관·편재·정재·편관·정관·편인·인수로 나눈다. 우리들의 일상생활은 좋든 싫든 간에 六親骨肉과 밀접하고 불가분의 관계에 있다. 육친과의 관계가 친밀하면 대개 吉命이고 그렇지 않으면 吉하지 않다고 看命한다. 간혹 天涯 고독한 몸으로 벼슬이 높아진 사람이 있으나, 긴 안목에서 보면 결과적으로는 凶한 命이라고 간명한다.(신육천,『四柱大事典』,甲乙堂, 2013, 807쪽.)

사랑할 수가 없고 꼭 관성(官星)인 자식과 인성(印星)인 시모를 통하여야만 사랑을 할 수 있는 구조로 설명되어 있다. 이런 일례는 많이 있는데 그에 합당한 설명이 되지 않다 보니 사주명리학이 사술(詐術)로 치부하는 하나의 원인도 되고, 덩달아 음양오행설이 학술적으로 매도를 당하고 있는 것이 아닌가도 생각해 보게 되는 것이다.

2 갑자(甲子)의 구성

고대 철학적 의미와 역법적 논리가 서로 연관성을 가진 것으로 볼 때, 일원(一元)의 60적년(積年)[310]은 60갑자(甲子)를 제원갑자(濟元甲子)로 하여 간지기년의 기초를 세우는데 초석이 되었으며 이는 60갑자로 우주의 원리를 설명하고 사계(四季)의 순환원리로 시간의 변화를 읽으려 하였고 물상의 변화를 나타내고자 하였음을 알 수 있다.

---

310) 고인들은 하늘에 주천하고 있는 해와 달과 별과의 관계를 관찰하고 상원(上元)의 역산(曆算)으로 삼기도 하였는데, 일련의 오성연주설(五星連珠說)로서 이는 다섯 행성이 구슬처럼 동일 선상에서 만나는 오성연주의 주기이다. 즉 일월오성(日月五星)의 칠정주기(七政周期)가 동시에 발생하는 시점을 상원이라 불렀으며 이 상원으로부터 누적된 연수인 상원적년(上元積年)을 추산하여 모든 순환 주기의 문제를 해결하려 하였다. "정자(程子)가 말씀하길 하늘과 땅의 참 근본이 되는 기운이 역수 가운데서 모여 합해지게 되면 해와 달이 구슬을 합해 놓은 것 같고 五星이 구슬을 이어놓은 것처럼 되니 이렇게 기운을 모음으로써 聖人을 탄생시키는 것이다."(李純之 著, 위 책, 369쪽. "程子曰 天地眞元之氣 湊合在曆數中 則日月如合璧 五星如連珠 所以生聖人也.")

1) 구성원리

60갑자는 천간(天干)과 지지(地支)가 배합한 것이다. 천간(天干)은 홀로 쓰지 않고 지지(地支)는 헛되이 만든 것이 아니므로 배합(配合)을 해서 세월일시에 정해서 써야 한다. 마치 임금과 신하, 남편과 아내가 반드시 배합해서 자식을 이루어내는 것과 같다.[311] 60갑자의 배합에 관해서는『오행대의(五行大義)』[312]에서 상세히 설명하고 있다.

첫째, 배합의 원리는 우선 '갑자(甲子)를 첫 간지(干支)로 삼는다. 이는 갑(甲)은 천간(天干)의 첫 머리가 되고 자(子)는 지지(地支)의 첫 번째로 서로 배합이 된다. 그 이유는 태양의 기운이 황천(黃泉)의 아래에서 움직여 자월(子月)에 있으니 황종(黃鐘)의 율(律)이 기(氣)의 근원이 되어서 자(子)에 있는 것이기 때문에 자(子)를 먼저 삼는 것이다. 또한, 만물은 인월(寅月)에서 다투어 나와서 모두 형체를 나타낸다. 갑(甲)이 인월(寅月)에 속하기 때문에 갑을 머리로 삼아서 자와 배합시킨 것이다. 즉 나타나는 것은 양(陽)이 되기 때문에 천간을 따르고 나타나지 않은 것은 음(陰)이 되기 때문에 지지를 따른다. 그래서 갑과 자를 서로 배합시켜서 육순(六旬)의 시작으로 삼았다.'

둘째는 10간과 12지지를 차례로 배합하여 60갑자를 만든다. 10일을 일순으로 하고 천간이 고정되어 있고 12지지가 차례로 배치되면

---

311)『五行大義』, "幹不獨立, 支不虛設, 要須配合, 以定歲月日時而用, 如君臣夫婦, 必配合 以相成."
312) 蕭吉(김수길 · 윤상철 공역), 앞의 책, 175~194쪽 참조.

2개가 모자란다. 모자라는 것은 고허(空亡)로 설명하고 있다. 셋째 해와 달의 주천도수를 설명하고 있다. 즉 한 간지가 하루를 나타내고 3순(旬)이 1개월이며 12달이 한해가 된다. 한해는 육갑(六甲)의 수(數) 360일이며 육갑은 두 달이다. 넷째는 연·월·일·시(年·月·日·時)는 갑자(甲子)로부터 일으킨다. 다섯째는 육갑을 구성(九星)과 구주(九州)에 배속시키고 여섯째는 간지를 사람 몸에 배속하였다.

(1) 운기학설(運氣學說)

운기학설은 곧 오운육기학설(五運六氣學說)로 천기(天氣)와 지기(地氣)가 서로 교합하고 상존하는 이치를 60갑자로 운용하여 시간과 절기의 변화를 설명하는 것이다. 즉 천(天)은 양(陽)이고 지(地)는 음(陰)이니 음양(陰陽)이 교합하는 이치를 60갑자로 표현하여 절기(節氣)의 변화를 나타낸다. 이는 천지(天地)는 만물(萬物)의 상하(上下)이고 좌우(左右)는 음양이 행하는 도로와 같고 수화(水火)는 음양의 징조(徵兆)이고 금목(金木)은 생(生)하고 성(成)하며 마치고 시작이다. 기(氣)에는 많고 적음이 있고 형(形)에는 성(盛)하고 쇠(衰)하는 이치가 있으니 상하(上下)가 서로 불러 손익(損益)이 드러난다.[313] 오운육기학설은 운기(運氣)로서 태과(太過)와 불급(不及), 평기(平氣)와 천부(天符)와 세회(歲會) 등의 성쇠를 판단하고 60갑자로 표현하여 이를 응용하고 의학·역학·천문과 역법에 활용되고 있다. 이를

---

313) 『皇帝內經』, "然天地者, 萬物之上下也, 左右者, 陰陽之道路也, 水火者, 陰陽之徵兆也, 金木者, 生成之終始也, 氣有多, 形有盛衰, 上下相召, 而損益彰矣."

응용한 대표적인 학문이 한의학(韓醫學)이고 역학으로서는 명리학을 꼽을 수 있다.[314]

운기학설에 대해 『황제내경(黃帝內經)』에서 설명하기를, 황제(黃帝)가 운기학설이 비롯된 것을 듣고 싶다고 하자 기백(岐伯)께서 말씀하시길 『태시천원책(太始天元冊)』[315]에 기록되어 있는 것을 보니 붉은 하늘의 단천(丹天, 赤色火氣)의 기(氣)는 우여성(牛女星)[316]과 무(戊)의 분(分)을 지나고 누런 하늘의 금천(黅天, 黃色土氣)의 기(氣)는 심미성(心尾星)과 기(己)의 분(分)을 지나고 푸른 하늘의 창천(蒼天, 靑色木氣)의 기(氣)는 위실(危室)과 류귀(柳鬼)를 지나고 하얀 하늘의 소천(素天, 白色金氣)의 기(氣)는 항저(亢氐)와 묘필(昴畢)을 지나고 검은 하늘의 현천(玄天, 黑色水氣)의 기(氣)는 장익(張翼)과 루위(婁胃)를 지나는데 이른바 무기(戊己)의 분(分)이란 규벽(奎璧)과 각진(角軫)의 위치이니 곧 천지의 문호인 셈이다. 무릇 절후(節候)가 시작된 바이고, 도(道)가 생하는 바이니 통하지 않으면 안 된다고[317] 답하고 있다. 곧 운기학설은 절기의 변화이니 태양의 시운

---

314) 徐樂吾(朴永昌 飜譯), 『子平眞詮評註』, 청학출판사, 2006, 77쪽.
315) 『太始天元冊』, 한동석은 이 책에 대해서 '태시 때에 하늘의 원리를 기록한 책이란 뜻인데 그 당시에는 책이 존재하지 않았다' 고 부언하고 있다.
316) 여기에서 나타나고 있는 牛·女·心·未·危·室·柳·鬼·亢·氐·昴·畢·張·翼·奎 등은 28宿으로 나타내고 있는 천구상 별자리 이름이다.
317) 『黃帝內經』, 「五運行大論」, "帝曰, 願聞其所始也, 岐伯曰, 昭乎哉問也, 臣覽太始, 天 元冊文, 丹天之氣, 經于牛女·戊分, 黅天之氣, 經于心尾·己分, 蒼天之氣, 經于危室·柳鬼, 素天之氣, 經于亢氐·昴畢 玄天之氣, 經于張翼·婁胃, 所謂戊己分者, 奎璧·角軫, 則天地 之門戶也, 夫候之所始, 道之所生, 不可不通也."

동이 규벽(奎璧)에 위치하는 무분(戊分)일 때가 봄으로부터 여름으로 넘어가는 시기로 춘분(春分)에 해당하고 각진(角軫)에 위치하는 기분(己分)일 때가 가을에서 겨울로 넘어가는 추분(秋分)에 해당한다.

배합의 논리는 60갑자는 십간인 갑·을·병·정·무·기·경·신·임·계(甲·乙·丙·丁·戊·己·庚·辛·壬·癸)가 6번 순차적으로 나열되고 십이지지인 자·축·인·묘·진·사·오·미·신·유·술·해(子·丑·寅·卯·辰·巳·午·未·申·酉·戌·亥)가 5번 순차적으로 결합되면서 이루어진다. 이는 천간과 지지로서 음양이 서로 상합(相合)하고 서로 소응(昭應)하며 우주 만물의 변화하는 이치를 설명하고 있다. 음양(陰陽)의 기(氣)는 각기 다소가 있어 이를 삼음삼양(三陰三陽)이라 하고 형(形)에는 성쇠(盛衰)가 있으니 오행(五行)이 태과와 불급이 있다. 그러므로 유여(有餘)함이 가면 부족함이 따르고 부족함이 가면 유여함이 따르니 오는 것을 알고 가는 것을 알면 기의 성쇠를 예측할 수 있다. 응천(應天)하면 천부(天符)가 되고 승쇠(承衰)하면 세직(歲直)이 되고 삼합(三合)하면 다스림이 된다고[318] 하여 육갑의 변화의 이치를 설명하고 있다.

장지총(張志聰)은 배합의 이치에 대해 부언 설명하기를 '형(形)은 오행(五行)이 형으로 드러남이 있는 것을 말한다. 오형(五形)이 태과와 불급함이 있는 것은 오운(五運)이 세(歲)를 주장함을 이름이니 가령 모든 임년(壬年)이 목(木)운이 태과(太過)라면 모든 정년(丁年)은 목운이 불급(不及)이 되는 것과 모든 무(戊)년이 화운(火運) 태과함

---

318) 李慶雨, 『皇帝內經』, 하권, 여강출판사, 2010, 704~705쪽 참조

에 모든 계년(癸年)이 화(火)운 불급함이 되고, 모든 갑년(甲年)이 토운(土運) 태과라면 모든 기년(己年)은 토운(土運) 불급이 되고, 모든 경년(庚年)이 금운(金運) 태과라면 모든 을년(乙年)이 금운(金運) 불급함이 되고 모든 병년(丙年)이 수운(水運) 태과라면 모든 신년(辛年)은 수운(水運) 불급함이 되는 것과 같다. 육갑(六甲)의 배합(配合)의 원리를 설명하고 있다. 즉 태과(太過)와 불급(不及)은 모든 양간(陽干)은 태과요 모든 음간(陰干)은 불급으로서 태과는 양이요 불급은 음이니 양기(陽氣)가 지나쳐 모이면 음기로 넘어가고 음기(陰氣)가 지나치면 양기로 넘어가니 즉 양간의 해는 세운이 태과함이 되고 음간의 해는 모두 세운이 불급함이 되는 이치로 음양이 순환되고 있음을 설명하고 있다. 아래 60갑자표와 같이 천간 갑(甲)부터 계(癸)까지 차례대로 6번 배열하고 12지지가 자(子)부터 시작하여 해(亥)까지 5차례 배정되며 순환하는 원리이다.

〈표 8〉 육십갑자순환(六十甲子循環)의 이치(理致)

天干	甲	乙	丙	丁	戊	己	庚	辛	壬	癸
地支	子	丑	寅	卯	辰	巳	午	未	申	酉
	戌	亥	子	丑	寅	卯	辰	巳	午	未
	申	酉	戌	亥	子	丑	寅	卯	辰	巳
	午	未	申	酉	戌	亥	子	丑	寅	卯
	辰	巳	午	未	申	酉	戌	亥	子	丑
	寅	卯	辰	巳	午	未	申	酉	戌	亥

또 60갑자의 계산방법을 좀 더 부언해서 보면 갑자는 천으로 표시하는 십간(十干)과 땅으로 표현하는 십이지(十二支)가 있다. 십간은

양(陽)이 되어 하늘을 주관하고 십이지는 음(陰)이 되어 땅을 주관한다. 십천간(十天干)이 6차례 왕복하고 지지가 5번 갖추어진다. 이것을 오육상합(五六相合)이라 하고 간지가 60갑자를 구성하는 기본이 되는 요지이다. 『유경도익(類經圖翼)』「기수통론(氣數統論)」에서는 갑자(甲子)의 구성과 나타내고자 하는 뜻에 대해서 다음과 같이 설명하고 있다.

 1년의 기(氣) 및 간지(干支)의 수(數)를 가지고 말하면 천간을 따르면 5일이 1후(한 절기는 15일이고 모두 3후)이고 5음과 5양으로 구성되어 있다. 하늘에 십간이 있는 것은 갑무(甲 · 丙 · 戊 · 庚 · 壬)가 양변하고 기계(乙 · 丁 · 己 · 辛 · 癸)가 음변하기 때문이다. 이는 5의 변화이다. 지지를 따르면 6일이 1번이고 6강과 6유로 구성되어 있다. 땅에 십이지가 있는 것은 자사(子 · 丑 · 寅 · 卯 · 辰 · 巳) 양변하고 오해(午 · 未 · 申 · 酉 · 戌 · 亥)가 음변하기 때문이다. 이는 6의 변화이다. 십간이 해(날)에 상응하고 십이지가 달에 상응하기 때문에 1년 중의 달은 그 6변을 2배로 한 것이고 1개월 중의 날은 그 5변을 6배로 한 것이고 1년 중의 기는 그 기를 4배로 한 것이고 1기 중의 후는 그 5후를 3배로 한 것이다. 1년의 수를 전부 계산하면 36번의 갑과 천간의 5를 돌고 3번의 자와 지지의 6을 도는 것이기 때문에 12개월 24절기(節氣) 72후(候) 360일(日) 4,320진(辰) 129,600분(分)이다.' 이글을 통해 십간과 십이지가 30차례 서로 결합하여 60갑자를

이루는 것이 고대 역법 속의 한 계산방법이다.[319]

　상합(相合)의 논리 또한 세기(歲氣)가 이루어지기 위해선 상하(上下)가 상합하고 일주(一周)하는 일정한 법칙이 있다. 『황제내경(黃帝內經)』에 의하면 황제가 상하주기(上下周紀)는 그것에 일정한 법칙이 있는지를 물어보자 '귀수구(鬼叟區)께서 말씀하시길' '하늘은 육(六)으로써 절(節)을 삼고 땅은 오(五)로써 제(制)를 삼으니 천기(天氣)를 일주(一周)하는 것은 육기(六氣)를 일비(一備)로 삼고 지기(地氣)를 종(終)함은 오세(五歲)를 일주로 삼는다고' 답하였다. 이에 대해 황제가 기백에게 재차 묻기를 '제가 오운(五運)의 수(數)를 선생님께 들었는데 선생님께서 바로 오운(五運)의 기(氣)가 각기 그 세(歲)를 주장하는 따름이라고 하셨는데, 갑을 처음으로 하여 운(運)을 정하는 것을 제가 그로 인하여 논(論)하겠거니와 토(土)는 갑기(甲己)를 주장하고, 금(金)은 을경(乙庚)을 주장하고, 수(水)는 병신(丙辛)을 주장하고, 목(木)은 정임(丁壬)을 주장하고, 화(火)는 무계(戊癸)를 주장하며, 자오(子午)의 상(上)에는 소음(少陰)이 주장하고, 축미(丑未)의 상(上)에는 태음(太陰)이 주장하고, 인신(寅申)의 상(上)

---

319) 『類經圖翼』, 「氣數統論」, "擧一歲之氣, 及干支之數而, 從天用干, 則五日一候, 五陰五 陽, 而天之所以有十干, 甲戊以陽變, 己癸以陰變, 五之變也, 從地用支, 則六日一變, 六剛 六柔而地, 之所以有十二支, 子巳以陽變, 午亥以陰變, 六之變也, 十干以應日, 十二支以 應月, 故一年之月兩, 其六, 一月之日六其五, 一年之氣四其氣, 一氣之候三其五, 總計一 年之數, 三十六甲而周以天之五, 三十子而周以地之六, 故爲十二月, 二十四氣, 七十二候, 三百六十日, 四千三百二十辰, 十二萬九千六百分, 何非五六之所化."(任應秋(李宰碩譯), 앞의 책, 64쪽 인용)

에는 소양(少陽)이 주장하고, 묘유(卯酉)의 상(上)에는 양명(陽明)이 주장하고, 진술(辰戌)의 상(上)에는 태양(太陽)이 주장하고, 사해(巳亥)의 상(上)에는 궐음(厥陰)이 주장한다고 하나 이는 음양에 부합하지 않는데 그 까닭은 무엇 때문인지요?' 기백(岐伯)께서 말씀하시길 '이는 도(道)를 밝힘이니 이는 천지의 음양변화를 말한 것입니다. 무릇 수(數) 중에서 가히 헤아릴 수 있는 것은 인체 중의 음양입니다. 그러니 부합하는 것은 헤아려서 얻을 수 있습니다. 무릇 음양은 열을 헤아릴 수 있으며 미루어 백(百)까지도 헤아릴 수 있고, 천(千)을 헤아릴 수 있으면 미루어 만(萬)을 헤아릴 수 있습니다. 대저 음양이라는 것은 수(數)로는 미루어 나갈 수 없으니 상(象)을 통해 그 음양의 변화를 궁구해야 함을 이르는 것입니다.'[320]라고 답하고 있다. 즉 하늘은 육기(六氣)가 있고 땅에는 오운(五運)이 있음으로써 음양에 부합하지 않는데 어떻게 하늘에는 십간(十干)이 있고 땅에는 십이지(十二支)가 있어 상합(相合)이 되는가? 하고 물은 것이다.

이에 대해 좀 더 쉽게 이해가 되도록 장개빈(張介賓)이 주석을 달고 있다. '하늘의 수(數)는 오(五)인지라 오음(五陰)과 오양(五陽)이 있으므로 십간(十干)이 되고 땅의 수(數)는 육(六)인지라 육음(六陰)

---

320) 『黃帝內經』, 「素問」, "余聞五運之數於夫子, 夫子之所言, 正五氣之各主歲爾, 首甲定運, 余因論之, 鬼臾區曰, 土主甲己, 金主乙庚, 水主丙辛, 木主丁壬, 火主戊癸, 子午之 上, 少陰主之, 丑未之上, 太陰主之, 寅申之上, 少陽主之, 卯酉之上, 陽明主之, 辰戌之 上, 太陽主之, 巳亥之上, 厥陰主之, 不合陰陽, 其故何也,? 岐伯曰, 是明道也, 此天地之 陰陽也, 夫數之可數, 人中之陰陽也, 然所合, 數之可得者也, 夫陰陽者, 數之可十, 推之可百,數之可千, 推之可萬, 天地陰陽者, 不以數推, 以象之謂也."(이 경우, 앞의 책, 722~723쪽. 인용)

과 육양(六陽)이 있으므로 십이지(十二支)가 된다. 그러나 천간의 5는 반드시 지지의 6을 만나는 것을 절도(節度)로 삼고 지지(地支)의 6은 천간의 5를 만나는 것을 법제(法制)로 삼고 난 뒤에라야 육갑(六甲)이 이루어지고 세기(歲氣)가 갖추어진다.'[321]라고 설명하고 있다.

『황제내경(黃帝內經)』에서 하늘에 있는 오행(五行)이 변화를 일으키니 십간은 오합(五合)을 하여 오운(五運)이 되고, 지지(地支)는 육충(六充)을 함으로 오행이 변하여 육기(六氣)가 되어 상호 아래와 같이 오운육기상합원리가 형성된다는 설명을 하고 있다.

〈표 9〉 오운육기상합원리(五運六氣 相合原理)

6氣	地支	六氣	三陽三陰	始終
	子午	君火	少陰	始
	丑未	濕土	太陰	
	寅申	相火	少陽	↓
	卯酉	燥金	陽明	
	辰戌	寒水	太陽	
	巳亥	風木	厥陰	終

이는 육기(六氣)가 하늘에 있으면서 지지의 육(六)을 절(節)로 삼음이다.

---

321) 天干의 數가 5가 되고 地支의 數 60이 되는 이치를 象數에 관해 같이 설명한다.

5運	天干	五運	始終
	甲己	土	始
	乙庚	金	
	丙辛	水	↓
	丁壬	木	
	戊癸	火	終

이는 오행(五行)이 땅에 있으면서 천간의 오를 법제(法制)로 삼음이다.

위와 같이 상합하여 오운육기의 순환의 이치로 만물의 변화가 일어나고 있으므로 그 원리는 위에 있는 것은 오른쪽으로 행하고 아래에 있는 것은 왼쪽으로 행하니 좌우로 하늘을 돌고 나머지는 쌓여 다시 회합(會合)[322] 하고 있다. 이에 대해 왕빙(王冰)의 주석(註釋)은 상(上)은 천(天)이고 하(下)는 지(地)이다. 주천(周天)은 하늘이 땅 오행(五行)의 자리를 도는 것이다. 하늘은 육기(六氣)를 드리우고 땅은 오행(五行)을 폄에 하니 천수육기(天垂六氣) 지포오행(地布五行)으로서 하늘은 순(順)하여 서(西)쪽(左旋)으로 돌고 땅은 하늘을 받들어 동(東)쪽으로 돈다고[323] 한다. 또 장개빈의 주석은 천지(天地)의 체가 비록 다르지만 변화의 작용은 하나이다. 따라서 하늘에 있어서

---
[322] 『黃帝內經』. "帝曰 動靜何如? 岐伯曰 上者右行 下者左行 左右周天 餘而復會也"
[323] 『黃帝內經』. 앞의 책. 740쪽 참조.

는 상(象)을 드리우고 땅에 있어서는 형체를 이룬다. 그러므로 칠요(七曜)가 허공을 경위(經緯)함에 곧 오행이 하늘의 정기(精氣)에 응(應)한다. 오행이 땅에 부착되어 걸려있는 것은 즉 칠요가 생성한 형류(形類)이다. 이 때문에 형정(形精)이 동(動)하는 것도 역시 근본 뿌리와 지엽이 통하는 것과 같은 것이다. 그러므로 모든 물(物) 중의 지(地)에 있는 것은 반드시 하늘에 상(象)을 걸었으니 다만 그 상을 올려보면 응하지 않음이 없다. 그러므로 상천(上天)이 오른쪽으로 행하고 하지(下地)가 왼쪽으로 행하는 것이 돌아 그치지 않으니 변화가 이에 끝이 없다.[324] 이렇게 우주 만물의 생자필멸(生者必滅)이 일어나고 사계(四季)가 순환하면서 변화가 이루어지는 것이다.

『회남자(淮南子)』「전언훈(詮言訓)」에서는 사계(四季)의 변화에 대해서 양기(陽氣)는 동북(東北)에서 일어나 서남(西南)에서 다하고 음기(陰氣)는 서남(西南)에서 일어나 동북(東北)에서 다한다. 음양의 이치는 시초는 모두 적당하게 조화되어 서로 비슷하지만, 그 종류가 자라나서 점점 서로 멀어져 혹은 열이 모래를 태우고 혹은 추위가 물을 얼린다고[325] 설명하고 있으므로 천상과 지상의 존재하는 운과 기는 돌아가는 방향이 『황제내경(黃帝內經)』과 별반 다른 것이 없으나 시작점과 마치는 곳은 조금 다르게 설명하고 있다. 양기(陽氣)는 동북간방(東北艮方)에서 발원하여 동쪽 목(木)의 기운을 원기삼아 남방(南方) 화(火)의 기운을 발산하고 음기(陰氣)는 서남곤방(西南坤

---

324) 『黃帝內經』, 앞의 책, 741쪽 참조.
325) 劉安(이석호 옮김), 『淮南子』, (주)도서출판세계사, 1999, 362쪽.

方)에서 발원하여 금(金)의 기운을 원기삼아 가을을 주관하고 겨울로 들어간다고 함으로서 운기(運氣)가 한 방향으로 순환의 움직임을 설명하고 있다.

이와 같이 순환의 시종의 방법을 설명하고 있는데『황제내경(黃帝內經)』에서 설명하는 것은 오행(五行)의 합기(合氣)와 합충(合沖)의 변화로서 설명한 것이고『회남자(淮南子)』에서 설명한 것은 음양의 이기(二氣)를 설명하고 있다. 앞에서 오운육기(五運六氣)가 일주(一周)하는 방향과 음양(陰陽)의 순환의 이치에 대해 자세히 설명하고 있는 것을 볼 때 그 옛날 우주의 운기를 읽고 예지를 밝힌 일은 감탄할 뿐이다. 다만 현대의 과학에서도 운기의 작용을 정확히 알 수 없는 것이고 또 음양이기(陰陽二氣)의 설명에 있어서도 일과성이 없다. 음양의 대대(待對)와 소장(消長)의 원리는 양중에 음이 있고 음중에 양이 존재하는 것으로 이는 한 몸에서 일어나는 현상이다. 그러므로 24절기에 있어 하지(夏至)는 음양이기에서 양기(陽氣)가 강하여 일어나는 현상이고 동지(冬至)는 음양이기에서 음기(陰氣)가 강(剛)하여 일어나는 현상이며 춘분과 추분은 음양이기가 상호 균형을 이루어서 일어나는 것으로 봐야지 음양이 떨어져 있다가 만나고 또 떨어져서 일어나는 계절의 변화로 보는 것은 아닌 것이다.

(2) 갑자의 역학적(易學的)배합논리

고대에 십간은 십일(十日) 또는 십모(十母), 세간(歲干)이라 칭하였으며 십이지는 십이진(十二辰) 또는 십이자(十二子), 세지(歲支)

라 불렀다. 십간과 십이지는 상하에 천지와도 같이 되었으니 간지라고 하는 것인데 본래 십간은 지하의 오방(五方)이며 십이지(十二支)는 천상(天上)의 십이진(星)이라는 것은 하도(河圖)에 있는 바와 같다. 갑을(甲乙)은 동방목(東方木)이요 병정(丙丁)은 남방화(南方火)요 경신(庚辛)은 서방금(西方金)이요 임계(壬癸)는 북방수(北方水)며 무기(戊己)는 중앙토(中央土)에 있으니 오방(五方)이기에 오행(五行)이라고 한다. 무기(戊己)의 중앙토가 중앙위에서 춘목(春木) 하화(夏火) 추금(秋金) 동수(冬水)를 통솔하고 있는 격이 되었는데 비토(非土)면 불생(不生)하는 고로 무기(戊己)를 음양(陰陽)의 모(母)라고 한다. 십이지(十二支)는 『낙서(洛書)』에 있는 바와 같이 천상(天上) 십이진(十二辰)의 방위와 같이 되어 팔방(八方)과 동일하다. 매진 십이지(十二支)가 대체로 삼십도(三十度)씩이며 일년(一年)은 360도(三百六十度)며 월(月)은 30일(三十日)이니 십이지는 천상(天上)의 십이전사(十二纏舍)와 같다.[326] 아래 천간지지(天干地支) 배열도와 같이 천간(天干) 10개와 지지(地支) 12개를 배합하여 최소공배수 120개를 이루었으나 갑자((甲子) · 갑인(甲寅) · 갑진(甲辰) · 갑오(甲傲) · 갑신(甲申) · 갑술(甲戌) 등 양간 · 양지(陽干 · 陽支)와 을축(乙丑) · 을묘(乙卯) · 을사(乙巳) · 을미(乙未) · 을유(乙酉) · 을해(乙亥) 등 음간 · 음지(陰干 · 陰支)로 구성된 60간지를 추려내어 갑자(甲子) · 을축(乙丑) · 병인(丙寅) 등으로 차례를 정하고 이를 갑자(甲子) 순(順)부터 시작한다 하여 통칭 60갑자라 부른다.

---

326) 金明濟, 『九星學 入門』, 명문당, 1993, 17쪽.

60갑자에서 천간(天干)은 갑(甲)이 수(首)며 지지(地支)는 인(寅)이 수(首)인데 갑인(甲寅)이 수(首)가 아니고 갑자(甲子)가 수(首)가 되었는가? 이것은 천지(天地)가 개벽할 때 자(子)에서 천개(天開)하고 축(丑)에서 지벽(地闢)하고 인(寅)에서 인생(人生)하였으니 갑자(甲子)가 수(首)가 되었다는[327] 설명이다.

〈표 10〉 천간지지 배열도(天干地支 配列圖)

	12 지지(地支)
10천간	甲 甲 甲 甲 甲 甲 甲 甲 甲 甲 子 丑 寅 卯 辰 巳 午 未 申 酉 戌 亥 乙 乙 乙 乙 乙 乙 乙 乙 乙 乙 子 丑 寅 卯 辰 巳 午 未 申 酉 戌 亥 丙 丙 丙 丙 丙 丙 丙 丙 丙 丙 子 丑 寅 卯 辰 巳 午 未 申 酉 戌 亥 丁 丁 丁 丁 丁 丁 丁 丁 丁 丁 丁 丁 子 丑 寅 卯 辰 巳 午 未 申 酉 戌 亥 戊 戊 戊 戊 戊 戊 戊 戊 戊 戊 子 丑 寅 卯 辰 巳 午 未 申 酉 戌 亥 己 己 己 己 己 己 己 己 己 己 子 丑 寅 卯 辰 巳 午 未 申 酉 戌 亥 庚 庚 庚 庚 庚 庚 庚 庚 庚 庚 子 丑 寅 卯 辰 巳 午 未 申 酉 戌 亥 辛 辛 辛 辛 辛 辛 辛 辛 辛 辛 子 丑 寅 卯 辰 巳 午 未 申 酉 戌 亥 壬 壬 壬 壬 壬 壬 壬 壬 壬 壬 子 丑 寅 卯 辰 巳 午 未 申 酉 戌 亥 癸 癸 癸 癸 癸 癸 癸 癸 癸 癸 子 丑 寅 卯 辰 巳 午 未 申 酉 戌 亥

---

327) 金明濟, 앞의 책, 17쪽 참조.

이런 원리(原理)는 우주(宇宙) 사이에 가득한 음양오행의 기운은 자연지기(自然之氣)로서 순환을 하면서 계절을 바꾸고 물상(物象)을 바꾼다. 60갑자간지는 이러한 순환을 표상하는 것이다. 즉 육십갑자간지는 끝없이 연월일시가 유기적인 구조를 가지고 순환하는 체계를 근간으로 하고 있으며 최초의 역원이 된 시점이례로 현재까지 멈춤없이 순환하는 역법체계이다.[328]

2) 화갑자설(花甲子說)

갑자(甲子)의 경중을 나누어 육십(六十)을 배성하고 이름하여 화갑자(花甲子)라고 하는데 이에는 일정한 법칙[329]이 있다. 화갑자는 자(子)에서 해(亥)까지 십이궁(十二宮)인데 각각 금·목·수·화·토(金·木·水·火·土)의 소속이 있다. 처음 자(子)에서 시작하니 일양(一陽)이고 해(亥)에서 마치니 육음(六陰)이다. 그 오행의 소속은 금·목·수·화·토인데 하늘에서는 오성(五星)이 되고 땅에서는 오악(五岳)이 되며 덕(德)에서는 오상(五常)이 되고 사람에서는 오장(五臟)이 되고 명(命)에서는 오행(五行)이 된다. 그러므로 갑자의 소속은 명(命)에서 응하게 되고 명(命)은 일생의 일이 된다. 그러므로 갑자 납음(納音)의 상(象)은 성인(聖人)이 비유한 것인데 역시 사람

---

328) 정하용, 『卦氣易學과 命理學의 원류에 관한연구』, 공주대대학원, 박사학위 논문, 127쪽.
329) 蕭吉(김수길·윤상철 공역), 앞의 책, 73~89쪽에 '花甲子(納音五行)에 관해 자세히 기록되어 있다.'

일생의 일과 같다.[330] 어째서 사람의 일생의 일과 같은가? 『삼명통회(三命通會)』에서는 이에 대해서 다음과 같이 설명하고 있다.

　자축 이위(子丑 二位)는 음양이 처음 잉태된 것으로 사람이 포태에 있는 것이고 만물이 뿌리에 갈무리 되어 있는 것과 같아서 아직 한계가 없는 것이다. 인묘 이위(寅卯 二位)는 음양이 점차 열리고 사람이 점차 생장(生長)하고 만물이 껍질을 터뜨리고 모든 꽃봉오리가 점차 벌어지고 사람이 장차 일어서려고 하는 것과 같다. 진사 이위(辰巳 二位)는 음양의 기가 성(盛)하여 만물이 화려하고 준수하게 되고 사람이 삼십·사십이 되어 입신(立身)하는 것이니 처음으로 진취지상이 있게 된다. 오미 이위(午未 二位)는 음양이 드러나고 만물이 이미 정제함을 이루고 사람이 오십·육십에 부귀빈천을 알 수 있게 되고 백 가지 흥쇠(興衰)가 보이게 되는 것과 같다. 신유 이위(申酉 二位)는 음양이 숙살(肅殺)하여 만물을 거두어들이고 사람이 이미 위축되어 각각 그 고요함을 얻은 것이다. 술해 이위(戌亥 二位)는 음양이 폐색(閉塞)하고 만물의 기가 뿌리로 돌아가고 사람이 휴식하는 것처럼 제각각 귀착하는 것이다. 이와 같이 12위의 선후를 논한 것은 60갑자를 순서대로 이해하기 위함이다.[331]

---

330) "夫自子至亥十二宮, 各有金, 木, 水, 火, 土之屬, 始起於子爲一陽, 終於亥爲六陰, 其五行所屬金, 木, 水, 火, 土, 在天爲五星, 於地爲五岳, 於德爲五常, 於人爲五臟, 其於命也爲五行, 是故甲子之屬乃應之於命, 命則一世之事, 故甲子納音象, 聖人喩之, 亦如人一世之事也."(萬民英(金貳南·李明山共譯), 『三命通會』, 삼하출판사, 2011, 33쪽. 인용)

331) "子丑二位, 陰陽始孕, 人在胞胎, 物藏荄根, 未有涯際 ; 寅卯二位, 陰陽漸

위의 설명을 보면 사람의 일생의 일에 관해서 자·축·인·묘·진·사·오·미·신·유·술·해(子·丑·寅·卯·辰·巳·午·未·申·酉·戌·亥) 12지지에서 그 원인을 찾고 있다. 즉 12지를 6등분하여 인간사 생·장·화·수·장(生·長·化·收·藏)을 나타내고 있음을 알 수 있다. 자축 이위(子丑 二位)는 포태(胞胎)에 있으니 태어나기 전이고, 인묘(寅卯)는 태어났으니 생(生)이며 진사(辰巳)는 입신(立身)하니 장(長)이요 오미(五未)는 뜻을 펼쳐 열매를 맺었으니 화(化)요 신유(申酉)는 결실을 거두니 수(收)요 술해(戌亥)는 만물이 제자리로 돌아가니 장(藏)으로 표현하고 있다.

화갑자(花甲子)는 이와 같은 원리로 60갑자를 배성하고 있음을 알 수 있다. 이를 관찰하여 보면 갑자·을축(甲子·乙丑) 등 2성(단위)씩 한속으로 묶고 12성(단위)으로 단락을 이루어 금·목·수·화·토(金·木·水·火·土)의 오성에다 배정한 것이다. 즉 금(金)에 속하는 60갑자를 보면 갑자·을축(甲子·乙丑)은 해중금(海中金)이요, 임인·계묘(壬寅·癸卯)는 금박금(金箔金)이요, 경진·신사(庚辰·辛巳)는 백납금이며, 갑오·을미(甲午·乙未)는 사중금(砂中金)이고 임신·계유(壬申·癸酉)는 검봉금(劍鋒金)이다. 경술·신해(庚戌·辛亥)는 차천금 등 금(金)부터 시작하여 목수화토(木水火

闢, 人漸生長, 物以拆甲, 群萉漸剖, 如人將有立身也, 辰巳二位, 陰陽氣盛, 物當華秀, 如人三十, 四十而有立身之地, 始有進取之象, 午未二位, 陰陽彰露, 物已成齊, 人至五十, 六十, 富貴貧賤可知, 凡百興衰可見；申酉二位, 陰陽肅殺, 物已收成, 人已龜縮, 各得其靜矣, 戌亥二位, 陰陽閉塞, 物氣歸根, 人當休息, 各有歸著, 詳此十有二位先後, 六十甲子可以次第而曉."(萬民英(金貳南·李明山 共譯), 위 책, 33쪽. 인용)

土)로 분류하고 있다. 왜 60갑자로 펼쳐놓고 다시 오성으로 묶었을까? 그것은 '화(花)라는 자(字)는 진실로 오묘한 것으로 성인(聖人)이 뜻을 빌어서 비유한 것이니 너무 구애받으면 안 된다.' 즉 사람의 일생을 성인(聖人)이 갑자 납음(納音)의 상(象)으로 비유한 것이기 때문이라는 설명이다.

화갑자(花甲子)에 나타나는 납음수(納音數)라는 것은 사람의 본명이 소속된 음(音)을 말하니 음(音)은 곧 궁·상·각·치·우(宮·商·角·徵·羽)의 다섯이고 납(納)은 이 음을 취해서 소속해 있는 성질을 조율하는 것이다.[332] 예를 들어 보면 갑자금(甲子金)은 보물이고 금목(金木)의 왕지(旺地)를 선호하고 진신(進神)을 기뻐한다. 복성(福星)이 되고 평두(平頭)가 되고 현침(懸針)이 되고 파자(破字)가 된다. 을축금(乙丑金)은 무단 광석이고 화(火)남방의 일시를 좋아하고 복성은 화개 정인 된다.[333]

갑자·을축(甲子·乙丑)은 해중금(海中金)[334]이니 성질과 길흉을 어떻게 비유하고 있을까 이에 대해서도 설명하고 있다. 해중금(海中金)이란 보물이 용궁에 감추어져 있는 것이고 진주가 교실에 잉태된

---

332) 蕭吉(김수길·윤상철 공역), 앞의 책, 73쪽.
333) "甲子金；爲寶物, 喜金木旺地, 進神喜, 福星, 平頭, 懸針, 破字, 乙丑金；爲頑?, 喜火及南方日時, 福星, 華蓋, 正印."(萬民英(김이남·이명산 역), 앞의 책, 43쪽)
334) 甲子·乙丑은 海中金의 象을 취하고 있다. 이는 氣가 포장되어 있으므로 이름만 있고 형체는 없으니 사람이 어머니의 배 속에 있는 것과 같다. 壬寅·癸卯는 '絶地에 金이 있는 것으로 氣가 아직은 유약하여 명주 비단처럼 얇다. 그러므로 金箔金이라고 한다.

것으로 출현하면 공충을 빌리게 되는데 그릇을 이루는 데는 화력(火力)이 필요치 않다. 고로 동방삭은 합방이라고 이름을 붙였으니 일리가 있다. 묘선에 실려 있는 주장연해격은 갑자가 계해(癸亥)를 보는 것인데 화(火)를 용(用)하지 않는다. 공(空)을 만나면 방주조월격이 되는데 갑자가 기미(己未)를 보는 것으로 합화(合化)와 호귀(互貴)를 좋아한다. 대저 해금(海金)은 무형(無形)이고 공충(空沖)이 아니면 출현할 수 없고 을축(乙丑)은 금고인데 왕화(旺火)가 아니면 도주(陶鑄)가 될 수 없다. 만약 갑자가 무인·경오(戊寅·庚午)를 보면 이것은 토생금(土生金)이고 을축(乙丑)이 병인·정묘(丙寅·丁卯)를 보면 화제금(火制金)이다. 또 천간에서 삼기를 만나면 이와 같은 격국은 귀하지 못하는 법이 없다.[335] 이런 논리로 갑자·을축(甲子·乙丑) 해중금(海中金)부터 60화갑자의 전반에 관해 성질과 길흉에 대하여 설명하고 있다.

  60화갑자에서 나타내는 갑자·을축(甲子·乙丑)이 해중금이 되는 이론에 대해서는 갑자·을축은 선천수가 갑자는 각 9, 을축은 각 8을 합한 수(數)는 34이다. 대연수(大衍數) 1·3·5·7·9와 2·4·6·8·10을 합한 수는 55이다. 대연수 55를 오행을 상징하는 5를 감하면 50이 되고 여기서 태극(太極)을 상징하는 일수(一數)를

---

335) "海中金者, 寶藏龍宮, 珠孕蛟室, 出現雖假於空沖, 成器無藉乎火力, 故東方朔以蛤蚌名之, 良有理也, 妙選有珠藏淵海格, 以甲子見癸亥, 是不用火; 逢空有蚌珠照月格, 以甲子見己未, 是欲合化互貴, 蓋以海金無形, 非空沖則不能出現, 而乙丑金庫, 非旺火則不能陶鑄故也, 如甲子見戊寅, 庚午, 是土生金, 乙丑見丙寅, 丁卯, 是火制金, 又天干逢三奇, 此等格局, 無有不貴."(萬民英(김이남·이명산 역), 앞의 책, 66쪽)

빼면 49이니 여기서 34를 또 빼면 나머지가 15가 된다. 이를 또 오행(五行)인 5로 나누면 나머지가 없으니 5가 정수로서 토(土)가 된다. 토(土)가 금(金)을 생하므로 갑자·을축(甲子·乙丑)은 오행이 금(金)이 된다.[336] 이는 갑자·을축은 오행이 금(金)이며 갑자의 자(子)는 양수(陽水)요, 수(水)는 왕(旺)이 되는 것이니, 금(金)이 수(水)에 설기되어 사(死)하고 축(丑)에 묘(墓)가 되므로, 금(金)이 왕(旺)한 수(水) 속에 사장(死藏)된 형상이어서 갑자·을축은 해중금(海中金)이라 한다.

이런 학설이 태어나고 존재하게 된 이유에 대해서도『삼명통회(三命通會)』에서는 비교적 자세하게 설명하고 있다. 즉 '오행(五行)의 상(象)을 취함은 모두 대대(待對)한 것의 음양을 나눈 것으로 시작부터 끝까지의 변화를 밝힌 것이다. 역(易)에서 이르기를 하늘의 도(道)를 세우는 것은 음과 양이니 열흘 동안 번갈아 방향으로 운행하여 음양의 뜻이 분명하게 되는 것이다. 땅의 도(道)를 세우는 것은 강(强)과 유(柔)이니 자(子)에서부터 해(亥)에 이르기까지 십이지(十二支)가 순서를 바꾸면서 강유(剛柔)의 뜻이 들어나는 것이다. 한 가지만 나오면 성(聲)일 뿐이고 잡다하게 섞인 후에야 음(音)이 되는 것이다. 그러므로 일진(日辰)이 착종하고 납갑(納甲)을 붙인 후에 오음(五音)이 이루어지고 육상(六象)을 취할 수 있게 되니 이리하여 삼재(三才)가 구비되고 오행의 미진함이 없게 되는 것이다. 천간(天干)은 녹(祿)이 되어 귀천이 정해지고, 지지(地支)는 명(命)이 되어 수요가 정해

---

[336] 沈載烈, 앞의 책, 36~46쪽에 花甲子에 대해 자세히 설명되어 있다.

지고 납음(納音)은 신(身)이 되어 성쇠를 관찰하게 된다. 사람이 녹명신(祿命身)이 모두 왕상하고 삼재가 유기(有氣)하면 주로 쾌락 장수하게 되고 만약 사절휴수가 되고 삼재가 무기(無氣)하면 필시 풍진 세상에서 곤궁하게 사는 운명이 되는 것은 의심할 나위가 없다.' 그러므로 화갑자(花甲子)로 상(象)을 취하는 원리를 터득한다면 우주 변화의 이치를 깨닫게 될 것이다.

❸ 갑자와 상수(象數)

흔히들 상(象)과 수(數)를 이야기한다면 '상(象)이란 성인이 객관적으로 사물의 번잡한 현상을 관찰하여 그 형상을 모방하고 사물의 본질을 본뜬 것이다. 그래서 상(象)이라고 한다.' ' 또 이치가 현묘한 것이 상(象)이고 형체를 이룬 것이 기물(器物)이고, 제정하여 사용하는 것이 법(法)이다. 모든 사람이 준용할 수 있으므로 신묘한 것이다.'[337]라고 정의를 내리고들 있다. 이는 우주에 존재하는 온갖 만물은 시시각각으로 변화하고 있기 때문에 사물(事物)이 생긴 이후에 상(象)이 있고 상이 있은 이후에 다양함이 있고 다양함이 있은 이후에

---
337) 『周易』, "見乃謂之象, 形乃謂之器, 制而用之謂之法, 利用出入, 民咸用之, 謂之神."

수(數)[338]가 있게[339] 되는 것이다. 『주역(周易)』에서는 상(象)에 대해 다음과 같이 말하고 있다.

하늘이 생산(生産)한 신묘한 사물을 성인은 모방했고 천지(天地)의 변화를 성인은 본받았으며 하늘이 상(象)을 드리워 길흉(吉凶)을 보이자 성인은 그것을 본떴다.[340]

하늘의 기운으로 생산한 기물(器物)을 보고 법을 제정하여 그 본질의 길흉을 나타내는 것을 『주역(周易)』에서는 괘상(卦象)으로 표현하고 있다. 육십갑자에서 나타내고자 하는 수(數)의 의미는 대개 서주 시대말기에 이르러 음과 양은 기(氣)로 생각되기 시작했고 '바람·비·어두움·밝음'과 함께 천(天)의 여섯 가지 기(六氣)라고 여겼다.[341] 이는 곧 육십갑자가 나타내고 있는 뜻은 간지라는 부호 속에

---

[338] 하나의 數로 나타내는 상징성은 많은 실상과 표상들을 불러오며 경우에 따라서는 그 등가물로 주어지는 여러 수들이 결부되기도 한다. 數는 중국인들이 간과하는 개별화된 量的 가치가 아니라 더욱 흥미로운 상징적 가치를 지닌다. 數에 의한 묘사에서 중국인은 세 부류의 일련 기호들을 지닌다. 첫째는 十干, 둘째는 十二支, 셋째는 十進數다. 중국인들은 이 세 기호를 구별하지 않고 통상적으로 數라고 한다. 십간과 십이지 (기호에 관한 의미는 전술 참조)에 담겨있는 의미들은 자연적 동태와 인간 형태의 내밀한 일치성을 보여준다는 면에서 책력의 신호들로 사용되어 시공상으로 그 특수성을 가지게 된다.

[339] 『左傳』, "物生而後有象 象而後有滋 滋而後有數."

[340] 『周易』, "天生神物 聖人則之 天地變化 聖人效之 天垂象見吉凶 聖人象之."

[341] "大概到了西周末年, 陰陽開始被想象爲 '氣' '風雨晦明一氣' 被認爲天之六氣."(陸致極, 『中國의 命理學士論』, 상해출판사, 2008. 43쪽)

담겨있는 수(數)를 통하여 자연의 변화를 음양의 소장과 오행으로 설명하고 있는 것이다. 이런 이치의 발현은 처음에는 어떤 실제적 문제를 해결하려는 욕구나 또는 어떤 관측적(觀測的) 현상들을 특징지어 보려는 시도(試圖)에서 발달하였다고[342] 볼 수 있을 것이다.

수(數)는 오랜 옛날 복희(伏羲)씨가 황하에서 치수사업을 할 때 용마의 등에서 나타난 무늬를 보고 『하도(河圖)』를 그렸고 우(禹)임금은 신구(神龜)를 보고 『낙서(洛書)』를 그리고 홍범구주(洪範九疇)를 지었다고 한다. 이것이 최초 수의 시작이다.[343] 이런 수(數)를 사용코자 한 이유는 음양의 소멸하고 성장함과 생겨나고 죽이며 쓰고 성숙시키는 것은 그 도(道)를 밝히기 어려워서 수(數)가 아니면 연구할 수 없는 까닭에 수로써 분별코자하는 것이다. 수(數)로서 이치를 나타내는 것은 통발과 올가미로 물고기와 토끼를 잡는 것과 같다.[344] 그러므로 글로는 말을 다하지 못하고 말로는 뜻을 다하지 못하니[345] 수(數)로써 표현하고 무한의 뜻을 쉽게 전달하고자 하여 수를 쓰게 되었다.

60갑자는 형(形)과 상(象)과 수(數)로 우주만상의 변화를 음양오행

---

342) 數學敎材編纂委員會編, 『數理와 集合』, 啓明大學校出版部, 1994, 17쪽.
343) 『九章算術注』原序에 나오는 이야기다. "옛날에 포희씨는 처음으로 八卦를 그려 신명스러운 덕을 체득하고 만물의 실질을 헤아렸으며 구구(9x9)곱셈법을 만들어 六爻의 변화에 부합되었다. 黃帝에 이르러서는 그것을 신통하게 발달시켜 근본을 논하는데 썼으니 그런 다음에야 비로소 陰陽과 四象의 오묘한 현상을 이해하고 배울 수 있었던 것이다. 隸首(황제 때 인물이지만 출처는 저자미상의 '世本'뿐이다)가 數를 만들었다고도 하나 그 자세한 것을 알 길이 없다."(차종천, 『算數書·算經十書』, 敎友社, 2006, 95쪽.)
344) 蕭吉(김수길·윤상철 공역), 앞의 책, 44쪽.
345) 『周易』, 「繫辭傳」上, "書不盡言 言不盡意."

의 원리에 입각한 간지(干支)란 부호로서 설명하고 있다. 동중서(董仲舒)가 찬한 『춘추번로(春秋繁露)』[346]에는 간지의 내용이 충실하게 설명되어 있다.

60갑자력에서 나타나고 있는 10간의 표현수와 6순(旬)에 관계된 상수(象數)의 의미와 간지(干支)의 근원들은 어디에다 근거를 두고 나온 것이며 또 나타내고자 하는 뜻은 무엇인지 어떻게 인용되고 있는지 등을 고찰하여 보고자 한다.

1) 상(象)과 수(數)의 의미

수(數)의 성립과 변화는 물상(物象)의 성립과 변화와 같다. 그러므로 수(數)의 의미는 상(象)의 내용을 표현하며 증명하는 것이다.[347]

---

346) 춘추번로를 접한 풍우란은 "동중서가 지은 『春秋繁露』는 『春秋』의 微言大義를 附會와 확대해석을 거치면서 마침내 체계적으로 표현되게 되었다. 『春秋』에 대한 동중서의 저서 『春秋繁露』는 『周易』에 대한 『易傳』의 경우와 같다고 할 수 있다."(풍우란(박성규 옮김), 『中國哲學史』, 2014, 까치글방, 16쪽 참조.) 즉 『春秋繁露』를 『易傳』과 동일 선상에 올려놓고 그 진가를 말하고 있는 것이다.

347) "중국인들은 數의 合計보다는 配列을 생각하게 하는 十進數를 고안해 내었다. 이 十進數들은 다른 數의 表象들 못지않은 뛰어난 묘사력을 지닌 표상으로 간주된다. 『左傳』의 한 구절을 참조하면 '一氣, 二體, 三類, 四物, 五聲, 六律, 七音, 八風, 九歌' 이 구절에서 중국인은 기수나 서수의 기능을 구별하지 않았다는 점이 역력하게 드러난다. 시사하는 바가 많은 이 구절은 순차적 분류방식들의 단순한 나열을 통해 그 전개상의 율동감이 증대되는 느낌을 자아낸다. 이 구절은 맛과 소리 음식과 음악과 같이 이른바 실체와 율동을 이어주는 내밀한 조응성이 부각된 조화에 관한 기술과정에서 언급되었다. 모든 것은 조화요 배치다. 이 표상들은 우주질서가 어떠한 내적 배치를 통해 실현되는지를 형상화해줄 뿐만 아니라 여러 범주에 적용하고 활

상(象)이 비록 우리의 감관(感官)에 영사되지 않는다고 할지라도 그 상의 근저에 흐르는 수로 인하여 그것을 능히 포착할 수가 있다. 수열은 12345678910(一二三四五六七八九十)으로 구성된 것이다. 그것은 인위적인 구성이 아니고 자연 질서 자체의 표현이고 변할 수 없는 진리이다. 즉 수(數)의 차례는 진리이고 수(數)의 변화가 일어나는 과정은 곧 물상(物象)의 변화를 의미한다.[348] 그러므로 천문역법(天文曆法)을 연구하는 자는 반드시 삼(三)과 오(五)의 숫자에 통달해야 하며 옛날과 오늘을 꿰뚫고 시세의 변화를 깊이 관찰하며 그것의 정수와 껍데기를 잘 관찰해 보아야만 천관(天官)에 관한 견해를 갖추었다고 할 수 있다.[349] 여기서 삼(三)은 천일(天一), 지이(地二), 인삼(人三)으로 천지인(天地人)을 나타내고, 오(五)는 오행(五行)이니 수·화·목·금·토(水·火·木·金·土)로서 천지인과 오행은 연관성을 가지고 만물의 변화의 상을 말하고 있으며, 여기서 나타내는 3과 5의 음양수(陰陽數)의 합은 6과 10이 된다.

 60갑자의 합(合)의 수를 인수분해(因數分解) 해보면 1×60, 2×30, 3×20, 4×15, 5×12, 6×10으로 여섯 단계로 나누어 볼 수 있다. 여기서 60갑자로 채택한 6×10의 내용에는 고인들이 추구하고자 하였던 깊은 의미가 있을 것임으로 그 6순(旬)과 10일(日)에서 나타

  용되었다." [마르셀 그라네(유병태 옮김), 『중국사유』, (주)도서출판한길사, 2015, 170쪽.]
348) '萬物이 生長하는 춘하(春夏)에는 物이 逆數를 하면서 자라고 萬物이 收藏하는 추동(秋冬)에는 物이 順行하기 때문에 數도 순수를 하면서 여물게 된다.'고 설명하고 있다.(한동석, 『宇宙變化의 原理』, 대원출판사, 2010, 200쪽)
349) 사마담(김원중 옮김), 앞의 책, 215쪽.

내고자 하는 수(數)와 상(象)으로서의 의미가 무엇인지 이를 고찰하여 보고자 한다.

(1) 6순(旬)의 의미와 상(象)

수(數)의 표상은 동·서양의 구별 없이 자연수 1부터 시작하여 10까지 한 단락을 마친다. 서양(西洋)의 수(數)는 많고 적음을 나타내는 단다론(單多論)과 높고 낮음을 말하는 고저론(高低論) 등으로 응용, 활용되고 있는 반면에 동양(東洋)의 수(數)는 여기에다 하나의 철학(哲學)이 가미되어있다. 즉 수(數) 1로 예를 들면 1은 처음의 태극(太極)이며 도(道)는 1에 근거하여 천지(天地)로 나누고 만물(萬物)을 만들어 낸다.[350] 또 수(數) 1은 하나이며 하늘로 표현하기도 하고 음양(陰陽)의 양(陽)으로 표기하는 등 천지 만물의 생장화수장(生長化收藏)의 시작의 이치가 들어 있는 것이다. 동양에서의 수의 표현은 이런 오묘한 뜻이 내포(內包)되어 있음으로써 단순한 수치적 관계만을 얘기하는 것이 아니라 철학적이고 사상적인 관계를 나타내기도 하는 것이다.

음양(陰陽)의 두 글자 그 기원은 매우 이른 시기에 형성되었고 1과 6은 음양의 두 글자에서 변화된 것이다.[351] 즉 1은 양수(陽數)의 시작이요 6은 음수(陰數)의 시작이다. 1은 양(陽)이요 6은 음(陰)이다. 1은 후대에 나타난 9의 초기형태라고 하나 10은 수(數) 1에서 시작하

---

350) 『說問垓字』, "惟初太極 道立於一 造分天地 化成萬物"
351) 『中國의命理學士論』, "陰陽二字, 起源甚早, 它們是由, 陰陽二孳乳出來的."

여 끝마치는 종수(終數)이다. 즉 모든 수는 1에서 시작하고 10에서 끝마친다. 그러므로 1과 10은 같은 연관 선상에 서 있다. 『건착도(乾鑿度)』[352]와 『열자(列子)』『주역정의(周易正義)』를 토대로 만물의 분화를 시간적으로 비유하여 다음과 같이 풀이하고 있다.

태극(太極)이 생기기 전에 먼저 태역(太易)이 있었고 태초·태시·태소(太初·太始·太素)가 있었다. 태극에 일기가 생기니 이에 만유(萬有)의 근원(根源)이 되었다. 만물에 먼저 수(水)가 생기고 수(水)는 1과 6으로 이는 태역에 해당한다. 다음으로 화(火)가 생기고 이는 태초에 해당한다. 세 번째로 목(木)이 생기고 태시에 해당한다. 네 번째로 금(金)이 생기고 태소에 해당한다. 다섯 번째로 토(土)가 생기는데 이를 태극이라 한다. 이와 같이 하여 지구 상에서는 수·화·목·금·토(水·火·木·金·土)라는 오행이 생겼다.[353]

『하도(河圖)』에서는 수(數)의 배합으로 1과 6은 수(水)로 나타내고 1은 양(陽)으로 6은 음(陰)으로 같은 수(水)로서 나타내며 배열에서

---

[352] 『乾鑿度』는 經典에 대한 일종의 緯書이다. "동중서가 유학만은 존숭하자고 주장한 이후 경전에 대해 주석을 붙인 수많은 위서가 등장하였다. 이 위서들은 육경, 즉 周易·尙書·禮記·詩經·春秋·孝經에 대해 신비주의적 주장을 펴고 있다. 후에 隋나라 文帝와 煬帝의 명령으로 위서들은 대부분 불태워지고 현재 남아있는 것은 소수에 불과하다. 그 가운데 가장 중요한 것이 『易緯』, 『乾鑿度』이다. 『乾鑿度』는 성인이 천상으로 통하는 법도를 열었다는 의미인데 나아가서 사물이 변화하는 근원을 밝히고 있다. (方立天(이기훈·황기원 옮김), 앞의 책, 59쪽.)

[353] 김석진, 『天符經』, 동방의 빛, 2010, 39쪽.

1·2·3·4·5는 생수(生數)요 6·7·8·9·10은 성수(成數)이다. 수(數) 1은 생수(生水)의 시작이요 수(數) 6은 성수의 시작을 나타내고 있다. 즉 만물 생장(生長)의 수 1과 수장(收藏)의 수 6으로 음양과 오행의 질서를 수(數)로서 표현하고 있다.

『오행대의(五行大義)』에서는 『제왕세기(帝王世紀)』를 인용하여 수 6에 관련 하여 '황제의 명을 받은 영윤이 대하의 서쪽에 있는 곤륜산의 응달 해곡이라는 곳에서 구멍이 고르고 두꺼운 대나무를 베어서 두 마디 사이를 잘라 황종의 관을 만들어 불며 봉황새의 울음을 흉내 내니 암수가 각각 여섯이다. 이것으로써 율(律)과 여(呂)를 정하고 별의 자리를 분류했다.'[354] 즉 암수가 여섯으로서 음양의 수 6을 이야기 하고 있다. 덧붙여 『사기(史記)』「율서(律書)」에서도 수 6에 대해 다음과 같이 응용하여 설명하고 있다.

음(陰)과 양(陽)이 각각 여섯이므로 합하면 열둘이니 양의 여섯은 율(律)이 되고 음의 여섯은 려(呂)가 된다. 율은 황종·태주·고선·유빈·이칙·무역의 여섯이고, 려는 임종·남려·응종·대려·협종·중려의 여섯이다. 율력이라는 것은 하늘이 오행과 팔정의 기운을 운행해서 만물을 성숙시키는 것이다.[355]

---

354) 『五行大義』, "帝王世紀云, 黃帝使伶倫於大夏之西, 崑之陰, 取竹解谷, 其竅厚均者, 斷兩節間, 吹之以爲黃鐘之管, 以象鳳鳴, 雌雄各六, 以定律呂以分星次."
355) 蕭吉, 위 책, "『史記』,「律書」陰陽各六, 合有十二, 陽六爲律, 陰六爲呂, 律六者, 黃鐘·大簇·姑洗·蕤賓·夷則·無射也, 呂六者, 林鐘·南呂·應鐘·大呂·夾鐘·仲呂也, 史記云, 律歷者, 天所以運五行八正之氣, 成熟

음과 양이 각각 여섯이므로 양(陽)의 여섯은 율(律)이 되고 음(陰)의 여섯은 여(呂)가 된다. 합하면 열둘이니 곧 율력(律曆)을 이루고 이것은 하늘이 오행과 팔정의 기운을 운행해서 만물을 성숙시키니 곧 수 여섯은 음양의 수로서 서로 합하여 세상 만물이 생명을 탄생시키고 소멸하는 이치를 율력이라는 역법으로서 자연의 이치를 설명하고 있는 것이다. 또 '영주구'가 말한 내용을 응용하고 있다. 즉 영주구(伶州鳩)가 말하기를 율(律)은 고르게 하고 법도에 맞게 하는 것이다. 그러므로 '셋으로써 벼리를 삼고 여섯으로써 고르게 하며 열둘로써 이룬다'고 한 것이니 이것이 하늘의 도(道)라고[356] 하여 위의 설명을 보충하고 있다.

『도덕경(道德經)』에 이르기를 '도(道)는 만물의 근본이며 천지 만물을 포용하고 무위자연의 길과 무위자연의 덕(德)을 밝히는데 있다.'고 한다. 이런 도(道)에서 일(一)이 생(生)하고 일(一)에서 이(二)가 생하고 이(二)에서 삼(三)이 생하고 삼(三)에서 만물(萬物)이 생한다. 만물은 양기(陰氣)를 포함하고 음기(陰氣)를 지녀서 흔연히 하나로 풀려 화합한다고[357] 하여 천지 만물 생장(生長)의 원리를 수(數)로서 설명하고 있다. 이는 일(一)은 수(數)의 하나로서 만물의 시작이고 본체이며 양(陽)이고 이(二)는 일(一)의 다음 수로서 음(陰)이며 삼(三)은 일(一)과 이(二)를 합한 세 개로서 음양(陰陽)이 포함되어 하

萬物也."

356) 蕭吉, 위 책, "伶州鳩, 律所以立均出度也, 故云, 紀以三, 平以六, 成以十二, 天地度也."

357) 『道德經』, "道生一, 一生二, 二生三, 三生萬物, 萬物負陰而抱陽, 沖氣以爲和."

나가 탄생한다. 곧 3은 만물을 등에 지고 가슴에 안고 있으니 1과 2를 포함한 수(數)다. 그러므로 1·2·3을 합(合)한 수(數)가 6이 된다. 또한, 만물의 탄생 수 3에다 음양수 2를 곱하니 (3×2)는 6이란 수가 탄생하고 있다.

만물(萬物)이 존재하기 위한 기본조건으로 시간과 공간이 필요함을 설명하면서 우주(宇宙)에 대해 설명하기를 천지사방(天地四方)에서 상하(上下)를 우(宇)라 하고 지나간 날과 오는 지금을 주(宙)라 한다. 한 물건도 우(宇)보다 큰 것이 없고 사방(四方)으로 가도 끝이 없고 상하로 가도 끝이 없으니 이 얼마나 큰 것인가 또 한 물건도 주(宙)처럼 장구한 것이 없다. 옛날도 뻗어가고 지금도 뻗어가 왕래함이 끝이 없다.[358] 여기에서 말하는 사방(四方)은 동서남북(東西南北)을 나타내고 상하(上下)는 위와 아래이니 이것을 합한 수는 6이다. 곧 우주를 인식하고 이를 표현하면서 6이라는 수가 자연스레 포함되고 상(象)으로 설명하고 있는 것이다.

우주원리(宇宙原理)를 수(數)로서 설명하고 있는 『천부경(天符經)』[359]에는 다음과 같이 81자(字)로 하늘과 땅과 만물 생성의 이치를 밝히고 29자(字)의 수(數)로서 그 근원을 설명하고 있다.

---

358) 『語類』, 卷94, "四方上下曰宇, 古往今來曰宇, 無一箇物事宇樣大, 四方去無極, 上下去無極, 是多少大, 無一箇物事宙樣長遠, 亘古亘今, 往來不窮."
359) 『天符經』은 "단군께서 秘辭體로 전해준 하늘 땅 사람의 이치를 밝힌 경전이다."고 말하고 있다.(김석진, 앞의 책 서문 참조.)

> 一始無始一析三極無盡, 天一一, 地一二, 人一三,
> 一積十鉅无匱化三, 天二三, 地二三, 人二三, 大三合六,
> 生七八九運, 三四成環五七, 一玅衍萬往萬來用變不動本,
> 本心本太陽昂明人中天地一, 一終無終一[361]

『천부경(天符經)』에서 '천이삼, 지이삼, 인이삼'(天二三 地二三 人二三)이라 한다. 이는 천·지·인(天·地·人)에 음양이 있으니 6을 나타낸다. 또 '대삼 합육'(大三 合六)으로 큰 셋을 합하여 여섯이 된다. 천지인(天地人) 중에서 천지의 작용수인 천삼(天三)과 지삼(地三)을 대삼(大三)으로 보고 그 합수(合數)를 육(六)을 말한다. 이것을 『주역(周易)』에서는 '여섯은 삼재(三才)의 도(道)라든가 여섯 효(爻)의 움직임은 삼극(三極)의 도(道)'로 표현하고 있다. 또 전(前) 40자 후(後) 40자 그 중앙은 6이다. 또한, 가운데 6은 합(合)6이라 하여 처음 1과 가운데 6이 합하여 선천지합(先天之合)으로 생(生)이고 일종(一終)의 일육합(一六合)은 후천지합(後天之合)으로 성(成)을 의미한다. 이것은 물의 생성을 나타내니 물은 만물의 시(始)와 종(終)으로 1과 6을 나타내고 있다. 또한, 물의 성수인 육자(六字)는 그 획수가 4획이고 수(水)자의 획수도 4획이다. 6은 그 수(數)가 음(陰)이고 수(水)는 육각수(六角數)로서 6이다. 만물(萬物)은 수(水)에서 나오고 수(水)로 성(成)한다. 태일생수설(太一生水說)에 의하면 '태일(太一)

---

360) 일시무시일석삼극무진, 천일일, 지일이, 인일삼, 일적십거무궤화삼, 천이삼, 지이삼, 인이삼, 대삼합육, 생칠팔구운, 삼사성환오칠, 일묘연만왕만래용변불동본, 본심본태양앙명인중천지일, 일종무종일 (김석진, 앞의 책, 2010. 25쪽.)

이 수(水)를 낳고 수(水)가 도리어 태일(太一)을 도와서 하늘을 이룬다.'[361]고 했다.

(2) 십간(十干)의 의미와 상(象)

십간은 수(數) 10일이다. 10수의 원리를 검토하여 보면 먼저 수의 차례로 생수 1·2·3·4·5와 성수6·7·8·9·10은 수의 근본이다. 하나에서 시작하여 생수 다섯에서 끝나고 여섯에서 시작하여 10인 성수에서 끝난다. 1은 시작이요 10은 종수(終數)이니 종수는 수의 통일수이다. 음양과 오행이 만나면 10수(5×2)가 되고 그 10수가 상생과 상극을 이루며 만물의 변화를 주재한다. 소길(蕭吉)이 『역경(易經)』, 「계사전(繫辭傳)」을 인용하여 다음과 같이 말한다.

천간이 열 가지가 있는 것은 하늘과 땅의 큰 수와 부합시킨 것이다. 역경 계사전에 '하늘의 수가 다섯이고 땅의 수가 다섯이다.'라고 했으니 하늘과 땅의 수가 10을 넘지 않는다. 그러므로 천간은 10에서 끝나니 10은 날짜를 주관하여 10일이 1순(旬)이 된다.[362]

'하늘과 땅의 수가 합하나 그 수는 10을 넘지 않는다. 천간은 10에서 끝나니 10은 날짜를 주관하여 10일이 1순(旬)이 된다.' 이것이 수

---

361) 김석진, 앞의 책, 57~61쪽 참조.
362) 『五行大義』, "干有十者, 應天地之大數也, 易繫辭言, 天數五, 地水五, 天地之數, 不過於十, 故以干極於十, 十主日, 十日爲一旬也."

10의 진리라는 것을 설명하고 있다.

동중서(董仲舒)는 삼재(三才, 天地人)와 음양(陰陽)과 오행(五行)을 합하여 10이 되니 천간(天干)의 수(數) 십단(十端)을 인간과 천(天)의 관계로 연결시키고 있다. 10이란 하늘의 수이다.[363] 그러므로 하늘은 열 가지 바름이 있다. 열 가지 바름은 자기에게서 그친다. 하늘이 일단(一端)이 되고, 땅이 일단이 되고, 음(陰)이 일단이 되고, 양(陽)이 일단이 되고, 화(火)가 일단이 되고, 금(金)이 일단이 되고, 목(木)이 일단이 되고, 수(水)가 일단이 되고, 토(土)가 일단이 되고, 인(人)이 일단이 되어 무릇 십단(十端)이 다하는데 이것이 하늘의 수(數)이다.[364] 즉 십단(十端)은 하늘과 땅과 사람과 목·화·토·금·수(木·火·土·金·水)의 오행과 음양(陰陽)이 합하여 10이 되니 이것이 십단(十端)으로 우주 만물의 근본이 됨을 말하고 있다. 또 다음과 같이 하늘의 대수는 10에서 마친다고 하고 있다.

하늘의 대수는 10을 두루 하는 데서 끝마친다. 하늘과 땅의 사이를 고르게 하여 10에서 끝마치고 들어 올린다. 성장시키는 공로를 고르게 하여 10에서 끝마쳐 이루어지게 한다. 10이란 천수의 중지하는 곳이다. 옛날의 성인들은 천수가 중지하는 바에 따라서 수(數)의 실마리를 삼았다. 10이란 다시 시작하는 것과 같아 백성들이 대대로 전

---

363) 『春秋繁露』, 「官制象天」, "十者天之數."
364) 『春秋繁露』, 「官制象天」, "天有十端, 十端而止己, 天爲一端, 地爲一端, 陰爲一端, 陽爲一端, 火爲一短, 金爲一端, 木爲一端, 水爲一端, 土爲一端, 人爲一端, 凡十端 而畢天數也."

하는데 그 일어나는 곳을 살펴도 알지를 못하는 것이다. 그 일어나는 바를 살펴서 알게 되면 하늘의 수가 비롯되는 바를 볼 수가 있고 하늘의 수가 비롯되는 바를 볼 수 있으면 귀하고 천하고 거역하고 순종하는 것의 소재를 알게 되고 귀하고 천하고 거역하고 순종하는 것의 소재를 알게 되면 하늘과 땅의 정이 나타나고 성인의 보배가 나오는 것이다.[365]

『천부경(天符經)』에서는 10수에 대해 일적십거무궤화삼(一積十鉅无匱化三)이라 하여 1이 모여서 10으로 커가니 어그러짐 없이 삼극(三極)은 조화를 이룬다고 설명하고 있다. 즉 삼극은 삼화(三化)이니 삼화는 10수에서 나온다. 우주는 3의 조화에 의해 존재하며 발전하는 것이다. 즉 3의 숫자는 1과 떨어질 수 없고 그러므로 무궁한 조화(造化)를 이루어야 하는 관계를 가진다. 하나에서 나와 3이 되고 10의 수는 곧 3이 화(化)한 수(數)는 만물의 조화를 담고 있는 수임을 말하고 있다.

이와 같은 수(數)의 근원은 무엇일까? 이것을 다음과 같이 설명하고 있다.

수(數)는 사물의 기미이며 유(有)와 무(無)의 변화하는 상(象)이

---

[365] 『春秋繁露』, "天之大數, 畢於十旬, 旬天地之間, 十而畢擧, 旬生長之功, 十而畢成十者, 天數之所止也, 古之聖人, 因天數之所止, 以爲數紀, 十如更始, 民世世傳之, 而不知省其所起, 知省其所紀, 則見天數之所始, 見天數之所始, 則知貴賤逆順所在, 知貴賤逆順所在, 則天地之情著, 聖人之寶出矣"

며 단(單)과 다(多)의 운동현상이라고 설명하고 있다. 또 10수의 변화와 중의 논리를 전개하면서 자연수 열 개중에서 '5와 10은 천하지중(天下之中)이니 5는 물(物)을 생하는 중(中)이고 10은 물(物)을 통일하는 중(中)이다. 그러므로 5를 1의 원시점(原始點)인 중(中)이라 하고 10을 다(多)의 요종점(要終點)인 중(中)이라고 하는 것이니 이것을 역(易)에서 말하는 원시요종(原始要終)이라 한다. 다시 말하면 우주의 변화작용에 있어서 5를 중(中)으로 한 1·2·3·4·⑤·6·7·8·9의 수상(數象)은 변화의 생장면(生長面)을 나타내는 것이므로 여기에 있는 성수(成數)는 생장과정에 형(形)을 조성하려는 목적에 두고 있다.[366]

한마디로 수(數)란 곧 사물의 현상을 나타내는 기미(幾微)이며 유(有)와 무(無)가 상존하면서 음양이 변화하는 상이며 많고 적음을 나타내는 운동현상으로서 곧 만물의 표상을 표현하는 요체임을 말하고 있다. 5와 10수의 논리는 바로 천하지중(天下之中)이니 5는 자연수 1에서 시작하여 10에까지의 중간수이고 10수는 원시요종(原始要終)이라 하여 많은 수로 나아가는 종점이라는 표현이다. 성수(成數)는 성장하고 형(形)을 만드는 수이고 10의 수는 상수변화의 수장을 나타내는 것이므로 십 이상의 수는 수장과정에 있어서 형기를 통일하려는 존재로 보고 있다. 그러므로 수(數) 10은 만물의 변화에 척도가 되고 기본이 되는 중요한 수(數)임을 설명하고 있다.

---

366) **韓東錫**, 앞의 책, 200~201쪽 참조.

2) 상수학설(象數學說)

상수학(象數學)이란 무엇인가? 이에 대해 방립천(方立天)이 말하기를 상수학은 우주에 존재하는 근본적인 상이 모든 사물의 요소를 이루고 있으며 이러한 상의 상호 배합과 종횡으로 뒤섞인 변화로 말미암아 우주의 모든 현상이 형성되었다는 주장이다. 여기에서 상은 곧 요소이며 또한 일정한 숫자로서 상을 종횡으로 뒤섞어 배합하는 것은 일정한 숫자의 규정을 받는다는 것이다. 이것은 우주 만물이 발생하는 과정은 결국 상(象)과 수(數)의 변화과정이라는[367] 것을 설명하고 있다.

상수라는 개념은 『춘추좌씨전(春秋左氏傳)』에 처음 나타난다. 『사고전서총목제요(四庫全書總目提要)』에 따르면 '상수학은 『춘추좌씨전(春秋左氏傳)』에 쓰인 옛 점법을 계승한 것이고 한나라 유가(儒家)가 말한 상수도 이와 연결된다고 했다.' 그러다가 경방(京房)과 초연수에 이르러 미신적 예언 이론으로 빠졌고 도사인 진단과 송대(宋代)의 유학자 소옹(소강절)에 와서 무궁한 조화의 학문이 되었고 진단의 영향을 받은 주돈이의 태극도설(太極圖說)로 이어져 도수학적 상수학이라는 방법이 탄생하게 되었다.[368] 그러나 『주역(周易)』에서 말하는 『하도(河圖)』, 『낙서(洛書)』설에는 옛날 복희(伏羲)씨는 용마의 등에 나타난 무늬를 보고 천수상(天垂象)을 얻어 『하도(河圖)』를 그

---

367) 方立天(이기훈·황지원 옮김), 앞의 책, 84쪽.
368) 김교빈·이현구, 『동양철학에세이』, 동녘, 2008, 292~293쪽 참조.

리고 시획팔괘(始劃八卦)를 하였다는 것을 참조하여 볼 때『하도(河圖)』,『낙서(洛書)』에 의한 수(數)가 처음 나온 뒤 상수(象數)에 관해 문헌적으로 나타나고 있는 것은『주역(周易)』을 최초로 보고 있다.『주역(周易)』에서는 다음과 같이 역이 여섯 위로서 팔괘[369]를 만들고 괘(卦)의 변화로서 상(象)을 추리하여 만사 만물의 이치를 궁구하고자 한 것에 대해 설명하고 있다.

옛날에 성인이 역(易)을 지으심은 장차 성(性)과 명(命)의 이치에 순응하고자 함이니 이로써 하늘의 도(道)를 세워서 상징하여 말하기를 음(陰)과 양(陽)이요 땅의 도(道)를 세워서 사용하여 말하기를 유(柔)와 강(剛)이요 사람의 도(道)를 세워서 사용하여 말하기를 인(仁)과 의(義)니 삼재(三才)를 겸하여 각각 둘로 한다. 그러므로 역시 여섯 획(劃)이 한 괘(卦)를 이루고 음(陰)을 나누고 양(陽)을 나누며 유와 강을 번갈아 쓴다. 그러므로 역(易)이 여섯 위(位)가 되어 문장을 이루는 것이다.[370]

---

369) 八卦가 만들어진 원리에 두 가지 설이 있다. "하나는 하도 낙서설이고 하나는 앙관부찰설이 그것이다. 하도 낙서설은 하수와 낙수라는 강에서 등에 신비한 그림과 글이 적힌 용마가 나와서 그것을 해석하여 팔괘를 그렸다는 것이고 앙관부찰설은 옛날 복희씨가 천하를 다스릴 때 우러러 천문을 보고 굽어 지리를 살펴서 팔괘를 그렸다는 주장으로 자연과 인간사를 모두 설명하는 주역의 원리를 천지자연의 운행 법칙에서 찾았다고 보는 설이다."(김교번 · 이현구, 앞의 책, 290쪽.)

370)『周易』,「繫辭傳」下, "昔者聖人之作易也, 將以順性命之理, 是以立天之道曰陰與陽, 立地之道曰柔與剛, 立人之道曰仁與義, 兼三才而陽之, 故易六劃而成卦, 分陰分陽, 迭用柔剛 故易六位而成章"

여섯 위로서 팔괘(八卦)를 만들고 64괘와 384효로서 천지 만물의 변화의 상을 이야기하고 있다. 이는 말과 글로서 뜻을 나타내지 못하니 수(數)와 괘(卦)로서 현상을 표현하고자 한 것이다. 천수는 1이요 지수는 2요 천수는 3이요 지수는 4요 천수는 5요 지수는 6이요 천수는 7이요 지수는 8이요 천수는 9요 지수는 10이니 크게 덜은 수가 50이니 그 사용하는 수는 49이다. 둘로 나누어 양의를 상징하였고 하나를 손에 걸어서 삼극(三極)을 상징하였고 이것을 넷으로 헤아림으로써 사시(四時)를 상징하였고 나머지를 손가락을 끼움으로써 윤달을 상징하였으니 5년에 윤달이 다시 오게 되는 것으로[371] 대연지수 50에 하나를 뺀 경우를 들고 음양(陰陽)과 사시(四時)와 역법(曆法)에 관해 설명하고 있다. 즉 둘로 나누니 음양(陰陽)이요 하나를 손에 걸어서니 천지인(天地人)의 삼재(三才)를 말하고 넷으로 헤아림으로써 봄·여름·가을·겨울의 사계절(四季節)을 나타내고 있다. 또한, 천상의 주천(周天)하고 있는 해와 달과의 관계에서 차이가 나는 날수는 손가락에 낀 하나로 윤(閏)달을 나타내고 그 윤달은 5년에 다시 오게 됨을 설명하고 있다. 또 건의 책수는 216이요 곤의 책수는 144라 대저 360이니 기(期)의 날에 해당하고 『주역』 상·하경 2편의 책수가 11520이니 만물의 수에 해당하니 이런 까닭에 4번 경영하여 역을 이루고 18번을 하여 한 괘를 이루니 팔괘가 작게 이루어서 팔괘를 당기고 늘려서 64괘로 확대되고 같은 유와 만나 커져 가면 천하의 일을 능히 다

---

371) 『周易』, 「繫辭傳」, 上, 우 8장 참조.

할 수 있는 것이다.[372] 또한 『주역』에서는 '천하의 일어나는 일을 다 알고자 하면 점(占)을 쳐보라 그럼 알 것이다.'라고 말하고 있다. 상(象)과 수(數)에 관해 개괄적인 설명이다. 또 갑자(甲子)의 성립에 관한 여러 설이 존재하고 있다. 그중에 『주역(周易)』「계사전(繫辭傳)」에 다음과 같이 천지의 변화를 수로서 설명한 부분이 있다.

천수가 다섯이요 지수가 다섯이니 음양의 다섯 위가 서로 얻으면 이것을 각각 합하니 천수의 합은 25요 지수의 합은 30이라 대저 천지의 수를 다하면 55니 이것으로써 변화를 이루며 귀신을 부릴 수 있는 것이다.[373]

이를 응용하여 설명하기를 일연이십 이연이십이(一衍而十 二衍而十二)라는 십운(十運)과 십이기(十二氣)의 생성원리는 양일수(陽一數)와 음이수(陰二數)의 최대기본(最大基本)과 최대공약수(最大公約數)이다. 양(陽)은 능동적인 천운과 음(陰)은 수동적인 지기의 기본인 까닭에 일양연이 십(十)으로 십천운으로 이음연이 십이(十二)로서 십이지기가 성립된 것이다. 자연수 1수(數)부터 10수까지의 합이 55수 중 양수는 25 음수는 30이다. 양 25를 오행수(우주 운동원칙의 기본 5단위)로 나누면 5수가 나온다. 이 5수는 천운 오행이며 오행을

---

372) 『周易』,「繫辭傳」, 上, 우 8장.
373) 『周易』,「繫辭傳」, "天數五地數五, 五位相得而各有合, 天數二十有五, 地數三十凡天地之數, 五十有五, 此所以成變化而行鬼神也."

음양으로 분류하면 십천운이 성립된다. 음수 30 역시 오행으로 분류하면 6수가 나온다. 이 6수는 지기오행으로 음양으로 나누면 십이지기가 성립된다.[374] 상대운동을 하기 때문에 이를 천운이라 하고 십수를 기본단위로 되풀이하는 까닭에 십천운(十天運)이라 한다.

이와 같은『주역(周易)』의 역설(易說)은『위서(緯書)』가운데 도교사상과 병존하면서 끊임없이 전수되고 발전되어왔다.

한 대의『태현경(太玄經)』[375]은『태평경(太平經)』・『태시경(太始經)』과 더불어 도교의 초기 경전으로서 양웅(揚雄)[376]이 노자(老子)와 역의 사상을 기초로 하여 자신이 평생 동안 닦은 학문에 심혈을 기울여 지은 저서이다.[377] 양웅(揚雄)은 왕충(王充)과 동시대 사람으

---

374) 趙明彦,『象理哲學』, 明文堂, 1996, 65쪽.
375)『太玄經』의 본래 이름은『太玄』이었다. 양웅 사후에 經으로 격상된 듯하며『漢書』「文志」에는 총 19권으로 이루어졌다고 했다.『太玄經』은 그 속에 내재된 짙은 道家的색채에 힘입어 佛敎의『一切經』에 해당하는 것으로서 명나라 正統연간(1436~1449)에 완성된 正統道藏 중『太淸部』에 편입되어 도교의 경전으로도 읽혀졌다. (양웅(김태식해역),『太玄經』, 자유문고, 2006.)
376) 揚雄(BC53~18년) ; 前漢 촉군 성도사람. 자는 子雲이다. 어릴 때부터 배우기를 좋아했고, 많은 책을 읽었으며 辭賦에도 뛰어났다. 청년 시절에 동향의 선배인 司馬相如의 작품을 통해 배운 문장력을 인정받아 成宰때 궁정문인의 한 사람이 되었다. 40여살 때 처음으로 京師에 가서 문장으로 부름을 받아『甘泉賦』와『河東賦』『羽獵賻』『長楊賦』등을 썼으며 또한 각 지방의 언어를 집성한『方言』과『易經』에 기본을 둔 철학서『太玄經』과『論語』를 모방한『法言』「訓纂篇」등을 서술했다. 벼슬은 給事黃門侍郎에 오르고 이후에는 王莽 밑에서도 일하고 大夫가 되었다.(임종욱,『중국역대인명사전』, 이화문화사, 2010.)
377) 方立天은『문제로 보는 중국철학』,楊泉편에서『太玄經』은 양웅이 지은 것이 아니라 대략 3세기경 삼국시대 吳나라 사람인 楊泉(생몰연대미상)이 揚雄을 모방하여『太玄經』14권을 지었다고 주장하고 있다.

로서 고문경학파에 속하는 인물로 당시 사상계에서는 금문경학파와 고문경학파의 활동이 뒤섞여 있을 때인데 '이상하고 괴이한 주장을 펴는' 금문경학파의 주장을 배척하면서도 그 또한 금문경학파를 완전히 벗어나지는 못했다. 그것이 『태현경』에서 상수를 이야기하면서 많이 나타나고 있다.

북송시대(北宋時代)에는 음양오행과 더불어 상(象)과 수(數)로서 우주에 존재하는 만물의 변화를 설명한 상수학(常數學)은 이와 같은 조류에 의해 자연스레 도학에 도입되게 되었고, 5행설의 질적 변화는 송대(북송960~1127, 남송 1127~1279)에 이르러 많은 발전을 하게 된다. 대표적인 학자는 진단과 소강절로서 소강절(邵康節)[378]은 역경을 연구하면서 수가 모든 존재의 기본이라는 상수학 이론을 만들었다.[379] 소강절은 『황극경세서(皇極經世書)』에서 다음과 같이 상과 수에 대해 말하고 있다.

채원정이 가로되 한 번 동(動)하고 한 번 정(靜)하는 사이를 역(易)

---

[378] 邵康節(1011~1077) ; 중국 宋代의 유학자, 이름은 雍, 자는 堯夫, 강절은 그의 시호이다. 李挺之에게 도가의 圖書先天象數의 학문을 배워 선비적인 수학을 설파하였으며 또 이를 기본으로 한 經論을 주장했다. 王安石이 신법을 실시하기 전에 天津의 다리 위에서 두견새 우는 소리를 듣고 天下가 분주할 것임을 예견하였다고 한다.(인명사전 출판위원회, 인명사전, 민중서관, 2002.) 소옹은 북송 시대의 철학가이며 康節 혹은 百源선생이라고도 불린다. 그는 『周易』에서 팔괘의 형성에 대해 해석한 것을 바탕으로 그 위에 도교사상을 첨가하여 우주 구조의 도식과 학설체계를 만들었으며 이를 象數學 또는 先天學이라고 하였다. (方立天(이기훈·황지원 옮김), 앞의 책, 84쪽.)

[379] 구중회, 『한국명리학의 역사적 연구』, 국학자료원, 2010, 45쪽.

에서 이른바 태극(太極)이라고 한다. 동정(動靜)은 양의(兩儀)이고 음양강유(陰陽剛柔)는 역(易)에서 말하는 사상(四象)이다. 태양·태음·소양·소음·소강·소유·태강·태유(太陽·太陰·小陽·小陰·小剛·小柔·太剛·太柔)는 역에서 말하는 팔괘(八卦)이다. '즉 동(動)하는 것은 하늘이고 하늘에도 음양(陰陽)이 있다. 음양 속에 또 각각 음양이 있다. 그러므로 태양·태음·소양·소음이 있다. 태양은 일(日)이 되고 태음은 월(月)이 되며 소양은 성(星)이 되고 소음은 진(辰)이 된다. 이것은 하늘의 사상(四象)이다. 일(日)은 서(暑)가 되고 월(月)은 한(寒)이 되며 성(星)은 주(晝)가 되고 진(辰)은 야(夜)가 된다. 이 넷은 하늘이 변하는 바이다. 서(暑)는 물체의 성(性)으로 변화하고 한(寒)은 물체의 정(情)으로 변화되며 주(晝)는 물체의 형(形)으로 변화하고 야(夜)는 물체의 체(體)로 변화된다. 이는 만물이 하늘의 변화에 감(感)한 것이다. 정(靜)하는 것은 땅이 되고 땅에는 유강(柔剛)이 있다. 강유 속에 또 강유가 있다. 그러므로 태강·태유·소강·소유(太剛·太柔·小剛·小柔)가 있다. 태유는 수(水)가 되고, 태강은 화(火)가 되며, 소유는 토(土)가 되고, 소강은 석(石)이 된다. 이것은 땅의 사상(四象)이다. 수(水)는 우(雨)가 되고, 화(火)는 풍(風)이 되며, 토(土)는 로(露)가 되고, 석(石)은 뇌(雷)가 된다. 이 넷은 땅이 변화되는 바이다'라고 하여 태극에서 양의가 나오고 사상이 나타남을 오행과 연관시켜 설명하고 있다.[380]

---

380) 邵康節(노영균 옮김), 『皇極經世書』, 대원출판사, 2009, 47쪽.

소강절(邵康節)은 『황극경세서(皇極經世書)』에서 팔괘(八卦)의 변화를 설명하고 있다. 우(雨)는 물체(物體)의 들짐승으로 변화하고 풍(風)은 물체의 날짐승으로 변화되며 로(露)는 물체의 풀(草)로 변화되고 뇌(雷)는 물체의 나무로 변화된다. 이는 만물이 땅의 변화에 응한 것이다. 서(暑)는 들짐승·날짐승·풀·나무의 성(性)으로 변화되고 한(寒)은 들짐승·날짐승·풀·나무의 정(情)으로 변화되며 서(晝)는 들짐승·날짐승·풀·나무의 형(形)으로 변화되고 야(夜)는 들짐승·날짐승·풀·나무의 체로 변화된다. 우(雨)는 들짐승의 성정형체로 변화되고 풍(風)은 날짐승의 성정형태(性情形體)로 변화되며 로(露)는 풀의 성정형체로 변화되고 뢰(雷)는 나무의 성정형체로 변화된다. 천지의 변화가 서로 이리저리 뒤섞이어 만물(萬物)을 생성한다.

〈표 11〉『皇極經世書』의 纂圖指要

```
              天              地          動靜
              陰陽            剛柔        陰陽과 剛柔
             ╱  ╲            ╱  ╲
            陽    陰         剛    柔     四維
           ╱╲   ╱╲         ╱╲   ╱╲
         太陽 太陰 小陽 小陰 太剛 小剛 太柔 小柔   8卦
          ↓   ↓   ↓   ↓   ↓   ↓   ↓   ↓
          日   月   星   辰   石   土   火   水    四象과 四體
          ↓   ↓   ↓   ↓   ↓   ↓   ↓   ↓
          暑   寒   晝   夜   雷   露   風   雨    변화되는 象
          ↓   ↓   ↓   ↓   ↓   ↓   ↓   ↓
          性   情   形   體  나무  풀  날짐승 들짐승  변화 후의 象
          ↓   ↓   ↓   ↓
          元   會   運   世                     年譜
          ↓   ↓   ↓   ↓
          봄  여름 가을 겨울                    四季節
          ↓   ↓   ↓   ↓
          生   長   收   藏                    生長收藏
          ↓   ↓   ↓   ↓
              12回


              人事

          皇   帝   覇   王
          ↓   ↓   ↓   ↓
          易   書   詩  春秋
          ↓   ↓   ↓   ↓
          道   德   功   力
```

간지력의 역학적 구성 237

이 그림을 보면 하늘에는 음양에서 사유로 나누어지고 변화여 8괘와 8체상을 보여주고 있다. 이는 8상(象)에서 해와 달은 춥고 더운 것의 성정을 나타내고 오성과 12진은 낮과 밤의 형과 체를 나타내니 이는 변화하는 상을 나타내고 있다. 땅에서는 강유로 나누고 사유로는 태소와 강유로 나누어지며 또 더불어 사상과 사체로 분류하고 그 변화의 상과 변화에 응(應)하는 상을 나타내고 있다. 또 '소강절'은 다음과 같이 말했다.

> 천지(天地)의 변화에는 원회운세(元會運世)가 있고 인사(人事)의 변화에는 황제왕패가 있다. 원회운세에는 춘하추동이 있어 생장수장을 맡고 황제왕패에는 역·서·시·춘추(易·書·詩·春秋)가 있어 도덕공력을 맡는다. 그러므로 원회운세·춘하추동·생장수장은 각각 서로 곱하여 16이 되고 황제왕패·역서·시·춘추·도덕공력도 또한 각각 서로 곱하여 16이 된다. 16은 사상을 서로 곱한 수이다. 무릇 천지의 변화와 만물의 감응과 고금의 인혁·손익(因革·損益)이 모두 16에서 벗어나지 않는다. 16은 천지의 도를 마치게 한다. 그러므로 물체의 크고 작음과 사람의 슬기로움 어리석음도 또한 일·십·백·천 넷으로 서로 곱하여 16이 된다.[381]

사상(四象)과 변화되는 상(象)은 심법(心法)전수의 극치를 보여주고 만상을 포괄하여 하나의 원리로 관통하고 하나를 곧 전체로 일관하는 동양철학의 정수를 보여준다고 邵康節,[382] 하지만 위와 같은 소강절의 학설은 사상(四象)과 사체(四體)를 병립시킨데 대하여 양

---

381) 邵康節, 위 책, 48쪽.
382) 邵康節, 앞의 책, 7쪽 참조.

자는 서로 관계가 있다고 한다. 양자 관계란 일(日)과 화(火), 월(月)과 수(水)는 서로 관계가 되는데, 즉 일에서 화를 취할 수가 있고, 월에서 수를 취할 수가 있다는 것이다. 그러나 별이 떨어져 돌이 되는 실례가 있으나 진(辰)과 토(土)에 대해서는 할 말이 궁하여 그저 본래 그 체(體)가 동일하다고 말하고 있다. 물론 백온(伯溫)의 해석이지만 옹의 사상이다. 여기에다 이목구비(耳目口鼻) · 혈기골육(血氣骨肉) · 서한성신(暑寒星辰) · 풍우노뢰(風雨露雷)를 동일한 범주에다 넣었다. 이것들도 사상(四象) · 사체(四體)와 관계가 있음을 말했지만, 오히려 우스꽝스럽다. 옹의 뜻은 분명히 천하의 모든 현상을 가져다가 이 팔상(八象)에 귀착시키고자 한 것이지만 역 · 서 · 시 · 춘추(易 · 書 · 詩 · 春秋)마저 이에 해당함과 같은 것은 그 억지에 놀랄 수밖에 없다고[383] 하고 있다. 또 아래와 같은 수(數)에 관한 이론은 도저히 이해가 안 되는 것이다. 특히 오행을 폐(廢)하고 화 · 수 · 토 · 석(火 · 水 · 土 · 石)을 말하는 것은 더욱 그렇다. 옹(翁)의 설은 황당하여 무엇 때문에 이처럼 수(數)를 계산했는지 도저히 그 이유를 알기 어려운 것이다. 이러한 까닭에 당시 이 학문을 전하던 사람도 적었고 또 후세에도 그를 '낙민학파(洛閩學派)' 가운데에 넣지 않는 것이다.[384] 수(數)의 분류도 너무 추상적으로 설명하다 보니 고유한 학문이 현실적으로 배척되어 동양학이 희화화되는 것 같다고 보는 것이다.

---

383) 가노나오키(오인환 역), 『中國哲學史』, 을유문화사, 1991, 359쪽 참조.
384) 가노 나오키, 위 책, 361쪽 참조.

〈표 12〉 수(數)의 분류

1元 = 1年	
1年 = 12會	
1會 = 30運	
1運 = 12世	
	1世 = 30年 1元 =129,600年

풍우란(馮友蘭)은 소백온(小伯溫)의 해설을 인용하여 우주 변화 가운데 1원(元)은 마치 1년과 같고, 1원에 12회(會)가 있음은 1년에 12달이 있음과 같고, 1회에 30운(運)이 있음은 1달에 30일(日)이 있음과 같고, 1운에 12세(世)가 있음은 1일에 12시(時)가 있음과 같다. 천지의 시작과 종말의 시간이 1원이다. 30년이 1세이므로 1원의 햇수는 30×4320은 129600년이다. 왜 30년을 1세(世)로 하는가 하면 1원(元)이 12회(會), 1회가 30운(運), 1운이 12세(世)로 12와 30이 번갈아들기 때문에 1세는 30년인 것이기 때문이다. 하늘은 자(子)에서 열렸고 땅은 축(丑)에서 열렸고 사람은 인(寅)에서 생겼다. 원(元)은 갑·을·병·정(甲·乙·丙·丁)으로 계산하고 회(會)는 자·축·인·묘(子·丑·寅·卯)로 계산하고 운(運)은 다시 갑·을·병·정(甲·乙·丙·丁)으로 계산하고 세(世)는 다시 자·축·인·묘(子·丑·寅·卯)로 계산하고 현재의 천지(天地)를 원갑(元甲)으로 여겼다.[385] 우리가 현재 사용하고 있는 1대 1세가 여기서 나온 것이다.

---

385) 馮友蘭, 앞의 책, 470쪽.

소강절과 주렴계(周濂溪)는 「태극도설(太極圖說)」로서 만물의 생성과 변화의 이치를 나타내었고 그 근원은 음양오행에 두고 있지만 염계의 태극도는 상학(象學)은 있었지만, 수학(數學)은 없었다. 그러나 소강절은 상학(象學)과 수학(數學)을 겸유했다고[386] 설명하고 있다. 학자들마다 보는 관점과 추구하는 학설에 대한 이해와 설명이 이와 같이 다르다.

　그러나 상수학(象數學)에 근거하여 정식화한 사람은 소강절(邵康節)이다. 그는 세계의 역사는 자연사의 과정과 인류사의 과정을 포함하여 일원(一元)을 주기로 하여 순환한다. 1년은 12달, 1월은 30일, 1일은 12時, 1시는 30분이라는 1년의 시간 구분을 1년을 최소단위로 하는 역사적 시간 구분론을 정하였다.[387] 이와 같이 정한 수치를 지금까지도 상용화(常用化)하여 이용되고 있음을 볼 때 소강절의 공(功)은 크다.

◆4 갑자의 형상(形象)과 성정(性情)

　간지(干支)는 음양오행설(陰陽五行說)을 표현하는 기호 역할을 하였는데, 이것을 역법과 역학에 접목시켜 천상(天上)에서 일어나고 있

---

386) 풍우란, 앞의 책, 455쪽 참조.
387) 야마다 케이지(김석근 옮김), 앞의 책, 185쪽 참조.

는 모든 현상을 지상(地上)과 사람과의 유대관계로 활용하고자 했다.

1) 갑자간지의 형상(形象)

간지(干支)는 오행(五行)으로서 음양(陰陽)으로 나뉘고 이를 천간지지(天干地支)로 배열하여 만물의 생장화수장(生長化收藏)의 이치를 형상(形象)으로 표기하고 있다. 형(形)에 있어서는 천간(天干)은 오행으로 오운(五運)을 넘나들고 지지(地支)는 오행으로 육기(六氣)의 변화를 이루고 있으니 이의 배합은 천과 지의 배합과 같고 오행지수(五行之數)와 더불어 상(象)의 이치를 나타낸다.

오행을 형(形)으로 나누면 목·화·토·금·수(木·火·土·金·水)이니 음양(陰陽)으로 나누면 양목음목(陽木陰木)·양화음화(陽火陰火)·양토음토(陽土陰土)·양금음금(陽金陰金)·양수음수(陽水陰水)이고 형상(形象)으로 나누면 천간(天干)은 10간이고 12지지로 구분한다. 간지(干支)의 선후 차례는 마음대로 배열할 수 없을 뿐만 아니라 그것은 1·2·3·4가 겨우 하나의 숫자적 부호에 지나지 않는 것과는 다르다. 수(數)와 음양의 배열은 삼천양지(三天兩地)로 표시하니 선천수(先天數) 1·3·5는 하늘이요 2·4는 땅이고 후천수(後天數) 이천삼지(二天三地)로 7·9는 하늘이요 6·8·10은 땅이니 천지(天地)의 배합인 운기(運氣)가 교류하여 만물(萬物)을 낳는다.

〈표 13〉 자연수(自然數)와 음양오행의 배합표

자연수	1	2	3	4	5	6	7	8	9	10
오행	水	火	木	金	土	水	火	木	金	土
음양	陽	陰	陽	陰	陽	陰	陽	陰	陽	陰
天地	天	地	天	地	天	地	天	地	天	地
선우천	←	선	천	수	→	←	후	천	수	→

〈표 14〉 천간지지와 오상(五象)

五方	東	南	中	西	北
五時	春	夏	장하	秋	冬
五行	木	火	土	金	水
十二月	一二	四五	三六九十二	七八	十十一
天干	甲乙	丙丁	戊己	庚辛	壬癸
地支	寅卯	巳午	辰戌丑未	申酉	亥子

간지(干支)는 만물이 발생으로부터 소장(少壯)하고 번무(繁茂)하고 쇠노(衰老)하고 사망하고 다시 시작한다는 뜻이 내재되어 있다.[388] 실체적으로 간지는 만물의 문화운동(交化運動)을 음양오행(陰陽五行)으로 형상화(形象化)하여 우주(宇宙)의 변화를 표현한 것이다.

(1) 십간(十干)의 표현적 의미와 상(象)

먼저 십간의 표현적 의미다. 십간(十干)은 갑·을·병·정·무·

---

388) 이경우, 『黃帝內經』, 下권, 701쪽.

기·경·신·임·계(甲·乙·丙·丁·戊·己·庚·辛·壬·癸)를 말한다. 십간(十干)은 은상(殷商) 시기에 날짜를 기록하는데 사용하였기 때문에 또한 천간(天干)이라고도 일컫는다. 달을 기록하기 이전에는 순(旬)을 단위로 삼았으며, 갑일(甲日)로부터 시작해서 계일(癸日)에 이르기까지가 알맞게 10일이어서 일순(一旬)이라고 하였다.[389] 갑·병·무·경·임(甲·丙·戊·庚·壬)이라는 다섯 천간(天干)은 양(陽)이고, 을·정·기·신·계(乙·丁·己·辛·癸)라는 다섯 천간(天干)은 음(陰)이다. 선천(先天)으로 이야기하면 본디 하나의 근원에서 함께 나왔고 후천(後天)으로 이야기하여도 또한 하나의 체(體)가 서로를 포함하고 있다. 양중에 음이 없는 적이 없었고 음중에 양이 없는 적이 없으니 갑을(甲乙)은 하나의 목(木)이고 병정(丙丁)은 하나의 화(火)이며 무기(戊己)는 하나의 토(土)이고 경신(庚辛)은 하나의 금(金)이며 임계(壬癸)는 하나의 수(水)이다. 설령 분별하여 취용(取用)한다고 할지라도 양(陽)은 강건하고 음(陰)은 유순(柔順)하다'는 것에 불과할 뿐이다.[390] 십간(十干)을 일명 천간(天干)이라고도 하고 일정한 순서를 매기고 있었는데 그것은 일종의 사물의 변천 과정을 뜻으로 표현하고 있다. 앞에서 전술한바 있지만 『사기(史記)』 「율서(律書)」에는 이에 대하여 언급하고 있다.

갑(甲)이란 만물이 겉껍데기를 벗고 싹이 트는 것을 말하며 을(乙)

---

389) 任應秋(李宰碩 譯), 앞의 책, 43쪽.
390) 陳素庵(任正桓 譯註), 『命理約言』, 圓濟易學硏究院, 2006, 213쪽.

이란 만물이 다투면서 어렵게 태어나는 것을 말한다. 병(丙)이란 양기의 길이 현저하게 밝아지는 것을 말하므로 병이라 이르는 것이다. 정(丁)이란 만물이 강하고 왕성함을 말하므로 정이라 이르는 것이다. 경(庚)이란 음기가 만물을 변화하니 경이라 하고 신(辛)이란 새롭게 하니 신이라 이르는 것이다. 임(壬)이란 임신한다는 뜻으로 양기가 땅 밑에서 만물을 배태함을 말하는 것이다. 계(癸)란 헤아린다는 뜻으로 만물의 예측함을 말한다.[391]

여기에서 무·기(戊·己)가 빠져 있다. 이는 단지 4개의 정면과 4개의 모서리만을 말하고 중앙(中央)을 언급하지 않았기 때문에 무·기를 말하지 않은 것이다. 그러나 『한서(漢書)』「율력지(律曆志)」에서는 『사기(史記)』에서와 같은 해석을 하면서 아래와 같이 '무(戊)는 무성해지는 것이고 기(己)는 성숙해지는지는 것이다.'라고 하여 모두 해석하고 있다.

풍무어무 이기어기(豊楙於戊 理紀於己)

십간의 순서는 만물이 발생에서부터 시작하여 왕성하게 되는 과정과 번성하고 쇠퇴하는 과정을 설명한 것이고, 소멸하면 다시 시작

---

391) 『史記』, 「律書」. "甲子, 言萬物剖符甲而出也. 乙者, 言萬物生軋軋也. 丙者, 言陽道著明, 故曰丙. 丁者, 言萬物之丁壯也. 庚者, 言陰氣庚萬物, 故曰庚. 辛者, 言萬物之辛生, 故曰辛. 壬之爲言妊也 言陽氣任養萬物於下也. 癸之爲言揆也, 言萬物可揆度, 故曰癸."

하는 순서를 일목요연하게 설명하고 있다. 또 위에 기록한 바와 같이 갑(甲)부터 계(癸)까지가 10일이 되는데 '일(日)은 양(陽)이다.'[392] 와 '간(干)은 개(個)와 같다.'[393]라 하여 역법(曆法)에서 날짜를 세는 데에도 이용되었다. 즉 갑은 1일이요, 을은 2일, 병은 3일, 정은 4일, 무는 5일, 기는 6일, 경은 7일, 신은 8일, 임은 9일, 계는 10일로 표시되었다.

십간의 상과 배상의 관계 또한 같은 설명으로서 천간을 나타내는 십간의 상에 대해『조화원약(造化元鑰)』[394]에서는 천간의 상(象)과 배상(配象) 그리고 천간의 의미[395] 등 다양한 뜻을 나타내고 있다. 갑이 나타내는 상을 예를 들면 '갑은 천문기상으로서 화성(火星) · 천둥 · 아침에 부는 부드러운 바람 · 샛별 · 온난함 등을 나타내고 지리건축(地理建築)으로 보면 삼림 · 대로 · 교량 · 기둥 · 사장 · 큰집 · 풍수상(風水上)의 좌용사(左龍砂) 등으로 인물로는 원수(元首) · 통수(統帥) · 가장(家長) · 주장(主將) · 형장(兄長) · 의사 · 법관 · 높은 사람 · 군자 등을 나타내고 성격은 강건 · 정직 · 적극 · 원활하지 못하고 큰 공을 세우기 좋아함 등을 나타내고 질병으로는 담 · 머리 · 다리 · 머리카락 · 목소리 · 뇌신경 · 경련 · 마비 · 조급함 · 구토 등

---

392)『爾雅』,「釋天」, "甲至癸爲十日, 日爲陽."
393)『漢書』,「食貨志」, "干, 猶個也."
394) 徐樂吾(鄭志昊 編譯),『造化元鑰』, 삼한출판사, 2003, 63~70쪽.
395) 여기서 나타나고 있는 내용을 다 적용하기에는 그 범위가 너무 많으므로 천간의 甲木象과 배상에 관해서만 기록하여 참고한다. 관심이 있으면 (徐樂吾(鄭志昊 編譯),『造化元鑰』, 삼한출판사, 2003)을 참조하면 될 것이다.

으로 직업은 창시자·정치·총무·농림업·목재업·건축업·감독 등으로 식물은 소나무·잣나무·삼나무·야자나무·대나무·산수유·갈대·목초 등으로 동물은 학·꾀꼬리·공작·사자·호랑이·표범·사슴·도마뱀·구렁이·기린 등으로 기물(器物)로는 퉁소·피리·북·비파·거문고·안마·봉·곤봉·농기구·공기구·직조기·교통 등으로 기타로는 청록색·3수·종자·전기학·호박' 등으로 그 의미를 자세히 나타내고 있다.

갑의 배상에 대해서 설명하기를 '갑목(甲木)은 양(陽)에 속한다. 사시(四時)를 주재하며 만물을 생육한다. 하늘에서는 우뢰이며 용(龍)이고 땅에서는 동량(棟樑)이니 양목(陽木)으로 강한 나무다. 사수(死水)에 묻히면 천 년 동안 썩지 않고 생수(生水)가 되어 나와 우로(雨露)를 만나면 빛난다. 도끼를 만나면 기물(器物)을 이루고 불을 얻으면 문명을 이룬다. 그러나 금(金)이 많으면 썩고 화(火)를 많이 만나면 재로 변한다. 춘목(春木)은 왕한 기후로 우뢰가 처음으로 소리를 내고 추월(秋月)은 목(木)의 기(氣)가 시들어 우뢰도 소리를 거둔다. 하월(夏月)의 목(木)은 바람을 일으켜 시원하게 하니 영화롭고, 동월(冬月)의 목(木)은 비록 메마르고 태양 빛이 없으면 흉하다.'고 표현하고 있다. 또한, 갑의 질[396]에 대해서도 설명하고 있다.

---

396) "甲의 질은 굳세고 성은 곧고 색은 청이고 맛은 시고 소리는 탁하고 體는 모나며 길고 用은 싹이 터 움직이는 것이다. 때를 얻으면 동량이 되나 때를 잃으면 무용지물이 된다. 극이 지나치면 썩어 쓰임새가 없고 생왕이 지나치면 물에 떠 흘러가니 의지할 곳이 없고 성이 지나치면 스스로 짐을 지게 되므로 분주하다."(徐樂吾, 앞의 책, 63~70쪽.)

육갑(六甲)의 상(象)과 의미에서 나타내고 있는 뜻을 살펴보면 음양의 성정(性情)과 오행의 기(氣)와 질에 대해 세분하여 설명하고 있다. 즉 간지를 표상하면서 그 속에는 천문기상과 지리건축을 나타내고 사람의 인물상과 성격과 인체의 질병을 알 수 있으며 무엇을 하는 것이 적성에 맞을 것이라는 직업선택과 식물과 동물의 상과 때로는 기물(器物)까지도 간파하고 표현하고 있는 것이다.

이와 같은 내용을 숙지하고 여기에 담겨져 있는 오묘한 이치를 이해하여야만 육십갑자(六十甲子)의 참뜻을 안다고 할 수 있을 것이다. 그러나 때로는 너무 추상적이고 범위가 확장됨으로써 추리하고 이해하기가 어려움이 있는 것도 사실이다.

(2) 십이지의 표현적 의미와 상(象)

먼저 십이지지의 표현적 의미다. 십간과 대별되는 것에 십이지(十二支)가 있으니 자·축·인·묘·진·사·오·미·신·유·술·해(子·丑·寅·卯·辰·巳·午·未·申·酉·戌·亥)가 그것이다. 지지(地支)의 '자(子)에서 사(巳)까지는 양(陽)이고 오(午)에서 해(亥)까지는 음(陰)이다'라는 것이 있는데, 이는 동지(冬至)에서 양(陽)이 생하고 하지(夏至)에서 음(陰)이 생한다는 논리이다. '인(寅)에서 미(未)까지는 양이고 신(申)에서 축(丑)까지는 음이다'라는 것이 있는데, 이는 인묘진(寅卯辰)은 동방의 목(木)이고 사오미(巳午未)는 남방으로 화(火)이니 양(陽)이고, 신유술(申酉戌)은 서방 금(金)이요, 해자축(亥子丑)은 수(水)이니 음(陰)이라는 논리이다. 명리학(命理學)에서는 '자·인·진·오·신·술(子寅辰午申戌)은 양이고 축·묘·사·미·유·해(丑卯巳未酉亥)는 음이다'라고 한다. 자(子)는 계수(癸水)를 좇고 오(午)는 정화(丁火)를 좇는데 이것은 체(體)는 양(陽)이고 용(用)이 음(陰)이고, 사(巳)는 병화(丙火)를 좇고 해(亥)는 임수(壬水)를 좇는데 이것은 체(體)는 음(陰)이나 용(用)이 양(陽)이다. 분별하여 취용하면 또한 양(陽)은 강건(剛健)하고 음(陰)은 유순(柔順)한데 천간(天干)과 다르지 않다.[397] 체용의 변화의 원리는 오운 육기에서 설명하고 있다. 또한 십이지(十二支)생초를 논하고 있는데 자(子)는 쥐이고 축(丑)은 소이며 인(寅)은 호랑이고 묘(卯)는 토끼이며 진(辰)은 용이고 사(巳)는 뱀이며 오(午)는 말이고 미(未)는 양이며 신(申)은 원숭이고 유(酉)는 닭이며 술(戌)은 개이고 해(亥)는 돼지로[398] 지신상을 표현하고 있다. 자의(字意)를 검토해 보면 사물의 태어나고 자라서 왕성해지고 사장되는 변화의 과정을 순차적으로[399] 나타내고 있다.

---

[397] 陳素庵(任正桓 譯註), 『命理約言』, 圓濟易學研究院, 2006, 215쪽 참조.
[398] 陳素庵, 앞의 책, 315쪽 참조.
[399] "子는 孶야이니 양기가 비로소 싹트게 됨을 일컫는 것이요 丑은 굴축의 뜻이니 한기가 스스로 굴복하기 시작한 것이요 寅은 종지뼈와 같이 양기가 튀어나오려는 형태를 뜻한 것이니 만물이 강하게 활동하려는 춘초에 해당한다. 卯는 모행 한다는 뜻이 있으니 만물이 땅위로 출상하려는 행위인 것이요 辰은 기개를 펴는 기상이니 모든 것이 서충하여 마지않는 발전기상을 뜻한다. 巳는 다 마친 것이니 양기가 다 베풀어 마쳤음을 뜻하며 午는 거스림이니 음양이 교제함에 서로 놀라서 미워한다는 뜻이요 未는 昧沒이니 일중하면 기울어지는바 양이 유곡에 빠지기 시작한 때문이다. 申은 만물이 이미 그 체성을 완성하였음을 말한다. 酉는 성취하였음이니 만물이 그 목적과 결과를 성취한 것이요 戌은 만물이 멸진한 것이며 亥는 견고한 씨앗과 같은

십이지(十二支)는 사방(四方)과 사계(四季)로 나타내고 있으니, 인묘진(寅卯辰)은 동방(東方)이며 봄이요, 사오미(巳午未)는 남방(南方)이며 여름이고, 신유술(申酉戌)은 서방(西方)이며 가을을 나타내고, 해자축(亥子丑)은 북방(北方)으로 겨울을 나타낸다. 자(子)는 북방(北方)의 지극히 음한(陰寒)한 수(水)의 자리로 일양(一陽)이 처음 생기는 고로 음(陰)이 극(克)하면 양(陽)이 되니 임(壬)이 생기고, 임(壬)의 자의(字意)를 잉태(孕胎)하는 원리로서 자(子)로 하였으니 이는 십일월(十一月)의 진(辰)이다. 일명(一名) 자(子)는 자자(孶字)에 근거(根據)한다는 설(說)도 있다. 축(丑)은 음이 아직 연약하므로 붙들고 있어야 하고, 얽어매어 형상을 유지해야 한다는 뜻에서 얽어맬 유(紐)자의 뜻으로서 축(丑)이다. 축은 음에서 돕는다는 뜻도 있다. 12월의 시종(始終)함이 노끈으로 얽는(結紐)것의 이름이라 하겠다. 인(寅)은 정월의 진(辰)이 양(陽)은 이미 위로 오르고, 음(陰)은 이미 아래로 내려감을 사람이 비로소 볼 수 있는 때이므로 율관(律官)에서 비회(飛灰)하는 절후(節侯)로 가히 미사(迷事)의 비롯되는 시간이다. 또 인(寅)은 인(演)이며 나루(津)이므로 물건(物件)의 진도(津塗)라고도 한다. 묘(卯)는 일출(日出) 시간으로 또 묘한 무성하는 것이니 2월에 양기가 성한다 하여 자무(孶茂)하다고도 한다.

진(辰)은 양이 이미 반(半)을 지나 3월의 시기로 물진(物盡)이 진(震)을 다하여 자라는 것이며 또 진(盡)을 진(震)이라고도 말한다. 사

것이니 만물이 깊이 수장된 것을 뜻한다."(沈載烈, 『淵海子平精解』, 명문당, 2004. 29~30쪽)

(巳)는 4월 정양(正陽)으로서 음(陰)이 없는 것이다. 자(子)로부터 사(巳)에 이르기까지 양의 자리로 양이 다하여 사(巳)가 일어난(起) 것이다. 만물은 다한 뒤에는 일어나는 것이다.

오(午)는 양이 아직 있어 음이 처음 나온데 굽히지 않고 있으며 또 오(午)는 긴 것이며 큰 것이다. 만물이 5월에 이르러 다 풍만하여 장대한 것이다. 오(午)는 시자(矢字)에서 나왔다고 한다. 미(未)는 6월 목(木)이니 이미 종자(種子)를 이루었고 또한 미(未)는 미자(味字)에서 나왔으니 만물이 이루어진 뒤에 맛이 있는 것처럼 신(辛)과 같은 것이다. 신(申)은 7월의 진(辰)으로 양을 펼칠 뿐으로 음이 신(申)에 이르면 상하가 통하여 사람이 비로소 백로엽락(白露葉落)의 기(氣)를 볼 것이니 가히 음사(陰事)를 펴서 이루는 것이며 또 신(申)은 신(身)이라 만물이 체(體)를 모두 갖춘 것으로 말한다. 또 일설은 구자 신자(臼字 伸字)에서 나왔다고 한다. 유(酉)는 해가 질 때이니 양이 바로 가운데 있는 8월이다. 또 유(酉)는 수(水)이니 만물이 움츠리고 접어들기 시작한다.

술(戌)은 9월이니 술양(戌陽)이 아직 지나지 않았으므로 일이 술(戌)에 잠겨 있을 수 없어 이에 건(乾) 자리는 술(戌)로 천문방(天門方)으로 하는 까닭이며 만물이 다 쇠멸(衰滅)하는 것이라 하였다. 해(亥)는 순음(純陰)이며 또 해(亥)는 파묻는 것으로서 음기(陰氣)가 만물을 해살하는 것이니 이는 지(地)의 도(道)이다. 그래서 이것으로 매월을 따라 이름 지은 것이다. 십(十)을 십이(十二)로 배당하여 육십(六十)을 형성하면 육육(六六)은 삼십육(三十六)하여 한해를 이루는 것으로 '경에 이르기를 육육의 절이 일세를 이룬다.' 하는 것이 결국 이것을 두고 한 말이다.[400] 또 십이지를 자연생성의 이치에 맞추어 다음과 같이 설명하고 있다.

자축(子丑)은 음양이 비로소 잉태된 것이니 사람이 모태 속에 입태됨과 같고 식물에 있어서는 뿌리와 씨앗에 생기가 돌았음과 같으니 출생되어 나타난 것은 없다.[401]

그러므로 갑자・을축 등이 곧 명(命)에 응하여 나타나는 것이고 명 또한 인생일세의 사항에 관한 것인데 곧 갑자에서 나타내고자 하는 상은 다 인사와 명운에 비유한 것이다. 세사(世事)란 다름 아닌 인간이 세상살이를 하면서 겪는 희로애락의 과정이니 따라서 세사에는 자(子)로부터 해(亥)에 이르기까지의 이치가 명확하게 나타나고 있음을 강조하고 있다.

다음은 십이지지의 상과 배상에 대한 설명이다. 땅을 나타내는 십이지지의 상에 대해『조화원약(造化元鑰)』에서는 만물의 형상과 24절기의 변화와 지지의 길신(吉神)과 흉신(凶神)에 따른 형상을 구체적으로 설명하고 있다. 즉 상(象)과 배상(配象)에 대해 설명하고 있는데 자(子)의 배상에 관해서 요약하여 본다. 자(子)는 감(坎)이며 수(水)이고 방위는 정북(正北)이다. 월건(月建)은 자월(子月)로 반드시

---

400) 萬民映, 앞의 책, 48~51쪽 참조.
401) 심재열, 앞의 책, 33~34쪽.

대설(大雪) 후에는 왕(旺)하고 신진(申辰)과 회합(會合)하면 강해(江海)를 이루어 파도를 발생시킨다. 한밤중에 있으면 전반은 음(陰)이고 후반은 양(陽)이니 음양이 교차하는 중심이 된다. 수(水)는 밤이니 흑색이며 묵지(墨池)의 상(象)이다. 또 자(子) 등의 형상에 대해 다음과 같이 설명하고 있다.

자(子)를 나타내는 형상은 물·강·연못·우물·개천·부인·도둑·쥐·제비·달팽이 등에 해당하고 자(子)가 길신(吉神)에 해당하면 총명하나 흉신(凶神)이면 음탕하다.[402]

이와 같이 60갑자에 담겨져 있는 간지의 속성은 무궁무진한 깊은 뜻이 내재 되어 있는 것이다. 십간(十干)과 십이지(十二支)는 1년 12개월의 우주 만물의 변화를 나타내고 인간의 운명 또한 그 변화에 따라 동조된다는 것을 설명하고 있는 것이다.

2) 갑자각주(各柱)의 성정(性情)

갑자에 나타나는 60가지 각주의 성질과 길흉에 관해 천운지기[403]

---

402) 이와 같이 12지지의 배상에 대해 전부 상세히 설명하고 있으나 범위가 많으므로 생략하고 12지지 중 子에 관해서 간략히 인용하였다.(徐樂吾(鄭志昊 編譯), 앞의 책, 67~83쪽.)를 참조하면 보다 상세히 알 수 있다.
403) 조명언, 앞의 책, 67~69쪽.

에서는 상세히 설명하고 있다.[404] 분량이 너무 많음으로 임자(壬子)에 대한 설명으로 갈음한다.

  60갑자의 한 단위인 임자(壬子)는 일점(一點) 수성(水性)을 상징한 문자로서 만유의 태초 시원을 뜻하며 임자(壬字)는 토자(土字)에 일점을 더하여 이루어졌고 자(子)자는 모든 종자(種子)의 형상을 각각 표상하는 등 임자(壬子)가 나타내는 문자의 뜻이 많은 내용을 함축하고 있다. 임수(壬水)는 체음용양(體陰用陽)인 까닭에 동중정(動中靜)하는 기상을 가지고 있으므로 내성이 음정하나 솔직한 외향성도 겸하고 있으며 창조적 사색과 지기 심원한 것이 본성이다. 점이나 종자를 상징한 진리를 계승하여 물질의 각본 단위를 원자·전자·소립자 등 문자로써 표시하고 있다. 생명의 창조단위나 기능을 남자는 정자 여자는 난자 또는 자궁 임신 등으로 표시함으로써 자(子)자와 임(壬)자를 결부해 사용하고 있다. 임자나 자자는 일점 수성이나 그것이 응결 또는 집합하면 음료수로부터 강하(江河)나 바다를 이룬다. 임자 수성인 시초의 진리를 순환질서에 배속하여 음 11월부터 일점 양기가 시생하여 장양(長養)하는 달을 자월로 표시하고 있다. 자수는 양수이며 액체와 유체(流體)인 까닭에 외형이 마치 실이나 포목의 질과도 같이 길게 흘러 보이며 수국(水局,申子辰)이 형성되었을 때는 섬유질에 속하는 사물로서 비단이나 모사류를 상징한다. 자수는 일상생활에 필요한 음료수로부터 세탁·목욕·상하수도·농업용관개수·강하 등 주

---

404) 60갑자에 대한 60가지의 내용을 설명하기에는 분량이 너무 많음으로 '壬子' 한 예로 갈음한다. 『象理哲學』과 『造化元鑰』등에 내용이 충실하게 기록되어 있다.

로 담수에 해당하나 수국을 형성하면 해양에도 적용된다. 수화에 한하여 천운지기를 착종하여 사용하게 되어 있으므로 자수(子水)는 천운에 계(癸)를 임수(壬水)는 지기에 해(亥)를 각각 사용한다.

천시(天時, 음력 11월)인 월로는 양력 12월절에 해당하고 시간으로는 한밤중인 밤 11시부터 새벽 1시까지에 해당한다. 방향으로는 정북방에 해당하며 구성(九星)으로는 문곡성(文曲星), 28수로는 여허위·보병궁(女虛危·寶瓶宮)에 속하며 성질은 물로서 한냉(寒冷)하고 우로(雨露)·상설(霜雪)·안개를 이루며 수왕지절(水旺之節)로 일양(一陽)이 시생한다. 지리(地理)로는 수도·하수구·취사장·목욕탕·세면장·지하실·암실·변소·바다·강·하천·연못·저수지·댐·수력발전소·항구·해수욕장·염전·관개수로·양어장·스케이트장·산부인과·소아과병원·이미용실·원자력발전소·전자제품·공장·소방서·주점·밀매음가·종묘원·탁아소 등으로 표시하고 인체(人體)의 표시로는 임(壬)은 방광(膀胱)·정강이·족태양방광경(足太陽膀胱經), 자(子)는 신장(腎臟)·요도(尿道)·자궁(子宮)·월경(月經)·이(耳)·요(腰)·홀몰·생식기·음부·난자((卵子)·갑상선(甲狀腺)·족소음신경(足少陰腎經)·방광(膀胱)를 나타내고 있다. 인물(人物)로는 아이·임산부·작부·매춘부·어부·야경원·맹인·의사·승려·철학자·저술가·도둑·간첩 등으로 표기한다. 동식물(動植物)로는 쥐·제비·박쥐·여우·어류·올챙이·해파리 등을 나타낸다.

송화학술원에서 발간한 60갑자 각주(各柱)에 대한 설명도 있다.

임자(壬子)에 대한 설명을 예로 들면 일지(日支)에 자수(子水)로 내려온 것은 임수(壬水)가 자기 자리에 내려온 것과 같아 임수의 유화성이 그대로 적용되는 것이다. 제왕을 깔고 있어 무리의 우두머리가 되려고 하는 기질이 있는데, 우두머리로서 체면을 지키려고 하다 보니 손해도 많이 본다. 천간의 기운이 지지(地支)로 내려온 상황이라서 배우자에게 자신의 주장을 강요하게 된다. 지지로 자수가 있어 배우자인 오화(午火)를 충(沖) 때리고 있는 모습인데, 하나의 오행이 제왕을 이루어 강해지면 반대편의 다른 오행도 제왕을 이루어 강해져서 나타나게 된다. 임자일주는 수국(水局)을 이루어 오화를 불러오면 충을 때려 재관(財官)이 깨지게 된다. 앉은 자리에 제왕을 깔고 있는 임자(壬子)·계해(癸亥)·병오(丙午)·정사(丁巳)·무오(戊午)·기사(己巳) 중에서 계수(癸水)와 정화(丁火)는 각각 해수(亥水)와 사화(巳火)의 제왕이라고 해도 사(巳)는 지역이 달라 사화나 계수를 쓰려면 자리를 옮겨야 한다. 하지만 임자와 병오는 앉은 자리에서 그대로 쓸 수가 있기 때문에 고집불통의 모습이고 다른 글자가 양인의 모습일 때보다 훨씬 강하다.

  임자일주는 강물이 범람을 하여 싹 쓸어버릴 정도의 기세이다. 임자와 병오일주가 모양을 갖추고 있으면 제압을 하여야 한다. 임자일주의 기세는 설기를 통하여서는 해결할 수가 없다. 자수는 물이 처음 시작하는 자리이므로 흙으로 막지는 못한다. 무토(戊土)는 수가 범람하지 않게 물길을 터주는 역할을 한다. 물은 편인(偏印)의 속성이 강해 자신의 고집대로 살려고 하는데, 편인이 강해지면 도식이 되어 식신을 깨버리는 상황이 된다. 자신이 가야 할 길을 망각하고 아무 곳으로 흘러넘치는 범람의 모습이 된다. 무토는 제방을 튼튼히 하고 물길을 열어두어 물이 물길 따라 흐르게 한다. 기토는 임수를 막을 수 없다. 기토(己土)는 흙이지만 지하로 물을 흡수하는 흙으로 제방을 쌓든지 물길을 터주는 일은 못 하고 물을 흡수하여 종자를 키우고 나무를 키우는 역할을 한다. 자수(子水)가 있다는 것은 무엇이든지 시작하려는 성질이 있다. 임수도 나무만 보면 올라가려 하고 길만 열려 있으면 흘러가려고 한다. 임수에 자수가 있어 일을 벌이려는 성질이 더 심해진다. 임자는 화를 보면 끄고 싶고 목을 보면 올라가고 싶어 하며, 병오는 목을 보면 태우고 싶어 하고, 금을 보면 녹이고 싶어 하는 특징이 있어 재물 욕심을 늘 가지고 있다고 한다. 이 시기에 자신의 속내를 드러낸다. 대책 없이 일을 벌이는 시작의 명수이다.

임자일주는 시작은 잘하지만 끝맺음이 안 되는 용두사미(龍頭蛇尾)의 모습이다. 자수는 해수가 나와야 시작해서 끝까지 흘러가는 것이기 때문에 해수가 늘 나와 있어야 마무리가 잘된다. 물은 길과 같아서 마무리가 안 되면 시작하지 아니한 것만 못한 것이다. 임자일주는 여러 가지 일에 손대면 실패하므로 한 가지 일을 끝까지 마무리하는 것이 중요하다. 욕심은 많은데 중구난방으로 처리하여 나중에 주변의 사람들이 다 가버려 혼자 남게 되거나, 하던 일을 중간에 포기하게 된다.

임자일주는 양인살(羊刃殺)이라서 범람을 한다. 양인살은 허리에 칼을 찬 모습으로, 양인살이 있으면 남을 해치지 않으면 내가 당하게 되어 있다. 양인살 때문에 직업적으로 도축업에 많이 종사한다. 임자일주에서 임수의 모습이 돼지의 끝없는 먹성과 저돌성이 비슷하여 임자가 돼지의 뜻이 있다. 정육점 외과의 흉부외과의사 물류계통으로 유통회사 무역회사 술집에서 일한다.

임자일주에서 자수나 임수가 다 흘러가는 물의 모습이기 때문에 가만히 있으면 병이 나는 사람이다. 임자일주는 궁금하기 보다는 내가 하면 된다는 생각을 가지고 있어서 무슨 일이든지 저지르고 보는 성질이고, 병오일주는 궁금한 것을 참지 못하는 성질로, 잠깐도 기다리지 못하고 그때그때 궁금증을 해소하려고 상대방을 가만두지 않는다. 임자나 병오일주는 조급증면에서는 똑같다. 임수는 나무를 타고 올라가고 흙 속으로 내려가고 보이면 취하는 정복자의 모습이다. 스스로 성공하려는 욕구가 강해서 손해를 많이 보게 된다. 사업이 진척이 안 되면 중단하거나 주변의 도움을 받아도 되는데 일지에 제왕 양인을 깔고 있어 남의 도움을 받지 않아 화(禍)를 자초한다. 제왕이나 건록은 주변의 도움을 받지 못한다.

임자일주의 가장 좋은 모습은 법조계에 있는 사람이다. 자수가 가장 높은 곳에 있는 사람이란 뜻으로 판사나 의원의 모습이다. 양인을 깔고 있어 운동선수로도 많이 나가는데, 양인은 핍박할수록 더 힘이 나서 에너지가 증폭되는 구조이다. 자수 안에 화의 기운이 있는데 자극을 하면 화의 기운이 강해진다. 물은 잠잠하지만 휘저으면 기운이 증폭되어 거세지게 된다. 자수는 다리에 해당하므로 달리기 선수나 발을 쓰는 격투기 선수도 좋다. 양인이나 겁재가 있으면 기술계통으로 보아야 한다. 임자일주는 자영업을 하든지 기술계통으로 나가면 무난하다. 양인이 있으니 검찰이나 경찰로도 나가는데, 정상적인 직장생활은 비위가 맞지 않아 힘들다. 건록을 가진 사람은 직장인으로도 무난하게 생활을 하는데, 양인이 있는 사람은 관을 생하려는 마음이 없기 때문에 직장생활이 힘들다. 칠살(七殺)은 강제적으로 제압하는 기운으로 임자일주는 칠살이 있어야 운명을 열 수 있다. 칠살을 쓰기 때문에 자영업이나 검경계열에서 일하면 좋다. 임자일주는 배우자 사이에 뜻이 맞지 않고 상대방을 누르려는 특성이 강하여 배우자를 2~3번은 바꾸게 된다. 임자일주의 남자는 수가 많아 목이 떠내려가는 형상이라 부하가 떠난다. 여자는 자식 낳기 힘들고, 시어머니를 모시기도 힘들다. 임자일주가 명식에 무토가 잘 짜여져 있으면 군인 판사 의사 약사 역학 종교로 무난한데 그 외는 도둑심보에 남을 염탐하고 만사가 용두사미의 모습이다. 양인살이 있으면 제왕이라서 업을 이루려는 욕구가 강하다.

임수는 밤중에 움직이기 때문에 알 수가 없고, 물이라서 길이 막히면 이리저리 구비 쳐 잘 빠져나가는 모습으로 수완이 좋고 모사도 잘하여 어떻게 하든 자신의 욕심을 채우려 한다. 하지만 하나의 기운이 지나치게 강하면 욕심은 깨지게 된다. 임수와 관련하여 인터넷 기술자나 사이버게임을 하는 사람도 있다. 임자일주가 남자이면 부인은 고생이 심하다. 배우자 자리에 자수가 있어 양인이고 유동성이 많기 때문이다. 여자면 양이라서 머리가 좋고 제왕을 깔고 있어 남편을 내가 먹여 살린다. 남편은 건달에 한량 구조로 나이는 차이가 많은데 어리거나 나이가 많다. 수기운은 강한 음기(陰氣)이기 때문에 무당이나 점쟁이로 나간다. 임자라는 글자는 신(申)이 늘 따라다녀서 무당 옷을 입게 되는 모습이다.

임자일주는 보이지 않게 신금(申金)이 생조할려고 늘 따라다닌다고 보아야 하고, 신금이 무당 옷이라는 뜻이 있어, 무당이 될 수도 있는 팔자이다. 임자대운(壬子大運)이 오면 그 집안에 역학인이나 무속인이 나온다. 여자는 간호사나 의사로 가면 좋다. 수가 많아서 방광이나 콩팥에 탈이 날 수도 있고, 당뇨병이나 중풍의 문제도 있을 수 있다. 임자일주는 재물 복이 없기 때문에 재물 욕심을 내면 다친다. 남자는 돈이나 여자, 여자는 돈이 화근이다. 그래서 임자는 나가지 말고 제자리를 뱅뱅 돌면 모든 것이 자신의 자리로 모이게 되므로 그 중심이 될 수 있는 법칙을 알아야 한다.[405]

또한 60갑자에 대한 물상적(物象的) 해석을 시도한 것도 있다. 예를 들어보면 오행을 자연의 물상으로 표현하여 전체 통변을 위한 핵심법을 찾고 천간과 지지의 상호관계를 알아보고 12운성과 지장간의 영향이 천간에 미치는 것과 지지 과다오행으로 인한 일간의 변화를 자연물상으로 알기 쉽게 풀이한 것이다. 갑자(甲子)에 대한 물상적 해석법이다. 갑자는 수초형(水草形)으로서 물위의 수초가 되어 있는 형상인데 갑목(甲木)으로 보아서는 안 된다. 12운성의 욕지를 깔고 있으며, 자수(子水)는 외양내음으로 겉과 속이 다르다. 육친으로는

---
405) 『송화육십갑자』1편, 송화학술원, 383~387쪽.

인성이 되고, 오(午)를 보면 충(沖)이고, 묘(卯)를 보면 형(刑)을 하여 여자는 자궁질환을 조심해야한다. 봄에는 인묘월(寅卯月) 목왕절(木旺節) 건록 양인이 되어 경금(庚金)이 없으면 가지 많은 나무가 바람 잘 날 없어, 순한 비둘기가 되지 못하고, 포악한 독수리가 되어 욕심이 많다. 여름에는 사오월(巳午月)의 갑목으로 갈증이 심하고, 꽃이 만발하여 인물이 좋다. 부모에게 효도를 하는 사람으로 머리가 총명하고, 지지(地支) 형(刑)을 보지 않고, 수(水)를 보거나 진토(辰土)를 보면 복(福)을 누릴 수 있다. 가을에는 신유월(申酉月)의 갑목으로 수축에 접어들어 나무의 기(氣)가 뿌리로 향하여 메마르게 되니 생목(生木)으로 보아서는 안 된다. 그러므로 도끼(庚)와 불(火)로 땔감을 만들면 귀(貴)하게 된다. 식상(食傷)이 투출되면 귀하지만, 지지(地支) 수(水)가 충을 당하면 신경성, 두통 등의 질병이 뒤따르고 사람이 예민해진다. 겨울에는 해자월(亥子月)의 나무로 식상을 얻지 못하면 중풍, 뇌졸중 등이 유발될 수 있고, 식상을 보았다면 여자는 남편이 싫어지고 자녀를 좋아한다.[406] 이런 논리로 60갑자 전반에 관해 설명하고 있다. 이는 사주명리학적 논법에 응용하기 위해 기술한 것으로 그 진위야 어떻든 이런 학술적 이론도 존재하고 있다는 것은 연구의 대상으로 기여하는 바가 있을 것이다.

  이와 같이 60갑자에 나타내는 요소에는 음양오행설과 더불어 다양한 의미가 내포되어있다고 설명들을 하고 있다. 즉 하늘을 나타내는 10개의 천간(天干)과 땅을 나타내는 12개의 지지(地支)와 결합하여

---

406) 법오, 『명리학통변독립서』, 공동체, 2009, 41쪽.

60개의 단위로 결합시킨 것은 단순하게 만든 것이 아니라 깊은 의미가 존재하는 것이다. 갑자(甲子)로 시작하여 계해(癸亥)로 순환하는 것은 만물의 변화를 시종(始終)으로 끝이 없다는 사상을 말하며 사물운동의 절대성과 항구성을 분명하게 나타내며 운동·변화하는 객관적 사물은 자기 자신의 고유한 법칙성이 있다고 한다. 반복적이고 규칙적으로 순환하는 것은 오행의 순환을 나타내는 것과 같이 6행으로 순환하는 것이다.

  고인들은 이런 갑자를 구성하고 그 순환을 통하여 어떻게 역학적으로 명운을 설명하고 있는지를 다음 단락을 통하여 검토하여 보자.

VI

간지력의
명운적(命運的) 활용

:
:

1. 명운적 의미
2. 명운론 1
3. 명운론 2

고대의 중국인들은 우주 만물의 변화를 형(形)과 상(象)으로서 표현하여 60갑자 속에 담고자 한 깊은 뜻이 있었다. 이런 만물의 변화를 가장 사실적으로 표현한 것이 60갑자를 응용한 간지력으로 볼 수 있다. 즉 간지력은 60갑자를 통하여 우주도식을 사실적으로 표현하고자 한 달력으로 자연의 변화를 나타내고 있으며 인간은 이를 추상(抽象)[407]하여 만물의 영고성쇠를 알고자 하였다. 간지력을 시간으로 응용한 가장 대표적으로 꼽을 수 있는 역학은 사주명리학[408]이며 갑자를 인용한 사주(四柱)[409]로써 이를 나타내고자 한 것이다. 이를 나타내고자 한 방법이 비현실적이라 하더라도 인간과 자연을 연관시킴으로써 인체의 생리와 인간의 심리를 알고자 하였다는데 중요한 가치가 있음을 말하고 있는 것이다.

---

407) 抽象에 대하여 Aristsoteles는 말하기를 "오직 인간에게만 주어진 어떤 본질적인 힘이며 그 힘이야말로 인간을 다른 동물과 구별하는 것이다."라고 하였다.
408) "命理는 하늘의 이치이며 음양의 이치이다. 천지음양의 이치이며 中庸의 道이다. 명리는 오행의 生剋·化合의 관계이다. 이 생극·화합의 관계를 사람의 생년·월·일·시의 간지 여덟 字에 비추어 보는 것이 사주명리감정법이며 절대적으로 中和를 귀중히 한다. 이천서 理法에 의하여 인간의 길흉화복과 육친골육과의 관계 및 후천 운세 등 한 운의 운세를 明瞭하게 파악할 수 있다. 명리는 천지음양의 원리이므로 천하만물의 榮枯盛衰 및 死活權을 장악하는 근본적 도리이다. 그러므로 명리에 반대하여 逆하면 凶禍가 重하고 명리에 順하면 吉福이 厚하다고 鑑定한다. 이와 같이 사주명리학의 감정의 근본 뿌리는 명리에서 나온 것이므로 누구에게 적용하여도 터럭만큼도 틀리지 않는다." (申六泉, 『四柱命理學大事典』, 甲乙堂, 2013, 355쪽).
409) "『四庫全書』 이르길 三元은 만물의 근본이고 四柱는 오행의 보좌이니 天地에 春夏秋冬 四時가 있고 위에 일월성신 四象이 있으며 사람에게 四肢가 있는 것과 같다. 그러므로 낙녹자에 '뿌리는 싹의 앞에 있고 열매는 꽃의 뒤를 따르는 것이다.'라고 했으니 사주(연월일시) 간지 오행에 편고 됨이 있으면 주요한 것에 따라 명을 논해야 한다."(李虛中(김정혜·서소옥·안명순 공역), 앞의 책, 2012, 110쪽).

✡ 명운적(命運的)의미

여러 역학 분야들 중에서 사주명리학이 다른 운명학에 초연하고 발군할 뿐만 아니라 다른 운명학의 추종을 불허(不許)하는 것은 자기의 선천적 운명으로써 육친(六親)과 권족은 물론 기타 모든 미세한 점을 예지(豫知)하기 때문이다. 과거 수십 년 이전의 사적(事跡)과 수십 년 후 미래의 기운 곧 영고성쇠(榮枯盛衰)는 물론 신업(神業)도 예지할 수 없는 앞날의 재복·발달·개운(開運)의 시기를 예지할 수 있는 학문은 명리학 밖에 없다. 다행으로 이 학문의 신비를 알게 되면 앞길에 펼쳐지는 재화(災禍)를 미연에 방지할 수 있고, 호기(好機)가 오는 것을 미리 알고 즉시 이에 편승(便乘)하여 영달(榮達)을 계측할 수 있으므로 이 학문은 실로 구세제가(救世濟家)의 신법(神法)이다.[410]

1) 명운학적 삼원론(三元論)

명리학(命理學)의 주된 논의대상은 하늘로부터 품부(稟賦) 받은 천명(天命)과 이 명(命)이 지나가는 운(運)에 대한 것이다. 이것은 60갑자(六十甲子)라는 네 개의 부호조합으로 표시하며 이의 주된 논의 대상인 명(命)은 인간이 태어나는 순간의 우주운기의 실상을 나타내

---

410) 申六泉, 『四柱命理學大事典』, 甲乙堂, 2013, 336쪽 참조.

는 좌표(座標)로서 이를 사주팔자로 표기하고 운(運)이란 명(命)이 지나가는 예정된 음양오행의 이정표(里程標)로서 시간의 변화가 빚어내는 우주기운의 변화를 표현한 것이다.

명리학은 중국에서 발원하였다. 여타의 다른 학문과 마찬가지로 하루아침에 그 이론체계가 완벽하게 등장하지 않듯이 명리학도 그 이론체계가 나타나기 위해서는 수많은 과정을 거쳤을 것이다. 일찍이 천문(天文)을 보고 사시(四時)를 알았고 음양오행론[411]의 탄생과 점술(占術)의 과정이 자연 전파되고 그 사상과 역학(易學) 등이 접목되면서 이런 일련의 과정이 하나의 결과물로 나타나게 된 것이다. 또한 명(命)에 대한 관심과 사유의 반복, 경험적이고 통계적인 계산과 이론체계가 형성되고 검증되는 등의 과정을 거쳤을 것이다. 그 사상과 사유에는 천인 합일관의 의미를 가지고 있다. 즉 동양사상은 하늘과 인간을 하나로 일치시키려는 천인감응사상으로 대변해 볼 수 있다. 이는 삼재사상과도 일맥상통 되는데 그것은 태초 인간이 태어나기 훨씬 전에 아무것도 없는 무(无)[412]라는 것에서 일기(一氣)가 생겨 이를 유(有)라고 하며 이에 만물이 생겨나기 시작했다고[413] 보는 관점과도 연관성이 있다. 천(天)과 인간(人間)과의 관계를 역사적으로나 사상적으로 구체적으로 점검하게 된다면 상대(商代)의 천명사상

---

411) 음양오행론은 고대 중국인들이 우주 만물을 바라본 소박한 세계관이다. 차면에 약술함.
412) 无는 無의 古字라고 자전에 풀이 되어 있지만 无는 形而上學的 뜻으로 원천적인 없음을 가리키고 無는 形而下學的 뜻으로 있다가 없어짐을 말한다. 김병호저, 『亞山의 周易講義』도서출판사 소강, 1999. p79쪽.
413) 『周易』「序卦傳」有天地然後 萬物生焉 盈天地之間者 唯萬物 故受之以屯.

(天命思想)부터 시작이 된다고 보는 것이다. 물론 그전에 인간이 존재하였을 것이고 그들이 천에 대해 어떤 사상을 가지고 있었는지는 전거(典據) 부족으로 정확히 알 수 없다. 다만 현존하는 십만여 편의 갑골문(甲骨文)에 의해 천(天)에 대해 어떤 사상을 가지고 있었는지를 가늠해 볼 수 있는 것이다. 상대(商代)의 천명사상은 자연신관에서 비롯된 원시종교신앙에 그 연원을 두고 있다. 천은 인간과 만물의 근원자로서 사람과 만물을 주재(主宰)하고 섭리(攝理)하는 인격신으로서 지고무상의 권위를 가진다. 사람은 천으로부터 생명을 부여받아 태어난 존재인 까닭에 천에 대한 절대적인 외경(畏敬)과 존숭(尊崇) 그리고 천의 명령에 대한 절대적인 순복여부에 의하여 생사화복이 결정된다. 그리고 농사의 풍흉(豊凶)과 기우(祈雨) 등에 관한 점법(占法)으로 복서(卜筮)를 사용하였다는 것이다. 상대(商代)에 있어서 일체 만유의 근원자인 상제[414]는 만물 및 인간세계의 지배자로서 존재하고 모든 것을 주재자(主宰者)였으며[415] 지고무상의 권위를 가지고 만물을 생성 변화시키는 경외(敬畏)의 대상으로서 존재하였다.

상대(商代)는 상제관념(上帝觀念)이였다면 주대(周代)[416]와서는 천관념(天觀念)으로 전이 되면서 신(神)이 아닌 인사 위주의 인간 의지나 노력에 바탕을 둔 외천(畏天) · 보민(保民) · 경덕(敬德)사상으로

---

414) 『書經』, 舜典, "肆類于上帝"에 나오는 말로 天을 絶對神으로 崇尙의 개념.
415) 송인창 著, 『天命과 儒敎的 人間學』, 심산출판사, 2011, 28쪽 참조.
416) 周代는 西周와 東周로 나뉜다. 周의 武王이 혁명을 성공하여 周를 세운 후부터 幽王이 犬戎에게 살해될 때까지를 西周時代라 하고, 平王이 鎬京에서 洛邑으로 도읍을 옮겨 秦의 始皇帝에 멸망될 때까지를 東周時代라 한다.

바뀌면서 중국 문화의 정신과 특질을 형성하는 데 중요한 작용을 하였을 뿐만 아니라 유학 사상이 배태되고 출현한 시대로서 중요한 의의를 갖는다. 서주인(西周人)들은 상대(商代) 사람들이 이룩해 온 체험과 정신적 발전의 총체인 상제(上帝)를 내재화함으로써, 천을 무조건적 순응이 강요되는 지배원리로서가 아니라 인간의 자유의지와 창조적 노력을 거쳐 도덕의 원리로 수용하였다.

천(天)을 인간의 조상(祖上)으로 믿는 고대의 상제신앙(上帝信仰)이 은·주(殷·周)의 전통적 신앙으로써 존재하고 천과 인간의 생명적 연관성을 토대로 하는 상고경천신앙(上古敬天信仰)이 정치적 도덕적으로 유가적(儒家的) 전승의 탄생을 가능케 한 것이다. 즉 천·인의 성명적 일관성의 자각을 통해서 천을 자아 인격성의 본래적 근거와 우주 만유의 근본원리로 이해하는 도덕적 천명사상으로 발전되었다. 동양의 사상사에는 「공자(孔子)」의 사상이 지고한데, 「공자(孔子)의 천명사상(天命思想)도 중국의 전통적 천관(天觀)의 토대 위에 서 있고 그것을 계승하여 발전시킨 것임에는 재론의 여지가 없다.[417]

이와 같이 중국의 사상사에는 천(天)과 인(人)이 하나의 공동체라는 관념에서 출발하고 그로부터 수천 년 동안 많은 성인과 성현들이 천과 인에 대해 각자의 사고를 말하고 있다. 『회남자(淮南子)』「정신훈(精神訓)」편에 보면 정신(精神)은 하늘로부터 받은 것이요, 형체(形體)는 땅으로부터 받은 것이다. 그러므로 하나는 둘을 낳고 둘은 셋을 낳으며 셋은 만물을 낳는다. 만물(萬物)은 음기(陰氣)를 머금고

---

417) 송인창 著, 같은 책, 47~62쪽 참조.

양기(陽氣)를 깃들이며 충기(冲氣)로서 이를 조화시킨다. 또 첫 달에 기름 덩어리가 생기고 2개월에 살덩어리가 되며, 3개월에 태아의 형태를 갖추고 4개월에 피부가 생기며, 5개월에 근육이 생기고, 6개월에 뼈가 굳어지며, 7개월에 모양새가 갖추어지고, 8개월에 움직이기 시작하며, 9개월에 놀고, 10개월에 태어난다. 형체가 갖추어지면 그곳에 오장(五臟)이 또한 갖추어지며. 그러므로 폐장은 눈을 주관하고 신장은 코를 주관하며 담낭은 입을 주관하고 간장(肝臟)은 귀를 주관하며 폐장(脾臟)은 혀를 주관한다. 바깥의 오관(五官)은 표(表)가 되고 안의 오장(五臟)은 이(理)가 되어 개폐(開閉)에도 신축(伸縮)에도 법칙이 있다. 머리가 둥근 것은 하늘을 닮은 것이요, 발이 모가 진 것은 땅을 본뜬 것이다. 하늘에는 사시(四時)·오행(五行)·구해(九解)[418]·366일이 있으므로 사람도 사지(四肢)·오장(五臟)·구규(九竅)[419]·366절이 있다. 하늘에는 바람·비·추위·더위가 있으므로 사람에게도 받고·주고·기쁘고·노엽고 함이 있다.[420] 이와 같이 천과 인과의 관계 설정을 구체적으로 설명하고 있다.『주역(周易)』은 이를 가장 사실적으로 설명하고 있다. 하늘은 높고 땅은 낮으니 건(乾)과 곤(坤)이 정하고, 낮고 높음으로써 베풀어지니 귀(貴)와 천(賤)이 자리하고, 동정(動靜)이 유상하니 강(剛)과 유(柔)가 판단되고, 사물의 성질별로 유(類)를 모으고 물건으로써 무리를 나누니 길(吉)과 흉

---

418) 九解는 九分으로 八方에다 中央을 더해 말함.
419) 九竅는 九穴로 사람의 눈·코·귀·입·항문·요도를 합쳐 아홉 구멍을 말함.
420) 안길환,『淮南子』, 명문당, 2003, 306~307쪽 참조.

(凶)이 생기고, 하늘에서는 상(象)을 이루고 땅에서는 형(形)을 이루니 변화가 나타나는 것이다.[421] 즉 사람이 하늘을 머리에 이고 땅을 밟고 중앙에 존재하면서 천지의 모든 것을 운용하고 이용하고 있다.『주역(周易)』은 중국 고대 사유체계에 있어 우주를 포함하여 인간과의 관계를 밝혀주는 중요한 전적이다. 역(易)의 글됨이 넓고 커서 〈모든 이치를〉 다 구비하여, 천도(天道)가 있으며 지도(地道)가 있으니, 삼재(三才)를 겸하여 각각 둘로 한다. 그러므로 육효(六爻)가 되니, 육효라는 것은 다른 것이 아니라 바로 천지인 삼재지도를 나타낸 것이다.[422] 하늘은 크고 땅은 넓으니 천지(天地)의 모든 것을 빠짐없이 구비하고 있다. 즉 그 취해진 내용에 천도(天道), 지도(地道), 인도(人道)가 다 들어 있다는 것이다. 천도에 음양이 있으며 지도에도 음양이 있고 인도에도 음양이 있는 것이다. 삼극지도(三極之道)로 보아서 천도는 음양, 지도는 강유(剛柔), 인도는 인의(仁義)로써 모든 사물을 설명하고 있다. 역(易)은 삼재(三才)에 근거한 육효(六爻)로서 완성되는 것이며, 또한 본체(本體)의 삼재와 현실적 세계라는 음양이 결합하여 비로소 공(功)을 이룰 수 있음을 말하고 있다. 이러한『주역(周易)』의 삼재사상은 인간을 중심으로 신성(神性)과 물성(物性)의 화합과 통일을 추구하는 적극적인 조화사상이라 할 수 있

---

421) 天尊地卑 乾坤定矣 卑高以陳 貴賤位矣 動靜有常 剛柔斷矣 方以類聚 物以羣分 吉凶生矣 在天成象 在地成形 變化見矣. 김병호강의 『亞山의 주역강의』下편 p14쪽 참조.

422) 『周易』「卦辭傳下」, 易之爲書也, 廣大悉備, 有天道焉, 有焉道焉, 有地道焉,兼三才而兩之 ,非他也 三才之道也.

다.[423] 따라서 천존시비(天尊地卑) 속에 천지인삼재사상(天地人三才思想)이 존재함을 말하고 있다. 『주역(周易)』의 천·지·인 삼재의 원리[424]와 같이 명리론에도 삼원(三元)의 원리가 있다.

『연해자평정해(淵海子平精解)』「벽연부(碧淵賦)」에 '음양이기(陰陽二氣)를 구분하고 천지인(天地人) 삼재(三才)를 정하여 사시(四時)를 베풀고서야 만물(萬物)은 이루어지는 것이니 명(命)이 또한 영(令)에 유기(由起)하는 것이다. 영이란 사시를 관통하고 사극(四極)을 세움이요 일주(日主)로써 삼원(天地人元)을 정하는 것이니 영이 없으면 행할 수가 없는 것이다. 또한, 명은 영이 없이는 성립되지 않는다.'[425]라고 하여 삼재와 삼원을 연결시키고 있다. 「조미론(造微論)」에서는 '양의(太陽 太陰이요 起胎임)가 벌어지니 육갑(六甲)이 생하고 삼원(三元)으로 삼재(三才)를 삼으며 사시(四時)가 있음에 사주(四柱)가 되었는바 간(干)은 귀록(貴祿)의 근본이니 일생의 직위가 높은가 낮은가를 분별하고 지(支)는 명(命)의 기초이니 수한(壽限)과 삼원과 종시(終始)를 구별하며 년(年)은 뿌리가 되고 월(月)은 싹

---

423) 송재국, 『周易』의 삼재사상과 인간윤리, 21~36쪽 참조.
424) "三元은 하늘의 베품과 땅의 조화 사람의 일에 대한 법이다. 11월은 건의 초구로 양기가 땅 속에 엎드렸다가 처음 나타나서 하나가 되고 만물이 싹터 움직여서 태음이 모인다. 때문에 황종이 天元이 되고 율의 길이가 9촌이다. 아홉의 의미는 중화의 기운이 극대한 것으로 만물의 근본이 되는 것이다. 『易經』에 말하기를 '하늘의 도를 세우니 음과 양이다"(김수길·윤상철 공역, 『오행대의』, 대유학당, 2008, 462쪽). 地元과 人元의 설명은 오행대의 463쪽 참조).
425) '當爲分二氣以定三才, 潘四時成萬物, 皆由命令也, 斯令者, 貫四時而立四極, 專以日主以定三元, 是乃無令而不行令, 乃無令而不可論.(沈載烈 講述,『淵海子平精解』, 明文堂, 2004,398쪽)

이요 일(日)은 경영하는 주체(主體)가 되니 중년(中年)의 휴구(休咎)를 소관하며 시(時)는 열매가 되고 마침이 되니 만년의 영고(榮枯)를 결정하는 기둥이 된다.'[426]라고 하여 음양오행과 삼원과 삼재와 사주와의 연관성을 일목요연(一目瞭然)하게 설명하고 있다. 또 『연해자평정해(淵海子平精解)』에서는 삼원(三元)에 대해, 년·월·일·시의 구별 없이 천간(天干)은 천원(天元)이요 지지(地支)는 지원(地元)이며 지지(地支)가운데 숨어 있는 지장간(地藏干)은 인원(人元)이 된다. 이 삼자(三者)는 명리학상 중요한 위치를 차지하는 원리인데, 지지(地支)는 천간에 비해 그 작용력이 큰 중 만일 지지중(地支中)에 있는 장간(藏干)인 인원(人元)이 천간(天干)에 투출하면 그 작용력은 심대한 것이다. 특히 월지(月支)의 역할은 최강한 바 있으니 유의해 두기 바란다고[427] 하여 『주역(周易)』의 천·지·인 삼재의 원리와 같은 맥락으로 명리론에도 삼원(三元)의 원리를 설명하고 있다. 이를 명리적 삼원론(三元論)이라 하며 천원(天元)·지원(地元)·인원(人元)으로 구성되어 있다.

이와 같이 『주역(周易)』의 삼재론과 명리적 삼원론의 체계는 서로 유사하지만 삼재론을 삼원론으로 수용하는 단계에 대해서는 현재 남아있는 자료나 근거가 거의 없고 이에 관한 현대 학자들의 연구도 거의 없는 실정이다. 그러나 시대적 상황으로 추정하더라도 삼재론의 영향이 다분히 있다고 볼 수 있을 것이며 그 시기는 대체적으로 명리

---

426) 沈載烈 講述,, 위 책, 407쪽.
427) 沈載烈, 앞의 책, 67쪽.

론이 전국시대(戰國時代) 무렵에 태동단계에서 『주역(周易)』의 천지인의 삼재 체계를 수용하여 현전하는 삼원론을 완성한 것으로 추정해 볼 수 있고 『주역(周易)』의 삼재(三才) 체계가 육효(六爻)로 나타낸다면 명리적 삼원(三元) 체계는 간지(干支)로 나타낸다고[428] 볼 수 있다.

2) 명운학적 사고(思考)

명리학은 이런 논리와 더불어 여러 학설이 혼재되어 발전케 된다. 주대의 『주역(周易)』에서 말하고 있는 상수역학(象數易學)의 개념과 그 영향이 명리학과의 접목이 있었는가 하는 점에서도 사실상 가늠하기가 어렵지만 역사적인 사실성을 돌이켜 볼 때 파생된 학문으로 볼 수 있다고 하고들 있다. 즉 일설에 의하면 고대 중국에서는 『주역(周易)』에 의한 음양의 학설이 먼저 존재했고, 춘추전국시대에 와서 태양계의 오행성으로 운명을 판단하는 오행학설이 유포되기 시작하였다는 것이다.

명리학은 『주역(周易)』과 대단히 밀접한 관련을 맺으며 발전해온 학문으로 『주역(周易)』이 변화의 시중종(始中終)을 논하는 것이라면, 명리학은 인간의 삶이라는 영역에서 변화의 시중종(始中終)을 논하는 것이라고 할 수 있다. 그러니만큼 명리학의 사유체계와 자연관은 『주역(周易)』의 그것과 일치하리만큼 닮아 있다고 볼 수 있는데 명리

---

[428] **申炅洙**, 『唐·宋代 명리적 三才論과 主體觀點 硏究』, 원광대학원, 석사학위논문, 2003. 참조.

학의 세계관은 『주역(周易)』에서 말하고 있는 천인합일관(天人合一觀)과 중화관(中和觀)을 인용하고 있다. 중화(中和)는 음양오행에서는 한난조습(寒暖燥習)의 이지러짐을 평형(平衡)상태로 조후(調候)하는 관념이며, 십신(十神)에서는 사회관계와 인간관계의 이지러짐을 조절하고, 격국(格局)과 용신(用神)에서는 성패(成敗)를 조절하는 것으로 사람이 하늘과 동류로 상감하고 합일(合一)하는 궁극적인 목적이자 방법론이다. 명리학은 홀로 독립하여 자생한 학문이 아니라 오랜 역사를 거치면서 비롯한 경학의 사유체계와 세계관, 우주관의 영향을 받으며 성장해 왔다. 따라서 명리학의 세계관에는 자연스럽게 유가나 도가의 관념인 자연순화관이나 중화관, 천인합일론 등이 중심에 자리 잡고 있다.[429] 이와 같이 음양학설의 종주를 『주역(周易)』으로 보고 한 대(漢代)에 들어와서 『춘추번로(春秋繁露)』를 지은 동중서(董仲舒)의 음양오행설과 『논형(論衡)』을 지은 왕충(王充)의 정명사상(正命思想) 등이 명리학의 정립에 이론적 초석을 제공하였다고 보는 것이다.

『중국의 명리학사론(中國의 命理學史論)』에 의하면 왕충(王充)의 자연정명론의 학설은 명리학을 탐색하는 첫 디딤돌이라고 말할 수 있다고[430] 한다. 이는 명리학은 '자연정명론에서 주장하는 철학적이고 사상적인 가설을 기초로 삼고 개인의 명운을 탐색하는 계기로

---

429) 정하용, 「卦氣易學과 命理學의 원류에 관한 연구」, 공주대학원, 박사학위논문, 2013, 11쪽.

430) "王充的自然定命論學說, 爲命理學的探索鋪下了第一塊基石."(陸致極, 『中國命理學史論』, 上海出版社, 2008, 41쪽.

삼았기 때문이다.'는 논지이다. 이런 사실에 부합하여 흔히들 운명을 말할 때, 귀천(貴賤)은 명(命)에 달렸지 지혜나 우매함에 있지 않다. 빈부(貧富) 또한 명복에 있지 어리석음과 지혜에 달린 것은 아니다.[431] 등으로 말하고들 한다. 그러나 운명을 받아들이는 때(시간적)에서는 사주(四柱)와 판이하게 다름을 알아야 한다. 예를 들어보면 『논형(論衡)』「명의편(命義篇)」에 부귀의 명을 받는 것도 생명이 형성될 때 기(氣)를 받는 것처럼 뭇 별들의 정기(精氣)를 얻는다고[432] 설명하고 있다. 이는 인간이 모태(母胎)에 생명이 형성될 때 생사와 장수와 요절, 빈부와 귀천은 모두 별자리에서 나오는 정기에 의해 형성된다는 논리이다.[433] 그러나 사주(四柱)는 모태에서 출생될 때 우주에 존재하는 정기를 받는다는 논리로 『논형(論衡)』에서 말하고 있는 원리와는 다르게 설명하고 있음을 알 수 있다. 이와 같은 논리는 –물론 입태일도 참조하는 학자들도 있다.[434] – 사주에서 말하고 있는 산

---

431) 王充(李柱幸 옮김), 『論衡』, 소나무, 1996, 67쪽
432) 왕충(이주행 옮김), 위의 책, 1996, 90쪽.
433) 이런 天地의 氣사상은 2000여년이 지난 오늘날에도 사실여부를 떠나 그대로 인용되고 있다. 일례를 들어보면 "東洋에서는 성격에 영향을 미치는 환경요인으로 사주와 風水地理를 든다. 四柱가 인생에 영향을 미치는 이유는 사주의 天磁氣가 태어나는 신생아에게 磁性으로 입력되어 성격으로 영향을 미치는 데 있다. 四柱대로 된다는 말은 성격대로 살게 된다는 말인 것이다." (이필석, 『이름으로 성격을 변화시킬 수 있다』, 본학사, 2008, 서문참조.)
434) "五星法은 命宮을 중요하게 다루고, 子平法은 胎元을 중요하게 다룬다. 태원은 임신한 때를 말한다. 임신 기간은 보통 10개월이나 7개월에서 13개월까지 이르는 사람도 있다. 富格이 아닌데 富가 있고 貴格이 아닌데 貴가 있는 사람은 胎元月과 관계가 있다." 서락오(정지호 편역), 앞의 책, 552쪽) 그러나 이 논법은 7개월에서 13개월 사이에 태원일의 지정된다면 그 기간이 무려 5개월이나 차이가 남으로서 적확한 날짜 태일이 어렵고 태원일 산정방

명술과는 그 의미뿐 아니라 운명에도 많은 차이가 있음을 참조할 필요가 있는 것이다. 또한, 왕충이 주장한 바와 같이 자연의 변화는 법칙성은 천지(天地)가 기(氣)를 합하여 인간이 우연히 스스로 생겨난다. 마치 부부가 기(氣)를 합하면 자식이 생기는 것과 같다는[435] 기이론(氣論理)은 왕충의 천도자연의 무위론(無爲論)과 우연론(偶然論)으로서 자연 현상의 변화와 인간의 행위는 상호 영향을 끼치지 않고 우연히 이루어지는 현상일 뿐이라는 것이다. 이런 논리는 명리학에서 말하고 있는 천인상응설(天人相應說)[436]에 대해 이론적인 비판을 하고 그 관계 설명에 대해 오류임을 지적하고 있지만 그 주장하는 바도 논리가 서로 상반되고 있다. 그러나 동중서의 본체론(本體論)과 현상론(現象論)을 망라하는 음양오행론이나 왕충의 자연철학적 음양론과 천성기원설 같은 이론체계는 명리학의 정립에 많은 기여를 하였다는 것은 부인할 수가 없다.

  명리학은 수천 년 동안 중국 역사에 존재하였고 많은 성인들의 학설이 묻어져 있으며 많은 영향을 받은 것도 사실이다. 그러나 위의 학설들을 참조하여 보더라도 고인들의 학설의 진의 여부를 다만 잘 선별하여 채택하여야지 일방적 논리로 역학에 적용하여서는 안 된다는 것을 말하는 것이다. 왜냐하면, 각 학설만이 간직하고 있는 고유

    법도 과학적이지 못하기 때문에 사주명리학이 사술적으로 산명한다는 명분을 가지게 되는 원인이 될 수 있다.
435) 『中國命理學士』, "夫天地合氣 人偶自生也 猶夫婦合氣 子則自生也."
436) 천인상응설은 "사계절의 변화와 같은 일체의 자연현상은 인간사와 직접적인 상관관계가 있으며 상호 영향을 미친다고 보는 사고방식이다."(왕충(이주행 옮김), 앞의 책, 578쪽.)

한 철학이 존재하고 있음으로 일방적인 비판을 가하는 것이나 인용은 학문적이나 학술적 정립에 착오를 줄 수도 있기 때문이다.

우리나라에서의 명리는 신라말 도선국사(道詵國師)[437]에 의해 중국으로부터 전수받았다는 설이 존재하고 있지만,[438] 사주팔자에 대한 최초의 공식적인 기록은 조선왕조의 법전이라 할 수 있는『경국대전(經國大典)』이다. 경국대전은 세조 6년인 1460년에 편찬을 시작하여 성종 16년인 1485년에 최종 완성이 되었으므로 조선 초기에 성립된 법전인데 여기에 전문적으로 사주팔자를 보는 사람을 국가에서 과거시험으로 선발하였다는 기록이 나타난다.[439] 『조선왕조실록(朝鮮王

---

437) 道詵國師(827~898) 신라말 승려이며, 성은 金氏 영양출신. 15세에 월유산 화엄사로 출가하여 스님이 되었다. 도선은 당나라로 유학을 가서 밀교 승려인 一行으로부터 풍수설을 배웠다고 하지만 년대 등을 감안하면 신빙성이 없다고 한다. 다만 도선은 승려로서보다는 음양풍수설의 대가로서 가장 널리 알려져 있다. 著書로는『道詵秘記』,『松岳明堂記』,『道詵踏山歌』,『三角山明堂記』등이 있다.(참고문헌 한국민족문화대사전)

438) 구중회,『한국명리학의 역사적연구』란 책을 참조하면 보다 상세하게 알 수 있다.

439) "『經國大典』에 나타나는 과거시험분류를 보면 중인계급들이 응시하는 雜科가 있다. 잡과는 요즘 식으로 말하면 전문기술직이다. 잡과 가운데 하나로써 陰陽科라는 게 있었다. 天地人 三才 전문가를 선발하는 과거가 바로 음양과이다. 음양과를 세분하면 天文學, 地理學, 命課學으로 나누어지고 初試와 復試 2차에 걸쳐 시험을 보았다. 초시에서 천문학은 10명, 지리학과 명과학에서 4명씩 뽑았다. 복시에서는 천문학 5명, 지리학, 命課學은 각각 2명씩 뽑았다. 地理學은 풍수를 전문으로 하는 사람을 관료로 채용하는 과목이고, 命課學이란 四柱八字에 능통한 자를 관료로 채용하는 과목이다. 과거시험은 매년 있었던 것은 아니고 3년마다 돌아오는 子·午·卯·酉년에 시행하는 式年試에서 명과학 교수를 초시에서 4명, 복식에서 2명씩 채용하였다. 3년마다 시행되는 명과학 과거시험에서 최종적으로 2명만을 선발하였다. 시험과목은『徐子平』『袁天綱』『範圍數』『剋擇通書』등이다."(조용헌,『조용헌의 사주팔자이야기』, 생각의 나무, 2007, 21쪽)

朝實錄)』에도 육전(六典)에 천문·지리·성명(星命)·복과(卜課)를 총칭하여 음양학(陰陽學)이라 하였다는[440] 기록이 있고, 또한 태종 17년에 들어와서는 공주의 배필을 구하기 위해 남자들의 사주를 보았다는 기록을 볼 때 사주명리학이 공식적으로 활용되고 성행(盛行)하였음을 알 수 있다.

또『연려실기술(燃藜室記述)』[441]에 기록된 내용을 참조하여 보면 신라(新羅)에서는 관상감을 누각이라 하였고 첨성대를 지어 전천박사가 있었다. 고려(高麗)에서는 태복감·태사국·사천대라 하다가 뒤에 대(臺)를 감(監)이라 하였고 또 관후서·서운관으로 불렀다. 이조(李朝)에 들어와 서운관을 설치하고 천문·지리·역수(曆數)·점술·측후(測候)·각루(刻漏) 등을 관장하였다. 세종 15년에 들어와 관상감으로 고치고 이를 관장케 했고,[442] 조선 중기 이후에 들어와서는『토정비결(土亭秘訣)』[443]과 같은 복서(卜筮)가 자생되어 병행 발전하였다.

---

440) 『朝鮮王朝實錄』, 세종, 20년 10월 22일, 議政府啓, "六典, 以天文地理星命卜課, 總稱陰陽學."
441) 『燃藜室記述』은 조선후기의 李肯翊(1736~1806)이 지은 것으로 59권 42책으로 되어 있는 朝鮮時代 野史叢書다.
442) "觀象監新羅 漏刻典博士作瞻星臺...太祖因置書雲觀臺天文地理曆數占...有天文地理命課學金漏三曆官."(李肯翊, 『燃藜室記述』 (별책 권7),「官職典故 」)
443) 이지함(1517~1578) 토정이 지은 책으로 1년 12달의 신수를 보는 圖讖書이다. 조선 선조 때 포천현감과 아산현감을 지냈다. 작괘법을 보면, 주역과 다르게 48괘로 구성되어있고 본상이 하나 변상이 여섯 등으로 144괘로 활용하여 연월일로 백단위, 십단위, 일단위가 합해서 하나의 완성된 괘가 이루어진다.

이와 같이 명리의 전통이 오래전부터 시작되어 오늘날까지 전수되고 있음을 알 수 있다. 이런 명리학의 전통이 근대 들어와서는 중국에서도 보지 못하던 일들이 벌어지고 있었다. 그것은 저명한 역학자들이 '역학가'(易學歌)와 '추명가'(推命歌)를 지어 만천하에 공포한 일들이다.

〈표 15〉   易 學 歌   姜兌昊 作詞
        (ANDANTE)   金民載 作曲

일절	億兆蒼生 많은사람 五行으로 생겨나서 三綱을- 法을삼고 五倫에 參禮하여 我東方의 象數文化 道와德을 밝혀주니 錦水江山 이天地에 道德社會 建設하세
이절	一天之下 많은사람 음양으로 생겨나서 太極을- 법을삼고 卦象에- 參禮하여 天人地가 三才되어 四時德을 밝혀주니 錦水江山 이天地에 正義社會 建設하세
삼절	東西一氣 많은사람 五運六氣 타고나서 八卦를- 法을삼고 九宮에- 參禮하여 金木水火 中央土信 五行之德 밝혀주니 錦水江山 이天地에 福祉社會 建設하세

이런 일들은 사계의 뜻있는 역학자들이 공모(公募)를 통하여 발

표한 것으로[444] 역학의 발전에 심혈을 기울이고 있었다. 또한 추명가(推命歌)를 사실적으로 지어 운용하여 왔다. 단촌추명가(檀村推命歌)에서는 남명·여명(男命·女命)을 구분하고 각명마다 선조(先祖)·부모·형제와 재난·질병(災難·疾病)과 직업과 성정(性情)·기호(嗜好)·모상(貌相)과 처첩(妻妾)과 자손(子孫) 등으로 구분하고 또한 이들의 운행까지를 절구형식(絶句形式)으로 지었다. 한절을 예를 들어보면 다음과 같다.[445]

⟨표 16⟩ '推命歌'

> "天人地가 三才 되어 宇宙構成 되어 있고
> 年月日時 四柱되어 吉凶禍福 이루었네
> 根苗花實 이原理로 世上萬事 진행되니
> 五行制化 生剋으로 千態萬象 變化한다.
>
> 生年宮은 根基先祖 生月宮은 父母苗요
> 生日宮은 己身花요 生時實은 妻子로다.
> 生年生月 刑沖하면 父母間에 各居했고
> 生日宮에 生月刑沖 抛離故基 하게된다.

---

444) "易學歌의 歌詞는 1977년도 東洋書籍社가 本社創立 제1주년 기념행사로 현상 모집하여 당선 확정하여 선포 제정한 것이다. 당시 斯界 권위자를 심사위원으로 委囑하여 全國 易學者를 응모자격으로 하여 현상 모집 하였던 바 最優秀作으로 제정됐다. 역학가의 작곡은 그 翌年 1978년도 역시 도서출판 동양서적사가 본사창립 제2周年 紀念行事로 歌詞懸賞募集과 같은 방법에 의하여 당선작으로 確定하여 宣布 制定한 것이다."(安永東, 『推命歌全集』, 東洋書籍, 1982, 6쪽.)

445) 安永東, 『推命歌全集』, 東洋書籍, 1982, 8쪽.

이 외에도 삼공추명가(三空推命歌)와 몽선추명가(夢鮮推命歌) 등이 선정되고 활용되고 있었다. 물론 중국의 명리학사(命理學史)를 들추어보면 백장가(百章歌)·지지둔장병가(地支遁藏幷歌)와 더불어 정인시가(定寅時歌)·태양출몰가(太陽出沒歌)·태음출몰가(太陰出沒歌) 등이 7언 절구 형식으로 갖추어진 경우도 있다. 그리고 이보다 훨씬 많은 추명가(推命歌)들이 노랫말로 발표되어 불려 지다가 사장(死藏)되어 없어지는 경우도 있었을 것이고 또 현재까지도 여러 편이 존속하여 활용되고 있다.446) 그러나 우리나라와 같이 역학가(易學歌)를 제정하여 작곡(作曲)을 하여 부르게 하는 경우는 없는 것이다. 이를 볼 때 우리나라의 역학계가 얼마나 관심을 가지고 있었으며 대중들에게 어필하고자 노력했는지를 알 수 있다.

그러나 현대 들어와서 일부 명리학자들의 학문적 식견은 어떠한가? 신육천(申六泉)은 『천고비전 사주감정실천법(千古秘傳四柱鑑定實踐法)』에서 설명하기를 사람의 운명(運命)을 예측한다는 것은 매우 귀중한 일이다. 중차대한 운명학에 대하여 천박한 법술(法術)로 인식하려는 것은 진실로 무모 무책임한 일이다. 명리학은 연월일시의 간지(干支)를 취용한다. 간지는 원래 천리(天理)에 의하여 발생한 것이고 음양오행(陰陽五行)은 천지간에 유행하여 쉬지 않으며, 사람이 출생한 일시는 즉 천지중화(天地中和)의 기(氣)를 측정하여 선천운명을 예측한다. 공맹(孔孟)을 비롯하여 고대 성현학자는 생극제화

---

446) 『淵海子平』 「詩訣篇」에 보면 제1장 格局詩訣로 43편이 있고 제2장 諸種詩訣로 23편과 附錄篇 神殺圖訣로 28편이 기록되어 있다.

(生剋制化)의 이(理)를 설정하여 후학(後學)의 사(士)에 가르치었다고[447] 설명하면서 공맹의 인의(仁義)를 말하고 있다.

그러나 이와는 달리 변만리(邊萬里)는 음양오행설을 제창한 것은 동양철학(東洋哲學)이다. 동양철학은 중국에서 태동해서 동양 전체에 파급되었다. 중국점술과 의술은 하나같이 음양오행과 상생상극이 기본이다. 진리는 생명이 있고 생명은 성장과 변화가 있다. 중국의 음양오행설을 비롯한 점술과 의술은 수천 년의 역사를 가지고도 성장과 발전은커녕 한 치의 변화도 없다. 그 이유는 간단하다. 중국의 오행과 상생상극은 처음부터 글자대로 풀이하는 가짜오행이요 상생상극이었기 때문이다라고[448] 주장하고 있는 것이다. 이런 상반된 논리는 각자가 주장하는 학설이 그 진위가 어떻든 간에 이를 받아들이는 사람들에게는 혼란을 자초하고 학문으로서의 신뢰성에 큰 오류를 가지게 되며 스스로 학문의 질적 문제를 야기하는 원인이 될 것임으로 역학자들은 이 모든 일에 신중을 기할 필요가 있다. 왜냐하면 유학(儒學)이나 한문학(漢文學)을 전공한 일부 학자들은 명리학(命理學)이 성리학(性理學)의 하위개념(下位概念)이나 종속개념(從屬概念)으로 보려는 경향을 가지고 있기 때문이다.

---

[447] 申六泉, 『千古秘傳 四柱鑑定實踐法』, 甲乙堂, 2009, 231쪽.
[448] 또한 "한국 사주는 글자풀이 가짜음양오행과 **相生相剋**을 전혀 쓰지 않는다. **格局**과 귀신타령인 신살 따위는 뿌리째로 추방하고 일절 쓰지 않는다. 사주는 점을 치는 점술이 아니다. 타고난 운명을 비롯하여 천성과 기질과 심성과 지능과 역량과 적성 등 인간 만사를 관찰하고 판단해서 인생과 운명을 가장 합리적이고 능률적으로 경영하기 위한 철학이요 진리이다."(邊萬里, 『한국사주입문』, 資文閣, 1996, 5~9쪽.)고 주장하고 있다.

명리학을 성리학의 하위개념으로 보려는 경향이 있다고 하는 얘기가 나왔으니 하는 말이지만 이 문제는 사실상 역사적으로 거슬러 올라가 보면 이조 초기에는 관가의 고명한 역학가들로 인해 잠시나마 흥성하던 시대도 있었고 인정도 받았지만, 세월이 지나오면서 지도자급의 일부 역학자들이 권력과 야합하고 이익에 눈이 어두워 좌고우면하는 바람에 많은 고난과 시련의 역경을 겪게 되는 원인이 되었고 또 학설이 대중화되다 보니 사이비 역학자들이 자생되고 이들의 부화뇌동으로 인하여 역학은 불신의 대상이 되고 미신화의 길을 걷게 되었다고 봐야 한다.

이런 논리에 대해 구체적으로 그 원인을 설명한 대목이 있다. 즉 태극도(太極圖)에서 파생한 두 아들이 성리학(性理學)과 명리학(命理學)이라고 규정할 수 있다.[449] 성리학은 인간 성품의 이치를 다루는 학문이고, 명리학은 사람의 운명의 이치를 다루는 학문이다. 그러나 같은 부모 밑의 두 아들은 각기 다른 길을 걸었다. 성리학은 체제를 유지하는 학문이 되었고, 명리학은 체제에 저항하는 반체제의 술

---

449) "현재의 일간 위주론의 명리학은 서자평에 의해 이론적 토대를 마련하였다는 것이 통설이다. 서자평은 그의 호를 딴『연해자평』을 저술하였는데 일설에 의하면 그는 陳搏(871~989)과 함께 중국의 華山에서 수도하였다는 기록이 전해지고 있다. 진단은 태극도를 화산의 석벽에 각인하여 후세에 전한 인물이다. 태극도가 성리학자들에게 전해진 계기가 진단의 덕택이다. 그는 後唐때 武當山의 九室巖에 은거하며 신선술을 연마하였으며 북송초기에 화산으로 옮겨와 살면서 여러 은사들과 교류하였는데 이때 명리학의 완성자인 서자평과 같이 수도한 사이였다. 그런 인연으로 서로 간에 사상적인 영향을 주고받았을 것이고 그러한 맥락에서 서자평의 명리학이 탄생하였다고 여겨진다." (조용헌,『조용헌의 사주명리학 이야기』, 생각의 나무, 2007, 43쪽 참조.)

법이 되었다. 성리학은 태양의 조명을 받아 양지(陽地)의 역사가 되었고, 명리학은 달빛의 조명을 받아 음지의 잡술이 되었다. 임금이 주재하는 궁궐 내의 학술 세미나에서는 성리학 토론의 주제가 되었고 금강산의 험난한 바위굴 속에서 이루어졌던 당취들의 난상토론에서는 명리학이 단골 메뉴였을 것이다.[450] 이는 결국 명리학은 술법을 통하여 체제에 저항하는 반체제 역할을 하였기 때문에 위정자들로부터 역학자들은 요주의 인물이 되고 술법은 학문적 경계의 대상이 되어 음지에서 활동할 수밖에 없는 사유를 만들었기 때문이다.

이와 같은 논리들을 충분히 감안하여야 할 필요가 있을 것이다. 다만 명리학자들은 위의 학설 등에 연연하여 막연하고 추상적인 논리에 빠져 있을 것이 아니라 간지력은 역법과는 다르다 하더라도 계절을 사실적으로 표현하고 있는 달력으로서 가장 자연과학적이고 철학적임을 분명하고 명확한 학설을 전개할 필요가 있다. 그 원인은 사람의 명운(命運)은 천지사계(天地四季)와 24절기의 한서(寒暑) 중에 흥쇠(興衰)를 관찰하고 후(後)에 길흉성신(吉凶星神)의 거류(去留)를 정한다. 이와 같이 인사(人事)는 모두 천리(千里)에 따라 성패가 정해지는 것으로[451] 봐야 하기 때문이다. 물론 이런 설명에 대해 이의를 제기하는 학자들도 있지만.[452] 그들의 주장은 학문의 발전적 사유

---

450) 조용헌, 『조용헌의 사주명리학 이야기』, 생각의 나무, 2007, 42쪽.

451) 申六泉, 앞의 책, 234쪽.

452) 현대 명리학자인 양상윤은 "대가들은 반드시 명리가 본래 100%의 정확성을 지니지 않았음을 알았다고 생각한다. 그것이 얼마나 신기한가를 말한다면 이것은 바로 양심에 위배되고 다른 사람을 속이는 말이 된다. 명리는 대략 60~70%의 확률만을 지니고 있을 뿐이다. "라고 설명하고 있다. 이는 간

로 볼 수도 있고 또 현실을 직시하였다고 볼 수 있지만, 그들이 주장하는 바를 긍정과 부정으로 양분 짓기보다는 명리학의 탄생과 활용에 있어 작은 거름의 역할을 하고 있다고 보면 된다.

어떻든 명리학은 자연의 변화하는 모습을 인용하여 절기력을 제정하고 이를 활용하여 인간의 운명을 논하는 학설로서 60갑자에 간지라는 부호를 음양오행[453]으로 펼쳐 놓은 것으로 이는 절기의 표현이며 이를 고대인들은 상용력으로 사용하고 있었다. 재론하면 고대인들의 사고에는 근원적으로 사계(四季)의 변화의 근저에 내재한 것은 음양이기의 소식(消息)과 승강(昇降)이다.[454] 음양변화는 오행변화를 초래하고 그것이 계절에서는 한난조습(寒暖燥濕)의 변화로 그리고 물상(物象)의 변화로 나타나는 것임을[455] 말하고 있다. 이를 확대해석하면 인간의 길흉화복도 물상의 변화와 같이 나타나고 있다고 보는 것이다.[456] 이런 원리는 최초 갑자의 날 이름을 정하고 나아가 간

지력을 가지고 인간사를 논하는 것은 스스로 술수임을 인식하고 있기 때문일 것이다.

453) 여기서 나타내는 "음양오행이란 春夏秋冬의 기후의 변화를 말한다. 하늘과 땅 사이에서 순환이 끊이지 않으므로 行이라 하는 것이다."(서락오(鄭志昊 옮김), 앞의 책, 91쪽.)

454) "음양오행가들은 모두 음양오행을 연구의 대상으로 삼았으며 그들이 토론한 내용도 『史記』에서 서술된 추연 학설의 범위를 벗어나지 않는다. 그러나 음양오행가도 실상 몇 가지 유파로 나누어지며 같은 항목에 대한 견해에서도 차이를 보여 준다. 첫째 천인상응에 대한 해석의 차이, 둘째 오행의 순서에 대한 해석의 차이로 대별해 볼 수 있다."(양계초·풍우란(김홍경), 앞의 책, 225쪽.)

455) 정하용, 앞의 논문, 165쪽.

456) 다만 "十干에 물상개념을 대입해 설명하는 것이 나름의 타당성이 있고 때로는 요긴하게 활용되기도 하지만 五行의 목·화·토·금·수가 자연의 나

지를 이용한 시간의 질서가 형성되어 간지기원법으로 사주를 형성하고 사시의 변화가 곧 인간사 생장화수장(生長化收藏)의 이치로 엮어지고 이를 음양오행원리에 접목하여 길흉화복으로 연관시켜 개략적으로 설명하고 있는 것으로 보드라도 알 수 있는 것이다.

3) 명운학의 문헌적(文獻的) 연원

명리학의 연원은 오래되었는데 문헌적으로 이를 고찰해보자. 먼저 고법(古法) 명리학의 태동(胎動) 시기로서 당시의 사람의 운명은 태어난 별의 위치와 그 별의 운행에 의해 좌우된다고 믿었다. 그래서 사람의 태어난 년, 월, 일, 시에다 천간·지지(天干·地支)를 배합하여 사람의 명(命)을 추론하게 되었는데 이것을 성명학(星命學)이라 하였다. 그러나 인간의 명운을 잃어내는 명리학의 정확한 유래는 전거 부족으로 정확히 알 수가 없다. 그러나 전국시대 낙록자(珞琭子)로부터 비롯되었다고 보는 것이 현재의 통설이다. 송대(宋代) 석담영이 지은 『낙록자부주(珞琭子賦註)』를 보면 태중(胎中)에 만일 녹(祿)이 있으면 귀호(貴豪)의 가문(家門)에서 출생하고, 만약 공망(空亡)에 놓여 있으면 빈궁(貧窮)으로 원망과 한탄(恨歎)을 자아낸다는 귀곡자(鬼谷子)의 말을 인용한 것과 또한 청대의 료기형(廖冀亨)이 집

무·불·흙·쇠·물 등 다섯 가지 사물 자체가 아니듯이 十干 역시 자연의 물상 자체가 아니기에 지나치게 **物象化**해서 해석하는 것에 대해서는 경계할 필요가 있을 것이다."(蘇在鶴, 『五行과 十干十二支 理論成立에 관한 研究』, 東方大學院大學校 博士學位論文, 2008, 58쪽.)

필한 『자평팔자사언집액(子平八字四言集腋)』에는 '성명학의 기원은 주(周) 나라의 낙록(珞琭)과 귀곡자(鬼谷子)이다.'라고 하는 두 문헌 상의 구절로 보아 귀곡자(鬼谷子) 또한 명리학의 태동에 상당한 업적을 남긴 인물로 보는 것이 타당하다고 판단된다. 따라서 생년월일시의 사주로 명을 보는 명리학의 태동(胎動)은 낙록자(珞琭子)와 귀곡자(鬼谷子)가 살았던 전국시대(戰國時代)에 이루어진 것으로 보아야 할 것이다. 이때가 명리학의 태동기(胎動期)에 해당되는데 그 명리학의 태동기를 선두에서 이끌었던 대표적인 두 인물이 낙록자(珞琭子)와 귀곡자(鬼谷子)가 되는 셈이다.[457] 그러나 일설에서는 이와 같은 학설에 대해 회의적이 반응을 보인다. 즉 중국 고대 성명학(星命學)은 주(周)나라 숙복(叔服)이 년주(年柱)를 기준으로 사람의 운명을 판단하였고 동주(東周)의 낙록자(珞琭子)가 년·월(年·月)을 기준으로 추명(推命)을 하였다고 하는데 일설에 의하면 이 낙록자는 주나라 세자인 진소라고도 하지만 주나라 사람인지는 확실치가 않다. 낙록자가 쓴 『낙록자삼명부(珞琭子三命賦)』에는 『진하상공(秦河上公)』과 『현호화장(縣壺化杖)』에 대한 것이 있으며 이는 다 후한말(後漢末)의 것이라 진소의 것이라 보기에는 시대가 맞지 않다. 또는 낙록자는 남북조 때의 도홍경이 자치한 것이라고도 한다. 그렇지만 년·월·일을 통한 소위 팔자라는 녹명의 설은 당의 이허중(李虛中)에서 비롯된 것이기에 도홍경의 시기와는 맞지가 않다. 따라서 낙록

---

457) 沈揆喆, 『命理學의 淵源과 理論體系에 관한 硏究』, 한국정신문화연구원, 박사학위논문, 2012, p40~41쪽 참조.

자가 도홍경이라 보기가 어렵다. 또한, 전국시대 사람인 귀곡자에 의해 출발하였다는 설도 있으나 일반적으로 성명학의 연원은 주대에서 찾는다고[458] 말하고 있다. 그러나 학자들마다 좀 다른 학설을 주장하더라도, 낙록자와 귀곡자가 실제로 사주를 통하여 명운을 이용하였는지는 현재로서는 자료부족으로 고증할 수 없으나, 역사성 있는 여러 명리서들이 이들의 이름을 수시로 언급하고 있기 때문에 그 영향력을 무시할 수 없다고 볼 수 있다.[459] 또한, 명리학의 성립의 전제로서 천문역법과 음양오행이 결합한 간지체계는 이미 한대(漢代) 초기에 완성되었다. 괘기역학과 경방(京房)을 명리학의 원류로서 합당하게 논의하지 않고[460] 500여 년 이후의 원천강(袁天綱)이나 이허중(李

---

458) 鄭然美,『徐子平 珞珠子三命消息賦注의 命理學史的 硏究』, 원광대학원, 석사학위논문, 2003, 5~10쪽 참조.
459) "옛날 전적에서 발견되기는 하지만 고고학적 고증을 거치지 않은 古史를 흔히 '古史傳說'이라고 부른다. 이러한 古史들은 자신이 '傳說'을 통해서 가공된 것이라는 점을 분명하게 보여 준다. 현존하는 최고의 전적 중의 하나인『尙書』의「虞書」「夏書」「商書」의 대부분은 이와 같이 이상화를 통해서 가공된 '고사전설'의 기록에 속한다. 그것들이 나타내는 것은 단지 작자의 정신세계일 뿐이며, 그것들로 인해 우리는 잘못된 길로 접어들 수 있다. 그것들은 우리에게 '원류'를 찾게 해 주는 것이 아니라 작자가 그것들을 창작하던 시대에 머물게 한다. 예를 들어 우리가「堯典」「舜典」「甘誓」등에서 어떠한 원류를 찾으려고 한다면 그것은 우리를 춘추전국시대에 머물게 한다."(양계초·풍우란,『음양오행설의연구』, 신지서원, 1993, 445~446쪽.) 이허중명서 이전에 작성되었다고 하는 사주명리학과 관련된 古書들도 이와 같이 후인들이 창작한 '古史傳說'로서 僞作으로 볼 수도 있다.(이허중명서, 서문참조)
460) 명리 이론의 주요범주인 음양오행론, 십신관계론, 격국과 용신론, 천인감응론 등은 이미 명리학의 성립 시기로 보는 당대(唐代)보다 500여 년 이상 앞서 괘기역학(卦氣易學)의 사유체계이자 이론으로 전개되었다고 주장한다. 명리학의 본령은 괘기역학과 그 본령이 같다.(정하용,「卦氣易學과 命

虛仲)을 명리학의 비조(鼻祖)로 논의하는 것은 명리학의 전개 과정상 자연스럽지 않고, 명리학의 원류가 역학방법론(易學方法論)으로 한 시대를 풍미하였음을 간과한 것이며, 그 차이를 과소하게 여기기에는 시대적 간극이 너무나 크다고[461] 설명하고 있다. 이러한 여러 정황을 감안한다면 고법 사주학의 탄생은 주대(周代)의 영향을 받아 한대에서 초석을 세웠다고 보는 것이 타당하다.

한대에서 명리술(命理術)의 기초가 되는 납음오행(納音五行), 오행생극(五行生剋), 왕상휴수사(旺相休囚死), 간지배오행(干支配五行) 및 오행배사시오방(五行配四時五方), 지원삼합(支元三合) 등의 이론들이 발달하였다. 이에 대한 것이 『사기(史記)』의 「목자열전(目者列傳)」,「이장군열전(李將軍列傳)」,「논형(論衡)」 등의 문헌에 나와 있다. 후한대(後漢代)에 이르러서는 이미 성명학이 성행하였는데 이 시기에 추명에 있어 시(時)에 대한 것이 나와 있음을 알 수 있다. 후한 시기에 성립된 것으로 여겨지는 『양웅가록(揚雄家籙)』과 『삼여우필(三餘偶筆)』에 있기를 '한무제이기유세칠월칠일평단생'(漢武帝以己酉歲七月七日平旦生)이라하였는데 여기서 평단(平旦)이란 인시(寅時)를 말하는 것이 보인다. 따라서 년, 월, 일, 시에 대한 것이 나와 있음을 알 수 있다.[462] 한대 이후 삼국시대와 5호 16국 시대는 정치적으로는 실로 전국시대에 비견할 만한 혼란과 불안의 시기였다.

理學의 원류에 관한 연구」, 공주대 박사청구논문,12쪽 참조)
461) 정하용, 위 논문, 12쪽.
462) 鄭然美, 위 논문, 6~7쪽.

그로 인해 약 350여 년은 명리학의 여명기(黎明期)로 볼 수 있다.

남·북조 시대에는 중국 전통적 음양오행에 의거한 삼명술(三命術)이 발달하였는데 양대(梁代)에는 도홍경이 쓴『삼명초략(三命抄略)』이 있고, 임효경의『녹명서(祿命書)』가 있다. 또한『북제서(北齊書)』「위령전(魏寧傳)」에서 '금년입묘'(今年入墓)를 사용한 흔적이 있고, 곽박(郭璞)이 지은『옥조경(玉照經)』,『옥조신응진경(玉照神應眞經)』,『옥조정진경(玉照定眞經)』에 사주의 명칭이 나와 있다. 후한시대에 사주에 대한 기록이 있지만 당송(唐·宋) 이후의 사주란 개념과는 다소 차이가 있다. 수(隨)나라 초기에 소길(蕭吉)이 음양론과 오행론에 관한 제반학설을 집대성한『오행대의(五行大義)』를 편찬하였다.

중국은 일찍이 상고시대부터 천상의 질서체계를 정리하는 역법의 발전이 있었다. 상고시대의 사분력(四分曆)부터 북주(北周)의 대상력(大象曆)까지의 수십 차례의 변역에서 그 사례로 볼 수 있다. 이러한 역법의 발달은 곧 천문학의 발달을 의미하고, 이는 동시에 점성학(占星學)의 발달을 초래하게 한다. 원천강의 성명학은 이러한 천문·점성학의 발달을 토대로 하여 성립하게 된다. 현존하는 원천강의 저서인『원천강오성삼명지남(袁天綱五星三命指南)』의 내용 체계에 황도십이궁(黃道十二宮), 오성, 이십팔수, 육요(六曜) 등의 천문학 내용이 명리 이론의 근저로 제시되고 있는 점은 명리학의 탄생 이전에 정확한 천문·역법체계의 완비가 필수였음을 보여준 것이라 볼 수 있다. 중국에서 이처럼 역법이 발달한 배경으로는 자체에 뿌리내린 역법체계에다 후한으로부터 수·당대까지의 수백 년 동안 인도

또는 중앙아시아에서 들어온 불교도 사이의 천문역법가로부터 새로운 천문 역법을 전수받았기 때문이다.[463]

 이와 같이 당대에는 천문·역법·점성학이 많이 발전하였고, 명리학도 이에 힘입어 학적(學籍)기반이 정립되는 계기가 되었다. 천문역상과 역학에 밝았던 일행(一行)은 『대연력(大衍曆)』이라는 역서와 『천원부(天元賦)』라는 명리서를 만들었다. 일행의 학문은 이필(李泌)에게 이어지고, 이필의 학문은 다시 이허중(李虛中)에게로 전해졌다. 이허중은 『이허중명서(李虛中命書)』 3권을 지어 원천강 이후 명리학의 중흥을 이루었다. 그는 사주상 오행의 왕상휴수(旺相休囚)와 납음오행(納音五行) 그리고 년간(年干)과 일주 위주의 논명 방식으로 명운을 논하였다. 『이허중명서』를 보면 이 당시 일주가 일간을 규정한다는 말은 없으나, 이 당시에 이미 일주라는 단어를 사용한 것으로 미루어 일주의 현대적 의미가 이허중 때부터 태동하기 시작하였던 것으로 「이허중명서제요(李虛中命書提要)」를 보면 당대 이후 후세 명리학자들이 이허중을 성명가의 비조(鼻祖)로 일컬어짐을 알 수 있다.

 남송때 료중(廖中)이 지은 『오행정기(五行精紀)』의 참고문헌을 보면 그의 저작으로 그 밖에 『오행요론(五行要論)』, 『직도가(直道歌)』가 있다하나 전해지지 않고 있다. 오대(五代)에는 곽정의 『응천가(應天歌)』가 있었고, 오대말에서 북송 초기에 살았던 서자평의 『낙록자삼명소식부주(珞琭子三命消息賦註)』와 희이(希夷) 진박(陳搏)의 『범위수(範圍數)』, 『전가서(輾駕書)』가 있었다. 남송대(南宋代)와 요금

---
463) 沈揆喆, 위 논문, 43~44참조.

대(遼金代)에는 『교요서(喬拗書)』가 있었으며, 원대에는 『야율초재서(耶律楚材書)』가 있었다.

명대에는 유백온이 『적천수(滴天髓)』를 저술하고 주석하여 명리학의 철학적 입지를 심화시켰고, 서대승(徐大升)이 서자평의 학문을 계승하는 명분으로 『자평삼명통변연원(子平三命通辯淵源)』 지었으며 『연해자평(淵海子平)』을 통하여서는 일간 중심과 격국론 등을 상세히 정리하였다. 서대승의 명리학은 이허중이 태어난 년·월·일·시 전반에 걸쳐 오행의 생극왕상과 휴수제화로 인생의 화복을 결정한 방식에서 진보하여 일주를 근거로 육신을 나누어 운명을 논하였으니 그 논의가 정미하였다고 한다. 장남(張楠)이 『신봉통고명리정종(神峰通考命理正宗)』을 지어 동정설, 개두설, 병약설 등의 독창적인 학설을 제시하였고, 만육오(萬育吾)의 『삼명통회(三命通會)』는 명리학 전반에 관해 명찰하게 논하고 있으므로 사전적 의미를 가지고 있다. 특히 음양오행론과 간지의 원류를 논한 점은 명리학의 역사적이면서 철학적인 존재근거를 제시하였다는 점에서 명리학계에서 상당한 가치를 담고 있는 책이라 하겠다.

청대(淸代)에서는 심효첨이 음양오행론과 간지법칙을 중심체계로 삼아 『자평진전(子平眞銓)』을 편찬하였다. 또 여춘태(余春台)에 의해 『궁통보감(窮通寶鑑)』이 간행되었는데, 이 책은 원명이 『난강망(欄江網)』인데, 명대에 신원미상의 인물이 지은 책이라 한다. 이 책 원명의 뜻은 수백 년간 많은 사람의 손을 거치면서 오자와 누락이 많이 생겨 그 뜻을 이해할 수 없었는데, 청조에 이르러 초남(楚南) 여춘태에 의

해 지나치거나 번잡한 내용이 제거되고, 책으로 간행하면서 다시 이름을 붙여『궁통보감』이라 하였다. 또한 진소암(陳素菴)의『명리약언(命理約言)』이 간행되었고, 임철초가『적천수천미(滴天髓闡微)』를 간행하였다.

근세기에 들어와서는 명리학의 부흥기라 말할 정도로 명리학 이론서의 활발한 발간사업이 대만과 한국, 일본에서 이루어졌다. 대만에서는 명리학 고전을 주석하는 작업이 활발하게 이루어졌으며 그 대표주자가 서락오(徐樂吾)이다. 서락오는『자평수언(子平粹言)』,『적천수징의(滴天髓徵義)』,『평주궁통보감(評註窮通寶鑑)』등을 지어 명리학의 이론체계를 정리 심화시켰다. 원수산은 고금(古今) 명가의 제설(諸說)을 추려 정리한『명리심원(命理深源)』을 저술하였으며, 위천리는『위천리명학강의(韋千里命學講義)』,『팔자제요(八字提要)』, 『고고집(呱呱集)』등을 지었는데, 특히『팔자제요(八字提要)』는 갑일인월부터 계일 축월까지 수로 나누어 각 경우마다 일간과 월지와 시주의 배합이 어떠한가에 따라 사주의 형국이 달라짐을 핵심적으로 설명한 사전식의 실용 명리서이다. 이외에도 많은 명리학자가 대두되었는데, 특히 주목되는 학자들로는 오준민, 종의명, 장백명 등을 꼽을 수 있다. 오준민은 명리학의 이론을 기존 선배의 명리학설 들을 제시하면서 체계적이고 심도 있게 자기의 견해를 제시한『명리신론(命理新論)』을 실제 감명사례집과 함께 지었고, 종의명(鍾義明)은 『명리건곤(命理乾坤)』을 지어 간지론과 천문학과 역학을 하나로 접목하는 시도를 하였고『명리준승평주(命理準繩評註)』에서는 기존의 오행론에 기초하여 명리 이론을 심도 있게 논하였다. 더불어 유명인사의 사주를 통하여 이론의 실증도 보였다. 장백명(張伯明)은 천인합일과 격물치지(格物致知)의 유가적 맥락에서 접근하여 명리학 이론과 실무요령을 전반적으로 설명한 『명리연구여산명실무(命理研究與算命實務)』를 지었다.

일본에서는 일본 명리학 중흥의 비조라 불리우는 아부희작(阿部熹作)을 중심으로 근세에 걸쳐 활발한 연구활동이 전개되었다. 가등대악(加藤大岳)의 십신과 십이운성에 관한 내용의 명리학 입문서인 『추명학비해(推命學秘解)』와 판정조산(板井祖山)의 『사주추명학입문(四柱推命學入門)』과 『사주추명학응용(四柱推命學應用)』이 있고, 태산(泰山) 아부희작의 사주추명학의 이론과 응용법에 관한 내용의 저서 『아부태산전집(阿部泰山全集)』을 간행하였다. 일본 명리학은 대체로 중국 명리학의 범주를 벗어나지 않으나, 12운성과 격국론, 원명론(元命論) 등에 있어 보다 세밀한 내용전개가 있다.[464]

② 명운론(命運論) I

명리학은 크게 고법명리학과 신법명리학으로 대별하기도 한다. 그러나 그 분류를 어떻게 하던 명리학의 성립은 60갑자로 구성되어 있

---

464) 沈揆喆, 위 논문, 44~51쪽 참조.

는 간지체계(干支體系)를 기반으로 한다. 그 간지체계는 역원으로 구성된 사주[465]로서 한 개인이 출생한 연·월·일·시를 명(命)이라 하고, 살아가는 과정을 운(運)이라 한다. 즉 개인의 성분과 자질 등을 사주팔자로 적시하고 인생의 역정(歷程)을 추론하는 체계로서 이를 명운론(命運論)이라 할 수 있다. 이론범주에는 크게 음양오행론, 십신관계론(十神關係論), 격국(格局)과 용신론(用神論) 등으로 대별해 볼 수 있다. 이와 같은 방법론을 생·화·극·제·형·충·합·해와 12운성 12신살 등을 적용한다. 이것은 수학(數學)의 공식과 같이 일정한 패턴을 가지고 있다. 수학은 문제를 제시하고 공식을 대비하여 답(答)을 얻지만, 명리학(命理學)은 결과를 알고 문제를 풀어나가는 방식이다. 문제를 풀어나가는 방식을 통변(通辯)이라 하는데 이 통변은 산술적이고 체계적인 방법으로 또 과학적으로 풀이한다고 하면서도 이현령비현령(耳懸鈴鼻懸鈴)으로 해석되어지고 있는 것이 문제인 것이다. 그 이유가 여러 가지가 있을 수도 있겠지만 가장 큰 원인은 간지력을 역법으로 이용하는데 문제가 있는 것이다. 간지력으로 산정된 사주(四柱)가 명리학적으로 어떻게 적용되고 활용되고 있는지를 검토하여 보는 것이 본 단락의 중요한 내용이 되겠으며, 취사선택에 있어서는 자유롭다고 할 수 있다.

---

[465] "淸代 廖冀亨은 자신의 『子平四言集腋』에서 '上古의 曆元이 四甲子을 일으켰으니, 연월일시 四柱는 이에 근본을 둔다'고 하였다."(廖冀亨, 『子平四言集腋』, 臺灣武陵出版 有限公司, 2000, 9쪽.)

1) 월령(月令)과 시주(時柱)

간지력에 의해 구성된 사주에서는 월로 나타내는 월령(月令)이 가장 중추적으로 인용되고 있다. 이는 시간적 표시와 계절의 변화를 사실적으로 나타내고 있기 때문인데 명리학에서는 이를 어떻게 인용하고 활용하고 있는지를 검토하여 보자.

『적천수(適天髓)』[466]에서는 월령은 하늘에서 이어진 제강(提綱)이 있는 곳으로 마치 집과 같다. 인원이 용사하는 것이 용신이다. 집과 나아가는 방향이 있으니 인원(人元)을 정하지 않으면 안 된다[467] 하여 월령(月令)은 삼원(三元, 天地人)이 깃들어 있는 집과 같고 기상(氣象)이 월령을 득(得) 한자는 길(吉)하고 희신(喜神)이 득령한 자도 길하니 어찌 월령을 소홀히 하겠는가 이와 같이 월령의 중요성을 말하고 있다. 임철초(任鐵樵)는 첨언하여 월령은 사람의 가택과 같고 지(支)중의 삼원(三元)은 택(宅) 중의 향도(向道)와 같은 것이니 선택하지 않으면 불가하다. 일례를 들어보면 가령 인월생(寅月生) 사람

---

466) 滴天髓는 "중국 명나라 때 劉伯溫이 저술한 명리서를 말한다. 사주명리학 해설서로는 『淵海子平』『滴天髓』가 대세를 잡고 있으므로 현재는 거의 이 두 가지 서적을 原書로 한다. 『淵海子平』은 내격 해설을 주로 다루고, 『滴天髓』는 외격 간법에 대하여 상세히 설명하고 있다. 우리 추명학도는 이 두 서적의 영향을 받음이 크므로 명리학을 연구하는 학도는 이 두 서적에 대한 연구에 힘써야 할 것이다. 현대 중국에서는 명리학 연구가 盛한데 자평법에 의한 합리적 간법이 행해지고 있다."(申六泉, 『四柱命理學大事典』, 甲乙堂, 2013, 920쪽.)

467) "月令乃提綱之府, 譬之宅也, 人元爲用事之神, 宅地定向也, 不可以不卜." (任鐵樵, 『滴天隨闡微』, 台北進源文化事業有限公司, 2012, 124쪽.)

이 입춘(立春) 후 7일까지는 모두 무토(戊土)가 용사(用事)하고 8일부터 14일 전까지는 병화(丙火)가 용사하고 15일부터 그 후는 갑목이 용사하는 것이다. 이를 안다면 격(格)을 취함도 옳게 할 수 있으니 이를 가히 선택하여 쓸 것이라고[468] 설명하고 있다. 다시 말하면 지지장간(地支藏干)[469]은 반드시 참고하고 사용하여야 하는데 소홀히 처리하거나 무시하면 안 된다는 것이다. 1회귀년의 365.25일은 반드시 어느 오행에든 소속되어야 하므로 이를 그 오행의 왕상휴수(旺相休囚) 별로 절기(節氣)를 따라 분배하여 지지 속에 암장(暗葬)시켜 놓은 것이다. 그러므로 정확한 태양분도를 계산하여 정기(正氣)·중기(中氣)·여기(餘氣) 중 어느 것인가를 가려 해당되는 오행을 발췌하여 써야 한다. 그럼에도 불구하고 지지(地支) 속에 숨겨 있는 것이면 무엇이든지 가려 쓰는 것은 안된다. 다만 천간에 투간된 오행이 강력하여 종(從)의 개념으로 인발(引拔)하는 것은 예외이다. 가령 인(寅) 중에 정기인 갑목을 써야 한다면 여기인 무토(戊土)의 기운은 이미 지나고 끊겼으니 쓸 수 없는 것인데 무토(戊土), 병화(丙火), 갑목(甲木)을 모두 필요한 대로 쓰고 있음을 말한 것이다.[470]

---

468) 任鐵樵 增注, 金東奎譯,『滴天髓闡微』, 明文堂, 2002, 224쪽.
469) 地支藏干이란 "月律分野藏干을 말한다. 장간은 사주 명식의 네 지지 중에 감추어져 있는 두 개 또는 세 개의 干을 말한다. 년지 장간, 월지 장간, 일지 장간, 시지 장간, 등 4개가 있다. 天元, 地元, 人元에 대하여 人元이라 부른다. 後天運 곧 大運의 地支에 장간이 포함되어 있다고 하는 간법은 채용할 수 없는 논법이다. 그러나 대운 간법은 행운의 천간 통변성과행운 지지의 方을 보는데 그친다."(申六泉,『四柱命理學大事典』,甲乙堂, 2013, 904쪽.)
470) 任鐵樵 增注, 金東奎譯,『滴天髓闡微』, 明文堂, 2002, 9쪽 참조.

〈표 17〉 인월(寅月)의 지지장간(地支藏干)

```
寅月· · · · · · · · · · · · · · · · · · · · · · · 1월 한 달은 30일
地支藏干  餘氣 戊· · · · · · · · · · · · · · · · · · · · ·7일간 사령
         中氣 丙· · · · · · · · · · · · · · · · · · · · ·7일간 사령
         正氣 甲· · · · · · · · · · · · · · · · · · · ·14일간 사령
```

위와 같이 월령(月令)인 인월(寅月)의 지지장간(地支藏干)에는 무병갑(戊丙甲)이 있다. 무가 7일, 병이 7일 갑이 14일씩 사령하고 있다. 이런 내용과 관련하여 실제 간명에 있어서는 어떻게 하고 있는지를 예를 들어보면 다음과 같이 설명하고 있다.

```
四柱    丙 戊 丙 甲
        辰 寅 寅 戌
```

무인(戊寅) 일원이 입춘 15일 후에 생하였으니 갑목 사령이 정당하다. 지지(地支)에는 두 개의 인(寅)이 있어 진술(辰戌) 토(土)를 심하게 극(剋)하고 있으며 천간(天干)에도 갑목(甲木)이 있어 일간 무토(戊土)를 제극하니 언뜻 보면 살(煞)이 왕(旺)하고 신약인 듯하다. 그러나 반갑게도 사주 내에 금(金)이 없으니 일원의 기(氣)가 설기되지 않고 있으며 다시 묘한 것은 수(水)도 없음이니 병화(丙火) 인수가 화살생신(化殺生身)하는 것이다. 이런 연고로 과거에 합격하여 현청

에 제수(除綬)되고 부윤(副尹)에 올랐다가 황당(黃堂)까지 지냈으니 명리를 모두 거머쥐었다는[471] 것이다.

다시 말하면 인월(寅月)인 입춘15일 후에 태어났으니 갑목 사령을 받고 있음으로 관살이 심히 강하여 관다신약(官多身弱)의 사주가 되었다. 그럼으로 통관신인 병화(丙火)를 용신(用神)을 삼아 관인상생격(官印相生格)으로 발복을 받아 명리(名利)를 모두 가지게 되었다는 설명이다.

이런 설명은 통변상에서 나타나는 한 방법이지만 여기서 말하고자 하는 사유는 인월(寅月)에 암장되어 있는 지장간(地藏干)을 아무거나 사용하는 것이 아니라 정기인 갑목(甲木)을 사령으로 하여 간명하여야 한다는 설명이다. 이는 인월(寅月) 한 달 30일 중에 하늘의 기감이 땅에 미치는 영향을 지장간으로 표시하여 적용함으로써 지지(地支)에 미치는 계절적 의미를 날짜로 세분하여 설명하고 이 방법이 '정법이다.'라고 한다. 한 예를 더 들어보자, 『궁통보감(窮通寶鑑)』에 기록되어 있는 절기력의 인용법과 관련내용이다. 흔히들 사주팔자의 간명법을 논하면서『궁통보감』은 조후와 억부라는 명리학의 양대 산맥 중 하나인 조후론을 체계적이고 깊이 있게 정리한 책으로 명리학을 공부하는 사람이라면 누구나 읽어봐야 할 명리학의 3대 기본서 중 하나라고[472] 한다. 그러므로 조후와 관련된 궁통보감을 필독하여야 된다고들 하고 있다. 궁통보감을 인용하여 설명하고 있는『팔

---

471) 任鐵樵 增注, 金東奎譯,『滴天髓闡微』, 明文堂, 2002, 227쪽
472) 이을로講解,『窮通寶鑑講解』, 동학사, 2007, 머리말 참조.

자제요(八字提要)』에서는 다음과 같이 월(寅月)과 관련하여 설명하고 있다.

```
         四柱   甲 甲 ○ ○
                子 ○ 寅 ○
```

갑목(甲木)이 인월(寅月)에 건록이고 비견과 자수(子水)가 있으므로 왕(旺)하지만 인월은 여전히 춥고 싹이 돋아나는 시기이므로 화(火)가 있어야 하고 목(木)이 왕(旺)하면 금(金)이 있어야 귀하게 되고 토(土)가 있으면 재물(財物)이다.[473]

'목(木)이 봄에 있으면 왕(旺)한데 경칩(驚蟄)에서 곡우(穀雨) 이전에 있으면 더욱 왕(旺)하고 가을에 있으면 약(弱)한데 백로(白鷺)에서 상강(霜降) 이전에 있으면 더욱 약(弱)하다.'[474]란 표현을 사용하고 있는데, 이는 명조의 강약을 24절기를 참작하고 이를 12달로 구분하여 월령을 중시하고 있는 것을 알 수 있다.

그럼 왜 이와 같이 월지(月支)를 월령(月令)이라 하여 중요하게 생각하고 이를 적극 활용하고 있는가 하는 점이다. 월령에 대해서는 전술한바 있지만, 월령의 고전적 의미는 사시(四時)의 변화의 원인을 음

---

[473] 韋千里(최기우 옮김), 『八字提要』, "甲木卯月, 陽刃之位, 時干遁甲, 助身益旺, 一點子水值時, 潤木有功, 宜有火土以暖培, 則木性自然舒暢, 春木見金, 尤爲眞神, 水則宜藏, 切忌多見."

[474] 陳素庵(任正桓 譯註), 앞의 책, 36쪽.

양오행의 성쇠로 파악하고 군왕과 백성들이 자연의 변화와 조화를 유지하기 위하여 다달이 무엇을 해야 하는지를 일러주는 열두 달의 달력을 말하는 것이다. 이런 월령의 유례는 고대 중국의 선진시대(先秦時代)의 원시음양오행과 춘추 전국시대에 추연의 음양오행과 월령 체계가 관련성을 가지기도 하였지만, 진한(秦漢)시대에 와서 체계적으로 발전되었다. 당시 여불위가 지은 『여씨춘추(呂氏春秋)』「12기(十二紀)」에는 음양과 오행을 사시·오방에 배합시키고 음양가의 우주도식인 천인감응과 음양오행을 기본골격으로 하는 원시유가(元始儒家)의 사상과 정치적 실천을 기본으로 하는 법가(法家)와 천문과 역법의 규칙을 이야기하면서 자연법칙을 강조하는 도가(道家)가 포함되어 그들이 주장하는 천도변화의 기본구조를 파악하고 그 천도변화에 의해 일어나는 여러 가지 절기물후(節氣物後)와 그에 상응하여 조치하여야 하는 군왕의 제반 정치 행위와 이를 어길 경우에 일어나는 재이(災異) 등이 체계적으로 기록되어 있다.[475] 이런 여러 일들이 1년 12달의 행사로서 월령이란 이름으로 주기적으로 행하여 졌던 것이다.

  명리학도 이런 월령(月令)의 개념을 적극적으로 인용하였다고도 볼 수 있을 것이다. 『연해자평(淵海子平)』「심경가(心鏡歌)」에서는 인생(人生)의 부귀(富貴)가 이미 명(命)으로 정해져 있는 것이니 자세히 해론할 일이다. 절후(節候)가 월건(月建)으로 표시되는바 수복(壽福)의 상원(相元)이 된다고[476] 설명하고 있다.

---

475) 李澤厚, 『中國古代思想史論』, 北京 人民出版社, 1986, 136 140쪽 참조.
476) 沈載烈講述, 『淵海子平精解』, 明文堂, 2004, 371쪽.

특히 명리학에서 월지를 월령으로 하여 중요하게 생각하는 점은 사주(四柱)는 년·월·일·시로서 여기서 나타내는 시간의 개념은 전술한 바와 같으나 각각 구성적 내용을 들여다보면 년(年)과 일(日)의 시간의 표현은 60갑자의 순환원리에 의해 일정하게 정하여져 있음으로 역법적(曆法的) 효력은 유명무실하다고 볼 수 있다. 그러나 월지(月支)와 시지(時支)로 나타나는 시간의 표시는 계절의 변화와 하루의 시간 표시를 사실적으로 나타내고 있다. 특히 월지는 지구의 공전을 설명하고 있고 절기(節氣)의 순환(循環)을 활용한 상용력(常用曆)으로서 중추적 역할을 하고 있음을 알 수 있다. 즉 일 년으로 기준하면 12달의 자연의 변화가 음양오행의 순환으로 이루어지고 있음을 눈으로 직접 확인할 수 있고 또한 확실한 증빙이 되므로 월(月)의 시간을 가장 중요하게 생각하고 있는 것이다.[477] 그러므로 역학(易學) 분야에서는 '절기가'(節氣歌)[478]와 '지지장순가(地支藏循歌)' 등을 구성하여 월령(月令)[479] 또는 원명(元命)이라 하여 월의 의미와 그

---

477) 간지기원력이 상용력으로써 자연과학적 인정을 받을 수 있는 계기가 바로 이 月의 변화를 나타내는 시간이다. 朱子의 우주론 또한 월령의 변화를 간접설명하고 있다. "사물은 반드시 생성하여 소멸한다. 하늘과 땅도 역시 생성하여 소멸한다. 그 과정은 1년의 네 계절 또는 12개월의 그것과 같은 패턴에 따른다. 그리고 1년이 반복되는 것처럼 우주의 생성과 소멸의 과정도 역시 되풀이된다. 한 싸이클은 1元으로 불리며 12會로 나눠진다."(야마다케이지(김석근 옮김), 앞의 책, 195쪽.)

478) 節氣歌 "看命先須看日主니 八字始能究與理라 假如子上十日壬요 中旬下旬方是癸며 丑宮九日癸之餘요除卻三辛皆屬己라...此訣先賢與驗秘라."(沈載烈, 앞의 책, 94쪽 참조.)

479) 명리학에서는 月令을 일명 司令이라고도 한다. "1년을 사계로 나누고 봄에는 春의 氣인 木, 여름에는 夏의 기인 火, 가을에는 秋의 기인 金, 겨울에

중요성을 말하고, 또한 계절의 변화를 가장 사실적으로 잘 나타내고 있다 하여 절원(節元), 운원(運元)이라 표현하고 있는 것이다.

이와 같은 사고가 명리학이 구성되던 시점은 말할 것도 없고 후대에 내려오면서도 더욱 많은 영향을 받았을 것이다. 그러므로 학문적 논리 뿐 아니라 학술적 통변에서도 월령이란 이름이 키워드가 되었을 것이며 현재에도 월지를 월령이란 이름으로 매직워드(만년용어)가 되어 사용하고 있는 것으로 볼 수 있다.

『자평진전(子平眞詮)』에서 서락오는 일원을 월령 지지에 대조하여 그 왕쇠강약(旺衰强弱)을 살펴서 용신을 정해야만 하는 것이라고[480] 한다. 그럼 왕쇠강약은 어떻게 정해야 하는 것인가? 또 억부법과 월령과의 연관성에 대해 사주간명을 어떻게 하는가? 일례로 들어보면 다음과 같이 설명하고 있다.

```
四柱    己 壬 丙 丁
        酉 寅 午 亥
```

『자평진전(子平眞詮)』에서는 위 사주의 억부법을 적용하여 설명하기를 재성(火)은 왕성하고 일원(壬)은 약한데 다시 월령(午)의 지장

는 冬의 기인 水가 지배하고 主司하는데 이것을 계절의 司令이라 한다. 이 중 1개월 단위에 생한 것으로 생월이 어느 계절에 있는 가자 명리학적 분석에 필요조건이 되므로 그 해당되는 月을 司令이라고 한다."(申聖生,『四柱命理學大事典』, 甲乙堂, 1996, 386~387참조. 申六泉,『千古秘傳 四柱鑑定法秘訣集』, 甲乙堂, 1993, 105쪽.)

480) 徐樂吾評註,『子平眞詮評註』, 청학출판사, 2006, 120쪽.

간(丙己丁) 정관인 기토(己土)가 사주의 천간에 투출하였다. 재성과 관성이 모두 왕성하니 일원은 더욱 약해졌다. 그러므로 일원을 생부하는 인성(印星,酉)이 용신(用神)이 되며 정관(正官)을 용신으로 쓸 수가 없다.[481] 즉 재물(財物)이 많아 일간이 신약하여 이를 감당할 수가 없으니 인성인 금(金)으로 일원을 도와야 한다는 내용을 설명하고 있다. 다시 말하면 일간(日干) 임수(壬水)는 물을 나타내는데 여름의 더운 화기(火氣)가 너무 많아 물이 마르고 있으므로 물을 필요로 하는데도 여름에 태어났으니 더운 열기가 가중되고 있다는 것이다. 이는 겨울인 물의 계절에 태어나지 않음으로써 일어나는 일로서 신강 신약을 계절적으로 표현한 것이다. 또한, 이를 월령(月令)이 실령(失令)[482]하여 일간을 도와주지 못하기 때문에 신약(身弱)하게 된 것을 우회적으로 설명하고 있는 것이다.

명리학에서 간지력으로 나타내는 사주는 하늘을 받들고 있는 네 기둥과 같아 어느 한 기둥도 중요하지 않는 것이 없지만, 특히 월주(月柱)와 시주(時柱)는 사주의 음양을 보는 곳으로 월주가 양이면 시주는 음이요 월주가 부모면 시주는 자식궁이며 월주가 나의 본체면 명주는 미래를 보는 곳이다. 월주는 해요 시주는 달이니 해와 달은 음양의 조화를 표현하고 있다. 곧 월주와 시주는 우주만상만물의 속성과 음양 변화의 이치로 투영되어 그 중요성을 부각시키고 있는 것이다.

이와 같이 월령과 더불어 시주(時柱)에 있어서도 『이허중명서(李

---

481) 徐樂吾評註,『子平眞詮評註』, 청학출판사, 2006, 120쪽.
482) 徐樂吾評註,『子平眞詮評註』, 청학출판사, 2006, 122쪽.

虛中命書)』에서는 사주는 태(胎)와 월과 일과 시이니 일은 기를 얻지 못함을 주관하는 것이 십분(十分)이고 일을 주관하는 것이 팔분(八分)이며 시(時)는 용(用)도 나아가고 물러감, 향하고 등짐, 역량과 기력, 성공과 실패 등을 주관하는 것이 모두 십분(十分)인데 길(吉)한 것과 흉(凶)한 것이 모두 같다고[483] 논(論)하고 있다. 『명리약언(命理約言)』에서는 일간 이외에 세 개의 천간과 네 개의 지지는 모두 각각 관계가 있는데 시(時)가 더욱 긴요하다. 시는 전국(全局)의 귀숙(歸宿)이기 때문이다.[484] 그러므로 절기(節氣)의 변화와 더불어 시지(時支)로 나타나는 하루의 정확한 시간 설정이 중요하다는 것을 말하고 있다. 이와 같이 명조(命造)를 작성함에 있어서 월주와 시주(時柱)의 정확한 시간설정은 보다 명확한 간명(看命)을 이끌어 낼 수 있기 때문에 중요하게 적용하게 된다.

2) 명운론(命運論)

간지기원력에 의해 구성된 사주(四柱)와 운(運)을 간명하는 것을 통변(通辯)이라고 한다.[485] 통변은 사주의 구성부터 시작하여 많은 학

---

483) "월령을 잃음. 월지의 오행이 **食財官**이 될 경우에 월령을 잃었다고 한다." (박주현, 『사주용어사전』, 동학사, 2002, 140쪽.)
484) 『李虛中命書』, "四柱者, 胎月日時, 日主未得氣者十分, 主事者八分, 時主用度進退向, 背 力氣勝負皆十分."
485) "**通辯**이라는 용어는 학문적으로 정의 되고 이해되는 명리학의 어려운 용어 체계와 그 분석된 내용을 실제 인간사에 접목시켜 **門外漢**도 이해할 수 있도록 풀이하는 과정을 말한다. 따라서 명리학에서 통변이라는 용어는 두 가

설을 포함한 결과물의 표현방법이다. 사주를 보는 법은 우선 사주팔자(四柱八字)의 오행상호간의 생극제화(生剋制化)와 육신(六神)및 십이운성의 동태의 선악을 규명하고 제합(諸合) 및 제살(諸殺)을 찾아 그것이 암시하는 숙명 및 운명을 판단하는 것이다. 오행의 생화극제 및 육신등의 동태에 의하여 길흉(吉凶)을 판단하는 법은 이를 복식판단(複式判斷)이라 하고 단순히 제합(諸合) 및 제살(諸殺)을 찾아 숙명을 아는 방법은 이를 단식판단(單式判斷)이라고 한다. 이런 명칭이 붙게 된 것은 복식판단은 사주팔자 전체를 종합 판단하여야 하는데 반하여 단식판단은 일주(日柱) 또는 년주(年柱)를 기준으로 해서 합(合) 또는 살(殺)을 찾아내야 하기 때문이다.[486] 그러나 이렇게 딱 규정된 것은 없고 다만 편의상 나누어 본 것으로, 단식과 복식이 혼합된 혼식(混植)판단 방법도 있을 것이고, 이것도 저것도 아닌 방법도 있을 수 있다. 그것은 가칭 도사(道士)들은 사주를 일견하는 순간 영감(靈感)으로 판단한다고 하기 때문이다. 그 판단방법이야 어떻게 하던 간에 많은 명학가들이 그들 나름대로 명조를 간명하고 있다.

  지금부터 여러 명학가들이 간지력(干支曆)에 의해 구성된 명과 운에 관련하여 통변한 실례를 예로 들어 볼 것이다. 어떻게 보면 고리타분하고 장황하게 나열하였다고도 볼 수 있을 것이나 사주명리학은 곧 명과 운에 관련하여 실체적 통변(通辯)을 어떻게 하느냐에 성패가

지의 의미로 사용되고 있는데 하나는 통변성을 뜻하고 다른 하나의 의미로는 변화에 통하듯이 명리학을 인간사에 적용하여 풀이하는 것을 말한다.(鄭大鵬,『현대명리학』, 도서출판 한알, 2014, 31쪽 주석23 참조.)
486) 白靈觀,『四柱精說』, 明文堂, 2007, 45쪽.

달려 있다고 보기 때문에 고서(古書)에 기록된 간명법과 현대적 간명법 등을 일목요연하게 전 분야를 살펴보고자 하였다.[487] 그러나 지면관계상 중요하다고 생각되는 몇 가지만 일례를 들었다.

(1) 명(命)

간명에는 여러 가지 통변(通辯)[488]방법이 동원되고 있는데 사주의 진가(眞假)는 통변을 어떤 방법으로 어떻게 하여 현실과 부합되느냐에 성패가 달려있다. 『연해자평(淵海子平精解)』「금옥부(金玉賦)」에서는 '자평(子平)이 홍범대연수(洪範大衍數) 오십(五十)의 수체(數體)를 해득하고 법(法)을 본받았으며 천지의 오묘한 이치를 청수(聽受)한 것이다. 일기(一氣)가 유행하여 겨울에는 춥고 여름에는 더운

---

[487] 예문을 든 것은 간지력으로 탄생한 사주를 가지고 어떻게 인생사를 논하고 있는지를 단적으로 보기 위한 것이고 논법의 정수나 비평은 사양하였다. 또한 標本으로 나타내고 있는 자료의 진위는 사실상 확인할 길이 없어 파악하지 못하였으며 다만 저자의 양심을 믿고 임의로 게재하였음을 죄송스럽게 생각한다.

[488] 『淵海子平精解』「金玉賦」에 의하면 '八字의 理致를 分析하는데 있어서는 財官을 중시해야 하고 팔자의 五行관계를 다음으로 살펴야 하며 또한 모름지기 氣候관계를 注視해야 한다. 곧 재관의 輕重을 判辨하고 기후의 淺深을 살펴서 재관의 향배와 득실을 결정할 것인바 이로서 다시 格局의 고귀하고 저속한 여부를 논단한다.'「契要捷馳玄妙訣」에서는 '日로서 위주하고 財官으로 專論할 것인 바 대개 官星은 扶身의 근본이요 財星은 生命을 長養하는 根源이니 그러므로 天時를 推量하고 地理를 명찰하여야 한다. 또 太過하고 不及함을 살펴서 中和됨을 取用하고 去留의 원리를 밝혀서 去한 者는 合去되므로 取用하지 않고 留한 者는 능히 취용되는 所因을 파악하여야 한다. 또 輕重과 强弱을 分辨하므로 그 正助者를 拔擢하여야한다.'(沈載烈, 앞의 책, 393쪽~423쪽참조) 설명하고 있다. 이외에도 여러 간명요결을 제시하고 있으니 참조하면 연구에 많은 도움이 될 것이다.

것과 삼양(三陽)이 발생하므로 봄에 장양(長養)하고 가을에 성수(成收)되는 것인바 생(生)함이 있으면 멸(滅)함이 있고 어그러짐이 있으면 영만(盈滿)하는 때가 있을 것이니 일체의 조화는 마침내 그 근원에 돌아가는 것이다. 인신사해(寅申巳亥)는 사계절의 맹초(孟初)요 오행이 소장되는 곳은 진술축미(辰戌丑未)의 사계인바 만물이 생장함에 때가 있어서 춘하추동의 절후상(節候上) 원리는 일체 사물의 전개처제에 적용되니 빈천부귀(貧賤富貴)의 기선(機先)을 살펴야 한다.'라고 하여 간명과 관련하여 일정한 원리를 제시하고 있다. 이런 방법들이 세월이 지나오면서 변화되고 변질이 되면서 더욱 혼탁해지고 있는 것이 사실이다. 그것은 사회적 환경의 변화에 기인한다고도 볼 수 있는데, 현재의 입장을 보면 기하급수적으로 늘어난 인구의 증가와 빠른 속도로 발전되는 산업 환경과 무한한 지식의 확충 등으로 인해 정치·경제·사회 등 여러 방면에서는 많은 변화를 하고 있다. 명리학 또한 매스매디아(대중매체)의 발달로 관련 내용을 쉽게 접할 수 있고, 많은 서책과 논문이 발표됨으로써 외형적으로 보기엔 발전을 하고 있으나 그러나 내용면에서는 고서에서 주장하고 있는 논법을 답습하는 정도고 술수만 양산되는 형편인 것이다. 그 이유는 여러 가지의 원인이 있겠지만[489] 가장 큰 원인은 불확실한 간지력으로 산

---

489) 많은 발전을 하지 않았다고 생각하는 이유를 몇 가지 예를 들면 첫째는 사주팔자의 간명방법이 일정한 공식을 가지고 있다 보니 단기간에 이를 습득하여 그 공식에 대입만 하더라도 인생 상담을 하여 어느 정도 성과를 보게 되니 굳이 고생을 하면서 심도 있는 공부를 할 필요성을 가지지 않는 역학자들이 많고, 둘째는 인쇄기술 등의 발전으로 검증되지 않은 명리학술서가 범람하여 학술적으로 혼란을 야기하게 되고, 셋째는 짧은 지식과 적은 돈으

정된 사주에 기인하고 있기 때문이다. 안타까운 것은 2천 년을 지나 오면서도 간지력에 대한 개력이나 개선의 기미가 없었고 변화를 시도해 보고자한 의욕도 보이지 않았을 뿐더러, 오직 간지력으로 얻어진 사주에서 통변을 어떻게 하는가 하는데 골몰하고 있는 것이 지금까지의 현실이라 할 수 있다. 그런 문제는 고전적으로 내려오는 통변론과 현재의 통변론과의 차이를 상호 비교하여 보아도 별반 다른 것이 없다는 것을 알 수 있을 것이다.

간지력에 의해 구성된 사주를 가지고 어떻게 통변하고 있는지를 검토하여 보자.

① 단편적 예문

첫째, 명리학의 3대 보서(寶書)라 지칭(指稱)하는『자평진전(子平眞詮)』에서는 용신(格局)은 월령을 기준으로 하여 구한다. 일간을 월지에 대조하면 생(生)하고 극(剋)하는 현상이 사주마다 다르니 이로써 격국(格局)이 나누어진다고[490] 하고 있다. 가장 보편적이면서도 중요한 것이 용신(用神)을 구하여 운명을 추단하는 방법으로 이를 통

로도 창업을 할 수가 있고 폐업 또한 쉽다보니 시장이 혼탁하고, 넷째는 관련 기관 등의 연구의지나 재정지원이 전무하다보니 권위 있는 학자들의 관심밖에 있는 점과 여섯째 직업으로 선택하기에는 수입이 없다 보니 젊은 인재들의 양성이 되지 않고 일곱 번째 가르치는 교수의 학문적 능력과 경험부족 등으로 인해 전문인으로서 자질이 검증되지 않고 있는 점 등을 문제임을 지적하는 것이다. 이외에도 더 많은 사례와 이유가 있을 것이다.

490) "八字用神, 專求月令, 以日干配月令地支, 而生剋不同, 格局分焉."(沈孝瞻,『子平眞詮』,台北進源書局, 2006, 91쪽.)

변이라는 용어로 사용하고 있다. 통변상 용신(用神)⁴⁹¹⁾으로 표현하는 격국(格局)은 인격과 품격이니 중요한 일간의 성품의 특성을 포함하여 사주전반을 월령(月令)을 통하여 감명하고 있는 것이다. 이런 중요한 용신을 구하는 방법으로『자평진전(子平眞詮)』에서는 월령에서 얻어지는 용신⁴⁹²⁾을 취하는 법 또한 다섯 가지 범주에서 벗어나지 못한다고⁴⁹³⁾ 설명하고 있다.

『子平眞詮』의 5가지 용신취용법『子平眞詮』의 5가지 용신취용법[494]

억부론(抑扶論)
병약론(病藥論)
조후론(調候論)
전왕론(專旺論)
통관론(通關論)

491)『子平眞詮評註』에서 徐樂吾가 말하기를 "用神이란 八字가운데서 소용되는 神이다. 여기서 神이라함은 正財·正官·食神·正印·偏財·偏官·偏印·傷官·刼財`羊刃 등을 말한다. 팔자를 보고 旺弱과 喜忌를 살펴보면 혹은 扶하고 혹은 抑하는 것이 일반적인데 이렇게 抑扶하는 신이 바로 用神이다. 그러므로 용신이란 팔자의 중추인 것이다. 용신을 정확하게 가려내지 못하고는 정확한 명리의 판단을 내릴 수 없다. 그러므로 명리를 평하는 사람은 용신을 정하는 것을 가장 중요하게 여겨야 한다." 朴永昌 번역,『子平眞詮評註』, 청학출판사, 2006, 119~120쪽.

492) 用神의 定義. "1.용신을 體性이라 한다. 체성이 원하는 神은 喜神이고 싫어하는 신은 忌神이다. 이 희신과 기신의 작용으로 명식의 등급을 인정하고 先天운명과 後天운명을 명료하게 판정한다. 이하 용신의 정의에 관련한 내용은 사주명리학대사전 763~774쪽에 상세히 열거되어 있어 참조하면 궁금한 점이 해소될 것이다."(申六泉,『四柱命理學大事典』, 甲乙堂, 2013)

493) 徐樂吾評註,『子平眞詮評註』, 청학출판사, 2006, 120~121쪽.

494)『子平眞詮』의 5가지 용신취용법. 억부론,병약론,조후론,전왕론,통관론.

사주명리학을 공부하고 있는 많은 역학자들은 이 다섯 가지 방법을 학문이나 학술적으로 금과옥조(金科玉條)같이 여기고 사주 통변에 적극적으로 활용하고 있다. 그 첫째가 억부론(抑扶論)이다. 일원이 강하면 이를 억제하고 일원이 약하면 이를 부축한다. 이렇게 억부하는 것이 용신이 된다. 일원뿐만 아니라 월령의 신도 너무 강하면 억제하는 것으로 용신을 삼고 너무 약하면 부축하는 것으로 용신을 삼는다. 둘째는 병약(病藥)이다. 부축하는 것이 좋을 경우, 이 부축하는 것을 상(傷)하게 하는 것이 있는데 이를 가리켜 병(病)이라고 한다. 억제하는 것이 좋은데 이를 상하고 극(剋)하는 것이 있다면 이것이 바로 병이다. 이런 병을 제거하는 것이 바로 약(藥)이다. 이런 경우에 병약으로 용신을 취한다고 한다. 셋째는 조후(調候)이다. 금(金)과 수(水)의 일간이 겨울에 태어났거나 목(木)과 화(火)의 일간이 여름에 생했다면 기후가 너무 차갑거나 뜨거우니 기후를 조화시키는 것이 시급하다. 이렇게 기후를 조절하는 것을 조후라고 한다. 넷째는 전왕(專旺)이다. 사주의 기세가 한쪽으로 치우쳐 있어서 그 세력을 거역하는 것이 불가능하다면 오로지 그 기세에 순응하는 도리밖에는 없다. 따라서 그 시세에 순응하는 것을 용신으로 삼는다. 종격(從格)과 화격(化格)과 전왕격(專旺格)은 모두 이 원칙을 따른 것이다. 다섯째는 통관(通關)이다. 두 가지의 神이 대치되어 강약(强弱)을 분별하기 힘든 경우에는 마땅히 화해를 시켜야 하니 이럴 때는 통관의 묘를 살려야 한다. 그러므로 통관하는 신이 바로 용신이 된다.

이런 5가지 용신취용법에서 가장 많이 활용하고 있는 억부법에 관련된 내용을 살펴보면 일목요연하게 사실을 직시할 수 있을 것임으로 실례를 들어 설명코자 한다.

사주명식의 구성을 보면 1951년 3월 5일 인시(寅時)에 태어난 남자의 명조를 간지력(干支曆)으로 산정하면 다음과 같은 사주(四柱)가 형성되고 그것이 곧 하늘로부터 부여 받은 명(命)이며 그 명을 사주명리학의 논법(論法)[495]에 의해 추명하게 되는 것이다.

- **출생일시 : 1951.03.05. 인시(寅時)**
- **四柱 : 乾命**

  時 日 月 年　　　大運　　乙丙丁戊己
  丙 甲 庚 辛　　　　　　　酉戌亥子丑
  寅 辰 寅 卯

0. 간명(看命)

인월(寅月) 갑목(甲木)이 지지(地支)에 인묘진(寅卯辰) 목기(木氣)가 비겁국(比劫局)을 이루어 신왕(身旺)하다. 이렇게 강(强)한 경우에 경금(庚金) 칠살을 얻으면 귀한 사주(四柱)로 보지만 경금 기운이 너무 강해서 한 무리의 경금을 보는 정도까지 가면 일생 힘들고 고생

---

[495] 사주학은 출생한 연월일시의 천간과 지지의 여덟字에 나타난 간지를 가지고, 日干을 위주로 하여 그 사람의 운명을 예측하는 학문이다. 여기에는 음양오행의 상생·상극설 등과 형·충·회·합과 12운성, 12신살 등을 적용하여 인간의 명운을 추명하는 논리다.

만 한다. 그러므로 우선 경신(庚辛)의 상황이 어떤지 살펴야 한다. 경신 모두 월령의 절지(絶地)와 태지(胎地)이므로 기력이 없고 시간 병화(丙火)가 강력하게 견제를 하고 있으므로 경신이 강력하게 무리를 지었다고 볼 수는 없다. 인월(寅月) 갑목(甲木)이 경금(庚金)이 없는 경우 재성을 지나치게 극(剋)하기 때문에 홀아비 팔자로 볼 정도로 경신(庚辛)을 중요하게 생각하지만, 위에서 살펴본 바와 같이 경신이 무력하여 용신으로는 적당하지 않다. 그러므로 자신의 방법으로 월령의 생조를 받아 기운이 있으며 팔자의 왕성한 기운을 설기하는 병화(丙火) 식상(食傷)을 용신으로 삼는다.

대운의 흐름과 실제 상황을 보면 어린 시절의 토운(土運)은 금(金)을 생하고 군겁쟁재(群劫爭財)를 하는 운이라 고생하였다. 병술(丙戌) 대운인 용신운에 군에서 공을 세워 벼슬을 하였고 을유(乙酉) 운에 사망하였다. 이는 유금(酉金)이 왕성한 목(木)을 몹시 화(禍)나게 하여 토(土) 재성을 극하였기 때문이다. 재성은 건강과 수명을 나타내는 육친이다. 또한 사망 시기에 경신금(庚辛金)이 득지하고 용신인 화(火)가 사지(死地)에 이른 것도 이유이다.[496] 억부법은 이들 용신 취용법에서 가장 많이 인용하고 있다고 할 수 있는데 강약(强弱)의 논리는 전술한바와 같이 고대 중국인들의 사상에서 가장 잘 들어나고 있는 중화론(中和論)[497]에 기인한다고도 할 수 있다. 다시 말해서 중

---

496) 이을로, 『窮通寶鑑講解』, 동학사, 2007, 61~62쪽.
497) 中和는 儒家의 大命題이자 世界觀이다. 본래 中과 和는 별도의 개념으로 中은 和에 이르는 방법론이다. 孔子는 "君子는 和하나 같지 않고 小人은 같으나 和하지 않는다."(『論語』「子路」, "君子和而不同, 小人同而不和.)며

화의 도(道)를 정하는 것이 사주 용신 정법의 근본정신인 것이라고[498] 설명하고 있다. 용신의 취용원칙은 이와 같이 일반적인 5가지 방법을 사용하는 것이 보편적이나 이들의 운용을 어떻게 할 것인가 하는 것은 굉장히 중요한 문제로 이점에 있어 일반적인 이론은 억부론에 있어서는 강억약보(强抑弱補)로서 강하면 억제하고 약하면 도와준다. 이런 논리는 조후나 통관이나 병약이나 전왕이나 다 똑 같다.

그러나 용신을 취용함에 있어 중요한 사항은 평형적(平衡的) 문제를 어디다 둘 것인가에 대해선 깊은 고민을 해봐야 한다. 대체적으로 일주(日主)를 위주로 하여 용신을 잡는 경우이지만 그렇지 않고 사주전반을 참조하여 용신을 잡는 경우는 그리 많지 않을 것이고, 깊은

中庸의 관념을 말하였고, "中庸의 덕을 행하는 것은 지극하다"(『論語』「雍也」, "中庸之爲德也,其至矣乎") 며 칭송하였다. 中庸의 방법론은 中을 庸하는 것이며 中은 和를 보장하는 것이고, 和를 실현하는 방법론으로 보았다. 또한 子思는 『中庸』에서 '時中'을 "천하의 가장 큰 근본이요, 天下의 도를 이루는 것이다."(『中庸』"天下之大本,天下之達道".)라고 하였다. '時中'은 인간에게 있어서 때의 변화에 따라 적절하고도 타당한 처신을 하는 태도로 드러나는데, 이것이 바로 유가의 '中道觀'이다. 명리학에서의 中和는 근본적으로 모자라는 것을 보충하고, 남는 것을 덜어내는 평형의 원칙이다. 『滴天髓』에서는 "中和의 정리를 알고 오행의 오묘함을 알면 전능함이 있다. 中하고 또 和하는 것이 子平의 법이다. 病이 있어야 비로소 貴하게 되며, 傷함이 없으면 奇하지 않다는 것은 치우침을 들어서 말하는 것이다. 격중에서 병을 제거하여 財祿이 둘 다 서로 마땅함에 이른 즉 또한 中和이다. 철저하게 중화해야 비로소 귀에 이를 수 있다. 만약 당령한 기운과 수가 혹 신약하고 재관왕지이면 부귀를 취하기는 하나 반드시 中하지 못한다. 용신이 강하면 부귀를 취하나 반드시 和하지 못한다. 기가 치우쳐 편고하고 괴이하면, 富貴를 취하나 반드시 中하고 和하지 못한다. 어째서인가? 천하의 재관이 이 수에 그치고, 천하의 인재도 이때를 가장 많이 도모하니 모두 오히려 기이하고 교묘함에 있는 것이다."(任鐵樵增注 袁樹珊撰輯,『滴天髓闡微』「中和」, 250쪽 참조.)고 중화의 필요성을 말하고 있다.

498) 李錫暎著, 『四柱捷徑』권6, 韓國易學敎育學院, 2008, 242쪽.

고민을 하는 명학가도 그리 많지 않을 것이다. 이런 문제를 부각시키는 이유는 용신을 취용하면서 평형(平衡)의 기준을 어디에 두느냐에 따라 사주통변의 결과에는 천양지차를 보이게 될 것이기 때문이다. 용신을 취하는데 있어서는 먼저 일주(日主)와 기타오행의 병(病)을 살피고 이 양쪽으로 용신을 채취하는 것으로 단지 일주의 병만 편협하게 치료하는 것은 아니다.[499] 이 문제에 있어 좀 더 쉽게 이해를 돕고자 실례를 들어 설명코자 한다.

坤命	사주	壬丁甲戊 寅巳寅申	대운	辛壬癸 丑子亥

본 사주일간 정화(丁火)는 자좌(自坐) 본기(本氣)에 통근하고 수량상으로 보아 2개 갖고 있다. 이미 그 역량이 중화(中和)에 해당하고 또한 천간에 다시 갑목(甲木) 인성(印星)이 상생하고 있으며 월시지에 인중에 2개의 중기 병화(丙火)가 통근하여 일지사화(日支巳火)로 보면 상생일편이므로 일주가 편왕(偏旺)을 의심하지 않는다. 다시 인성을 살피면 월령에서 자좌(自坐)가 강근본신(强根本身)하니 중화(中和) 상태로 볼 수 있고 또한 시지(時支)에 다시 하나의 인목본기(寅木本氣)가 통근하니 인성 역시 편왕 하다고 본다. 나머지 관성(官星), 재성(財星), 식상(食傷)은 명확하게 편약(偏弱)으로 볼 수가 있다.

이와 같이 전국 각 오행 왕쇠(五行 旺衰)를 분석하는 것은 크게 어

---

[499] 정수호편저, 『四柱八字眞訣』, 우리출판사, 2011, 132쪽.

렵지가 않다. 위 팔자(八字)의 병은 일주(日主)와 인성의 양오행(兩五行)이 모두 왕(旺)하다는 것이며 또한 인성이 일주에 접근하여 상생하고 있다는 것에 있다. 일주왕의 원칙에 따라 극설모(克泄耗)로서 취용한다. 현재 우리는 어느 방법으로 취하는 것이 제일 유력한 용신 방법인지 비교하여 보자. 만일 극(克)하는 관성(官星)으로 취용할 경우 관성이 출현한다면 일주를 극할 수가 있지만 관왕(官旺)은 다시 생인(生印)하니, 인(印)은 본래 명국에서 편왕하여 기(忌)하기 때문에 여기에 다시 인성의 역량을 증가시킬 수는 없다. 또한 인(印)은 다시 관성이 일주를 극하는 것을 화살(化殺)시키니, 관성을 용신 삼아서는 그 올바른 목적의 작용을 만족시킬 수가 없으며, 반대로 적들을 도와주는 폐해를 불러오므로 차종조합(此種組合)의 취용(取官)으로 취용하는 방법은 쓸 수가 없다는 것이다. 만일 설기(泄氣)하는 식상으로 취용한다면 식상(食傷)은 첫째 일주의 왕기(旺氣)를 설하고, 둘째 인성지력(印星之力)을 모(耗)한다. 그러나 식상이 명국 중에 비록 투간(透干)하였다 하지만 그 역량(力量)이 아주 적으므로 오직 지운(支運)에서 부기(扶起)할 경우에만 가용(可用)할 수가 있다. 만일 모기(耗氣)하는 재성으로 취용한다면 첫째 인성을 극하여 인왕지병(印旺之病)을 치(治)하고 모신(耗身)하여 신왕(身旺) 지병을 다스리니 바로 일거양득의 효과가 있다. 상황으로 보아 재성(財星)은 명국 중 식상과 비교하여 왕(旺)하므로 비교적 득력(得力)하다고 볼 수가 있는 관계로, 본조(本造)는 마땅히 재성을 취하여 제일용신(第一用神)삼고, 식상(食傷)으로 제이용신(第二用神) 삼으며 인성(印

星)과 관성(官星)을 기(忌)한다.[500]

　이와 같이 용신을 취용할 경우 일간을 위주로 하기보다는 전면적으로 분석하여야 하며 전체명국에 어떤 병(病)이 있는지 비교하여 용신을 취하여야 진정한 용신이라 할 수가 있다는 것이다.
　대개의 역학자들이 통변방법으로『자평진전(子平眞詮)』을 기본으로 하는 격국용신론을 취하고 있지만 격국용신론은 너무 복잡다단하여 수년을 공부하여도 사주하나를 제대로 간명하기가 어려운 형편이다. 그러나 용신취용법은 사주명리학의 획기적인 발전을 하는데 중요한 역할을 하였다. 다만 용신취용법으로서 모든 문제가 해결된 것은 아닌 것이다. 예를 들어서 사주에서 용신취용법에 의해 부귀의 삶을 산다고 간명하더라도 현실은 그렇지 않고 동떨어진 삶을 사는 경우 등이다. 다시 말해서 억부론과 조후론이 겹쳤을 때의 간명법은 어떻게 할 것인가? 강약론의 강약의 무게를 저울질할 수 없을 때의 간명법과 겨울에 태어난 명조도 화(火)가 없이도 잘살고 있는 점과 관성이 투출하여 벼슬을 할 팔자이라고 설명하는데도 촌에서 농사를 짓고 가난하게 살고 있는 팔자 등 막상 뚜껑을 열고 보면 너무나 대조적인 삶을 사는 경우가 허다한 경우를 어떻게 설명할 것인가 하는 점이다.

　둘째는 12운성론법을 적용한 간지론에 대한 설명으로서 위의 내용과 연결하여 설명하고자 한다.

---

500) 정수호편저,『四柱八字眞訣』, 우리출판사, 2011, 133~134쪽.

위와 같은 문제점이 발생하는 원인은 고전의 격국용신 취용법은 고정적이고 획일적으로 취하는 용신정법으로 많은 파격을 동반하고 있기 때문에 자연의 변화로 일어나는 사물의 변화를 제대로 파악할 수 없다. 그러므로 이런 문제는 12운성논리에 의한 간지논법(干支論法)으로 해결하여야 한다는 것이다. 즉 고전 명리에 있어서 명리 해석의 가장 보편적인 틀은 격국 용신이라는 것은 주지의 사실이다. 문제는 격국 용신으로 해결되지 않는 부분이 너무나 많다는 것이다. 고전의 텍스트에 나오는 샘플들은 지나치게 정형화되고 잘 짜인 것을 중심으로 해석되어 있다. 여기에 함정이 있는 것이다. 자세히 들여다보면 무수히 많은 파격의 형태로 이루어져 있는데 파격이 되었다는 것은 이미 일반적인 적용의 논리로서 접근할 수 없다는 뜻도 되는 것이다.[501] 그러므로 파격된 사주를 간명하는 데는 새로운 논법을 제시하여야 한다. 새로운 논법에는 사주명리학은 오행학이 아니라 간지학(干支學)이다.[502] 그러므로 간지학은 자연의 변화를 사실적으로 나타내는 것이기 때문에 이를 표현한 12운성논리로 인간운명과 연결시켜 보아야 한다. 12운성을 모르면 사주로서 살인의 경지에 이른다. 실제로 사주팔자에서는 오행론(五行論)이라는 것이 별로 의미가 없다. 옛날 책 중에서 『적천수(滴天髓)』가 가지고 있는 오류가 오행이 더 큰 선행개념(先行概念)이라는 것이다. 오행은 선행개념이 아니다. 오행(五行) 위에 간지(干支)가 있었고 간지 위에 음양이 있

---

501) 박청화, 『春夏秋冬사주학』, 청화학술원, 2006, 23쪽 참조.
502) 박청화, 『실전강의』下, 청화학술원, 2006, 12쪽.

었다. 그러니까 음양이라고 하는 것은 가장 큰 보편적인 가치가 있는 것이고, 간지(干支)라고 하는 것은 22행을 적어 놓은 것이다. 이 오행이라는 뭉툭한 것으로써 정밀한 자(尺)를 갖다가 도리어 꾸짖어 놓은 것이다. 예를 들어 '을목(乙木)이 해수(亥水)에 사(死)한다 함은' 을목(乙木)이 해수(亥水)에 사지(死地)이고, 음양이 교환되는 자리이다. '갑목(甲木)이 해수(亥水)에 장생(長生)한다 함은 이치로 받아들일 수 있으나, 을목(乙木)이 해수에 사(死)한다 함은 오행대의(五行大義)의 큰 뜻에 어긋나는 바라 12운성(運星)은 말할 필요가 없다.'라고 나온다. 그래서 적천수가 대단한 책으로 다들 알고 공부하는데 적천수를 배우는 순간에 대자연은 날아가 버린다.[503] 일례로 샘플을 들어 설명하고 있다.

```
                      乾命 四柱
 ①  時  日  月  年   ②  時  日  月  年   ③  時  日  月  年
    ○  庚  甲  ○       ○  庚  甲  ○       ○  庚  甲  ○
    ○  ○  寅  ○       ○  ○  午  ○       ○  ○  申  ○
```

위 3개의 명조에서 대부분 다 팔자를 분석해 나가는 원리 중 흔히 격용에서 보면 ③번은 월에 록이 있으니 건록격(建祿格)이고, ②번은 월에 정관(正官)이 있으니 정관격이며, ①번은 인목(寅木) 편재(偏財)가 투출되어 있으니 편재격이다.' 정확하게 사주를 분석하는

---

503) 박청화, 『春夏秋冬사주학』夏, 청화학술원, 2006, 189쪽.

방법에서 이렇게 찾아가는 순간부터 꽝이다. 위 3개의 명조가 다 남자팔자라고 가정했을 때 재성(財星)인 처(妻)의 인연은 갑목(甲木)으로 볼 수 있다. 이 중에서 부인 몸이 제일 아픈 사람이 누구일까? 그것은 바로 ③번이다. 어떻게 격국도 없이 아느냐 이거다. 그러니까 사주 접근 방식이 기운(氣運)의 왕쇠(旺衰)를 지지(地支)에 있는 환경 속에서 가린다면 바로 그 드러난 글자의 세력 여부, 그리고 그 모양 그대로를 일단 그 사람이 가지고 있는 고착된 인자로 볼 수 있다. 팔자에 드러난 모양을 생긴 그대로 보니까, ①번, ②번 두 사람을 비교한다면 ②번이 몸이 약할 것이다. ①번의 사람은 처(妻)의 건강요소나 활동요소가 강(强)할 것이다. 재성이 득세(得勢)해 있기 때문이다. 그런데 팔자를 보면 저런 모양새들을 그대로 따라간다는 것이다. 그러니까 팔자에 그러한 인자가 뿌려져 있는 것은 그런 인자에 흡사한 환경에 견인될 수 있는 형태로 가더라는 것이다. 그래서 ③번의 妻는 건강이 부실하고, ②번의 妻는 건강이 수시로 좋았다 나빴다 하고, ①번은 妻의 활동력에 따른 여러 가지 생활양상 변동 인자가 조성되게 된다. 그래서 천간(天干)과 지지(地支) 사이를 비교해서 모양이나 양상을 구별하는 중요한 수단이 바로 12운성(十二運星)이 된다.[504] 요약하면 12운성논리로 간명하는 간지논법을 설명하고 있다.

 셋째는 용신취용법에서 억부론과 더불어 많이 사용하고 있는 간명법이 조후론(調候論)이다. 조후론에는 천도(天道)에는 한난(寒暖)이 있어서 만물을 발육시킨다. 사람이 득(得)할 때 과(過)하여서는 불가

---

504) 박청화,『春夏秋冬사주학』夏, 청화학술원, 2006, 185~186쪽 참조.

하다고[505] 설명하고 있다. 이는 한난(寒暖)이 만물을 생장(生長)하게 하고 사람도 차가운 기운과 따뜻한 기운이 적절하게 조화를 이루어야 살아갈 수 있지 어느 것 하나라도 지나치거나 모자라면 살아갈 수 없다. 부언하면 양(陽)이 생하는 곳은 반드시 음(陰)의 영역권 안에 있으므로 양은 생물(生物)함을 주장하지만 음이 아니면 성(成)할 수도 없고 형(形)을 기를 수도 없을 것이니 역시 허생(虛生)일 뿐이며 음이 성물(成物)하는 것은 양이 아니면 질(質)을 생할 수도 없는데 무슨 재주로 이루어 내리요? 오직 음양을 중화(中和)시킨 변화라야 능히 만물을 발육시킬 수 있음[506]을 이해하고 만물을 바라보아야 한다.

조후론은 해자축(亥子丑)과 사오미(巳午未) 달에 태어난 명조에 많이 적용하고 있다. 예를 들어 사월(巳月)은 목기(木氣)가 물러나고 병화(丙火)가 권력을 잡는 때다 따라서 먼저 계수(癸水)를 취한 다음에 정화(丁火)를 취한다. 그리고 반드시 경금(庚金)이 투출해야 한다. 하월(夏月)에는 목(木)이 메말라 조후(調候)가 시급하기 때문에 계수(癸水)가 매우 중요하다. 목(木)의 뿌리가 윤택하면 영화롭고 반드시 수기(水氣)를 설해야 하니 정화(丁火)를 취한다.[507] 그 일례를 들어보자.[508]

---

[505] "天道有寒暖, 發育萬物, 人道得之不可過也."(金東奎譯,『滴天髓闡微』, 明文堂, 2002, 352쪽.)
[506] "陽之生, 必有陰之位, 陽主生物, 非陰無以成, 形不成, 亦虛生, 陰主成物, 非陽無以生, 質不生, 何由成, 惟陰陽, 中和變化, 乃能發育萬物."(김동규 역,『적천수천미』, 명문당, 2002, 352~353쪽.)
[507] 鄭志昊,『造化元鑰評註』, 삼한출판사, 2003, 170~171쪽.
[508] 鄭志昊,『造化元鑰評註』, 삼한출판사, 2003, 174쪽.

四柱　　甲甲癸丙
　　　　子戌巳午

이 사주는 계수(癸水)가 출간하여 시지(時支)에 통근(通根)하고 자술(子戌)이 해(亥)를 끼고 있으니 수왕(水旺)하여 목(木)을 생한다. 병화(丙火)가 월령(月令)의 왕신(旺身)이니 계수가 목(木)을 배양하며 병화(丙火)를 제(制)한다. 따라서 계수(癸水)가 용신(用神)이 되어 대귀(大貴)한 명(命)이 되었다.

四柱　　丙甲癸炳
　　　　寅寅巳午

이 사주는 화토(火土)가 계수(癸水)를 메마르게 만들어 오운(傲運)에서 눈을 다치고 거지가 되었다. 앞 사주와는 한 글자가 다르나 운명은 하늘과 땅 차이라는 것을 알 수 있을 것이다. 이 사람은 계수(癸水)가 뿌리가 없는데 경금(庚金)이 생해주지 않으니 마르는 근심이 있는 것이다. 그러나 앞 사주는 일원이 갑자이니 계수가 통근되어 마를 일이 없고 자운(子寅) 사이에 축토(丑土)가 끼어 있어 귀격(貴格)이 된 것이다.

넷째는 병약론(病藥論)인데,『명리정종(命理正宗)』에서는, 병약설의 취지를 모르고 거듭 재관과 중화만을 중심한다면 곧 팔구는 잃어버리고 조명(造命)의 조화(造化)를 논난(論難)하게 될 것이니 명조(命造)의 묘함이 실로 이와 같은 것이다. 즉 서(書)에 이르기를 '병(病)이 있어야 바야흐로 귀명(貴命)이니 상(傷)함이 없다면 이는 기이(奇異)한 명조(命造)라 할 수 없다. 격중(格中)에 병(病)을 명운(命運)에서 제거(除去)할 때 재록(財祿)이 함께 따르게 된다.'고 하였다. 명서(命書)가 만권(萬卷)이 있어도 이 사구(四句)에 그 유체(要諦)는 다 포함되어 있는 것이요 인명(人命)의 조화(造花)가 비록 중화(中和)를 이루는데 귀함이 있다고 하지만 만일 일일이 중화만 이루어지고 말아서 평온하고만 만다면 어찌 소식이 있고 휴구(休咎)를 논할 수 있겠느냐? 또 지부(至富)하고 지귀(至貴)한 사람의 경우를 살펴보면 반드시 먼저 그 근골(筋骨)을 노고(勞苦)하고 체부(體膚)를 말리며 그 심신을 공허(空虛)하게 한 뒤 인성(忍性)을 닦고 불능(不能)한 바를 증익(增益)케 하여 그 능력을 함양한 후에 비로소 대기(大器)를 이루는 것이니 인명의 묘함이 또한 이와 같은 것이다. 혹 어리석은 사람들이 병약설(病弱說)의 원리(原理)를 알지 못하고 번번이 중화법만 가지고 인명조화를 살피니 십에 한둘이나 증험함이 있을 것이다. 또 재관(財官)으로 주론(主論)하나 또한 다 그 귀취(歸趣)와 근원(根原)을 일례로 말할 수 없다.[509] 그러므로 사주는 중화만을 중요하

---

509) "書云有病方爲貴, 無傷不是奇, 格中如去病, 財祿喜相隨, 命書萬卷, 此四句爲之括要, 蓋人之造化, 雖貴中和若一一於中和則安得探其消息而, 論其休咎也, 若今之至富至貴之人, 必先勞其筋骨, 餓其體膚, 空之其身然後, 動心忍性, 增益其所不能, 人命之妙, 其猶此乎, 愚嘗先前末諳 病藥之

게 생각하고 간명해서는 안 되는 것으로 사주는 병약론으로 간명하여야 한다고 주장하고 있다. 이런 내용을 사주로서 일례를 들어보면 다음과 같다.

```
乾命    四柱    辛 乙 丙 甲      大運    甲 癸 壬 辛 庚 己 戊 丁
                巳 卯 寅 申              戌 酉 申 未 午 巳 辰 卯

시상편관격 사위왕미원조(時上偏官格 史衛王彌遠造)
```

명조 설명은 이렇다. 차명이 일명 시상일위귀격(時上一位貴格)인 바 시간에 있는 신금편관(辛金偏官)으로 귀명(貴命)을 삼는다. 신중경금(申中庚金)이 있으나 인신상충(寅申相沖)되므로 병화(丙火)에 의해 제거되고 사중경금(巳中庚金)도 또한 동일하다. 인중(寅中)에 있는 병화(丙火)가 월간(月干)에 투출하여 시지사화(時支巳火)에 건록(建祿)되고 갑묘목(甲卯木)과 일주의 생조를 얻으니 심왕(甚旺)하고 관살(官殺)은 제압(制壓)되었다. 따라서 재관왕운(財官旺運)에 대발(大發)하여 왕후(王候)의 귀(貴)를 누렸다. 사오미(巳午未) 남방운(南方運)에 사망할 듯하지만, 사중경금(巳中庚金)이 장생(長生)하고 경신금(庚辛金)이 개두(蓋頭)하니 무방(無妨)하다. 임신계유(壬申癸酉)에 공명(功名)이 혁혁(赫赫)하고 대귀(大貴)를 받았으며 갑

說, 屢以中和而究人之造化, 十無一二有驗. 又以財官爲論, 亦俱無歸趣, 復始得吳病藥之上旨, 再以財官中和叅看, 則嘗失八九, 而得其造化, 所以然之妙矣."(沈載烈 편저,『命理正宗精解』, 명문당, 2009, 48~49쪽.)

술(甲戌)에 병(病)이 생조(生助)되니 사망하였다.[510]

각설하고 이를 다른 방향으로 살펴보자. 시상편관격은 벼슬할 팔자인데 사주에 화(火)가 많아 금을 녹이고 있어 화(火)가 병이다. 화운에 죽을 것이나 다행인 것은 개두로서 보호를 받고 있음으로 죽지 않았다. 금운(金運)에 대발했다는 간명이다. 즉 벼슬할 팔자인데 관(官)을 화(火)가 극하고 있으니 화가 병이라는 설명이다. 조후론이나 억부론으로 설명한다면 어떻게 설명할 수 있을까? 아직 한기(寒氣)가 스며있는 인월(寅月)에 을목(乙木)이다. 신강하다고 하나 계절로 보면 입추로서 아직 어린 초목이다. 강한 금운을 받아 절삭의 운명이니 화(火)가 금(金)을 다스리고 목(木)을 보호하니 화(火)를 용신으로 본다면 사주 간명은 반대로 설명될 것이다. 이런 설명도 고서(古書)에는 많이 나타나고 있다.

다섯째, 종격론(從格論)에 대해 설명하고 있다.『적천수(滴天髓)』에서는 일주(日主)가 고립 무기하고 인원(人元)이 절연(絶緣)되어 털끝만큼도 생부(生扶)할 의사가 없고 재관이 심히 강하면 이를 진종(眞從)이라 한다. 기왕 종을 한다면 마땅히 종신(從神)으로 논해야 한다. 가령 종재(從財)하면 단지 재(財)만을 위주로 해야 한다. 재신(財神)이 목인데 왕하니 또 의향을 보고 혹 화가 필요한지 토가 중요한지 금이 필요한지를 보고 행운에서 그것을 득하면 길하고 그렇지 않으면 흉하다. 나머지도 이와 같다. 이때 금은 목을 극할 수 없으며

---

510) 沈載烈 편저,『命理正宗精解』, 명문당, 2009, 48~49쪽.

극할 수 있다면 쇠약한 것이다.[511] 종격에 대해 요점을 간략히 설명하고 있다.

실제 간명에서 부탁치는 문제가 일반적인 사주정법으로 풀리지 않을 때가 있다. 이런 경우는 드문 경우지만 그래도 가끔 있다. 고인들도 경험했을 것이다. 그래서 변격으로 나타난 것이 종격이란 간명법이다.[512] 종격에 대한 사주를 예로 들어 설명한다.

---

511) "日主孤立無氣, 天地人元, 絶無一毫生扶之意, 財官强甚, 乃爲眞從也. 旣從矣, 當論所從之神, 如從財, 只以財爲主, 財神是木而旺, 又看意向, 或要火要土要金, 而行運得所者吉, 否則凶, 餘皆仿此, 金不可剋木, 剋木財衰矣."(金東奎譯,『滴天髓闡微』, 明文堂, 2002, 352쪽.)

512) 종격에는 "從旺格·從强格·從氣格·從勢格이 있다. 종왕격은 사주에 모두 비겁이고 관살의 제극이 없고 印綬만 있어서 生하면 旺함이 剋에 달하니 그 旺神에게 從하는 것이다. 중요한 것은 行運이 比劫과 인수지로 운행하여야 길하다. 가령 局 중에 인수가 경하면 행운이 식신·傷官이라도 역시 아름답고 官殺 운은 이른바 왕신을 범하니 흉화가 금방 오고 재성운이면 군겁상쟁이 되어 구사일생이니 나쁘다. 종강자는 사주에 인수가 중중하고 비겁이 첩첩이고 일주는 당령하여 하였는데 재성은 絶無하고 관살은 털끝만큼도 없다면 이른바 2인 동심으로 강함이 극에 달한 것이다. 이때는 順함이 가하고 逆함은 불가하니 순전한 비겁으로 운행하면 길하고 인수 운도 역시 아름답다. 식상 운은 인수를 沖剋하므로 반드시 凶하고 재관 운은 강신을 촉노케 하여 대흉하다. 從氣者는 재관이 인수,식상 등류를 불론하고 기세가 木火에만 있을 때는 중요한 것은 목화 운으로 운행하여야 하고 기세가 金水에만 있을 때는 행운이 금수로만 운행하여야 吉하며 이와 반대면 凶하다. 從勢者는 일주가 무근하고 사주에 재관,식상이 함께 왕하여 강약을 분별할 수 없으며 또 비겁이나 인수가 일주를 생부함이 없고 또 어느 한 신으로 종할 수 도 없으면 종왕자의 세이다. 三者가 균정하여 강약을 분별할 수 없으면 모름지기 財운으로 행하여 화해시켜야 한다. 식상의 氣를 인동 시켜서 그 재관지세를 돕게 하면 길하고 관살 운으로 운행하면 다음이 되고 식상 운으로 행하는 것도 다음이다. 가령 행운이 비겁이나 인수가 되면 반드시 흉함이 의심하지 말라 누누이 시험한 것이다."(金東奎譯,『滴天髓闡微』, 明文堂, 2002, 520~521쪽.)

乾命	四柱	戊 庚 壬 壬	대운	戊丁丙乙甲癸
		寅 寅 寅 寅		申未午巳辰卯

『적천수(滴天髓)』에서 간명하기를 경금(庚金)이 맹춘에 생하고 사지(四支)가 모두 인(寅)이니 무토(戊土)가 비록 장생하지만, 사지에 머무는 것과 같다. 기쁜 것은 양임(兩壬)이 년, 월에 투출하여 경금을 인동시켜 연약한 목을 생부하니 종재격(從財格)이다. 역시 수기(秀氣)가 유행하고 다시 기쁜 것은 운로(運路)가 동남(東南)으로 가니 생화하고 불패하여 목(木) 역시 영화를 베푸니 일찍이 갑과에 등과하여 벼슬이 황당(黃堂)에 이르렀다고[513] 하여 종재 격으로 설명하고 있다.

그러나 이 사주를 두고 경금 일주가 시간의 인성 무토에게 무력하나마 의지할 수 있으므로 종격(從格)으로 보기보다는 정격(正格)으로 보는 것이 더 타당할 것이다. 정격으로 볼 경우에는 시간의 인성(印星) 무토(戊土)를 용신(用神)으로 삼고 왕(旺)한 목(木)을 충극하여 용신(用神) 무토를 구해주는 비겁 금(金)이 운에서 들어오기를 간절히 기다리고 있는 재중용인격이 된다고[514] 하여 종재격으로 간명하기보다는 일반적인 논법으로 설명하여야 한다고 한다. 그 이유는 지금 세상에서 사는 사람들은 각자 나름대로 배울 만큼 배우고 살아 중

---

513) 『滴天髓』, "庚金生於孟春, 四支皆寅, 戊土雖生猶死, 喜其兩壬透於年月, 引通庚金, 生扶嫩木, 而從財也, 亦是秀氣流行, 更喜運走東南, 生化不悖, 木亦得其敷榮, 所以早登甲第, 仕至黃堂."
514) 羅明祺, 『새로운 滴天髓풀이』, 관음출판사, 2010, 34~35쪽 참조.

산층 정도는 되므로 제 밥그릇 정도는 다 챙기게 된다. 그러다 보니 주관이 뚜렷하고 자존심이 강하여 어디 남에게 꿀릴 일이 없다는 것이다. 그런 것을 옛날 잣대로 간명하는 것은 잘못되었다고 주장들을 많이 하고 있다. 그러나 『적천수(滴天髓)』에서 주장하는 종격(從格)은 그 나름대로 타당한 면도 분명히 존재하고 있다는 것을 참조할 필요가 있다.

여섯째는 일명 물상론(物象論)이다. 이는 사주에 나타난 간지를 하나의 형상(形象)으로 바라보는 취용법이다. 사주 간명의 길은 여러 갈래가 있는데 자평진전을 기본으로 하는 격국 용신론을 중요시하여 격국 용신에 매달리는 학구파와 적천수 천미를 명리의 바이블로 생각하는 역술인이 있는 반면 난강만이 이기의 진퇴를 가장 잘 설명하였다 하여 난강만을 신주 모시듯 하는 술객, 그리고 골치 아픈 명리 이론은 뒤로하고 오로지 신살(神殺)로만 운명을 판단하려는 얕은 지식의 술사(術士) 등 다양하게 있다. 그러나 격국과 용신에 매달리면 통변술이 부족하고 너무 복잡다단하여 명리를 수년간 공부하여도 사주하나를 제대로 간명하기 힘든 것은 사실이다. 사주가 미혹의 학문이 아닌 자연과학이고 우주과학으로 인간의 명과 연계시킬 수 있는 방법은 사주의 여덟 문자는 인간 생성의 우주에너지를 부호(符號)로 표시한 것이므로 이 부호가 나타내는 의미가 무엇인지 먼저 이해하는 것이 필요하며 오행이 나타내는 바를 상으로 만들어 간명하는 것이다.[515] 이런 물상법은 통변할 때 요긴하게 사용될 때가 많다. 그러

---

515) 金甲植, 『형상사주학』, 舞鶴東洋運命哲學硏究院, 2007, 1쪽.

나 이를 자유자재로 사용하고자 하면 공부가 되고 수련이 되어 사주학설에 어느 정도는 조예가 깊어야 가능한 일이다. 물상법으로 간명한 사주를 예로 들어 설명에 갈음한다.[516] 이는 역학계에 회자되고 있는 사례로서 많이 인용되고 있다.

乾命	四柱	丙 戊 己 戊 辰 辰 未 辰	대운	乙甲癸壬辛庚 丑子亥戌酉申

위 사주를 70년대 후반 일명 박도사로 불리던 제산 선생이 대구에 내려와 사주를 간명한 일화이다. 박도사는 사주를 일견(一見)하더니만 사주에 냄새가 난다는 것이다. 고서를 통달하고 음양오행의 생극제화(生剋制化)와 신살 어디에도 사주에 냄새를 찾는 법은 없는데 어떻게 냄새가 난다고 하였을까? 이 사주의 주인공은 구미시에서 분뇨 수거사업자인데 명리학을 공부하는 중인 사람으로 냄새가 난다고 하니 그 신묘함에 놀라지 않을 수 없었다. 왜 냄새가 난다고 하였는지 그 간명법을 가르쳐 달라고 간곡한 청에 사주를 뚫어지게 보면 냄새가 나는 것이 눈에 보인다는 것이다. 이렇게 번갯불과 같은 영감으로 운명을 판단하는 것은 사주팔자를 문자 이전의 천지자연으로 음양오행을 형상화한 간명법과 더불어 영성(靈性)을 빌려 쓰는 것이다.

이 사주가 왜 냄새가 나는지 제산 선생의 설명이다. '한 여름철의 무토(戊土)가 지지(地支)에 토가 전국(全局)하였고 년월(年月)상의

---

516) 金甲植, 『형상사주학』, 舞鶴東洋運命哲學研究院, 2007, 3~4쪽 참조.

무기토(戊己土)와 시상에 병화(丙火)가 투간하였으니 이것은 한 여름철의 넓고 넓은 대지에 아침 햇살이 뜨겁게 비추고 있는 일점의 나무가 없는 황무지로서 진(辰)중 계수(癸水)가 있으나 목이 없어 빠져나갈 통로가 막혀있고 금이 없으니 물이 솟아남도 없으니 대지에 고여 있는 물은 썩게 되는 상(象)이다. 그러므로 고여 있는 물이 썩으면 냄새가 나는 것은 정한 이치가 아닌가? 이렇게 사주를 상(象)으로 판단하여 운명을 간명하는 방법을 '물상법'이라 하여 많이 활용되고 있다.

일곱 번째는 월지(月支)중심의 간명법이다. 근래 들어와선 고전에서 내려오던 일간 위주의 자평학을 아예 월지 중심의 간명법으로 취용하여야 한다고 주장하기도 한다.[517] 그것은 현대 산업사회로 진전되어 오면서 직업군이 다양화됨에 따라 사회활동 무대가 매우 복잡해졌다. 특히 현대 대중민주주의 체계의 집단주의적 양태를 보이고 자본주의사회의 전문가 지배를 의미하는 테크노크라시(ECHNOCRACY)적 성격은 개개인의 행·불행(幸·不幸)이 조직생

---

[517] "자평명리학은 일간을 중심으로 오로지 유용지신에 의지하여 운의 희기를 판단한다. 월지간명법은 상신과 월지와 유용지신을 모두 고려하되 첫째는 상신 둘째는 월지(격국) 셋째는 유용지신을 중시한다. 취격의 순서는 월지, 월간, 시간 그리고 연간,시지, 일지, 그리고 연지의 순서로 취하고 자평명리학과 달리 內格(正格)으로만 취격한다. 또 월지간명법은 월지인 격국(수도)의 수호신인 상신(수도시장)을 중요하게 여긴다. 또 일간인 체에 대하여 사회궁인 월지 즉 격국을 용으로 하고 다시 월지 즉 격국을 용의 체로 하여 이에 대하여 격국을 수호하는 상신을 用의 用으로 선출하므로 명주의 사회활동 무대를 중요시하고 사회적 지위의 귀천에 관심을 가지게 된다. 또 生年을 부모의 자리로서 명주보다 앞선 세대. 즉 전생부터 부모의 세대까지를 나타내고 生月은 형제의 자리로서 생일과 함께 형제와 내가 같은 세대를 살아가는 현생을 나타내며 生時는 명주의 다음 세대 즉 자식부터 내생까지를 나타낸다고 하였다."(鄭大鵬,『現代命理學』, 도서출판 한알, 2014, 211~218 참조.)

활 속에서 자신의 사회적 지위·역할에 의해 결정되어지는 양상을 띠게 만들었다. 따라서 일차적으로 개인의 행불행을 나타내는 일간 중심의 간명법에서 사회활동 무대와 사회적 지위와 귀천을 나타내는 월지를 우선적으로 보는 이른바 월지중심의 간명법으로 발전되어야 한다는[518] 것이다. 월지간명법으로 설명한 격국 상신의 사례연구를 예로 들어보면 다음과 같다.

乾命	四柱	丙甲戊庚	大運	乙甲癸壬辛庚己
		寅寅寅申		酉申未午巳辰卯

위명(命)에 관하여 『궁통보감정해(窮通寶鑑精解)』에서 이르기를 '용신격 금수운에 진사(進士)를 하였다.'고 하였다. 또 『자해비전사주대관(自解秘傳四柱大觀)』에서 이르기를 '인(寅) 중에 무병갑(戊丙甲)이 있는데, 이것들이 천간에 투출하여 춘목(春木)이 양을 향하니 발전의 상(象)이 있다'고 하였다. 김우재는 「군수격」으로 사주 내에 水가 복장되고 천간에 불투하니 금목상전격(金木相戰格)이 되므로 중화가 못되어 소귀(小貴)하고, 재산은 대부(大富)가 된다.'고 하였다. 상기의 명조에서 목(木)은 네 개로 너무 많으므로 일간은 득병(得病)되었다. 일간득병에 대하여 경신금(庚申金)을 약신으로 삼는데, 흉신인 칠살 경금을 식신 병화(丙火)가 제살(制殺)함이 아름답다. 병화(丙火) 식신은 제신(制神)·조후신(調候神)·설기신(洩氣神)·통

---

518) 鄭大鵬, 『現代命理學』, 도서출판 한알, 2014, 3쪽.

관신(通關神)에 해당된다. 사주하나를 두고도 간명의 방법이 이와 같이 다르다.

  월지간명법에 따르면 월간의 무토(戊土)로 취격하므로 가편재격(假偏財格)에 년간(年干)의 편관을 상신으로 선출하게 된다. 따라서 목(木)은 격국의 기신(忌神)에 해당되고 화(火)는 상신의 기신에 해당되므로 수(水)는 구신(救神)이 됨을 알 수 있다. 그러므로 금수(金水) 운이 나쁘지 않다는 것을 알 수 있다. 특히 격국인 무토는 득 장생하였고 상신인 경금(庚金)은 득록(得祿)하여 격국(格局)과 상신이 모두 왕할 뿐만 아니라 갑무경(甲戊庚) 삼기(三奇)도 역시 왕(旺)함을 알 수 있다. 그리고 년상(年上)은 국가궁(國家宮)인데 이곳에 관성(官星)이 있으므로 곧 국공직(國公職)이라 할 수 있다.[519]

② 혼합방식 예문

  이외에도 여러 논법이 '혼합'되어 통변을 하고 있는 경우이다. 그러므로 이런 경우에는 어떤 논법으로 명명할까 고민스러울 때가 한두 번이 아니다. 필자는 고명하다는 명학가 선생님을 만나면 제일 먼저 어떤 논법으로 사주간명을 하십니까? 하고 물어보는 것이 입버릇처럼 되었지만 돌아오는 대답은 대체적으로 '모든 논법을 응용하고 있다'고 한다. 다시 말하면 5가지 용신 격국론 이외에도 종격(從格)과 물상론, 형기론, 간지론, 신살론 등의 여러 논법을 복합적으로 인용하여 사주 간명을 하는 것이 특색으로 약칭 강호에서 제 현자들이

---

519) 鄭大鵬, 『現代命理學』, 도서출판 한알, 2014, 283쪽.

많이 사용하고 있는 것으로 볼 수 있다. 실제 간명한 사례들 중에서 몇 가지 예를 들어 보면 다음과 같다.

첫째,『명리실관(命理實觀)』에 기록되어 있는 실관 내용이다.[520]

乾命	四柱	丙丙戊庚	大運 8	乙甲癸壬辛庚己
		申子寅寅		酉申未午巳辰卯

사주설명이다. '비록 섣달이지만 입춘이 지난 지 6일이나 되었으니 장차 화기(火氣)의 여운이 충만하리라. 돌아가는 큰기러기 득의하여 창공을 활강하고 물오르는 버들가지는 힘차게 요동치네. 예절을 알고 신의를 알며 나아감과 물러남도 알도다. 상공(商工)분야나 의학계통 양자 중 택일함이 가장 묘미가 있으리라. 용이나 뱀띠 중 배필을 택함이 바로 좋은 연분이 되리라. 두 아들 비록 귀(貴)하게 되겠지만 그중의 하나가 더욱 영화(榮)로우리라. 20세 이전에는 반드시 학문에 영광이 있으나 25세에는 기복이 있으리라. 봄·여름에는 미흡하니 년운(年運)이 서로 해함이라. 가을과 겨울에는 평안을 되찾으

---

520) "立春六日火將氣餘, 歸鴻得意天空濶外柳生心水動撓, 知禮知信知進知退, 商醫工兩問擇一最妙, 辰巳生女正是良緣, 二子雖貴其中一榮, 李十以前學必有光, 二十五運一右一左, 春夏未洽年運相害, 秋冬復安金水通源, 至二十七陰雲未息, 自二十八鳥出飛天, 二十九,三十婚完爲吉, 可用此材功在外邦, 三十一,二,三乘勢顯名, 三十四中何其欲也, 三十七前基之 三十八後五年昌, 四十七歲財損名左, 四十八,九天以佑之, 五十一,二,三 能潤身屋, 五十八後十年旺興 六十八後修鍊." (朴在玩,『命理實觀』, 易門 關書友會, 1999, 100~102쪽.)

며 금수통원(金水通源)이다. 27세에 이르러도 음산한 구름은 아직도 남아 있으나 28세부터는 둥지를 나온 새가 하늘을 나르리라. 29~30세에는 혼인하면 길하리라. 이곳에서 가용한 재료가 외방에서 공을 얻으리라. 31~33세에는 세를 타고 그 이름을 세상에 나타내기 시작하리라. 34세 중에는 어찌 37세 전에 그 기반이 서고 38세 후에는 5년간 창성하리라. 47세에는 재산과 더불어 명예에도 손상이 있으나 48~49세부터는 하늘이 도우리라. 58세 후로 십 년간 왕성하리라. 68세 이후로는 수련에 노력하여야 할 것이다.

둘째, 『사주첩경(四柱捷徑)』에 있는 실관내용이다.[521]

乾命	四柱	乙己乙辛 丑丑未卯	대운	己庚辛壬癸甲 丑寅卯辰巳午

이 사주는 미월(未月) 을목(乙木) 투출(透出)로 기일주(己日主)에 칠살(七殺)이 분명하나 득령, 득지, 득세(得令, 得地, 得勢)로 신강(身强)하고 신금(辛金)이 제목(制木)하니 가살위권(假殺爲權)이 되어 있다. 미월(未月)은 아직 화기(火氣)가 유여(有餘)하여 일주는 우강(尤强)이나 을목살(乙木殺)은 조목(早木)으로서 수(水)가 없음에 토조고목(土燥枯木)으로 신(身)에 비하여 목이 좀 약한 중 신금(辛金)이 또 제목(制木)하니 병(病)이 되어 있다. 다행히 사(巳)운 신해

---

521) 李錫暎,『四柱捷徑』6권, 韓國易學教育院, 2008, 120쪽.

년(辛亥年) 이십일세(二十一歲)에 금수(金水)가 생목용신(生木用神)하여 군왕(君王)으로 등극(登極)하였다가 재위십일(在位 十一)년 되는 진운(辰運) 신유년(辛酉年)에 토금(土金)이 상생하여 극을목(剋乙木)과 더불어 묘유(卯酉) 상충(相沖)으로 발근색원(拔根塞源)되어 용신(用神)이 상진(傷盡)으로 붕(崩)하고 말았던 일(一) 군주(君主)의 사주이다.

셋째, 『명(命)』에 기록되어 있는 내용을 인용한 것이다. 이는 일본의 아부태산('阿部泰山) 역학자가 직접 간명실례(看命實例)라고 설명되어 있어 참고하고자 했다.[522]

乾命	四柱	丙戊壬壬 辰辰子申	대운	己戊丁丙乙甲癸 未午巳辰卯寅丑

가. 명식해부

- 생일 무토(戊土)는 월지(月支)의 자(子)가 겨울철이므로 얼어붙어서 활용이 안되므로 병화(丙火)가 절실히 요구된다.
- 신자진(申子辰) 삼합수국(三合水局)이 되어 그 기력이 매우 커지는데 두 개의 진토(辰土)는 이를 제하므로 표란(漂亂)을 막아주고 있다.
- 명식의 편재(偏財)가 원두에 있고 삼합수국 또한 재성(財星)이

---

522) 김상연, 『命』 2권, 甲乙堂, 2009, 350~355쪽.

되어 재신이 태과된다. 그러므로 재성의 기신(忌神)인 비견·겁
재는 이 경우는 희신(喜神)으로 변한다.
- 병화(丙火)인 편인(偏印)은 한냉(寒冷)을 완화해 줄뿐 아니라 진
토(辰土)를 도와주므로 희신인 비견·겁재의 힘이 강해지게 된다.
- 명식내에 충이나 합은 없고, 생일과 생시의 진토(辰土) 자형(子
刑)이 된다.

나. 종합

사람의 운명을 판단하는 데는 첫째로 생일 천간을 나 자신으로 하여 강·약을 예측하고, 둘째로 격국(格局)을 정한 다음 격의 성격과 파격을 구별한 후 격에 대해서 희신과 기신을 결정하고 운명의 대소 후박을 측정한다. 셋째로는 육친(六親)과의 관계, 사업·직업 등에 관한 것을 알아본다. 넷째로는 후천적인 운명의 흥패(興敗)는 대운(大運)과 년운(年運)에 달려 있으므로 이 두 가지를 보좌적으로 설명하는 순서로 보면 된다.

본명은 무진일(戊辰日)이 겨울철에 태어났으므로 토성(土星)이 한랭하여 빙동(氷凍)하므로 화(火)의 따뜻함을 구함이 요구된다. 다행히 시간의 병화(丙火)는 능히 수(水)를 따뜻하게 하여 황토(荒土)가 되지 않고 만물을 생산하는 힘이 있다. 비견과 천록(天祿)이 있어 나 자신의 운명에 도움이 된다. 생시(生時)의 병화는 편관(偏官) 칠살의 살(殺)로 화(化)해 금(金)의 수원(水源)을 제(制)하고 나 자신인 토를 따뜻하게 해 줌은 무엇보다도 귀중한 것이다. 생월 정재격에 식신

으로서 재를 도우고 년·월에 편재가 있어 재성이 왕해지므로 정재의 원신(元神)은 조금 태과한 상태이다. 그러나 일·시에 비견인 토가 있어 태과한 수세(水勢)를 제하므로 표란(漂亂)을 막아주는 효과가 있다. 그러므로 재왕(財旺)하고 신왕한 명국이 된다.

다. 선천운(先天運)

사람이 살아가는 데는 재가 귀중한 것이므로 누구라도 좋아한다. 그런데 재(財)로서 격(格)을 이룰 때는 반드시 신강(身强)하고 재(財) 또한 왕함을 요한다. 본명은 이 조건을 구비하고 있으므로 선천운명은 부귀의 명이다. 만약 명중에 재는 왕한데 신약한 경우는 부가(富家)의 빈인(貧人)이 된다. 재는 유통활동의 것인 고로 적의한 노력과 기회를 잘 타서 활약하면 보다 더 큰 부명에 이르게 된다. 요는 재격(財格)에 재신(財神)이 기세가 있고 나 자신 또한 강건하면 재의 운용을 교묘히 함으로써 부(富)를 이룬다고 단정할 수 있다.

라. 성격(性格)

무진일(戊辰日) 무진생(辰時生)은 토성이 모여서 나 자신 신강하다. 토는 풍후한 것으로 만물의 모(母)다. 능히 인자함이 두터워서 중용(中庸)을 존중하고 신용을 중히 여긴다. 성실 정직함과 온후독실함이 있다. 검소한 미풍은 있으나 인색하지는 않다. 재를 써야 할 곳에는 아끼지 않고 재를 쓰는 고로 재를 중히 여기는 면이 있는가 하면 가벼이 여기는 면도 있다. 대체로 봐서 재에 대한 집착함이 있다. 따라서 돈을 이식(利殖)하는 생각도 강하다. 재의 기가 왕성한 때문에 어느 정도 조급한 면도 있다. 삼합수국(三合水局)이 되어 평화를 신조로 하는 성격이다.

마. 처자(妻子)

정재는 정처(正妻)이고 편재는 편처(偏妻)이다. 정·편재가 섞여서 여러 개 있으면 처와 첩이 한집에 살게 되거나 본처 이외의 이성의 인연을 면치 못한다. 그러나 정재가 건록에 좌(坐)해 있고, 편재는 제왕·장생의 건왕한 지(地)에 거(居)하므로 처·첩 모두 나의 힘이 되는 좋은 연(緣)을 얻을 명이다. 남명에서 자녀는 편관·정관이다. 본명은 진(辰)의 장간에 있는 을(乙)은 정관(正官)이 심장해 있는 경우가 되므로 자연(子緣)은 있다. 재로서 관을 생하는 것은 처신(妻神)인 수(水)가 자신(子神)인 목(木)을 생하므로 현명한 자식이 있게 된다. 자형(子刑)은 있으나 삼합이 되므로 가족 간에 융화 화합하는 명이다.

바. 사업(事業)

사업 또는 직업은 편·정재 건전한 지(地)에 거(居)해 있고, 일간이나 자신도 강력하므로 많은 재를 얻는다. 재는 경제의 신(神)이다. 재기유통(財氣流通)할 만한 명이 되면 경제방면·실업·물장사 등의 류(類)는 어느 것이라도 성공한다.

사. 명식의 희신 · 기신(忌神)

- 병과 갑은 조후용신으로서 생시에 병이 나타나 있고, 갑은 없어도 진(辰)중에 을이 있어 갑에 대신하여 조후용신이 되어 개운의 길이 있다.
- 갑 · 을의 관 · 살은 유용한 병화를 도와 재의 태과를 수생목으로 생화하는 고로 희신이 되어 길로 화한다.
- 비견은 명중에 2위가 있는 고로 재차 비견 · 겁재가 오는 것은 기신이므로 복분(福分)을 빼앗는 흉이 된다.
- 인묘진(寅卯辰) · 해묘미(亥卯未) 및 갑 · 을의 목기는 위와 같이 생화화(生火化)하여 명운을 구하는 신(神)이 된다.
- 명중에 재기가 당(黨)을 이루어 재성 태과한데 재차 재신(財神)이 오는 것은 구신(仇神)이 되어 흉상이 된다.

사주의 간명 방법은 크게 2가지로 구별하고 있는데 후당말(後唐末), 송대초(宋代初)를 기준으로 하여 이전을 고법사주라 하고 이후를 신법 사주로 나누고 있다. 고법은 이허중(李虛中)의 논법을 위주로 하고 있는데 이는 일종의 3주학으로 3원론으로도 설명을 하고 있다.[523] 즉 년주(年柱)를 기준으로 하여 년간(年干)을 천원(天元)으로

---

523) 중국 명리학자 李居明의 『四柱算命術』에서 이허중의 명리학을 '三柱算命術'이라 규정하였으나 이는 잘못된 것이다. 『李虛中命書』를 살펴보면 이허중이 三柱가 아닌 四柱로써 論命 하였음이 확인된다. 또한, 대만인 黃李維에 의하면 '李虛中은 年을 主로하고 서자평은 日을 主로 하였다는 논리도 잘못되었다.(沈揆喆, 『命理學의 淵源과 理論體系에 관한 研究』, 한국정신문화연구원, 박사학위논문, 53~54쪽 참조.) 이는 이학자의 주장으로도 볼 수 있다.

보고 년지(年支)를 지원(地元)으로, 납음오행(納音五行)을 인원(人元)으로 구성하여 간명하는 방법으로 일명 당사주(唐四柱)라고도 하는 것이 그것이고, 신법은 서자평(徐子平)의 자평학(子平學)으로서 년주·월주·일주·시주의 네 기둥을 세워 일간(日干)을 위주로 하여 다른 7자와의 관련성을 간명하는 방법이다. 현재도 일부에서 고법의 일종인 당사주로 간명을 하고 있으나 점차 소멸되어가고 있고, 신법인 사주학으로 간명하는 것이 대세이다. 이와 같이 간명의 주체를 누구로 볼 것인가에 신법과 구법으로 나누기도 하고 있으나 그러나 부차적인 내용과 관련하여서는 별 차이가 없다.

그 한 예를 들어보면 주대(周代)에 낙록자가 찬술한 『낙록자삼명소식부(珞琭子三命消息賦)』[524]에는 '어질지도 못하고 의롭지도 못하는 것은 경신(庚辛)과 갑을(甲乙)이 교차함이고, 혹 옳고 그름은 임계(壬癸)와 병정(丙丁)이 서로 두려워함이다.'[525] 또 '생지를 서로 만나면 물러가 자리를 피하는 것이 좋으니 흉회와 복음·반음과 음착·양차와 천충지격이 그렇다.'[526] 하여 오행의 합충에 의한 귀천과 신살(神殺)로 인한 길흉을 간명하고 있다. 주대로부터 1,000여 년이 지난 당말(唐末)의 서자평은 『珞琭子三命消息賦注』에서 이에 대해 '갑기와 같이 서로 합하면 귀명을 이루나 만약 갑(甲)이 경(庚)을 보고, 을(乙)이

---

524) 『珞琭子三命消息賦』와 낙록자와 관련한 내용은 3) 명운학의 문헌적 연원을 참조.
525) '不仁不義, 庚辛與甲乙交差, 或是或非, 壬癸與丙丁相畏'(최국봉편저,『三命通神』, 온북수, 2009, 30쪽.)
526) '與生地之相逢, 宜退身而避位, 凶會吉會,伏吟反吟, 陰錯陽差, 天沖地擊.(최국봉 편저, 위의 책, 83쪽.)

신(辛)을 보는 것과 같은 유는 모두 음양이 불합하고 교차함으로 복이 없는 명이 된다. 또 생지는 생왕을 말함이나 오행이 다 생왕이 좋은 것만은 아니다. 음양서(陰陽書)에 이르기를 금(金)이 강하고 화(火)가 강하면 그 방국(方局)을 자형하고 목(木)은 떨어지면 뿌리로 돌아가고 수(水)는 흐르면 끝까지 나아간다. 하였으니 이는 강함으로 자형(自刑)하는 것이 형(刑)이 됨을 말한 것이다.'라고 주석을 달고 있다.

당말(唐末)로부터 500여 년이나 지난 명대 당금지의 『연해자평(淵海子平)』「애증부(愛憎賦)」에서는 '부(富)는 사주(四柱)가 순수(純粹)한 데서 오는 것이고 빈한(貧寒)한 것은 사주가 전쟁(戰爭)하므로 부터 오는 것이며 귀(貴)는 사주에 수기(秀氣)가 있으므로 부터 생기고 천(賤)은 반상(反傷)하므로 부터 생기는 것이다. 길복(吉福)하려면 재관(財官)이 왕생(旺生)해야 할 것이요, 정신이 건전해야 할 것이며, 괴강(魁罡)이 있으면 영변(靈變)의 기미가 있으며 이감(離坎)이 있으면 총명하고 귀인(貴人)은 녹마(祿馬)를 만나면 더욱 귀하고 겁재(劫財)와 양인(羊刃)과 공망(空亡)은 멀리하여 만나지 않음이 좋다.'[527]고 하고 있다.

명대의 『적천수(滴天髓)』나 청대의 『자평진전(子平眞詮)』이나 같은

---

527) 『淵海子平』에는 명리학의 기초이론을 위시하여 **格局論**, 명리각론편 등이 실려 있다. 특히 **秘法玄談篇**에서는 사주간명의 원리에 관한 내용을 대체적으로 자세히 설명하고 있다. 현재 역학 서적으로 나오는 대다수가 이런 내용을 짜깁기한 것으로도 볼 수 있기 때문에 역학적 학설의 진의를 알고자 한다면 『淵海子平』를 정독하고, 간명의 이기를 배우고자 한다면 『子平眞詮』과 『滴天髓』를 이해하고, 우주변화의 원리를 이해하고자 한다면 『窮通寶鑑』의 이치를 터득하는 것이 간명에 도움이 될 것으로 사료된다.

내용들을 담고 있고, 근대 나온 관련 서책들도 고전의 학설을 전수받고 있다는 것을 알 수 있을 것이다.

앞에서 논하고 있는 격국·용신론과 12운성론, 물상론, 간지론 등은 논법을 조금씩 달리하여 사주를 간명하고 있지만 결국 고법이나 신법이나 주객(主客)을 어디다 둘 것인가 하는 문제다. 즉 일간을 위주로 간명할 것인가, 년주를 주로 삼고 납음(納音)을 위주로 간명할 것인가, 또 원천강이 말한 바와 같이 '년이 본신(本神)이 된다.' 하여 년주를 위주로 간명할 것인가 하는 차이는 보일지라도 내용에 있어서는 별반 다른 것이 없다. 그러므로 어떤 통변 방법이 동원되더라도 간명 내용과 현실적문제가 어느 정도 부합할 것인가에 무게가 실려 있는 것이다. 현재에도 많은 역학자들이 이 문제를 두고 여러 방면으로 연구하고 있지만, 발전이 더딜 뿐만 아니라 이전의 틀에서 쉽게 벗어나지 못하는 면도 있다. 이는 기존의 학설이 학문적으로나 실제 간명에서도 그만큼 학술적인 연구 성과가 있었다는 면도 있고 타당성이 있다는 것을 말하는 것이다. 다만 걱정스러운 것은 앞으로 역학자들이 많은 연구를 한다 하더라도 간지력으로 사주를 세워 운명을 논한다면 보다 나은 발전을 도모하기가 어려운 문제가 아닐까 하는 의구심도 조심스럽게 가져보게 되는 것이다.

(2) 운(運)

사주는 운(運)과 명(命)을 나누되 명(命)도 좋아야 하지만 운(運)이 더욱 긴요하다. 또 운에도 대운과 세운으로 나누되 대운은 운세의 근간이며 세운은 운세의 지엽이다. 대운은 대세적인 운세이고 세운은 일 년간(一年間)의 길흉을 주사(主事)하므로 대운을 중요하게 생각한다.[528] 다시 말하면 대운이란 천간지지가 그 절시(節時)를 얻으면 자연히 개화(開花)하고 자아(子兒)를 얻어 결실이 무성할 것이다. 사주에서 말하는 월령(月令)은 천원(天元)이요, 절시(節時)인 바 그 월령은 흐르고 유천(流遷)하는 것이므로 인생의 운명(運命)이 변화하는 것을 월상(月上)으로부터 취하여 기산(起算)하는 바 이것이 대운(大運)이다. 비여(譬如)컨데 수(樹)와 묘(苗)의 관계와 같은 것이어

---

[528] 『四柱命理學大事典』에서는 대운기운법이라 하여 "대운을 제정할 때 곧 기운법을 정할 때 다음 세 가지 법을 사용한다. 첫째가 남녀 모두 順하면 순운을 채용하고 逆하면 역운을 채용한다. 순하면 남자는 陽年生, 여자는 陰年生이다. 역하면 남자는 음년생, 여자는 양년생이다. 이와 같이 남녀는 생년이 陰이냐, 陽이냐에 따라 순·역이 정해지며 대운제정법의 기본이 된다. 본래 순하면 남녀를 불문하고 길흉 모두 순조롭게 운행한다는 뜻이 있고 역하면 길흉 어느 것이라도 다소 불순한 것이 있다고 본다. 둘째는 남녀 음양 순·역을 불문하고 누구라도 생월의 간지를 제 1운으로 한다. 비록 우리가 인간이라 하여도 이 광대한 천지간에 존재하는 하나의 동물에 불과하다. 그 榮枯는 식물과 같다. 따라서 명리학은 우리 인간을 일개 小天地로 간명하므로 계절을 대표하는 월을 제 1운으로 한다. 우리는 흔히 인생에 봄을 잘 맞이한다는 말을 하는데 이는 인생을 식물에 비유하여 꽃피는 시기 곧 운세가 좋은 때를 맞이한다는 뜻에서 나온 말이다. 남녀 모두 순하면 짝한다. 남녀 모두 역이 되면 생월 간지를 제 1운으로 하고 나중에는 모두 역의 간지를 기입한다. 셋째는 日數에 의하여 산출한 立運數로 제 1운을 정하고 이하 누구라도 10년마다 大運을 제정한다. 이와 같이 제정한 대운 간지에 대하여 제 1운 立運數를 기입한 후에 누구라도 10년마다 숫자를 배열한다. 대운은 앞에 서술한 것과 같이 사람의 운명에 대한 영향이 매우 강하므로 명식의 연장이라고 할 수 있다. 원명식이 아무리 좋아도 대운에 기신인 悲運이 돌아오면 실력이 있어도 모든 일이 뜻대로 되지 않는 운행이 되고 고생과 번민을 하는 운이 된다. 이와 반대로 명식이 나쁘더라도 대운이 좋으면 실력이 없어도 모든 일이 뜻대로 되고 노력하지 않아도 성과를 거두는 명이 된다."(申六泉, 『四柱命理學大事典』, 甲乙堂, 2013, 334~335쪽.)

서 나무가 싹에 의하여 성장되고 개화결실(開花結實)하게 됨과 같은 것이다. 따라서 월령(月令)의 용신으로써 운명을 알고 격(格)을 취하는 것인데 월령으로부터 흐르는 것이 대운이니 나무를 접목하여 운세(運勢)가 변화하게 됨을 말한다.[529] 이런 대운을 어떻게 활용하는 것이 효과적일까. 많은 연구 자료가 있지만 『사주명리학대사전(四柱命理學大事典)』에 기재된 내용을 참고하여 보면 다음과 같이 말하고 있다. 즉 대운지지(大運地支)가 사주명식과 세운에 미치는 영향은 극히 크고 형·충·회·합 등을 종횡으로 구사하므로 자세히 감정하지 않으면 안 된다. 본래 대운의 공망(空亡)은 묻지 않는다는 이론도 있다. 후천운(後天運)에서 공망을 빨리 맞이하는 사람도 있고, 중년에 이르러 맞이하는 사람도 있고, 만년에 맞이하는 사람도 있다. 다행으로 생애 중 전혀 맞이하지 않는 사람도 있다. 기년(忌神)은 불필요하다. 운의 천간에 기신이 올라와 있을 경우 공망이 되면 좋고 그 성신(星神)은 꼭 그 성신을 빌려옴을 원하는 명식은 지지(地支)에 공망이 있으면 천간이 없다는 뜻이므로 불리한 운으로 인정한다. 또 대운지지(大運地支)와 년운(年運)과의 관계는 가정의 불화 및 융합, 육친과의 불화 및 융합, 타인과의 불화 및 융합, 등을 의미하고 미혼자에게는 혼기와 연결해 보기도 하므로 대운지지는 극히 중요한 존재이다. 그러므로 대운지지와 원명식 및 세운의 지지가 삼합, 육합, 등이 되면 기쁘고 형·충·파·해가 되면 불화(不和)와 분리 등을 의미한다. 대운통변성에 있어서도 사주명식에서 일간을 제외한 모든 천

---

[529] 沈載烈, 『淵海子平精解』, 明文堂, 2004, 342쪽.

간에 대하여 통변성을 붙이듯이 운의 천간에서도 이같이 일간에서 보아 통변성을 붙인다. 대운의 통변성은 10년마다 길흉을 주관한다. 첫째, 그 운 중에는 통변성이 의미하는 사항이 많이 일어나고 인사 사상의 모든 문제가 발생한다고 생각한다. 둘째, 대운 통변성 명식의 기신에 해당하면 해가 심하고 희신에 해당하면 그 통변성이 의미하는 사항으로 말미암아 즐거움이 자주 온다고[530] 대운의 지지(地支)의 중요성과 관련성에 대해 말하고 있고 통변에 대해서도 설명하고 있다. 그러나 이런 신법이 일목요연하게 정리가 되지 않고 여러 학설이 접목되어 혼란이 되고 있지만, 실례를 잘 들여다보면 눈이 확 뜨이는 효과도 있을 것이다.

첫째, 『적천수천미(滴天髓闡微)』에서는 부귀는 비록 격국에서 정하여지나 궁통하여 보면 실로 운로에 매어 있는 것이니 이른바 '명호불여운호(命好不如運好)'라 하였다. 일주는 나의 몸이니 국 중의 용신도 다 나의 소용되는 사람들이며 운로는 내가 임하고 있는 자리이다. 그러므로 지지(地支)가 중요하다고 한다.[531] 그러나 천간도 등지지 않는 것이 중요하니 상생 상부하면 아름답다. 그리고 한 대운을 10년으로 하고 보는 것이니 상하(上下)를 끊어서 5년씩 따로 보는 것은 일체 안 된다. 그렇다고 개두와 절각을 사용하지 않는 것도 불가

---

530) 申六泉, 『四柱命理學大事典』, 甲乙堂, 2013, 340쪽.
531) "태세는 1년의 비태를 관리하니 만나는 사람이라 했으므로 천간이 중요하다. 그러나 지지도 보지 않으면 안 된다."(金東奎, 『滴天髓闡微』, 明文堂, 2002, 721쪽.)

하다. 가령 상하를 끊어서 따로 보면서 개두와 절각을 논하지 않는 것은 길흉이 맞지 않기 때문이다. 가령 목운으로 운행하는 것이 기쁘다면 반드시 갑인·을묘(甲寅·乙卯)로 행하는 것이 중요하고 다음으로 갑진(甲辰)·을해(乙亥)·임인(壬寅)·계묘(癸卯)로 행하는 것이다.[532] 이런 논법을 이용하여 간명한 내용을 예로 들어 본다.

| 乾命 | 四柱 | 丁 庚 丁 庚
丑 辰 亥 辰 | 대운 | 癸 壬 辛 庚 己 戊
巳 辰 卯 寅 丑 子 |

경진(庚辰) 일주가 해월(亥月)에 생하고 천간에 정화(丁火)가 함께 출로 하였다. 진해(辰亥)에는 갑을(甲乙)을 암장하고 있으니 족히 화(火)가 용신이 된다. 초운(初運) 무자·기축(戊子·己丑)은 회화 생금(生金)하니 소원을 이룰 수 없었고 경운(庚運) 중 병년(丙年)에는 경(庚)이 인지(寅支) 위에 앉아 있으니 절각되었고, 천간의 두 정(丁)은 족히 한 개의 경을 대적할 수 있으며, 또 병(丙)년이니 경금을 확실하게 극하므로 이 해에 진출한 것이 적중하였으며, 정미(丁未)년에는 또 연합하여 지현(知縣)으로 방을 붙였으며, 인(寅)운은 관의 재

---

532) "富貴雖定乎格局, 窮通實係乎運途, 所謂命乎不如運乎也, 日主如我之身, 局中喜神用神是我所用之人, 運途乃我所臨之地, 故以地支爲重, 要天干不背, 相生相扶爲美, 故一運看十年, 切勿上下截看, 不可使蓋頭截脚, 如上下截看, 不論蓋頭截脚, 則吉凶不驗矣, 如喜行木運, 必要甲寅乙卯, 次則甲辰乙亥壬寅癸卯,"(金東奎, 『滴天髓闡微』, 明文堂, 2002, 718~719쪽.)『滴天髓闡微』에서는 運과 관련하여 여러 내용을 설명하고 있는데 현재에 와서도 간명이나 서책에 여기에서 설명한 논법을 대체적으로 인용하고 있는 경우가 많다.

물로 자못 풍부하였으며, 신묘(辛卯) 운은 절각되니 국(局) 중 정화(丁火)가 극하여 벼슬이 군수에 올랐고, 임진(壬辰) 운은 고장에 뿌리를 둔 수(水)가 강력하니 임신(壬申)년에 양 정화(丁火)를 모두 상(傷)하여 사망하였다고 설명하고 있다. 여기서 운(運)을 간명하는 방법은 대운을 상하로 구분하고 세운의 희기를 대조하여 용신의 길흉을 간명하고 있다.

둘째, 『명리약언(命理約言)』에서는 구서에서 '하나의 운(運)을 상하(上下)의 간지(干支)가 년수(年數)를 나누어서 관장한다.'고 말하니, 대개는 상하가 각각 5년을 관장한다고 말하고, 또한 '운은 지지가 중요하다.'는 학설로 인하여 혹자는 천간이 4년을 주관하고 지지가 6년을 주관한다고 말하거나, 천간이 3년을 주관하고 지지가 7년을 주관한다고 말하는데 실은 모두 그렇지 않다. 행운은 월건을 좇아 나왔는데, 순행하는 것은 미래의 월건으로 행하고, 역행하는 것은 이미 지나온 월건으로 행한다. 무릇 월건의 간지는 한 달의 일을 함께 주관하고, 천간이 상반월을 주관하고 지지가 하반월을 주관한다는 이치는 없는데 행운은 도리어 간지를 나누어서 각각 몇 년을 관장한다고 한다면 이러한 이치가 있을 것인가? 고로 '상하의 간지가 함께 10년을 관장한다.'는 것이 옳다. 또한, 간명의 방법도 설명하고 있다.[533] 즉 상하가 모두 희신(喜神)이면 10년이 모두 길하고 상하가 모

---

533) "초운은 소년을 주관하고 중운은 중년을 주관하며 말운은 만년을 주관하는데 이것이 대운을 살펴보는 법이다. 다시 구법에 참작하여 사용할만한 것이 있는데, 즉 사주로 추론하되, 년이 소년을 관자하고, 월일이 중년을 관장하

두 기신(忌神)이면 10년이 모두 흉하며 상하가 하나는 희신이고 하나는 기신이면 10년 사이에 길흉이 각각반인데 이것이 이치에 있어서 가장 정확하고 마땅하다. 다만 천간을 살펴보는 것은 비교적 쉬우나 아래의 지지를 살펴보는 것은 비교적 어려운데 천간의 갑목은 곧 갑목이고 을목은 을목이나 지지에는 각각의 소장이 있으니 반드시 하나하나 연구하여야 한다. 가령 행운이 인인데, 원국에 혹 갑목이 있거나 혹 병화가 있거나 혹 무토가 있으면 마땅히 이 운에서 어떤 천간이 득기(得氣) 하는가를 살펴보아야 한다. 위의 천간이 갑목이면 이 운은 순전히 목이고, 위의 천간이 병화이면 이 운은 태반이 화이며 위의 천간이 무토이면 이 운은 반(半)이 토이다. 위의 천간은 원국(原局)의 간지와 단지 생극(生剋)만을 논하니 이치가 역시 쉽게 보이나 아래의 지지는 원국의 간지와 생극 이외에 다시 상충·상합·상형·상해 등이 있으니 갖가지의 도리는 간략하게 논단하기가 쉽지 않다.534) 『적천수천미(滴天髓闡微)』에서 설명한 상하(上下) 10년을 같이 본다는 내용과 같은 논리로 설명하고 있다.

며, **時**가 **晚年**을 관장한다는 것이다. 만약 년이 희신이면 소년에 발달하고 년인 기신이면 소년에 둔전하며 월일이 희신이면 중년에 형통하고 월일이 기신이면 중년에 건체하며, **時**가 희신이면 만년에 안락하고 시가 기신이면 만년에 零落한다. 이 법은 누차 시험하여 보았는데 중험이 있으니, 고로 덧붙인다. 그러나 다만 소년과 중년과 노년에 있어서의 대강만을 간략하게 묶은 것일 뿐이다. 만약 확실하게 년한을 나누어서 길흉을 상세하게 단정하고자 한다면 여전히 대운을 위주로 하여 살펴보는 것이 마땅하다."(林正桓,『命理約言』, 원제역학연구원, 2006, 50쪽)

534) 林正桓,『命理約言』, 원제역학연구원, 2006, 48~49쪽.

셋째, 『사주팔자진결(四柱八字眞訣)』에서 말하는 세운의 간명법에 관한 설명이다. 사주예측학을 공부하는 학인들은 연구하는 주체가 사주라는 것을 인식하여야 하고 나아가 세운이란 대운과 유년으로 모두 객체에 해당하는데 세운이 명국에 개입한 후 명국에 발생하는 변화가 무엇인지 명주의 매년 혹은 각 대운상에서 나타나는 변화는 무엇인지를 살펴보아야 할 것이다. 즉 사주 원국상의 변화를 보고 추론하는 것이지 대운이나 유년(流年)이 명국으로부터 영향을 받아 그 변화가 어떤 것인지를 해석하는 것이 아니다. 대운 유년의 어느 글자가 명국에 손상 받았는지를 분석한다면 명리 해석에서 바로 주체와 객체가 바뀐 본말이 전도가 되어 버린 형국이며 연구대상도 전도되어 버리는 것이다. 그러므로 명주의 길흉화복을 논명할 경우 유년이 손상 받았는지 아닌지는 필요가 없는 것이다. 사실 유년은 일종의 천체(天體)를 대표하는 것으로 손상 받을 수가 없으며 손상 받는다는 개념은 유년의 문제가 아니다. 결론적으로 말하면 원명국은 내인(內 因)이고 대운과 유년은 외인(外因)이다. 내인은 사정의 결정적 인소이고 외인은 사정의 일반적 인소이다. 내인은 오직 외부적 환경인 외인에 의해 영향을 받는 것이며 외인은 오히려 내인의 영향을 받지는 않는다는 점에 주목하여야 하고 3개 우선순위[535] 이론을 적극 활용하

---

535) 사주명리학의 3개 우선순위 이론은 총 10가지로 나타내고 있다. 그 중 "첫 번째를 나열하여 보면, 상위순위의 오행이 하위순서 오행에 대한 생·극·합·형·해의 권한이 있다. 하위순서의 오행은 단지 상위순서 오행에 대한 제약과 영향을 받을 뿐이다. 또한 하위 순위의 오행은 상위순서의 오행에 대한 생·극·충·합·형·해의 주동적 권한이 없다. 상위순위의 오행과 하위순위의 오행은 작용과 피 작용의 관계이며 상위순위의 오행은 하위순서의

여야 간명에 착오가 없을 것이다. 실례를 다음과 같이 들어본다.

四柱	壬 癸 癸 戊	大運 丙寅
	子 未 亥 申	流年 丁丑

3단계의 우선순위의 법칙에 의하여 병인(丙寅)대운 정축(丁丑)유년의 길흉을 판단하여 보자. 원국일주 계수(癸水)는 태왕하니 마땅히 목(木)을 취하여 용신(用神) 삼는다. 병인(丙寅) 대운은 대운지지 인목이 연지 신금(申金)을 충하니 신금은 충패(沖敗)를 당하여 수원(水源)이 단절되었다. 특히 인목은 우선순위에 의하면 제2순위에 해당하는 오행으로 제3순위인 명국의 신금에 의하여 충패 당하지는 않는다. 동시에 인목은 명국의 해수를 합주할 수가 있으며 해수의 역량을 도설하니 이곳의 수의 역량은 견제당하는 형상이 되어 버렸다. 일주 태왕이 변하여 편왕(偏旺)한 것이 되니 병인대운은 마땅히 극설모를 용할 수가 있다.

정축(丁丑) 유년은 유년 년지(年支)가 축토(丑土)로 원명국과 해자축(亥子丑)으로 삼회국(三會局)을 형성하는데 축토는 제1순위 오행에 해당한다. 그러므로 축토는 스스로 본신의 오행속성을 변화하여 수(水)로 변화하지 않으니 여전히 실제적 토(土)의 본성을 갖고 있어

오행에 대한 능동적 작용을 할 수가 있고 하위 순서의 오행은 반대로 상위 순서의 오행에 대한 작용을 할 수가 없다. 둘째는 상위순서의 오행은 하위순위의 오행간의 충과 합을 해소할 수가 있지만 하위 순위의 오행은 상위순위의 오행간의 합과 충을 해소할 수가 없다. 이하는 생략함."(정수호, 『四柱八字眞訣』, 우리출판사, 2011, 301~303쪽 참조. 여기서 제일순위는 유운이고 제이순위는 대운이며 제삼순위는 명조를 말한다.

수오행을 합극(合剋)하고 있다. 그러므로 여기의 삼회국은 합이불화(合而不化)한다고 볼 수 있다. 나아가 수의 역량을 증가하는 것이 아닐 뿐 아니라 반대로 수의 역량을 감량시키고 있다고 볼 수가 있으며, 삼회국은 회이불화(會而不化)하니 실질적으로 해자수(亥子水)의 역량을 반주(絆住)한다고 볼 수가 있으며 특히 축토(丑土)는 제1순위이니 해자수를 합주할 수가 있지만, 해자수는 오히려 축토를 합주(合柱)할 수가 없다. 그러므로 축토는 원칙에 따라 일지 미토(未土)를 충(沖)할 수가 있으며 충하여 토기(土氣)를 격동시키니 토기가 수를 극하는 힘은 더욱 강하여졌다.

천간상으로 보면 유년천간의 정화(丁火)는 명국(命局) 시간의 임수(壬水)를 정임(丁壬)으로 합주할 수가 있어 임수 역시 그 역량이 감량되었다. 이렇게 보니 기신(忌神) 모두 억제 제제당하니 용신재관은 그 작용을 크게 발휘할 수가 있으므로 당해 명주는 크게 발재(發財)를 하였다.

만일 해자축이 합화(合化) 성공하여 수국(水局)으로 성수(成水)한다면 기신의 역량이 증가되고 증가된 힘으로 명국의 임계수(壬癸水)가 유년과 대운을 반극(反剋)하게 될 것이며 대운의 재성 화(火)는 손상을 받게 될 것이니 그렇다면 그 해는 발재가 아니라 오히려 파재(破財)하였다고 추론할 것이다. 그러므로 위의 우선순위 이론의 법칙에 따른다면 이러한 생극(生剋) 관계를 신속하게 판단할 수가 있으며 생극의 결과를 가지고 그 길흉을 정확하게 추론할 수가 있는 것이다.[536]

---

536) 정수호, 『四柱八字眞訣』, 우리출판사, 2011, 293~312쪽 참조.

넷째, 『명(命)』에 기록되어 있는 내용을 인용한 것이다. 이는 일본의 '아부태산'(阿部泰山) 역학자가 직접 간명실례(看命實例)라고 설명되어 있어 참고하고자 했다.[537] 명조 설명은 앞에서 인용하였고 여기에서는 대운과 년운의 설명한 부분을 참조하고자 했다.

| 乾命 | 四柱 | 丙戌壬壬
辰辰子申 | 大運 2 | 己戊丁丙乙甲癸
未午巳辰卯寅丑 |

1. 대운

(1) 제3운(22세~31세) 을묘운(乙卯運)으로서 길운(吉運)
(2) 제4운(32세~41세) 병진(丙辰) 화토운(火土運)으로서 흉(凶)이 화(化)하여 소길운(小吉運)
(3) 제5운(42세~51세) 정사(丁巳) 화운(火運)으로서 길운(吉運)
(4) 제6운(52세~61세) 무오(戊午) 토운(土運)으로서 길운(吉運)
(5) 기미(己未) 토운(土運)으로서 길(吉)이 화(化)하여 소흉운(小凶運)

이상은 명식의 희기(喜忌)에 의해서 길흉(吉凶)을 나타낸 것이다. 그러나 길(吉)에도 고저(高低)가 있고 길운 중에도 흉사가 있다. 그 정세는 다음과 같이 구별하여 해설한다.

---

537) 김상연, 『命』 2권, 甲乙堂, 2009, 355~358쪽.

(1) 제3운(22세~31세) 을묘(乙卯) 정관운(正官運)이다. 정관은 명의 재기가 왕한 것을 수생목(水生木)으로 생화하여 재의 태과를 완화하므로 길운이다. 정관은 명망이고 재는 물질로서 이 운 중에는 명리 모두 발한다. 즉 청년기에 이 호운을 맞이한 기쁨이 있다. 그러나 묘(卯)는 생일과 생시의 진(辰)과 육해(六害)가 되고, 생월(生月)의 자(子)와는 지형(支刑)이 되는 고로 육친골육(六親骨肉)과 자해(自害)가 일어나고 가정은 평화한 가운데 풍파가 생긴다.

(2) 제4운(32세~41세)은 병진(丙辰) 편인(偏印)으로 자형(自刑) 운이다. 병은 조후용신으로 명식이 생기를 얻는 길운이다. 편인은 명중의 편재가 구신(救神)이 되어서 흉해는 되지 않는다. 진(辰)은 명식과 자형이 되고, 진자가 많으면 재앙이 되거나 질병의 우려가 있다. 자형은 자기의 행동에 의해서 형해를 초래하므로 주의를 요한다. 이 기간 중은 대체로 흉이 화해서 소길이다.

(3) 제5운(42세~51세)은 정사(丁巳) 인수운(印綬運)이다. 인수운은 나 자신을 돕고, 운지(運支)의 사(巳)는 건록운으로서 활동한 이상의 개운이 되는 대운이 된다.

(4) 제6운(52세~61세)은 무오(戊午) 비견(比肩) 제왕운이다. 토나 화 모두 나 자신의 희신(喜神)이고 용신에 대해서는 구신(救神)에 해당하므로 만사 길행을 얻는 운이다.

(5) 제7운(62세~71세)은 기미(己未) 토운이다. 토운은 나의 편이 되지만 태과하여 붕괴할 우려가 있다. 특히 겁재가 성(盛)하여 군겁(群劫)을 이루면 재를 파(破)하는 고로 처음은 길(吉)이라 해도 나중에는 흉(凶)으로 변화하기 쉬운 대운 기간이다.

2. 년운(年運)

앞의 설명은 대운(大運)에 대한 설명이고, 인명(人命)은 대운을 주로하고 중요시한다. 다음에 설명하는 년운(年運)은 그해 일 년의 길흉이다. 대운의 길흉이 년운 길흉의 경중 작용을 이루므로 이점 유의하여 참고하기 바란다.

> (1) 23세 갑오(甲午)년 편관. 월지 충운-소흉운. 금년은 약간 흉운으로 화(化)하고 목화(木火)의 운은 희신의 작용을 하나. 대운과 년운은 관살은 나 자신을 공격하므로 만사에 고심고로(苦心苦勞)가 많은 년이다. 매사 정도(正道)로 나아감이 좋은 방법이 된다.
> (2) 24세 을미(乙未)年 정관-길운. 금년은 정관이 왕(旺)해지고 재관쌍미가 되므로 어떤 일이라도 정도로 행동하게 되면 또한 명리가 함께 향상된다. 기혼 남명은 동월 이후 자녀에게 기쁨이 있게 된다.
> (3) 25 병신(丙申)年 편인-소길운. 금년은 천간지 모두 순조로워서 평화한 운이다. 편인은 편기무정(偏氣無情)의 생(生)이 되어도 명중의 편재로부터 제(制)를 받으므로 흉은 화하게 되어 귀찮은 일이 있어도 결국은 이익이 되는 운이다.
> (4) 26세 정유(丁酉年) 인수 합충(合沖)-길운. 금년은 대소운과 명식이 공통해서 삼귀신(三貴神). 즉 재·관·인(財·官·印)이 있어 삼광명(三光明)을 비추는 길운이다. 그런데 대운과 년운은 외충(外沖)이 되므로 약간의 동요가 있든지 명리상에 적은 지장이 일어나기 쉬운 운이다.
> (5) 27세 무술(戊戌)年 비견 충공해(沖空解)-반길반흉운. 금년은 대운 정관의 길성과 비견 천록은 길운으로 공망도 해공되지만 명중의 진(辰)과 술(戌)이 충전(沖戰)되므로 타인과 다툼이 일어나게 된다. 그러므로 길흉상반(吉凶相半)의 운이다.

다섯째, 『용신분석(用神分析)』에서는 대운과 관련하여 다음과 같이 설명하고 있다.[538]

---

538) 『用神分析』에서 발췌한 명조와 같은 명조로서 대운에 관한 설명한 부분만을 별도로 기록하였다.

坤命	四柱 甲丙戊甲 午戌辰寅	大運	癸甲乙丙丁 亥子丑寅卯

  흔히 용신(用神)이 토(土)라고 했을 경우 운에서 토의 그림자만 보여도 운수대통하게 된다고 한다. 그러나 이러한 관점은 경솔한 판단을 하게 되는 이유가 되기도 하므로 심사숙고해야 하리라 본다. 그럼 이 사주의 상황을 가지고 대운을 구체적으로 살펴보도록 하자. 용신이 토가 되므로 무·기·진·술·축·미(戊·己·辰·戌·丑·未) 운은 모두 좋다고 할 수 있겠다. 그러나 분석을 해보면 무토(戊土)는 설기가 부족하고, 술토는 화고(火庫)로서 조열(燥熱)하여 오히려 기신(忌神)이라고 할 수도 있다. 기토(己土)는 반갑긴 하지만 원국의 갑목과 합을 하느라고 제 기능을 발휘하지 못할까 두렵다. 갑기합(甲己合)이면 토가 되는데 무슨 걱정이냐고 하겠지만 합을 한다고 해서 모두 변화하는 것은 아니다. 반드시 화(化)를 해야만 비로소 변화하는 것이다. 그런데 이 사주의 갑기합은 합만 발생시키고 화는 하지 않는다. 그렇기 때문에 비록 기토가 용신이라고 하더라도, 실제로는 화의 기운을 설하는 것이 아니라 갑목과 합이 되어서 병화를 고려하지 않는다는 결론을 내리게 되는 것이다. 이것은 원국에서 갑목이 확실한 뿌리를 가지고 버티고 있기 때문에 비롯된 결과이다. 따라서 기토도 별로 도움이 되지 않는다고 보는 것이다. 물론 해로울 것은 없다. 다만 운수대통이 아니라 실제로는 약간 좋은 정도로 그치게 된

다는 것이다. 이러한 점을 명확하게 관찰하지 않으면 자칫 '기토운이 좋다고 해봐야 좋을 것도 없다.'고 생각할 가능성이 매우 크다.

다시 대운의 지지에 있는 토를 살펴보면, 술토(戌土)는 이미 못 쓰는 것이고, 미토는 조토(燥土)라서 화(火)의 기운을 설하는 성분이 부족하다. 그러나 축토(丑土)가 들어오면 좋고, 진토(辰土)의 경우에도 좋다고 볼 수 있다. 축진토(丑辰土)만이 겨우 기대를 해볼 만한 운이 되는 것이다. 이렇게 같은 토운이라고 해도 원국의 상황을 고려해 대입해보면 복(福)의 경중(輕重)이 각각 다르게 나타나게 된다. 따라서 이러한 점을 살피지 않고서는 올바르게 운세를 판단했다고 볼 수 없는 것이다.

다음으로 기신(忌神)이라고 판단된 목(木)을 살펴보자. 일단 천간으로 들어오는 목은 모두 흉하다고 볼 수 있다. 용신이 천간에 있기 때문에 어떻게든지 목을 만나면 흉하게 되는 것이다. 지지로 올 경우에는 인목(寅木)은 화국(火局)이 되므로 열의 기운을 더욱 강하게 만들고, 묘목(卯木)은 화국(火局)까지는 아니더라도 진토(辰土)를 극함으로써 잠정적으로 무토(戊土)를 악화시켜버리는 결과가 된다. 그래서 어떤 경우라고 하더라도 목을 만나는 것은 해롭다는 결론을 내리게 된다. 그렇다면 한신(閑神)에 해당하는 수(水)를 만나면 어떻게 될지 생각해보자. 천간의 임수(壬水)는 목(木)을 생하게 되므로 나쁘고, 계수(癸水)는 무토(戊土)와 합을 하므로 또한 나쁘다. 용신이 합이 되면 자신의 일을 돌보지 않게 되기 때문이다. 회해도 흉하고 화하지 않아도 흉하다. 화(化)를 하면 불이 되고, 화를 하지 않으면 용신의 업무를 돌보지 않기 때문이다. 그리고 계수(癸水) 또한 목(木)을 생하는 의미가 포함되어 있다. 따라서 천간(天干)으로 들어오는 수(水)는 한신이 아니라 기신(忌神)이라고도 할 만하다. 지지로 들어오는 수를 생각해보자. 해수(亥水)는 열기를 식혀주는 성분이므로 도움이 된다고 볼 수도 있다. 하지만 목을 생해주므로 해롭다는 말도 할 수 있다. 그야말로 명실공히 한신인 셈이다. 자수(子水)가 들어오면 원국의 오화(午火)를 극하게 되고, 옆에 있는 진토(辰土)와 합도 하게 된다. 그리고 인목(寅木)도 생해주는 등 여러 가지 경우가 복합적으로 발생하므로 대단히 어지럽다. 그래도 결과적으로 크게 나쁘다고 볼 수는 없는데, 그것은 조열한 사주에 습기를 공급한다는 중요한 의미가 들어 있기 때문이다. 그렇다고 해서 도움이 되는 것은 아니므로 자수(子水) 또한 글자 그대로 한신으로 보는 것이 무난할 것이다.

이처럼 하나의 사주를 살필 때는 항상 주변의 상황들을 모두 파악해야만 한다. 그래야 비로소 올바른 판단이 나오게 되는 것이다. 서둘러서 간단하게 볼 수도 있겠지만, 공부하는 입장에서는 이렇게 일일이 세세하게 대입시켜보고 결론을 내리는 것이 도움이 될 것이다.

여섯째, 『춘하추동사주학』에 실려 있는 대운용법에 관한 설명으로서 여기에서는 기존의 용신정법을 비판하고 있다.[539] 즉 대운의 분석에서 기존의 학설은 대부분은 격국용신(格局用神)에 의하여 희신(喜

---

539) 박청화, 『春夏秋冬』 冬, 청화학술원, 2014, 70~74쪽.

神)이 왔느냐 기신(忌神)이 왔느냐를 따져서 '희신이 왔으니 만사가 여의할 것이다. 기신이 왔으니 만사가 고통스러울 것이다.'라고 한다. 그런데 이 세상에 계절이라는 것이 만사형통(萬事亨通)이란 원래 없다. 재운(財運)이 오면 인수(印綬)가 허물어진다. 그래서 돈을 벌었는데 어머니는 연로하여 효도할 기회조차 없더라는 것이다. 심할 때는 '불효자는 웁니다.'가 된다. 어찌하여 하늘은 내게 재물을 줄 때 건장한 어머니를 주지 않았느냐는 거다. 팔자 내에 재인(財印)이 갖추어 져서 '우리가 족하다.'하는 것은 두 가지 기운이 양립하기 어려운데 잘 갖추어졌다는 것으로 재성과 인수가 허물어지지 않고 팔자 내에 드러나 있다는 것으로 그 팔자가 굉장히 안정되어있다는 것이다. 그러니까 반대 것끼리 짝 즉 오행적으로는 상극(相剋)이지만 서로 짝이 되니 짝이 안정되어 있을 때 가장 좋은 구조가 된다는 것이다. 재론하면 대자연은 하나가 성(盛)하면 하나는 쇠(衰)한다. 사람은 쇠한 것에 대한 갈증과 아쉬움을 가지게 된다. 그것을 쉽게 해결하기 어려운 환경으로 보라는 것이다. 보통 운(運)에서 그 사람이 극복하기 어려운 환경으로 먼저 집어 놓고 보라는 것이다. 대운과 제어 관계를 관찰해보면.

대운		억제
재성(財星)	–	인성(印星)
관성(官星)	–	비겁(比劫)
식상(食傷)	–	관성(官星)
인성(印星)	–	식상(食傷)
비겁(比劫)	–	재성(財星)

재성(財星)을 볼 때, 재성의 파생 작용 속에서 인수(印綬) 억제, 인수 파괴이다. 관성(官星)을 봤을 때 비겁(比劫)의 억제 작용이 되고 식상(食傷)은 관(官)을 억제하는 작용을 한다. 인성(印星)은 식상(食傷)을 파괴하고 비겁은 재(財)를 파괴한다. 그래서 파생적인 작용을 재(財)를 보는 순간에 바로 인수(印綬)억제, 그다음 관(官)을 보는 순간 바로 비겁(比劫) 억제로 강한 글자가 하나의 대운(大運)에서 형성되었을 때 부수적으로 약화하는 인자를 잘 볼 필요가 있다는 것이다. 예를 들어서 재관(財官)이라는 것이 굉장히 유용한 것으로서 삶의 활동 근거가 되는 것인데 재관이 마음대로 안 되는 시기일 때 그다음에 식신 순으로 고달프게 된다. 그래서 사업형태에서도 꼭 이것을 점검을 해줘야 한다. 이 논리는 팔자 내에 식상이 있다 하더라도 인성 대운(大運)에 들어섰다면 그 식상의 모양은 크게 위축된 모양인데 이것을 어겼을 때는 필시 목화토금수(木火土金水), 육친(六親)이나 오행(五行)의 인자에 상관없이 고달픔이 오게 되어있다는 거다. 이와 같이 기존의 학설과는 좀 다른 논법을 제시하고 있다.

세운(歲運) 또한 명(命)과 같은 맥락으로 참조해 볼 수 있는데 주대(周代)의 낙록자가 찬한 『낙록자삼명소식부(珞琭子三命消息賦)』에서는 세운에 대해 설명하기를 '대운의 행하는 법은 일진이 십 세가 되고, 삼일씩 끊어 제한 수가 년이 된다. 휴수하고 왕성함을 정밀하게 살핌으로 묘함을 삼고, 통하고 변화함을 끝까지 연구함으로 근본을 삼는다.'고 하였다. 서자평이 「珞琭子三命消息賦注」에서 이에 대해 주석을 달기를 '대운인 행하는 법은 일진이 10세가 되고 3일씩 제(除)한 수가 1년이 된다. 1년은 24절기(節氣) 72후(候)가 된다. 명(命)에는 절기의 심천이 있으므로 용(用)하는데 묘함이 있다.'[540] 이와 같은 논법이 2천 년이 훨씬 지난 오늘날까지도 연연세세(連延世世)로 전승(傳承)되고 있는 것이다.

결국, 사주의 운에 관한 통변 방법은 대운을 10년의 기간으로 정하고 이동안의 운기를 어떻게 적용할 것인가 하는 점이 요체인데, 앞에서 견본으로 채택한 운(運) 풀이는 참조하면 천간지지(天干地支)를 각 5년씩 나누어 보는 방법과 지지가 중요하다 하여 천간 3년, 지지 7년씩 보는 방법, 10년을 통틀어서 적용하는 방법, 천간은 육신(六神)만 보고 지지(地支)의 길흉으로 보는 방법 등을 채택하고 여기에다 형충합해(形沖合害), 신살(神殺), 12운성 등을 각기 적용하는 것이 고전에서 내려오는 간명 방법이다. 그러나 이런 방법만 있는 것이 아니라 다르게도 적용할 수 있을 것이다. 예를 들어 기존 사주에 대운을 합하여 오주십자(五柱十字)로 볼 수도 있을 것이고 그렇지 않고 기존 사주에 있는 월주를 빼내고 해당 대운을 집어넣어 간명할 수도 있을 것이며 또 기존의 형충합해(形沖合害), 신살(神殺), 12운성 등의 공식의 적용방법과 이를 어떻게 활용하고 인용할 것인지도 고려해봐야 한다. 재삼 논하지만 어떤 방법을 동원하더라도 간명된 내

---

540) 『珞琭子三命消息賦』, '運行則一辰十歲, 折除乃三日爲年, 靜休旺以爲妙, 窮通變以爲元.' 최국봉해역, '가령 六甲일생이 금으로 관을 삼는데 6월 하순에 나고 官이 있으면 조상의 재물이 있으며 다시 운이 순행하면 吉하고 逆行하면 凶이다. (최국봉 편저, 『三命通神』, 온북스, 2009, 22~23쪽.)

용과 현실적 문제가 일치하며 사실적이어야 한다. 그러기 위해선 부단한 노력과 연구를 하여야 하는 것이 앞으로의 남은 과제(課題)일 것이다.

3) 결과론

지금까지 간지력(干支曆)에 의해 구성된 사주(四柱)와 세운(歲運)을 가지고 명운에 관련된 내용을 어떻게 간명하는지를 고명한 역학자들의 간명지를 실례로 들어 검토하여 보았다.

결론적으로 명(命)과 운(運)에 관련된 사주간명(四柱看命)에는 일정한 수순이나 규칙이 없이 여러 가지 논법을 인용하여 논자의 의도대로 설명이 되고 있고, 취용하는 방법과 설명도 달리하고 있음을 알 수 있을 것이다. 그러므로 이들과 같이 많은 논법을 적용하고 응용함에 있어서는 나름대로의 연구를 하여 많은 학문적 실적을 쌓기도 하였지만, 또 다른 한편으로 볼 때는 혼란을 자초함으로써 더욱 이 학문이 미혹에 빠지게 되고 불신을 가지게 하는 원인이 될 수도 있을 것이다.

현재에 나타난 학문적 논리는 문화적이나 철학적으로 볼 때 역사적 사료로서 인증을 받고자 노력하고 일부는 사계로부터 인증을 받고 있기도 하나 실제 운용에 있어서는 각기 제시하는 논리가 애매모호하고 논증이 사실적으로 입증되지도 않고 입증할 수 있는 방법도 없다. 그러다 보니 학문적으로 큰 성과를 이루지 못하는 것이 작금까지의 실정이다. 다시 말해서 간명의 내용에 정확성이 없다면 그 어떤 논리도 무의미하고 사장된 학문임은 말할 것도 없을 것이며 사계에서 미신이라는 불신을 자초하는 원인이 된다. 이런 원인과 관련하여서는 이외에도 여러 가지가 원인이 있겠지만 가장 중요한 것은 수차 얘기한 것과 같이 사주로서 표기되는 간지력의 역법적 한계와 불확실성 등에 기인하기 때문이다. 이런 사실은 고인들도 인지하고 있었을 것으로 사료되는 문헌이 많이 발견되고 있다. 또한, 일련의 사실 이외에도 고인들의 사주에 대한 사고에는 철학적이고 사상적 학설이 존치하고 있는데, 학설이 사실적인가 아닌가 하는 점은 제쳐두고라도 간명에는 분명코 참조할 필요는 있을 것이다.

열자(列子)의 사주팔자결(四柱八字訣)에 의하면 사람이 출생할 때 사주는 정해지는데 아래와 같은 영향을 받아서 태어나지만 마음먹기에 따라 인생도 변할 수 있음을 설명하고 있다.

四柱八字訣[541]

年月日時該載定 生死苦樂不均也
出身家門陰德兮 生業治德要關鍵
風水地靈分眞假 眞興假衰不問知
乾父坤母稟精靈 善惡配定現淸濁
人間出生雖貴賤 心生致功心滅敗

---

[541] "사주팔자결 : 년월일시해재정, 생사고락불균야, 출신가문음덕혜, 생업치덕요관건, 풍수지령분진가, 진흥가쇠불문지, 건부곤모품정령, 선악배정현청탁, 인간출생수귀천, 심생치공심멸패."

사주팔자결을 요약하면 '년 · 월 · 일 · 시는 정해져 있고 생사와 길흉화복은 같지 않다. 그 이유는 출신가문과 같이 조상님들의 음덕에 의해 좋은 팔자로 태어날 뿐만 아니라 풍수지령에서 진가(眞假)를 결정짓게 되며 하물며 부모님의 공덕과 품행의 좋고 나쁨에 따라 사주팔자의 청탁이 정해지고 또 귀천이 정해져 출생되어도 마음을 어떻게 먹고 어떻게 행동하느냐에 따라 삶의 성패가 달려있다.'는 것이다.

이 설명을 돌이켜보면 사주팔자를 간명할 때는 이와 같은 복합적인 사유가 존재하고 있으므로 먼저 이를 알아보고 간명을 하여야 할 필요가 있다는 것을 말하고 있다. 다시 말하면 사람이 이 세상에 올 때는 사주팔자결에서 말하는 명운에 의해 태어나기 때문에 사주에서 취하고 있는 용신법 등으로 그 사람의 운명을 다 알 수 없음을 말하고 있고, 또 어떤 논법이 동원된다 하더라도 사주팔자결에서 말하는 내용을 먼저 규명을 하고 난 뒤 이를 이해하고, 간명을 하여야만 정확한 운명을 알 수 있는 것이지 그렇지 않고서는 인간의 운명을 함부로 말 할 수 없다는 것을 깨닫게 해준다고 볼 수 있다. 그리고 무엇보다 더욱 중요한 것은 마음을 어떻게 먹고 행동을 어떻게 하느냐에 따라 팔자가 바뀔 수 −사주팔자를 알고 피흉추길을 실천하는 문제 등− 있다는 것으로, 사람의 마음을 읽을 수 있는 심령술이라도 배워야 사주 간명에 착오가 생기지 않을 수 있다는 것을 말하고 있다.

역학 용어에 삼통(三通)이란 말을 흔히 하고 있다. 일통은 신통(神通)이요, 이통은 도통(道通)이며, 삼통은 법통(法通)이다. 물리(物理)를 깨치면 법통이 되고, 도(道)를 얻으면 도통이 되고, 신(神)의 경지에 오르면 신통이 되는 이치이다. 인간이 할 수 있는 것으로 최초의 시도는 법통이다. 법통이 되는 길은 '관련 서적의 통달(通達)은 말할 것도 없고 깊은 도수련(道修練)을 하고 적어도 2만 명 이상의 명조(命造)를 접해 보아야만 일정한 경지에 오르게 된다.'고 한다.

근대 역학자들 중에서 이런 일련의 경지에 오른 사람이 몇 분 있다고들 한다. 그분들 중에 법통의 경지에 올랐다고 평가를 하는 제산(霽山)[542] 선생에 관련된 내용을 검토하여 보자. 제산에 대한 일화는 많이 회자되고 있는데 그중 한 예를 들어보면 제산은 박정희 전 대통령과는 군수기지사령부에서 만나 간혹 운명을 간명해준 사실이 있었는데 그때 장차 일국을 통치할 운명임을 간명하였다는 얘기와 더불어 유신헌법 선포시 자문을 구하러 간 청와대비서실 직원에게 유신(維新) 대신 유신(幽神)이란 글을 담뱃갑에 써 유신을 하면 죽는다는 의미를 전해, 이후 이 일로 중앙정보부에 불려가 곤욕을 치렀다는 이야기가 있고 또 김재규가 중앙정보부장으로 재직할 때 제산 선생에게 운명을 상담하였는데 점괘는 '풍표낙엽 차복전파(諷飄落葉 車覆全破)라는 괘(卦)가 나왔는데 이것을 문자 그대로 해석하면 '단풍이 들어 낙엽이 떨어질 즈음에 차가 전복되어 전파할 것이다.'는 점괘였다. 김재규는 이 점괘를 받아들고 평소 운전사에게 운전조심을 당부하고 자동차사고를 무척 조심하였다고 한다. 그러나 이 예언에서 차복(車

---

542) 朴宰顯(1935~2000) 호가 霽山. 일명 박도사라 한다. 경남함양서상면 출신으로 극락산 乙亥명당의 기운을 받고 태어났다고 한다. 어릴 때 神童으로 불리기도 하고 신통한 행동을 함으로써 기인, 도사 등으로 불렸다. 사주간명에 능통한 재주를 가졌었다.

覆)이란 차지철에 의해 엎어지고, 전파(全破)란 전두환에게 깨어질 것이란 계시(啓示)를 담고 있었으니[543] 이 사실을 어떻게 알았을까?

 이와 같은 제산의 사주간명은 많은 책을 보아 물리를 깨우쳤겠지만, 그보다 일종의 영통력(靈通力)으로 간명하였다고 한다. 이런 신통력을 고양시키기 위하여 제산은 수련방법으로 구령삼정주(九靈三鼎呪) 등의 주문을 외우는 것이다. 구령주는 장기적으로 볼 때 신선이 되기 위한 도교 수행과정의 하나이지만 부수적으로는 사주팔자를 보는 능력을 증강시키는 효과가 있는 것 같다. 박도사가 미래의 운명을 예측하는 신통력이 구령주를 외우는 주문수행(呪文修行)에서 나왔다고 본다. 그럼으로 구령주(九靈呪)[544]의 존재를 모르는 사주쟁이들은 박도사의 초능력이 오직 책만 보고 얻은 능력인 줄로 착각한다.[545] 사주간명을 잘하기 위해선 많은 서적을 보아야 하지만 학문만 하고 기도(祈禱)를 하지 않으면 성품이 천박해지고 부황해지기 때문에 오랜 기도로 수련해서 영성(靈性)을 맑게 하면 효과를 보게 되는 것이니[546] 이것이 사주간명을 잘하게 되는 비법이다.

---

543) 金甲植, 『팔자이야기』, 月刊 '韓民族'에 기고한 팔자이야기에서 모은 글에서 참조.
544) "박도사가 20세기를 사는 한국 사람들에게 보여주었던 가공할 신통력은 九靈三鼎呪의 주문에 의해 발효되었다. 구령삼정주는 도교의 神들을 설득하는 주문이다."(조용헌, 『조용헌의 사주명리학이야기』, 2007, 139~140쪽.)
545) 조용헌, 『조용헌의 사주명리학 이야기』, 2007, 139~146쪽 참조.
546) 영성을 맑게 하는 기도 방법에는 여러 가지가 있다. 대체적으로 참고할 수 있는 것은 첫째 산신기도로서 산신께 드리는 山神祭이다. 둘째는 불교적 수련방법으로서 재가불자든 스님이든 관계없이 부처님께 드리는 기도방법이다. 셋째는 도교적 수렴방법이다. 역학은 대체적으로 도교적 수련방법을 많

인간의 운명! 오직 신(神)만이 알 수 있는 천장지비(天藏地秘)와 같은 것이 존재할 수밖에 없다 보니 많은 사람들은 이런 신비로운 미지의 세계를 알고자 오랜 세월 동안 온갖 방법으로 연구하고 실행해 왔지만, 효과는 각자의 능력에 맡길 수밖에 없는 것이 현실정이다.

✡ 3 명운론(命運論) 2

운명(運命)이란 무엇인가? 이런 물음에 명리학에서는 사주(四柱)와 운(運)으로 답하고 있다. 곧 사주는 명(命)이요 운은 살아가는 과정이니 행운(行運)으로 나타내고 있음을 알았다. 그럼으로 운명(運命)을 아는 자 하늘을 원망치 않고 나를 아는 자 남을 원망치 않는다고들 한다. 곧 내 사주(四柱)를 알게 되면 하늘을 원망치 않는다고 한다. 그러나 인간이기 때문에 불구자로 태어나거나 불행하게 살게 되면 하늘을 원망하고 나를 모르고 남을 탓하게 되는 것은 인지상정이다. 그럼으로 사람들은 누구를 막론하고 자기 운명에 관해 관심을 가지고 있고 앞일이 어떻게 전개될 것인지 궁금해하는 것은 당연하다. 그렇기 때문에 자기의 운명을 안다면 운명에 순종도 하겠지만, 앞에

이 행하고 있다. 도교적 수련내용에는 三淸神께 드리는 기도, 九天應元雷聲寶化天尊께 드리는 기도, 玉皇上帝께 드리는 기도, 北斗七星에 드리는 기도 등으로 나누어 볼 수 있다. 어느 방법이든 정성을 다하면 효과를 본다고 한다.

닥칠 일에 피흉추길하고자 할 수도 있기 때문이다. 사주명리학에서는 이 점을 잘 말하여 주고 있다.

1) 정원론(貞元論)

정원론이란 바로 원형이정(元亨利貞)에 관하여 설명한 것을 말한다. 『적천수(滴天髓)』 원문에 이르길 천지자연이 순환하는 이치는 원(元)에서 일어나 정(貞)에서 끝나고 정과 원이 만나는 곳에서 또다시 시작되니 이는 곧 생명을 잉태하여 대(代)를 이어가는 기미가 된다고 [547] 설명하고 있다.

원주(原注)에서 부연해서 말하기를 삼원(三元)에는 원형이정이 있는데 가령 사주팔자로서 본다면 년주(年柱)를 원(元)이라 하고 월주(月柱)를 형(亨)이라 하고 일주(日柱)를 이(利)라 하고 시주(時柱)를 정(貞)이라 한다. 년주와 월주가 길(吉)하면 앞의 반평생이 길하고 일주와 시주가 길하면 뒤의 반평생이 길하다. 또 대운[548]으로 보면 처음 15년을 원으로 하고, 다음 15년을 형이며, 중 15년은 이로 하고, 후

---

547) "造化起於元, 亦止於貞, 再肇貞元之會, 胚胎嗣續之機."(袁樹珊撰輯, 『滴天髓闡微』, 台北, 進源文化事業有限公司, 2012, 451쪽.
548) 『滴天髓』 '原注'에서는 "以大運看"이라 하여 大運으로 표기하였으나 이를 '限運'으로 표현하는 것이 적절하다고 사료된다. 즉 한운으로 본다면 인생의 60년에서 년주의 15년간을 元이라 하고 월주 15년간을 亨이라 하고 일주 15년간을 利라 하고 시주 15년간을 貞이라 한다. 元亨에 해당하는 運이 吉하면 앞의 반평생이 길하고 利貞에 해당하는 運이 길하면 뒤의 반평생이 吉하다. 설명하는 것이 사주를 두고 이치에 맞다고 보는 것이다.

15년을 정이라 하여, 원형운이 길한 자는 전반세가 길하고, 이정운이 길한 자는 후반세가 길하다. 모두 정원의 논리다. 또 정원(貞元)에는 묘한 것이 있는데 그것은 특별한 것이 아니라 절처봉생과 같이 겨울이 지나면 봄이 오는 이치와 같다. 사람이 수명이 다하여 죽음에 대해 말하자면 죽은 후의 대운이 좋으면 그 집안은 흥할 것이고, 기신(忌神)이 되면 그 집안은 반드시 쇠퇴할 것이니 이런 이치는 아버지를 정(貞)이라 하고 아들을 원(元)이라 하는데 정의 아래에서 원이 일어나는 묘함은 곧 생생불식의 기미다. 이런 논리를 기술하는 것은 천하 만세에 보고 징험한 것을 세상의 근심과 조짐을 계시하여 운수(運數)에서 도망칠 수 없음을 알리기 위함이니 '이 학문을 공부하는 사람은 힘써 깨달아야 할 것이다.'[549]라고 설명하고 있다.

사주에서 통변을 할 때 흔히들 원원유장(源遠流長)이니 생생불기(生生不已)이니 순환상생(循環相生)이니 하는 말들도 원천(源泉)으로부터 길게 흘러 내려왔다는 것이니 반드시 생(生)에는 그 근원의 뿌리가 있다. 그러므로 우주 만물은 반드시 그 전통이 있는 것이기 때문에 그 어느 곳에서 왔으며 또 어느 곳으로 갈 것인가를 알아보는 것도 무의미한 것은 아니다. 그리고 또 만물은 새로운 것을 좋아

---

[549] 貞元論의 원리는 河洛 및 洛書와 관련된 논법인데 곧 선천과 후천의 卦位가 바뀐 것으로 선천괘는 乾은 南에 坤은 北에 居하게 한 것은 중국의 지형으로 볼 때 산의 조종인 崑崙山이 西北에 있고 東南은 큰 바다가 있는 곳으로 水가 곤륜산으로부터 흘러 東南으로 모이는 것이다. 五嶽이 비록 큰 형세를 자랑하나 근본은 곤륜산이다. 사람의 血緣도 이와 같이 많은 가지로 분파되었다 하더라도 결론은 한 脈에서 나온 것이다.'(袁樹珊撰輯,「滴天髓闡微」, 台北 , 進源文化事業有限公司, 2012, 451쪽.)

하기에 역(易)에 신신(新新)이라는 말이 있고 또 신진대사(新陳代謝)라는 말도 나오게 되는 것이지만 전통은 반대로 오래되어 낡아 쓸수록 뿌리가 깊이 박혀 뽑히지를 않기 때문에 좋은 것이 되는 법이다. 그러므로 사주에서도 그 생의 전통이 길게 흘러온 것일수록 좋은 것이다.[550] 그 근원이 이와 같다. 불경(佛經)에서 인간세계에 대해서 말하는 연기설이니 하는 것도 사람이 죽으면 시간 또한 끝나는 것이 아니라 죽어서도 계속적이고 연속적으로 운명이 진행하고 있다는 것이다. 그러므로 사람이 수명(壽命)을 마친 후에도 그 집이 흥왕하면 종명(終命) 후(後)의 운(運)이 반드시 길(吉)할 것이고 그 집이 쇠패하면 운명한 후에 운이 반드시 흉할 것이다. 이 논리는 비록 조화(造化)에는 정하여진 운명이 있어서 운수를 도피할 수 없다는 것을 말한 것이나 사람의 자식으로 태어난 자들은 선고의 운명하는 해를 알지 않으면 안 되는 것은 좋은 계승을 도모하기 위함이다. 만약 선고(先考)께서 운명한 후에도 운이 길하면 저절로 후에까지 계승할 것이며 선고의 후운(後運)이 흉한 경우는 역시 분수에 맞는 경영을 하여 조화를 만회할 수 있을 것이다.[551] 이런 논리는 사후세계가 있다는 종교논리와 같은 맥락으로 볼 수도 있을 것이다.

그럼으로 인간은 살아생전에 많은 공덕을 쌓아야 하는 것이고 그

---

550) 李錫暎,『四柱捷徑』, 韓國易學敎育學院, 2008, 304쪽.
551) "故其人旣終之後, 而其家興旺者, 身後運必吉也, 其家衰敗者, 身後運必凶也, 此論雖造化有定, 而數之不可逃, 爲人子者不可不知考之年, 而善繼述之. 若考之身後運吉, 自可承先啓後, 如考之身後運凶, 亦可安分經營, 挽迴造化."(袁樹珊撰輯,『滴天髓闡微』, 台北, 進源文化事業有限公司, 2012, 453쪽.}

러면 운명도 좋은 방향으로 바꿀 수가 있고 후세들도 복을 받게 되는 이치이다.

2) 공덕(功德)과 개운론(開運論)

　공덕(功德)은 무엇이며 개운(開運)은 할 수 있는 것인가? 사람들은 말하기를 '적선지가(積善之家)는 필유여경(必有餘慶)'이라 '공덕을 많이 쌓는 집안에는 필히 경사가 있을 것이다.' 고 흔히 말들을 하고 많은 선행(善行)을 하라고 하면서도 어떻게 하여야 하는지를 가르쳐 주지는 않는다. 복(福) 쌓는 방법이야 따로 있겠냐만 그래도 고인들은 어떤 방법으로 선행하여 효과를 보았는지 알아보는 것도 흥미로운 일이고 더구나 공덕(功德)을 많이 쌓으면 운(運)도 호운(好運)으로 개운(改運)되고 후손들도 좋은 명을 타고 난다 하니 이 얼마나 좋은 일인가. 그러므로 이를 실천하고자 하는 사람들에게 그 방법을 알려주는 것 또한 좋은 일이라고 생각이 되었다. 그래서 여러 서책에 기록된 것을 찾아보니 글 내용이 원론적 얘기만 늘어놓고 있는 것이 많아 저이 실망하던 중에『음즐록(陰騭錄)』[552]을 보고는 어떻게 이런 일들을 오랫동안 꾸준히 하였을까? 감탄과 더불어 저절로 고개가 숙여지는 것이었다.

---

552) 袁了凡(명나라 세종때사람)의 성은 袁, 이름은 表, 나중에 黃으로 개명했다. 字는 坤義, 儀甫라고도 했으며 吳江 사람이다, 처음에는 學海라고 호를 불렀는데 운곡선사와의 해후로 숙명론의 미몽을 깨우치고는 了凡이라고 바꿨다.(鄭佑永,『陰騭錄』, 자유문고, 1999, 4∼5쪽.)

역학(易學)을 공부하는 학인들이야 다 알고 있는 일이겠지만 그래도 한 번 더 돌이켜보아 마음을 가다듬고 혹시 모르는 사람이 있다면 적선(積善)과 개운(開運)553)방법도 알고 또 수양(修養)에도 도움이 되리라 생각되어 서책에 기록된 것에서 몇 가지를 간략하게 발췌하여 참고하고자 한다.

『음즐록(陰騭錄)』은 원요범(袁了凡)이 지은 책인데, 요범의 집안은 원래 강남의 호족으로 조상 대대로 벼슬을 하였으나 명(明)의 영락제에게 탄압을 받아 가산을 잃고 나자 가훈(家訓)으로 '관리는 되지 말고 의원이나 되라'고 하였다고 전한다. 요부의 증조부 호(顥)가 18세 때 벼슬에 오르려고 현시에 응하려 하자 그의 부친 기산(杞山)이 다만 '양민을 위해 세상을 살아가려 한다면 어느 직업이 이보다 즐거울 수 있겠느냐'라면서 과거 응시를 말려 다시 의술(醫術)을 업으로 삼았다고 한다. 그의 어머니는 원(袁)씨 집안이 대대로 의원을 업으로 했기 때문에 요범에게 의학 공부를 하도록 하였다. 그런 중에 어느 날 자운사(慈雲寺)라는 절에 놀러가서 운남(雲南) 사람 공(孔)씨라는 노인을 만났다. 이 공노인은 역술에 통달했는데 특히 소옹(소강절)의 황세정전(皇世情錢)을 통달해 그의 일생의 점괘를 보아 주었다. 이 노인이 점괘를 뽑은 대로 요범이 과거에 급제하는 등 만사에

---

553) 『四柱八字眞訣』에서는 개운을 증강시키는 방법에 대해 다음과 같이 설명하고 있다. "첫째 喜用神의 力量을 증가하는 법, 둘째 忌神의 力量을 억제하는 방법, 셋째 방위상으로 化解, 넷째 六親上의 調節, 다섯째 飮食을 통한 人生의 개운, 여섯째 五行의 역량증감법, 일곱째 十神塡空法. 등을 들고 있다."(곡위(정수호 편저), 위 책, 695쪽.)

적중하여 요범은 운명론자가 되었다. 그러나 요범은 북경 사하산에 가서 운곡선사(雲谷禪師)를 만나 그에게 입명(立命)에 관한 이야기를 듣고 깨달은 바가 커서 자기의 운명을 정해진 그대로 받아들일 것이 아니라 스스로 개척해 나가기로 했다. 이때가 명나라 목종(穆宗)의 경륭(慶隆) 3년(1569년)이다. 이렇게 운명을 개척하기 위해 선행을 실천해 나가는 방법을 글로 써서 남긴 것이 바로 이『음즐록(陰騭錄)』이다.[554] 여기에 기록되어 있는 선행법(善行法)에는 여러 가지 방법이 기록되어 있다.[555] 먼저 공덕과 허물의 조목을 정하고, 공덕의 50가지 표준을 정한 뒤에 백가지의 공덕에 해당되는 일을 실천하도록 하고, 이어 50가지의 공덕에 해당하는 일과 30가지, 10가지, 5가지, 3가지, 그리고 하나의 공덕에 해당하는 일과 백전(百錢)을 써서 하나의 공덕에 해당되는 일로 나누어 이를 몸소 실천하였다. 다음으로 허물의 50가지 표준을 정한 뒤에 백가지의 허물에 해당되는 일과 50가지, 30가지, 10가지, 5가지, 3가지, 한가지, 그리고 백전으로 하나의 허물에 해당되는 일등으로 구분하여 실천코자 하였다. 그리고 이들의 공(功)과 허물에 관한 내용을 기록으로 남겨 자신이 실천하지

---

554) "陰騭"이란 말은 『書經』「주서」 중 홍범편에 나오는 말로 '하늘이 아무도 모르게 사람의 행하는 것을 보고 화와 복을 내린다.'는 뜻에서 딴 것이다. 즉 모든 사람은 오복을 받고 여섯 가지 곤액을 치를 수 있다고 되어 있어 '하늘은 담담히 인간의 행위를 보고 복을 내리거나 화를 주거나 하는 것이므로 사람은 하늘의 뜻에 따라 행동하면 안정된 생활을 할 수 있다'는 것이다.(鄭佑永,『陰騭錄』, 자유문고, 1999, 1～5쪽.)
555) 선행에 관심이 있는 분은 『陰騭錄』에 기록되어 있는 내용을 참조하면 많은 정보를 얻을 수 있을 것이다.

못한 부분은 차후에도 이를 꼭 실천하고자 하였다. 『음즐록(陰騭錄)』에 기록되어 있는 여러 가지 공과 허물들 중에서 공덕을 쌓는 3가지의 일[556]과 허물을 쌓는 3가지 일[557]에 관한 내용을 발췌하여 예를 들어보면 다음과 같다.

첫째, 3가지의 공덕에 해당되는 일(準三功)

1. 사나운 일을 한 번 당하고도 성내지 않는 일.
2. 비방을 한 번 들어도 변명하지 않는 일.
3. 귀에 거슬리는 말을 한 번 듣고도 참는 일.
4. 한번 마땅히 때리고 꾸짖어야 할 사람을 용서해 주는 일.
5. 하나의 힘이 없더라도 사람에게 보답하는 가축의 목숨을 구제하는 일.

둘째, 3가지의 허물에 해당되는 일(準三過)

1. 한번 귀에 거슬리는 말에 대하여 성을 내는 일.
2. 한번 높은 사람과 낮은 사람의 차례를 어기는 일.
3. 술에 취하여 한 사람을 범하는 일..
4. 마땅히 때리고 꾸짖지 말아야 할 사람을 때리는 일.
5. 한번 법복(法服)이 아닌 옷을 입는 일.
6. 하나의 힘은 없으나 사람에게 보답하는 가축의 목숨을 끊는 일.

'요범'(了凡)이 운곡선사에게 많은 가르침을 받았는데 그중에 한 대목을 들어보면 '나는 운곡선사의 말을 훌륭하게 여기고 그에게 절하고 가르침을 받았다. 인하여 지난날의 죄를 부처 앞에 나아가 마음

---

556) 鄭佑永, 『陰騭錄』, 자유문고, 1999, 140쪽.
557) 鄭佑永, 『陰騭錄』, 자유문고, 1999, 155쪽.

을 다하여 드러내 놓고 불에 태운 기도문 한 통을 만든 뒤, 먼저 과거 급제를 구하고, 착한 일 3천 가지를 행하여 하늘과 땅과 선조의 은덕에 보답할 것을 맹세하였다.'558)는 구절이 있다. 공덕을 쌓는다는 것은 곧 공든 탑을 완성시켜 천대만대의 보물이 되는 것처럼 사람이 살아가면서 3천 가지의 선행을 쌓는다면 후생에 다시 사람으로 태어나서 한세상을 살 수 있는 지대한 공덕이다. 인간이 아무런 사심을 가지지 않고 쌓는 공덕이란 많으면 많을수록 그 공덕의 효능이 하늘을 감응시키고 다시 지상의 모든 귀신들을 감응시켜서 아무런 재앙이나 재변이 없을 뿐만 아니라 그곳에서 멀어지며 또한 그 사람이 나아가는 길은 탄탄대로일 것이며 불미스러운 운명을 타고났더라도 사심없이 쌓은 공덕의 덕으로 모든 것을 좋게 승화시켜 버릴 것이다.

원요범(袁了凡)은 계미년(癸未年) 8월에 들어 4년이 지났는데 3천 가지 착한 일을 다 했다.559) 요범이 공(孔)선생으로 부터 53세 때 세상을 떠날 것이라는 운명의 예언을 받았으나 74세의 수(壽)를 누리고 세상을 떠났다. 그러니 21년을 더 산 것은 곧 덕행과 선행에 힘입어 가능했다는 것이다.

---

558) "予偉其言, 拜而受敎, 因將往日之罪, 佛前盡情發露, 爲疏一通, 先求登科, 誓行善事三千條, 以報天地祖宗之德,"(鄭佑永, 『陰騭錄』, 자유문고, 1999, 34쪽.)

559) "至癸未歲八月 閱四年 三千之數已滿"(鄭佑永, 『陰騭錄』, 자유문고, 1999, 44쪽.)

3) 질병론(疾病論)

  역학적 분야에서는 음양오행론을 인용하여 학문적 지위를 고양(高揚)시키고자 노력들을 하고 있으나 발전이 더딜 뿐만 아니라 사계에서 불신을 완전히 드러내지 못하고 있는 실정이다. 그러나 다행하게도 가장 큰 성과를 얻고 있는 분야가 있으니, 바로 한의학과 중의학인 의학(醫學) 분야이다. 이는 음양오행이론을 기초로 하여 자연 현상에 의거한 만물의 변화를 관찰하고 이를 인체에 접목시켜 그 과학성과 의학적으로도 인정을 받고 있기 때문이다.

  고인(古人)들은 질병(疾病)은 어디에서 오며 어떻게 생기는지 그 원인에 대해 어떻게 생각하고 있었을까 이에 대해 설명한 부분이 있다. 황제(黃帝)가 기백(岐伯)에 묻기를 '태고시대의 세상 사람들은 100세를 넘어도 질병에 걸리지 않고 잘 살았는데 지금 사람은 50세 정도만 되어도 모두 쇠퇴하는 것은 무슨 이유인가? 그것은 태고시대의 사람들은 그 양생의 도를 아는 사람이었기 때문에 음양변화의 규율을 본받고 호흡과 같은 생명을 유지하는 방법에 맞게 음식을 먹고 마시는데 절도가 있고 기거함에 원칙이 있었으며 함부로 몸을 움직여 힘들게 하지 않았습니다. 그러므로 형(形)과 신(神)을 조화롭게 하고 통일시켜 인간에게 주어진 자연수명을 모두 마칠 수 있었으니, 100세가 넘어서야 세상을 떠났던 것이다. 그러나 오늘날 사람들은 술을 마실 것으로 여기고 먹고 마시거나 기거하고 몸을 움직이는데 있어 원칙이 없이 제멋대로 하며, 술에 취한 채로 욕망으로 정(精)

을 소진하고 그 좋아하는 것만을 취하여 진기(眞氣)를 분산시키니 정(精)이 충만한 상태를 유지할 줄을 모르며, 사시(四時)에 따라 신(神)을 제어하지 못하고, 그 마음을 유쾌하게 하는 데에만 힘써서, 양생하는 즐거움을 거역하고 기거함에도 절도가 없습니다. 그러므로 50세 정도만 되어도 쇠하는 것입니다.'560)라고 답한다. 사람이 질병에 걸리지 않고 오래 살기 위해서는 구체적으로 어떻게 하여야 할 것인지를 설명하고 있다. 즉 질병에 걸리는 원인이 무엇이며 치료는 어떻게 하여야 하는지를 말하고 있다. 병을 치료함에는 반드시 그 근본(음양)에서 찾아야 한다.561) 『경악전서(景岳全書)』에서는 '이것이 의학(醫學)의 바른길이며 음양을 잘 포착하면 치료에 차질이 없다. 의도(醫道)가 복잡하지만 한마디로 얘기하면 음양일 따름이다. 그러므로 징후에 음양이 있고 맥(脈)에 음양이 있고 약(藥)에 음양이 있다. 의약(醫藥)이론이 심오하지만, 음양을 투철하게 파악하였다면 그 절반은 습득한 셈이다.' 또한, 팔자 오행의 화는 세운이 화(和)하여야

---

560) 옛날에 **黃帝**께서는 세상에 태어나실 때 매우 총명하셔서 갓난아기 시절에는 말을 할 수 있었고, 유년 시절에는 지혜가 넓고 박식하며 사물의 이치를 이해하는 능력이 탁월하셨으며 청년이 되어서는 인품이 중후하시고 지혜가 넘쳤고 성년이 되어서는 천자의 지위에 등극하셨다. 이런 황제가 묻고, 天師이신 岐伯이 답한 내용이다. "迺 問於天師曰, 余聞上古之人, 春秋皆度, 百歲, 而動作不衰, 今時之人, 年半百而動作皆衰者, 時世異邦？人將失之那？岐伯對曰, 上古之人, 其知道者, 法於陰陽, 和於術數, 食飮有節, 起居有常, 不妄作勞, 故能形與神俱, 而盡終其天年, 度百歲乃去, 今時之人不然也, 以酒爲漿, 以妄爲常, 醉以入房, 以欲竭其精, 以耗散其眞, 不知持滿, 不時御神, 務快其心, 逆於生樂, 起居無節, 故半百而衰也."(이 경우, 『黃帝內經素問』上, 여강, 15쪽.)

561) "治病必求於本."(이 경우, 『黃帝內經素問』上, 여강, 121쪽.)

하고, 장부(臟腑)오행의 화는 오미(五味)로 화함을 말한다. 화란 뜻은 해(解)의 뜻이니 만약오행이 화하고 오미가 조(調)하면 재병(災病)은 없을 것이다. 그러므로 오행의 생은 아닐지라도 극(剋)하지는 말아야 함이요, 온전하고 결손하지 않아야 화인 것이다. 그에 중요한 것은 귀(貴)는 그 왕신을 설하는 데 있으니 그 유이함을 사(瀉)하여야 한다. 유여하여서 왕신이 된 것을 사하면 부족하여 약신(弱神)이 된 것이 도움이 될 것이니 이를 가리켜 화(和)라 한다. 이로써 왕신이 태과하면 마땅히 설하여야 하고, 태과하지 않은 왕신은 마땅히 극하여야 하며, 약신이 뿌리가 있으면 마땅히 생부하고, 뿌리가 없으면 반대로 상극함이 마땅하다.[562] 하늘에는 사시오행(四時五行)이 있어 만물의 생·장·화·수·장(生·長·化·收·藏)을 만들고 사람은 오장(五臟)이 있어 오기(五氣)로 화(化)하고 또한 이것이 사단칠정(四端七情)을 발로케 하니 병(病)이 생기는 것이다. 그러므로 음양오행은 만물을 생성케 하면서 만병의 근원 또한 만들고 있다.

이와 같이 동양의학(東洋醫學)은 질병의 병인(病因)에 대해 음양(陰陽)과 화(和)에 근본을 두고 장상학설(藏象學說)[563] 등에 관련하여 연구에 연구를 거듭함으로써 학문적으로 지속적인 발전을 하였다. 그 결과가 의학적으로 치료의 효과를 보게 되고 그러다 보니 학문의 심오함을 사계로부터 인정받는 계기를 마련함으로써 제도권으

---

562) 이 경우, 『黃帝內經素問』上, 여강, 15쪽.
563) 藏象學說 등에 관련하여서는 『黃帝內經』을 참고하시고 설명에 관련하여서는 생략함.

로 흡수되고 그러다 보니 사회적인 명성이 향상되고 지위가 돈독하게 되면서 오늘에 이르고 더욱 발전을 거듭하고 있는 것이다.

그럼 명리학(命理學)적인 입장에서는 질병(疾病)에 대해 어떻게 설명하고 응용하고 있는지를 관찰하여 보자. 질병 예측방법은 다양하게[564] 나타내고 있는데, 『적천수천미(滴天髓闡微)』에서는 오행과 오미의 결합을 논하면서 오행이 태과하고 불급하면 만병이 생기고 이를 치료하는 방법으로 오미(五味)로 치료하여야 된다고 말하고 있다. 즉 오행(五行)이 하늘에서는 오기(五氣)이니 청·적·황·백·흑(靑·赤·黃·白·黑)이며 땅에서는 오행이니 목·화·토·금·수(木·火·土·金·水)이며, 사람에게는 오장(五臟)이니 간·심·비·폐·신(肝·心·脾·肺·腎)이 그것이다. 사람이 만물 중에 영장(靈長)이 된 것은 오행을 온전하게 모두 득하였기 때문이며, 겉으로 두면(頭面)은 하늘의 오기를 상징하고 속으로 장부(臟腑)는 땅의 오행을 상징하므로 하나의 작은 하늘을 갖추었다고 한다. 이로써 사람의 장부에는 오행(五行)의 음양(陰陽)으로 구분하여 각각 배속되

---

564) 命理學에서는 疾病진단에 관련된 학설이 다양하게 표출되어 설명되고 있다. 『淵海子平』, 『三命通會』, 『命理約言』, 『滴天髓』, 『命理新論』 등이 있다. 이들 중 한 예로 『淵海子平』의 질병론이다. "무릇 질병이란 정신과 기혈의 부조화에서 오는 것으로 그 상극된 오행과 부위를 따라 각종의 병이 발생된다. 곧 四柱의 오행이 太旺하거나 不及하면 병이 되는 것인바 金은 칼이나 쇠부치 등에 이해 상하고 水는 溺舟溺水 등의 禍厄으로 死亡할 것이고 木은 다리에서 落傷하거나 목매어 죽는 厄이 있고 또 호랑이에 먹히거나 뱀에 물릴 것이다. 火는 밤에 잘 때 어지러운 병이 있고 뱀에 傷하거나 불에 火傷을 입고 土는 山이 무너지거나 돌에 다치기 쉽고 구렁텅이에 빠져서 상하거나 담이 무너지므로 상해를 입는다. 이외에도 음양오행과 관련하여 여러 내용을 설명하고 있다.(沈載烈, 『淵海子平精解』, 明文堂, 2004, 339쪽.)

었다. 장(臟) 하나에 부(腑) 하나씩 배속되며, 부(腑)는 모두 양(陽)이 배속되므로 갑·병·무·경·임(甲·丙·戊·庚·壬)이 붙여진다. 이것이 혹 불화(不和)하거나 혹 태과(太過)하거나 혹 부족하게 되면 병이 생기는데 풍·열·습·조·한(風·熱·濕·燥·寒)증이 되며 반드시 오미(五味)로 조화시켜야 만이 해결된다. 오미(五味)란 산·고·감·신·함(酸·苦·甘·辛·鹹) 등으로 산(酸)은 목이니 많이 먹으면 근육(筋肉)을 상하고, 고(苦)는 화(火)이니 다식하면 골(骨)을 상하고, 감(甘)은 토(土)이니 많이 먹으면 육(肉)을 상하고, 신(辛)은 금(金)이니 다식하면 기(氣)를 상하고, 함(鹹)은 수(水)이니 많이 먹으면 혈(血)을 상한다. 이는 오미의 상극(相剋)으로 본 것이다. 그러므로 오행이 화(和) 한자는 일세(一世)에 무재(無災)라 하였다. 이는 팔자오행(八字五行)에서만 화(和)함이 마땅한 것이 아니고 장부(臟腑) 오행에서도 역시 화함이 마땅하다.[565]

　원수산이 말하기를 '이것을 읽고 임철초 선생은 이미 지명(知命)뿐만 아니라 훌륭한 의(醫)이기도 하다는 것을 알 수 있었다'고 하였다. 그러므로 사주팔자(四柱八字)는 모름지기 한 신(神)만 유력함을 얻

---

[565] "五行在天爲五氣,靑赤黃白黑也,在地爲五行,木火土金水也,在人爲五臟,肝心脾肺腎也,人爲萬物之靈,得五行之全,表于頭面,象天地五氣,裏于臟腑,象地支五行,故爲一小天也,是以臟腑各配五行之陰陽而屬焉,凡一臟配一腑,腑皆屬陽,故爲甲丙戊庚壬,臟皆屬陰,故爲乙丁己辛癸,或不和,或太過,不及,則病有風熱濕燥寒之症宜,必得五味調和,亦有可解者,五味者,酸苦甘辛鹹也,酸者屬木,多食傷筋,苦者屬和,多食傷骨,甘者屬土,多食傷肉,辛者屬金,多食傷氣,鹹者屬水,多食傷血,此五味之相克也,故曰五行和者,一世無災,不特八字五行宜和,卽臟腑五行,亦宜和也."(任鐵樵增注, 袁樹珊撰輯, 金東奎譯, 『滴天髓闡微』, 明文堂, 2002, 642쪽.)

었어도 제화(制化)가 마땅한 바에 들었으면 한 세상은 재앙 없이 살 것이니 모든 것을 다 갖추지 아니하더라도 결함되지 않아야 아름다운 것이며 상생(相生)하고 상극(相剋)하지 말아야 화(和)인 것이다. 이는 의학(醫學) 분야에서 말하고 있는 장상 이론과 별반 다르지 않으나 명리학에서는 사주팔자(四柱八字)로서 질병 예측을 하고 있다. 그 한 예를 들어보자.

乾命	四柱	庚戊甲癸 申戌寅未	대운	丙丁戊己庚辛壬癸 午未申酉戌亥子丑

무토(戊土)가 인월(寅月)에 생(生) 하니 목(木)은 왕(旺)하고 토(土)는 허(虛)하다. 기쁜 것은 앉은자리의 술토(戌土)에 통근하였고 경금(庚金) 역시 녹지(祿支)에 앉아 있으니 힘으로 능히 벌목할 만하다. 이른바 '불태과자 의극야'(不太過者 宜剋也)인 것이다. 비록 년간(年干)에 계수(癸水)가 생하나 미토(未土) 위에서 제극되므로 생목(生木)함이 불능이다. 희신은 뽑아 올리고 미운 자는 제거하니 오행이 화평하다. 또 진행하는 운로도 체용을 배신하지 않으니 수명이 90을 넘겼어도 눈, 귀가 총명하였고 혼자서도 출행(出行)하였다. 자식은 왕성하고 손자도 많았으며, 명예와 경제력 등 복(福)과 수(壽)를 모두 갖추어 일생동안 무재(無災), 무병(無病)하였다고[566] 설명하고 있다. 이 논법이 고전 명리에서 일반적으로 인용되고 있는 질병간법이다.

---

566) 任鐵樵增注, 袁樹珊撰輯, 金東奎譯, 『滴天髓闡微』, 明文堂, 2002, 644쪽.

사주명리학은 그 병인(病因)을 취하는 방법도 출생일을 기준으로 한 개인의 선천적인 체질과 질병 등을 예측할 수가 있고 행운(行運)으로 질병의 발생 시기를 알 수 있다. 또한, 질병 예측을 위한 기능적 요소를 다양하게 갖추고 있어서[567] 치료방법 등에 대한 세부적인 연구가 수반된다면 질병 예측분야에서의 위상이 진일보될 것이다. 그러나 많은 명리서들이 이 의학 분야에 관심들을 가지고 노력들을 하고 있으나 특별히 뛰어나게 감이 오는 서책이나 논문들은 보이지 않고 있다. 다만 근간에 발간된 『사주팔자진결(四柱八字眞訣)』에서 구체적인 진단 방법을 계시함으로써 기존학설보다는 좀 더 진전을 보이고 있음은 고무적인 일이다.

『사주팔자진결(四柱八字眞訣)』에서는 명리를 가지고 질병을 예측함에 있어서는 오행의 측상(測象)과 간지의 측상에다 정위(定位)를 함께 고려하여 질병을 예측하여야 그 적중도가 높아지는데 일반적 명학가는 이를 아는 이가 많지가 않으며 또한 아는 이가 있다 하여도 그 응용을 질서 있게 정리하여 통변하는 이가 많지 않다. 이런 현상들을 감안하여 구체적 응용기법을 선보이고자 한다. 사주를 가지

---

[567] 현대명리에서는 태세(太歲)가 일간을 중심으로 한 **四柱命盤**에서의 작용[**身强·身弱**]과 길신[**用神·喜神**]·흉신[**忌神·仇神**]으로의 작용, 사주 전체의 특정 오행에 대한 **旺·衰**의 작용, **合而化** 여부, **合而化**할 경우 변화한 오행의 길·흉 여부 및 대운과 세운과의 관계 등 살펴야 할 부문이 다양할 뿐만 아니라, 십신론[**比我·我生·我克·克我·生我**]의 과유불급을 따져 판단할 수 있고, 또한 **旺·相·休·囚·死**를 이용한 일간의 **得令·得支·得勢**를 통한 신강·신약을 구분하는 등 많은 기능을 최대한 활용하고자 하며 (**文載鎬**, 위 논문, 234~235쪽 참조.)특히 질병 발생의 복잡한 원인을 보다 쉽게 파악하고자 많은 노력들을 하고 있다.

고 질병의 특징을 잡아내야 하는데 다음의 5가지로 그 명국의 병인을 잡아낼 수가 있다. 첫째 명국상 태약한 오행사주, 둘째 명국상 태왕(太旺)한 오행사주, 셋째 명국상 충극(沖克) 당한 오행사주, 넷째 명국상 합(合)당하는 오행사주, 다섯째 한난조습(寒暖燥濕)한 사주 등으로 구분하여 진단할 수 있다. 명국 중 태약한 오행사주의 간법에 대해 구체적 내용을 실례를 들어보면, 명국의 오행이 과다하거나 불급하다면 모두 병(病)이라 볼 수가 있는데 불급(不及)이라는 것은 과약의 의미를 나타내는 기관이나 부위가 약하다는 것을 나타내므로 이러한 기관이나 부위가 바로 질병을 일으킬 확률이 크다는 것을 나타낸다는 것이다. 단지 여기서 주의하여야 하는 것은 어떤 오행이 과약(寡弱)할 경우 만일 명국 중 과약한 오행이 출현하고 있다면 그 오행이 나타내는 인체기관 부위의 질병 발생 확률이 높다는 것이며, 선천적으로 질환을 앓거나 혹은 득병의 시간이 비교적 빠르다는 것이다. 그러나 어떤 오행이 과약한데 명국 중 출현하고 있지 않다면 이 오행이 나타내는 인체의 기관과 부위에 질병이 발생한다고 일률적으로 설명하기는 어렵다. 이러한 명국은 대운상(大運上)에서 그 과약한 오행이 출현한 경우 대운상 인발로 인하여 질병이나 득병하는 경우가 큰데 이를 명서에선 '오행이 태약(太弱)하거나 없는 자는 운로에서 견(見)하는 것을 두려워한다.'고 하였다. 나아가 세운상에서 인발하지 않는다면 일반적으로 그 오행방면의 질병이 발생하지 않는다고 설명할 수가 있다. 논명상 이러한 부위의 세심한 주의가 필요하다. 사주로서 질병 진단 방법을 설명하고 있다.

```
                    坤命

            四柱    戊 丙 丙 甲
                    戌 午 子 午
```

　이 사주(四柱)는 사려 과다로 인한 뇌신경 계통의 질환을 겪고 있다. 그 이유는 간단한데 명국 중 갑목(甲木)이 년간(年干)에 있고 머리 부위와 뇌신경 계통을 대표하니 그 의미로 보아 머리 부위의 질병을 추론할 수가 있다. 사려 과다로 인한 것은 명국중 왕한 화(火) 오행의 설기(洩氣)가 심하고 갑목(甲木)에 인접하여 그 기운을 도설한 이유이고, 이러한 도설은 갑목으로 보아서 일종의 심각한 문제를 유발하는 하나의 충격에 해당한다. 갑목을 맥점으로 보아 화(火) 오행은 갑목의 식상(食傷)에 해당하고, 식상은 사고력과 상상력을 나타내는 십신이니 사려 과다란 의미를 유추할 수가 있다. 이런 연유로 본 명국의 신체 체질상 갑목의 뇌 신경 계통의 박약함을 추론할 수가 있다.[568]

　이와 같이 진단 방법이 고법의 질병 예측보다 조금이라도 개선되는 것은 무한한 기쁨이나 문제는 치료방법에 관해서 개선될 기미는 보이지 않고 아예 없다고도 할 형편이라는 것이다. 이것이 사주명리학의 위상에 오점(汚點)이요 가장 뼈아픈 현실인 것이다.

---

[568] 정수호편저, 『四柱八字眞訣』, 우리출판사, 2011, 517~527쪽 참조.

4) 종교론

간지력에 의해 구성된 사주가 종교이냐 하는 것은 각자의 생각 나름이겠지만, 일부에서는 의·복·성·상(醫·卜·星·相)을 민간신앙으로 분류하여 사주를 일종의 종교로 구분 짓기도 한다. 『한국무교(韓國巫敎)의 역사(歷史)와 구조(構造)』에서는 한국의 종교현상은 그 성격의 유형에 따라 셋으로 나누어 보고 있는데, 기성종교(旣成宗敎)와 신흥종교(新興宗敎)와 민간신앙(民間信仰)이 그것이다. 기성종교는 유교,[569] 불교, 기독교로 보고 신흥종교는 약 200여개를 헤아릴 수 있으나 10만 명 이상의 신도수를 가진 것으로 볼 때는 천도교(天道敎), 원불교(圓佛敎), 전도관(傳道館), 통일교(統一敎), 증산교(甑山敎), 대종교(大倧敎) 정도이고, 한국의 제3의 종교현상 유형으로 민간신앙이 있다. 민간신앙이란 민중의 신앙 가운데 고대(古代)의 자연종교가 잔류 계승된 것을 중심으로 한 비조직적인 종교 현상을 말한다. 자연종교는 인간의 본능적 욕구인 풍부한 생활과 평안한 삶에 대한 욕구에 응답하되, 안이(安易)한 방법과 찰나적(刹那的)인 해결책을 제시하는 신앙현상이다. 거기에는 교조(敎祖)나 체계적인 교리(敎理)나 조직적인 교단(敎團)이 없다. 그러면서도 민중 사이에 계승되며 신봉되고 있는 것이 자연종교요, 그 잔류현상(殘留現象)이 민간신앙이다. 잡다한 전통신앙을 나누어 보면 첫째는 무교적(巫敎

---

569) 다만 유교는 중국문화권을 벗어날 수 없다는 데서 민족종교의 범주에 속하지 않느냐하는 문제가 있을 수 있다. (柳東植,『韓國巫敎의 歷史와 構造』, 연세대학교출판부, 1975, 233쪽.)

的) 전통신앙으로 무교신앙, 산천신앙(山川信仰), 가택신제(家宅神祭), 부락제(部落祭) 등, 둘째는 관습적 신앙으로 생,사,혼,제(生,死,婚,祭) 등, 셋째는 길흉(吉凶)신앙으로 복점(卜占), 택일(擇日), 궁합(宮合), 관상(觀相), 수상(手相), 사주, 작명 등, 넷째는 주술신앙(呪術信仰)으로 금기(禁忌), 부적, 장승 등, 다섯째는 음양풍수신앙으로 정감록(鄭鑑錄), 토정비결, 지리(地理), 명당 등으로 구분하여 볼 수 있다.[570] 이와 같이 민속신앙도 포괄적으로 종교로 분류하고 있다. 그러므로 민속신앙으로 보게 되는 사주(四柱)가 종교냐 하는 문제가 현실적으로 대두될 수밖에 없는 경우가 생기게 된다.

　종교(宗敎)는 무엇보다 믿음의 대상이 있어야 한다. 천주교는 예수를 믿고 불교에서는 부처님을 믿고 유교는 공자의 가르침을 따르고 하물며 무속신앙에 있어서도 포괄적인 입장에서는 하느님을 믿거나 하물며 잡신이라도 믿는 구석이 있는데[571] 사주명리학에서의 교주(敎主)는 누구이며 교리(敎理)는 무엇인가 하는 점이다.

　만일에 사주를 종교로 인식한다면 사주를 봐주고 돈을 받는 다는 것

---

570) 柳東植, 『韓國巫敎의 歷史와 構造』, 연세대학교출판부, 1975, 233~235쪽 참조.
571) 조선민족은 상고시대에 신시(神市)가 있어 자신들의 종교로 삼았으며, 천왕환웅(天王桓雄)과 단군왕검(檀君王儉)을 하늘에서 내려온 신, 혹은 신과 같은 인간이라 했다. 옛날에는 무당이 하늘에 제사하고 신을 섬겼으므로 사람들에게 존경을 받았다. 그러므로 신라에서는 무당이라는 말을 왕자(王者)의 호칭으로 삼았고 고구려에는 사무(師巫)라는 명칭이 있었던 것이다. 여기서부터 마한의 천군(天君) · 예(濊)의 무천(儛天) · 가락(駕洛)의 계욕(禊浴) · 백제의 소도(蘇塗) · 부여의 영고(迎鼓) · 고구려의 동맹(東盟)에 이르기까지 단군 신교의 유풍과 잔존 민속이 아닌 것이 없으며 이것이 이른바 무축의 신사(神事)이다.(이능화 저, 『朝鮮巫俗考』, 창비, 2010, 71쪽.)

은 종교를 팔아 사전(私錢)행위를 한다는 것이 됨으로 사회에 해악을 끼치는 일이고 사주를 전파하는 역학자는 사이비교주가 되는 것이 아닌가? 또 교주도 교리도 없는데도 종교를 운운한다면 사주는 미신(未神)을 가지고 마치 신(神)과 같은 행위를 하게 됨으로 이는 불신(不信)을 낳게 되고 종국에는 미신(迷信)을 낳는 결과가 되는 것이다. 이런 논리가 합당한가 하는 문제는 제쳐두고라도 논의 자체가 굉장히 민감한 사안으로서 신중을 기할 필요가 있다. 왜냐하면 앞서 고인들의 사고를 게재하였지만 현재에도 대다수 사람들은 사주를 미신으로 치부하는 경향과 이를 이해하고 설명하려는 학인들과의 사이에서 혼란이 일어나는 현상을 보이고 있기 때문이다. 그 한 예를 들어보자

김두규[572]는 "사주·풍수·관상학인들은 사주와 풍수를 통해 자신의 문제, 즉 처신의 때(사주)와 장소(풍수)를 고민하기보다는 타인의 길흉화복을 말하려 하고 심지어 타인의 삶을 디자인하려 든다. 2018년을 '황금개 해'라고 말하는 것도 그렇다. 2018년도 무술년도 하나의 표기이다. 그런데 역술인들은 2018년을 '황금개해'라고 주술화

---

572) 김두규(1959년생) 전라도 순창생. 현 우석대학교 교양학부 교수. 풍수와 관련된 여러 서적을 발간하였고(우리땅 우리풍수, 우리풍수 이야기, 권력과 풍수, 등) 대학에서 풍수 강의를 하는 교수이며 일간지에 국운풍수(國運風水)를 게재하고 있다. 2018년도 무술년이 '황금개 해'라고?···역술인들이 금박포장한 상술이라고 게재하였다.(조선일보네이버뉴스.2018.1.6.國運風水) 풍수사가 되기 위해선 첫째가 인격적 수양이 되어야한다고 배우고 있다. 만약에 역학인들의 잘못이 있다면 앞서 잘못을 시정토록 올바른 길로 인도하도록 해야지 그렇지 않고 스스로 역학인을 매도하는 내로남불 같은 귀태(鬼胎)의 행태를 하는 행위는 인격적 수양이 되었다고 볼 수 있을까? 의문이 든다. 그래서 존경받는 스승은 모래사장 속에서 바늘 찾기만큼 귀한 것인가 보다.

(呪術化)·상술화한다."고 기고하고 있다. 또 말하기를 "역술인으로 전업하거나 역술에 의존하는 이들 모두 불안한 실존들이다. 불안한 사회의 귀태(鬼胎)이다."고 하고 있다. 사회에서 역학자들을 부정적으로 바라보는 일반인들의 안목이며 현실인 것이다.

그러나 이응문[573]은 "모든 사물 현상에는 조짐과 기미라는 것이 감춰져있다. 이를 파악하는 방편 중 하나가 그 해의 간지(干支)를 주역으로 풀어보는 것이다. 2018년도는 '풍화가인(風火家人)' 괘다. 풍화가인의 괘는 바람(☴)이 불(☲)을 지피는 것으로 집안을 밝게 정제하는 형상이다. 이 중 '가인(家人)'이란 괘명은 집안 식구를 다스리는 제가(齊家)를 의미한다. 집안에서 불이나면 바람을 타고 밖으로 번져나간다. 집안에서의 바른 언행, 가정평화와 안정이야말로 치국의 바탕이 된다. 이 괘를 구성하는 효사(爻辭)중에는 '부가대길(富家大吉)'이 나온다. 집을 부유하게 해 크게 길하다는 뜻이다."라고 설명하고 있다. 역학자들이 그냥 '황금개 해'라고 하는 것이 아니다.

사주가 종교냐 아니냐 하는 문제는 각자의 학식과 경험과 판단에 맡길 수밖에 없지만, 사계에서 사주를 바라보고 있는 안목이 이렇게도 볼 수 있기 때문에 명리학도들은 함부로 종교를 내세우는 것은 신중히 고려해봐야 된다는 것을 말하고자 하는 것이다.

---

573) 이응문(57세) 경희대 법학과 중퇴, 대연학당에서 주역을 가르치고 있다. 한국에서 주역학의 대통을 이은 인물이다. 주역학으로 일가를 이룬 야산 이달(李達)의 친손자이고, '대산주역강의' 등 저서와 강의를 통해 주역을 대중화한 대산 김석진(90)문하에서 공부했다. 대산은 자신이 맡아온 동방문화진흥회장 자리를 그에게 물려줌으로써 수제자로 인정했다. (조선일보. 2018.1.8.A21면최보식이 만난사람에서 발췌)

글을 마치며

지금까지 간지력이 탄생하게 된 태생적 원리와 활용하고 있는 방법 등에 관련하여 연구하여 보았다.

간지력은 동양(東洋)의 우주론(宇宙論)과 자연관(自然觀)이 정립되고 철학을 겸한 학술문화(學術文化)로서 활용되고 절기(節氣)로서 시간을 측정하고자한 일종의 상용력으로서 이는 천문학적이고 과학적인 논법으로 역어진 역법과 같이 활용되면서도 또 다른 자연의 변화를 응용한 역법으로 시간의 활용과 더불어 역술적인 용법으로 응용되고 발전되어 왔음을 알 수 있었다. 즉 간지력은 인간들이 자연의 변화를 체험하고 이루어낸 것이며 절기의 변화를 사실적으로 표현한 음양오행설에 기반을 둔 것이다. 그러므로 고인들이 60갑자와 간지력을 만들 때의 의미와 하나의 학문으로써 승화시킨 이유를 알아야 하고 그 물리에 맞게 적용하여야 한다. 그렇지 않고 천문학과 과학적으로 연구한 서양역법(그레고리우스역법)을 인용하여 현대적 입장에서 시간을 이야기 한다면 천문학자나 관계학자들로부터 웃음과 비난을 받을 수밖에 없을 것이며 불신을 자초하는 꼴이 될 수 있다.[574]

간지력을 인용하고 있는 사주명리학은 학문적 근원과 목적 등에

---

574) 萬歲曆에 표시되어 있는 年·月·日의 干支는 天文學的으로 정밀하게 맞추어져 있는 曆法보다는 常用曆을 참조한 干支紀元法에 의해 활용된 경우로 보는 것이고 時間 또한 人爲的으로 정하여 時代와 便宜에 따라 변화를 가져 온 만큼 우주과학을 바탕으로 한 기상학과 수리과학적인 학문이라는 애매모호한 학설을 주장하고 천문학적인 역법에 맞는 과학적이란 말에는 무리가 있으므로 어설프게 과학적(科學的)이란 명목으로 제단하려 하여서는 안 된다. 왜냐하면 산명술을 고대의 文化學術로 받아들이지 않는 사람들에게 빌미를 주어 命理學은 迷信이고 엉터리라는 비난을 받을 수 있는 소지가 될 수 있기 때문이다.

관하여 논할 때 학자들의 설명은 각기 조금씩 다르지만 대체적으로 명리(命理)는 크게 보아 점(占)이라는 범위에 포함되기는 하지만 신(神)이라는 초인간적인 매체를 통하는 것이 아닌 자연의 법칙을 통한 역법을 바탕으로 하여 간지의 음양오행으로 사람의 길흉화복을 예측하는 것을 그 목표로 삼는다고[575] 설명하고 있다.

사주(四柱)는 간지력을 이용하여 인간이 출생한 년월일시(年月日時)라는 시간을 통하여 시·공간(時·空間) 좌표인 '명'(命)과 시간의 변화가 초래하는 '운'(運)을 음양오행론과 십신 격국론과 용신론 등의 이론을 접목하여 인간의 길흉화복(吉凶禍福)을 피흉추길하고자 한 하나의 산명술(算命術)로서 통용되고 있다. 이런 사주추명학의 근본원리는 우리 인간이 출생할 때 이 우주에 가득찬 오행의 기운을 받았다는데 있다. 최소한 이런 가설적인 전제하에서 사주가 성립되는 것이다. 이런 대전제하의 여러 법칙이 통계학상[576] 적중하므로 우리가 사주를 신봉하고 또 이용하는 것이다.[577]

근·현대에 들어와서는 각 나라마다 달리 사용되어 오던 시간의 개념이 세계시의 제정과 일정한 표준시를 적용함으로서 시간을 사용하는 사람들에게는 여러 가지로 편리하게 된 것은 고무적이라 할 수 있을 것이다. 더욱이 세계표준시를 이용한 시간의 차이를 설명하고

---

575) 공주대학교 정신과학연구소, 『四柱命理學總論』, 명문당, 2010, 370쪽.
576) 통계학에서 말하는 '확률론은 물론 과학이다. 하지만 확률론의 핵심은 확실한 것은 아무것도 없다는 것이다. 그럴 수도 있고 아닐 수도 있다니 결국 하나마나한 얘기다.(최창조지음, 『도시풍수』, 판미동, 2007, 22쪽.)
577) 白靈觀, 앞의 책, 189쪽.

이를 준수하여야 한다는 주장과 야자시(夜子時)와 조자시(早子時)의 구분을 하여야 한다는 주의 주장도 틀리다고 할 수 없으나, 간과하지 말아야 할 것은 천문을 보고 28수 별자리의 질서를 관찰하고 오성과 일월의 운행을 계측하여 역법을 논한다면 그것은 과학이나, 인간사의 길흉화복을 예측한다면 그것은 점성술이고 무술이라는 것을 인지할 필요가 있다.[578] 즉 간지력을 이용하여 운명을 추산하는 사람들은 태어난 날과 달과 해의 간지(干支)의 조합을 그들이 내리는 결론의 근거로 사용하게 된 것이며 명백히 이것에는 간접적이기는 하지만 어김없이 점성술적(占星術的)인 함축이 있다.[579] 다시 말해서 사주명리학은 고천문(古天文)[580]을 인용하고 간지력이란 역법의 기초 위에서 음양오행학을 접목하여 탄생된 역학임을 잊어서는 안 된다는 [581] 것이다.

---

578) "천문을 보고 28수의 별자리와 일월의 주천도수를 정확히 관찰하는 것과 일월오성의 주천을 산술적으로 계산한 曆法과 歷史年代學 算學 등은 천문학과 과학으로 본다. 다만 흉하고 궁색한 재앙과 길하고 왕성한 경사를 논한 것이 적지 않았는데 그것들은 占星術이고 巫術이다."(풍우란(박성규 옮김), 앞의 책,54쪽 참조.) 첫째가 6종은 첫째天文, 둘째가 歷譜, 셋째가 五行, 넷째가 시구, 다섯째가 雜占, 여섯째가 形法이다.(□漢書□, 1775쪽, "序數術爲六種")

579) 조셉니담(李錫浩 역), 『中國의 科學과 文明』, 을유문화사, 1985, 16쪽 참조.

580) "천문학과 점성술은 처음에는 동의어였다." 조셉니담(이석호 역), 앞의 책, 256쪽.

581) "告天文은 일반적으로 오늘날의 天文學과 같은 뜻으로도 볼 수 있지만 고천문은 천문의 현상만을 관찰한 것이 아니고 하늘의 현상을 인간의 吉凶禍福과 관련지어 해석하고 다루었던 占星術的 측면도 있기 때문이다. 고대에는 좋은 역서치고 그것을 점성술로서 예언의 근거로 이용하지 않은 경우는 없었던 것이다. 그리고 인간을 天과 연관지어 천인 관계적 차원에서 다루었다."(조규문, 앞의 논문, 65쪽.)

고대부터 현대까지 내려오면서 많은 양의 명리서가 간지팔자(干支八字)를 이용하여 각기 나름대로 여러 가지 학문적인 방법을 제시하고 학술적인 논거를 설명하면서 수도 없이 많이 발간되고 있다. 그러나 이들의 서책들과 이들의 논법(論法)은 불확실한 간지력에 의한 사주에 근거하고 있음으로 간지력의 역법적 한계에서 논한 바와 같이 이들 시간을 인용한 사주로서의 간명은 어떤 논리와 논법을 주장하더라도 가설(假說)에 불가하고 하나의 사술(詐術)을 조장하게 되는 원인이 된다고 볼 수 있는 것이다. 그러다 보니 어느 학설이나 정설이 없는 원인이 되고 있다. 어떻게 보면 답(正答)을 찾아가는 확률적 게임과 같은 것일 수도 있다 보니 그들이 주장하는 하나하나가 사실에 부합될 수도 있고 또 엉뚱한 방향으로 간명(看命)하는 경우가 될 수도 있는 것이다. 이점을 일찍이 간파한 것인지는 몰라도 중국에서는 산명술학(算命術學)이라고 하고 일본에서는 추명학(推命學)이라 부르는 이유가 위의 설명과 같이 연관성을 가지고 있는 것은 아닌가 생각해 볼 일이다. 그러나 이점을 인정하고 싶지 않을 뿐이지[582] 천문역법과는 다른 간지력으로 인하여 불신이 초래될 수밖에 없다는 것을 인지하고 있는 역학자들도 많을 것이다.

그럼 사주명리학은 무용하고 무가치한 것인가 하는 점이다. 이는 보는 관점에 따라 달리 답할 수도 있겠으나 중국인들이 가진 문화(文化)라는 개념에 의거한다면 인간들이 추구하고자 한 자연과 인간과

---

582) 왜냐면 '사주명리학은 신비로운 우주 천체를 연구함으로서 가장 천문학적이고 과학적인 학문임을 대내외적으로 표방하던 것이 하나의 술학으로 비하되는 것이 두려운 면도 있을 것이기 때문이다.'

의 일체적인 관념에서 핀 하나의 의식세계임을 참고할 필요가 있다. 문화는 인류의 체험에서 나타나는 것이며[583] 그것이 어떤 면에서 음양오행설은 과거 동양에서 과학에 대한 인간들의 욕구를 충족시키기 위해서 나타났다는 이론이기 때문이다.[584] 그러므로 제인(諸人)들은 인간은 과학으로만 먹고 사는 것이 아니라 철학과 미지를 동경하는 운명학도 존재하고 있음을 인식하고 때로는 생활에 도움도 있다는 것을 이해할 필요가 있다.

역학자들은 우주의 원리와 자연의 변화를 탐구하되 절기력을 상용화하여 음양의 소식(消息)과 오행의 원리를 논리적으로 연구하고 동양의 역학분야에서만이 가지고 있는 특이성을 살려서 이를 승화 발전시켜나간다면 학문적 성과는 물론 무궁한 발전도 있을 것으로 사료된다.

---

[583] 謝松齡(김홍경·신하령 공역), 『음양오행이란 무엇인가』, 연암출판사, 1995, 27쪽.
[584] 양계초·풍우란(김홍경 편역), 앞의 책, 8쪽.

참고문헌 (參考文獻)

1. 經典類 및 命理原典類

『管子』
『命理約言』
『史記』
『尙書』
『性理大全』
『呂氏春秋』
『元朝名臣事略』
『子平眞詮』
『適天髓』
『周易程傳』
『周易』
『周易程傳』
『朱子語類』
『春秋繁露』
『漢書』
『後漢書』
『黃帝內經』
『淮南子』

2. 文獻類

- 가노나오키(오인환 옮김), 『中國哲學史』, 을유문화사, 1991.
- 葛洪(張泳暢 옮김), 『抱朴子』, 자유문고, 1996.

- 공주대학교 정신과학연구소 편저, 『四柱命理學總論』, 명문당, 2010.
- 구중회, 『한국 명리학의 역사적 연구』, 국학자료원, 2010.
- 金甲植, 『형상사주학』, 舞鶴東洋運命哲學研究院, 2007.
- 김교빈·이현구, 『동양철학에세이』, 동녘, 2008.
- 김동석, 『古典天文曆法 精解』, 한국학술정보, 2009.
- 金明濟, 『九星學入門』, 明文堂, 1993.
- 金碩鎭, 『周易講解』, 大有學堂, 1994.
- 金永植 편저, 『중국 전통문화와 과학』, 창작과 비평사, 1995.
- 김일권, 『하늘의 역사』, 예문서원, 2008.
- 김상연, 『컴퓨터 萬歲曆』, 甲乙堂, 2009.
- 나카야마시게루(김향 옮김), 『하늘의 과학사』, 가람기획, 1991.
- 董仲舒(남기현 옮김), 『春秋繁露』, 자유문고, 2005.
- 뤼디거 자프란스키(김희상 옮김), 『時間의 哲學』, 은행나무, 2016.
- 마르셀 그라네(유병태 옮김), 『중국사유』, 한길사, 2015.
- 萬民英(金貳南·李明山 옮김), 『三命通會』, 삼하출판사, 2011.
- 朴在玩, 『命理要綱』, 易門關書友會, 1999.
- 박청화, 『春夏秋冬四柱學』, 청화학술원, 2006.
- 班固(李世烈 옮김), 『漢書藝文志』, 자유문고, 2008.
- 方立天(이기훈·황지원 옮김), 『문제로 보는 중국철학』, 예문서원, 1997.
- 范文瀾·蔡美彪(김승일 외 옮김), 『中國通史簡本』, 耕地出版社, 2016.
- 白靈觀, 『四柱精說』, 明文堂, 2007.
- 徐樂吾(박영창 옮김), 『子平眞詮評註』, 청학출판사, 2006.
- 徐子平(최국봉 옮김), 『明通賦』, 온북스, 2009.
- 司馬遷(김원중 옮김), 『史記』, 민음사, 2012.
- 性徹退翁, 『百日法門(上)』, 장경각, 2008.
- 邵康節(노영균 옮김), 『皇極經世書』, 대원출판사, 2009.
- 數學敎材編纂委員會 編, 『數理와 集合』, 啓明大學校出版部, 1994.

- 스티븐 호킹(玄正晙 옮김), 『時間의 歷史』, 삼성출판사, 1993.
- 蕭吉(김수길·윤상철 옮김), 『五行大義』, 대유학당, 2012.
- 송인창, 『天命과 儒敎的 人間學』, 심산, 2011.
- 謝松齡(김홍경·신하령옮김), 『음양오행이란무엇인가』, 연암출판사, 1995.
  新城新藏[沈璿 譯], 『中國天文學史』, 臺灣翔大圖書有限公司, 1993.
- 申六泉, 『四柱命理學大事典』, 甲乙堂, 2013.
- 沈括(胡道靜 校註), 『夢溪筆談』, 上海古籍出版社, 1987.
- 沈載烈, 『淵海子平精解』, 명문당, 2004.
- 沈載烈, 『命理正宗精解』, 명문당, 2009.
- 안철완, 『24절기와 농부의 달력』, 소나무, 2012.
- 야마다 케이지(김석근 옮김), 『朱子의 自然學』, 통나무, 2001.
- 梁啓超·馮友蘭(김홍경 옮김), 『음양오행설의 연구』, 신지서원, 1993.
- 梁元碩, 『명리학 개론』, 대유학당, 2002.
- A. C. Graham(이창일 옮김), 『음양과 상관적 사유』, 청계, 1999.
- 呂不韋(정영호 옮김), 『呂氏春秋12紀』, 자유문고, 2006.
- 韋千里(최기우 옮김), 『八字提要』, KD북스, 2013.
- 劉安(安吉煥 옮김), 『淮南子』, 明文堂, 2013.
- 월간하늘편집부, 『천문학 작은 사전』, 2002.
- 陸致極, 『中國命理學史論』, 上海人民出版社, 2008.
- 이경, 『사주만세력』, 동학사, 2007.
- 이경우, 『皇帝內經』, 여강, 2010.
- 이문규, 『고대 중국인이 바라본 하늘의 세계』, 문학과 지성사, 2000.
- 李錫暎, 『四柱捷徑』, 韓國易學敎育學院, 2008.
- 李純之(김수길·윤상철 옮김), 『天文類抄』, 대유학당, 2013.
- 李純之(남종진 옮김), 『諸家曆象集』, 세종대왕기념사업회, 2013.
- 이은성, 『曆法의 原理分析』, 정음사, 1985.
- 李正來, 『醫易同源』, 동양학술원, 1993.

- 이정모,『달력과 권력』, 부키, 2015.
- 李虛中(김정혜·서소옥·안명순 옮김),『李虛中命書』, 이담, 2012.
- 임진용,『우리가 잘 몰랐던 천문학 이야기』, 연암서가, 2015.
- 任應秋(李宰碩 옮김),『運氣學說』, 東文選, 1960.
- 任鐵樵(金東奎 옮김),『滴天髓闡微』, 明文堂, 2002.
- 鄭大鵬,『現代 命理學』, 한알, 2014.
- 정성희,『조선시대 우주관과 역법의 이해』, 지식산업사, 2006.
- 정수호,『四柱八字眞訣』, 우리출판사, 2011.
- 鄭志昊,『造化元鑰』, 삼한출판사, 2003.
- 조셉니담(李錫浩 외 옮김),『中國의 科學과 文明』, 을유문화사, 1985.
- 趙明彦,『象理哲學』, 明文堂, 1996.
- 曺誠佑,『易學原理와 命理講義』, 명문당, 1994.
- 존 보슬로우(홍동선 옮김),『스티븐 호킹의 우주』, 책세상, 1995.
- 周桂鈿(문재곤 옮김),『강좌 중국철학』, 예문서원, 1994.
- 陳素庵(任正桓 옮김),『命理約言』, 圓濟易學研究院, 2006.
- 陳椿盆(조성희 옮김),『八字命理新解』, 낭월명리학당, 2004.
- 차종천,『算數書·算經十書』, 교우사, 2006.
- 崔昌祚,『韓國의 風水思想』, 민음사, 1996.
- 馮友蘭(정인재 옮김),『中國哲學史』, 형설출판사, 2014.
- 馮友蘭(박성규 옮김),『中國哲學史』, 까치글방, 2014.
- 馮友蘭(곽신환 옮김),『중국철학의 정신』, 서광사, 1993.
- (洪丕謨·姜玉珍(문재곤 옮김),『時의 철학』, 예문지, 1993.
- 韓東錫,『宇宙變化의 原理』, 대원출판사, 2010.

3. 論文類

- 金己,「陰陽五行說의 朱子學的 適用樣相에 關한 硏究」, 성균관대 박

사청구 논문, 2012.
- 김만태, 「사시(四時)·월령(月令)의 명리학적 수용에 관한 고찰」, 『정신문화연구』제37집, 한국학중앙연구원, 2014.
- 김상범, 「天文知識의 독점과 규제」, 『아시아문화연구』제8집, 가천대 아시아문화연구소, 2004.
- 김일권, 「주역과 천문의 결합, 괘기상수역론 고찰」, 『道敎文化硏究』제43집, 한국도교문화학회, 2015.
- 金在成, 「滴天髓 疾病論의 命醫同源思想에 관한 硏究」, 원광대 박사청구 논문, 2011.
- 나경수, 「시간과 공간에 대한 계층별 인식과 민속문화적 대응 양상」, 『韓國民俗學』제57집, 한국민속학회, 2013.
- 文載坤, 「漢代易學硏究」, 고려대 박사청구논문, 1990.
- 文載鎬, 「命理學과 運氣學의 疾病豫測 比較硏究」, 동방대학원대 박사청구 논문, 2008.
- 孫興徹, 「天槪念의 哲學的 意味 考察」, 『東洋古典硏究』제16집, 동양고전 학회, 2002.
- 沈揆喆, 「命理學의 淵源과 理論體系에 관한 硏究」, 한국정신문화연구원 박사청구논문, 2003.
- 安鐘垠, 「24節氣에 關한 硏究」, 대전대 석사청구논문, 2000.
- 安鍾根·姜政秀, 「天文·地理·人事로살펴본 24節氣에 관한 硏究」, 『한의학 연구소 논문집』제9집, 대전대 한의학연구소, 2000.
- 安炳周, 「儒敎의 自然觀과 人間觀」, 『尙虛安炳周敎授停年紀念論文集(Ⅱ)』, 아세아문화사, 1998.
- 尹暢烈, 「干支와 運氣에 관한 硏究」, 경희대 박사청구논문, 1987.
- 유남상, 「易學의 曆數聖統原理에 關한 硏究」, 『인문학 연구』제11집, 충남대인문과학연구소, 1984.
- 李明洙, 「유가철학의 시간과 공간에 관한 윤리학적 접근」, 『東洋哲學

研究』제42집, 동양철학연구회, 2005.
- 이연승, 「중국의 고대 역법의 사상적 특징과 문화적 의미」, 『중국과 중국학』제1집, 영남대 중국연구센터, 2003.
- 이영무, 「十二神殺에 관한 研究」, 원광대 석사청구논문, 2011.
- 장동순·신미수·김혜숙, 「周易의 物理的 理解와 應用」, 『한국정신과학회 학술대회논문집』제24집, 한국정신과학학회, 2006.
- 정우진, 「동양과학의 논리」, 『道敎文化硏究』제42집, 한국도교문화학회, 2015.
- 鄭昌根, 「장기별 중증질환 증상의 발현과 명리학적 분류에 관한 연구」, 한양대박사청구논문, 2002.
- 정하용, 「卦氣易學과 命理學의 원류에 관한 연구」, 공주대 박사청구논문, 2013.
- 曺圭文, 「天綱 袁守成의 命理思想에 관한 연구」, 대전대 박사청구논문, 2009.
- 조희영, 「徐命膺의『伏羲64괘方圓圖』改作에 대한 檢討」, 『율곡학연구』제21집, 율곡연구원, 2010.

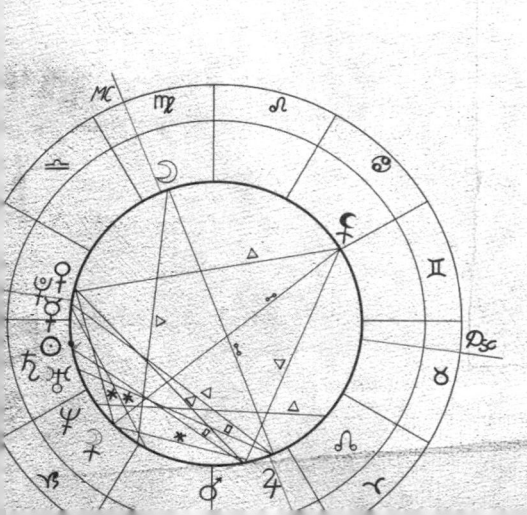

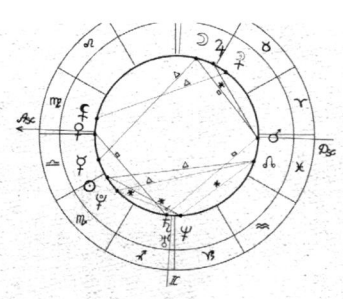